Gottfried Niedhart
Geschichte Englands

Geschichte Englands

in drei Bänden

I

Von den Anfängen
bis zum 15. Jahrhundert

II

Vom 16. bis zum 18. Jahrhundert

III

Im 19. und 20. Jahrhundert

GOTTFRIED NIEDHART

Geschichte Englands

im 19. und 20. Jahrhundert

VERLAG C.H. BECK MÜNCHEN

CIP-Kurztitelaufnahme der Deutschen Bibliothek

Geschichte Englands : in 3 Bd. – München : Beck
3. Niedhart, Gottfried: Geschichte Englands im
19. und 20. Jahrhundert. – 1987

Niedhart, Gottfried:
Geschichte Englands im 19. und 20. Jahrhundert /
Gottfried Niedhart. – München : Beck, 1987.
(Geschichte Englands ; 3)
ISBN 3 406 32305 7

ISBN 3 406 32305 7

Umschlagabbildung: Kohlenbergwerk um 1790.
Unbekannter Künstler (Walker Art Gallery, Liverpool)
Umschlaggestaltung: Bruno Schachtner, Dachau

Gesamtherstellung: C. H. Beck'sche Buchdruckerei, Nördlingen
Printed in Germany

Für
Christopher, Patrick,
Dagmar Julika und Nicolas

Inhalt

Vorwort 9

Erster Teil
Industrielle Revolution, Parlamentarismus, Weltherrschaft:
Großbritannien seit dem ausgehenden 18. Jahrhundert

I. Großbritannien als der träge Pionier im Übergang zur Moderne: Wirtschaft und Gesellschaft zwischen Kontinuität und Strukturwandel 15

1. Wandel vorindustriellen Ursprungs und Industrielle Revolution 15
a) Umbruch zur Moderne 15
b) Die Ausgangslage vor der Industriellen Revolution 24
c) Die Industrielle Revolution 28

2. Gesellschaftliches Gefüge und sozialer Wandel zwischen Konflikt und Integration 39
a) Die funktionierende Aristokratie 39
b) Mittel- und Unterschichten 42
c) Anfänge des liberalen Interventionsstaats 49
d) Plebejische Öffentlichkeit und Reformbewegung 55
e) Arbeiterschaft, Freihandelsbewegung und der gesellschaftliche Kompromiß des viktorianischen Zeitalters 64

II. Britische Politik im Übergang zur Moderne: Reformen im Innern und Friedenswahrung nach außen 78

1. Stabilität und Wandel des politischen Systems 78
a) Parlamentarismus und die Wahlrechtsreform von 1832 78
b) Parteienkalkül und die Wahlrechtsreform von 1867 89

2. Die Weltmacht und das nationale Interesse am Frieden 102
a) Frieden als Pax Britannica 102
b) Konflikte, Interventionen, Kriege 108

Zweiter Teil
Machtverfall, Massendemokratie, Wohlfahrtsstaat:
Großbritannien seit dem ausgehenden 19. Jahrhundert

I. Die überbürdete Weltmacht in Krisen und Kriegen 1880–1945 . . 117

1. Vom Imperialismus zum Ersten Weltkrieg 117
a) Expansion und Niedergang 117
b) Das innenpolitisch-gesellschaftliche Kräftefeld 129
c) Der britisch-deutsche Antagonismus und der Erste Weltkrieg 142

2. Vom Appeasement zum Zweiten Weltkrieg 150
a) Friedensverhandlungen und Appeasement-Strategie 150
b) Aufstieg der Labour Party bei konservativer Vorherrschaft 160
c) Zeitgewinn durch Appeasement und der Zweite Weltkrieg 169

II. Die Wendung nach innen und nach Europa seit 1945 177

1. Vom Attlee-Konsens zum Butskellismus 177
a) Der Wahlsieg der Labour Party 1945 177
b) Verstaatlichungen und Wohlfahrtsstaat 181
c) Konsenspolitik und ihre Krise 190

2. Weder Weltmacht noch Mittelmacht: Außenpolitische Identitätssuche . . 198
a) Weltpolitik als Juniorpartner der USA 198
b) Auf dem Weg nach Europa 206

Anhang

Tabellenverzeichnis 214
Anmerkungen 215
Zeittafel 229
Literaturverzeichnis 239
Namen-, Orts- und Sachregister 245

Vorwort

Vor gut 200 Jahren setzte in der Baumwollbranche von Lancashire die maschinelle Produktion ein. Ungefähr zur selben Zeit wurde über den Severn die erste gußeiserne Brücke der Welt gebaut. In der Textil- und Eisenindustrie entwickelte sich zuerst, was wir die Industrielle Revolution nennen. Großbritannien trat damit in eine neue Epoche seiner Geschichte ein. Sie soll hier in ihren Grundzügen dargestellt werden. Es geht nicht um Geschichte in ihrer Totalität. Wichtige Bereiche wie Religion und Kirche, Alltagswelt, Bildung oder Ideengeschichte, um nur diese zu nennen, werden nicht gesondert behandelt, sondern tauchen allenfalls im Kontext hier herausgestellter Entwicklungsstränge und Konstellationen auf, die den Verlauf der britischen Geschichte überwiegend geprägt und zugleich weltgeschichtliche Bedeutung erlangt haben. Im Übergang zur Moderne des 19. und 20. Jahrhunderts, die auf die politisch-ökonomische Doppelrevolution Ende des 18. Jahrhunderts folgte, hat Großbritannien eine herausragende und oft als modellbildend verstandene, zugleich aber auch ganz spezifische Rolle gespielt. Hier fand der Durchbruch der Industriellen Revolution statt, die aber einen langsameren Verlauf nahm als in anderen Ländern und ohnehin schon kräftig entwickelte nicht-industrielle Wirtschaftsformen bestehen ließ, so daß Großbritannien eher als ein träger Pionier der industriellen Moderne erscheint. Hier entwickelte sich zuerst die moderne Klassengesellschaft, aber zugleich kam es in einem sonst nicht gekannten Ausmaß zur Integration sowohl des Bürgertums als auch der Arbeiterschaft in das bestehende System, so daß von einem überwiegend friedlichen und gewaltarmen Übergang in die Industriegesellschaft gesprochen werden kann. Hier zeigte der von der Adelsgesellschaft beherrschte Parlamentarismus Anpassungs- und Reformfähigkeit, aber zugleich auch Beharrungsvermögen, so daß er sich erst spät für demokratische Partizipation öffnete. Hier lag das politische Zentrum der nach dem Wiener Kongreß führenden Weltmacht, aber zugleich einer Macht, deren Basis höchst angreifbar war und die darum ein außenpolitisches Konfliktverhalten entwickeln mußte, das auf die Interessen der britischen Handels-, Industrie- und Finanzmacht abgestimmt war. Damit sind die Themen dieses Buches vorgegeben. Wirtschaftlicher und gesellschaftlicher Strukturwandel, politische und soziale Reformen sowie Stellung und Politik Großbritanniens im internationalen System stehen im Mittelpunkt. Vorrangig wird – etwas ambitioniert formuliert – auf Strukturanalyse abgehoben und weniger auf handelnde Personen oder den erzählenden Bericht, doch steht zu hoffen, daß die gewählten Beispiele in ausreichender Weise für Anschaulichkeit sorgen.

Der Leser wird bemerken, daß größeres Gewicht auf Ausgangslagen und Knotenpunkte gelegt wird als auf die Darstellung von Verläufen im einzelnen. So erhält die erste Industrielle Revolution mehr Aufmerksamkeit als andere Phasen britischer Wirtschaftsgeschichte. Für die Geschichte der Arbeiterbewegung erscheinen das Scheitern des Chartismus und die frühe Gewerkschaftsbewegung von besonderer Bedeutung, was sich in der Gründung und Strategie der Labour Party fortsetzt. Die Frage der Reformfähigkeit des politischen Systems wird am Beispiel der Wahlrechtsreformen von 1832 und 1867 demonstriert, vor allem an der Reform von 1867, weil hier moderne Politikelemente wie die Rolle von Parteiführungen, die Disziplinierung von Parlamentariern in ihrer Fraktion oder die Auswirkungen des politischen Massenmarkts in ihren Anfängen erstmals deutlich sichtbar werden. Die wohlfahrtsstaatliche Wendung der britischen Politik, wie sie die Labour Party 1945 vollzog, erhält mehr Gewicht als die seit den fünfziger Jahren folgenden Varianten dieser Politik. Zur Außenpolitik kreist die Darstellung immer wieder um das Problem der Friedenswahrung, zuerst des prinzipiellen Interesses am Frieden und später des unbedingten Angewiesenseins auf Frieden. Den Beziehungen zum Deutschen Reich wird besondere Aufmerksamkeit geschenkt. Ihre Gestaltung entschied schließlich nicht nur über das deutsche, sondern auch das Schicksal der britischen Weltmacht. Aber auch die Beziehungen zu den USA werden immer wieder einbezogen, stärker vielleicht als dies sonst geschieht, aber der Sache angemessen, denn britische Weltpolitik stand immer in Konkurrenz zu den USA und wurde endlich von ihnen sogar abhängig.

Der folgende Text stellt zwar eine in sich abgeschlossene Arbeit dar, ist zugleich aber Teil eines größeren Projekts, das mit der 1982 ebenfalls in dieser Reihe erschienenen „Einführung in die englische Geschichte" begann. Auf diese Einführung folgt mit der vorliegenden Studie der erste Darstellungsband des dreibändigen Überblicks zur englischen Geschichte von ihren Anfängen bis zur Gegenwart. Um allen Bänden ein verbindendes Element zu geben, wird im Titel immer von der „Geschichte Englands" gesprochen. Im folgenden wird allerdings dem Begriff Großbritannien der Vorzug gegeben. Freilich sind die Begriffe bis zu einem gewissen Grad austauschbar, da in unserem Sprachgebrauch und auch in demjenigen vieler Zeitgenossen mit England nicht nur England im engeren Sinn als Teil des Vereinigten Königreichs gemeint ist, sondern das von England dominierte Großbritannien insgesamt.

Dem Kundigen wird nicht lange verborgen bleiben, wo ich in fremden Gewässern gefischt habe und wo ich mich mit fremden Federn schmücke. Es handelt sich bei einer Überblicksanalyse, wie sie hier versucht wird, notwendigerweise darum, die Ergebnisse der internationalen Forschung in möglichst großer Vielfalt heranzuziehen, sie aber auch in das eigene Konzept zu integrieren. Da der Anlage des Buches entsprechend auf einen allzu umfangreichen Anmerkungsteil verzichtet wurde, kann mein Dank an die Kolleginnen und Kollegen, denen ich mich verpflichtet fühle, nur indirekt ausgesprochen werden. Ich erinnere mich heute nur ungern einer vor Jahren geschriebenen Rezension, wo ich dem Verfasser einer Gesamtdarstellung vorgeworfen habe, er lehne sich bis in einzelne Formulierungen an bestimmte Werke an. Wo ich vielleicht selbst dieser Gefahr nicht entgangen bin, mögen mir die Betroffenen mit Nachsicht begegnen. In den Dank seien auch die Mannheimer Studenten eingeschlossen, die immer wieder geduldig meinen wissenschaftlichen Interessen gefolgt sind und in Seminardiskussionen und -arbeiten manches zu diesem Buch beigetragen haben mögen, was mir im einzelnen gar nicht mehr gegenwärtig ist.

Mannheim, im Januar 1987 *Gottfried Niedhart*

Erster Teil

Industrielle Revolution, Parlamentarismus, Weltherrschaft: Großbritannien seit dem ausgehenden 18. Jahrhundert

I. Großbritannien als der träge Pionier im Übergang zur Moderne: Wirtschaft und Gesellschaft zwischen Kontinuität und Strukturwandel

1. Wandel vorindustriellen Ursprungs und Industrielle Revolution

a) Umbruch zur Moderne

Im Jahre 1815 beobachtete Robert Owen, Unternehmer und Sozialkritiker in einer Person, einen tiefgreifenden Wandel in Großbritannien. Innere Verhältnisse und internationale Stellung hätten das Gesicht des Landes gründlich verändert. Dreißig oder vierzig Jahre zuvor, als Großbritannien noch ein Agrarland war, hätten Handel und Industrie nur einen bescheidenen Anteil am Volkseinkommen gehabt. Seitdem aber seien die Gewichte infolge technischer Neuerungen in der Baumwollbranche völlig verschoben worden. Die Industrie habe eine Bedeutung erlangt, wie dies bisher in keinem anderen Land der Fall gewesen sei. ,,Das breite und nützliche Angebot an Baumwollprodukten stößt in Europa und Amerika auf entsprechende Nachfrage. Die daraus folgende Ausweitung des britischen Außenhandels erstaunte und überraschte britische und ausländische Politiker gleichermaßen. Infolge dieser industriellen Produktion konnte das britische Reich eine sprunghafte Zunahme seines Handels, seiner Industrie, seiner Bevölkerung und seines politischen Einflusses verzeichnen und war in der Lage, sich über 25 Jahre hinweg gegen die vielleicht gewaltigste Militärmacht und unmoralischste Macht zu behaupten, die die Welt bisher gesehen hat."[1]

Gegen das revolutionäre und expansive Frankreich, dessen Gewalt Owen verurteilte, konnte sich Großbritannien durchsetzen, indem es eine andere Revolution und Expansion entgegenstellte, die Industrielle Revolution nämlich und die Expansion seines weltumspannenden Handels und seiner Seemacht. Großbritannien war der Schauplatz, wo sich das zuerst entwickelte und vollendete, was wir die industrielle Welt nennen. Die Umwälzung von agrarisch und handwerklich bestimmten Lebens- und Erwerbsformen zur Industriegesellschaft und -wirtschaft nahm im letzten Drittel des 18. Jahrhunderts ihren Anfang, ehe sie nach und nach die ganze Welt erfaßte. Während Großbritannien in späteren Phasen der Industrialisierung von seinen Konkurrenten überflügelt wurde, spielte es in den ersten durch Baumwolle, Kohle und Eisen bestimmten Phasen eine absolut führende Rolle. Als Vorreiter der Industriellen Revolution war es ein Land anhaltenden Wachstums und steigenden Wohlstands. Es stieg wirtschaftlich und politisch zur weltbeherrschenden Führungsmacht auf.

Wachstum war das Merkmal der Epoche, und zwar nicht nur im industriellen Produktionsbereich. Im Unterschied zu früheren Wachstumsschüben erstreckte sich das in der Mitte des 18. Jahrhunderts einsetzende Wachstum auf die gesamte Volkswirtschaft und wirkte sich auf alle Bereiche der Gesellschaft aus. Die gesamtwirtschaftliche Leistung hat sich zwischen 1750 und 1850 vervierfacht. Vor allem: Es handelte sich um einen beständigen und unumkehrbaren Produktionszuwachs. Dergleichen war in der bisherigen Menschheitsgeschichte nicht vorgekommen.

Leicht ablesbar war der säkulare Wachstumsvorgang an der Bildung neuen Reichtums. Der Erfinder und Baumwollfabrikant Richard Arkwright begann sein Berufsleben als Barbier und Perückenmacher mit einem üblichen Einkommen. Bei seinem Tod hinterließ er eine halbe Million Pfund. Ein Zeitgenosse von Owen konstatierte 1814 trotz immenser Kosten, die der Krieg gegen das revolutionäre Frankreich verschlungen hatte, eine „unglaubliche Vermögenszunahme“, die sich seit der Mitte des 18. Jahrhunderts entwickelt habe und die ihm ohne Beispiel erschien.[2]

Die wirtschaftlichen Daten, insbesondere der Zuwachs im Außenhandel, sind nicht zu trennen von der internationalen Entwicklung, die den Handlungsspielraum Großbritanniens erweiterte und Großbritannien zur Weltführungsmacht aufsteigen ließ. Mit dem Ausgang des Siebenjährigen Kriegs gelang die Ausschaltung Frankreichs als weltpolitischer Rivale, was in den Kriegen gegen das Frankreich der Revolution und Napoleons bestätigt wurde. Wachstum heißt also nicht zuletzt auch Zunahme außenpolitischer Macht. Die britische Hegemonie auf den Weltmeeren und die herausragende Rolle Großbritanniens als Handelsstaat waren kaum voneinander zu trennen.

Wenn wir von Industrieller Revolution sprechen, meinen wir damit die Dynamik des Wandels, die Wirtschaft und Gesellschaft in der zweiten Hälfte des 18. Jahrhunderts erfaßte. Zunächst war der Wandel nur punktuell sichtbar und noch von geringer Auswirkung auf die Wirtschaft insgesamt, was sich auch in den Analysen Adam Smiths oder David Ricardos Ende des 18. bzw. Anfang des 19. Jahrhunderts niederschlägt, wo keineswegs von umstürzenden Strukturveränderungen gesprochen wird. Doch seit den dreißiger Jahren des 19. Jahrhunderts war von revolutionärer Umwälzung die Rede. Hingewiesen sei nur auf Adolphe Blanquis *Histoire de l'économie politique* (1837), wo der Begriff der Industriellen Revolution gebraucht wird, oder auf Friedrich Engels, der in seiner *Lage der arbeitenden Klasse in England* (1845) durch die Mechanisierung der Produktion eine „industrielle Revolution“ in Gang gesetzt sah, eine „Revolution, die zugleich die ganze bürgerliche Gesellschaft umwandelte und deren weltgeschichtliche Bedeutung erst jetzt anfängt erkannt zu werden. England ist der klassische Boden dieser Umwälzung."[3]

Der Umbruch zur Moderne wird allgemein mit dem Begriff der Revolution belegt, einer politisch-ökonomischen Doppelrevolution, die die relative Statik der alteuropäischen Strukturen seit dem ausgehenden 18. Jahrhundert auflöste. Sowohl auf der politischen Ebene (Amerikanische Revolution, Französische Revolution) als auch auf der sozial-ökonomischen Ebene (Industrielle Revolution) hat sich dieser Vorgang abgespielt. Er war kein in sich abgeschlossener epochaler Umbruch, der innerhalb einer begrenzten Zeit neue dauerhafte Strukturen hervorbrachte. Revolution bezeichnet vielmehr den Beginn einer nicht zur Ruhe kommenden Dynamik. „Seitdem sich die Französische Revolution in immer neuen Wellen ausbreitete, und seitdem auch die Industrialisierung und der soziale Bereich unter den Begriff einer Revolution gefaßt werden, ändert sich das zeitliche Spektrum des alten Ausdrucks. Der Begriff wird insgesamt verzeitlicht, so daß Jacob Burckhardt die Französische Revolution selbst als die erste Periode unseres jetzigen revolutionären Weltalters definieren konnte. Die Revolution erfaßt – ähnlich der Krise – seit Anfang des neunzehnten Jahrhunderts immer mehr den anhaltenden Prozeß ständiger Veränderung ..."[4]

Daß wirtschaftliche und gesellschaftliche Modernität zuerst in England entstand, wirft die Frage nach den Voraussetzungen auf, die dafür in diesem Land gegeben waren. Bei der Suche nach den vorindustriellen Ausgangslagen, die die Formierung der Moderne vielleicht günstig beeinflußt haben könnten, hat sich deutlich ergeben, daß der Revolutionsbegriff nicht nur nach hinten keinen zeitlichen Abschluß aufweist, sondern auch eine lange Vorgeschichte impliziert. Ihre Erforschung hat eine wahre Inflation von kleineren Revolutionen zutage gefördert. Sie alle sollen zum Ausdruck bringen, daß wir zwar den Begriff der Industriellen Revolution als eine Chiffre für den Beginn der Moderne benutzen, zugleich aber im Auge behalten müssen, daß es sich bei der Industriellen Revolution nicht um ein plötzliches Abheben und einen überraschenden Aufwärtsknick in der wirtschaftlichen Wachstumskurve gehandelt hat, sondern um einen Prozeß, der auf vorhandenen Strukturen aufbaute und in Etappen verlief.

In diesem Sinn spricht man von Revolutionen, die vorindustriellen Ursprungs waren und zu den unverzichtbaren Bedingungsfaktoren industriewirtschaftlicher Entwicklung gehörten, bevor sie sich mit der Industriellen Revolution verbanden und von dorther wiederum beeinflußt wurden. Zu diesen Revolutionen – immer verstanden im Sinn von Strukturwandel längerer Dauer, aber eben mit umstürzenden Konsequenzen –

zählten vor allem die demographische Revolution, die Bevölkerungsvermehrung und Wanderungsbewegungen ungekannten Ausmaßes mit sich brachte; die Agrarrevolution, die die Produktivität der Landwirtschaft hochschnellen ließ; und die Revolution im Außenhandel, die das Außenhandelsvolumen beträchtlich steigerte. Marktausweitung bedeutete nicht zuletzt auch Ausweitung des Binnenmarkts, was wiederum mit erheblichen Verbesserungen im Transportwesen verbunden war. Die durchgreifenden Veränderungen im Transport- und Verkehrssystem seit der Mitte des 18. Jahrhunderts machen auf exemplarische Weise deutlich, wie die hier zur Debatte stehenden Umwälzungen vorindustriellen Ursprungs waren (Straßenbau, Kanalbau), bevor sie Bestandteil der Industrialisierung wurden (Eisenbahnbau).

Wie überall in Europa kam es auch in England in der Mitte des 18. Jahrhunderts zu einem alle Erfahrungswerte hinter sich lassenden Bevölkerungswachstum. In Großbritannien erreichte der Anstieg der Bevölkerung das größte Ausmaß, besonders in der ersten Hälfte des 19. Jahrhunderts. Während die Bevölkerung in Europa insgesamt zwischen 1800 und 1850 um 40% zunahm, wuchs sie in Großbritannien in diesen fünf Jahrzehnten um 75%. Der Anteil der britischen Bevölkerung an der europäischen stieg zwischen 1800 und 1900 von 5,8% auf 9,2%. Die Bevölkerungsexplosion setzte in den vierziger Jahren des 18. Jahrhunderts ein, als das jährliche Bevölkerungswachstum, das bis 1740 ca. 0,3% betragen hatte, auf 0,6% anstieg. In der kurzen Spanne zwischen 1740 und 1770 stieg die Bevölkerung in England und Wales von 5 auf 6 Mio. Menschen. In den neunziger Jahren betrug die jährliche Wachstumsrate etwas über 1%. Ihren Höhepunkt erreichte sie in den Jahrzehnten nach der Jahrhundertwende mit Spitzenwerten von 1,8%.[5] [s. Tab. 1]

Umstritten ist in der Forschung, worauf der Anstieg der Bevölkerungszahl im einzelnen zurückzuführen ist. War die sinkende Sterblichkeitsrate ausschlaggebend oder die ansteigende Geburtenrate? Die Anhänger der älteren Auffassung, die auf den Rückgang der Mortalität abheben, verweisen auf die Abnahme der Kindersterblichkeit und die insgesamt höhere Lebenserwartung der Bevölkerung. Seit der Mitte des 18. Jahrhunderts sind die Überlebenschancen für Neugeborene in den ersten zwölf Monaten nach der Geburt deutlich gestiegen. Globale Schätzungen kommen für Großbritannien insgesamt zu dem Ergebnis, daß vor 1750 auf 1000 Kinder 187 Todesfälle kamen. Bis 1790 verminderte sich die Zahl auf 161, bis 1820 auf 122 Todesfälle. Auch allgemein gingen die Sterbeziffern zurück. Die Lebenserwartung betrug in der Mitte des 18. Jahrhunderts 34,6 Jahre, zu Beginn des 19. Jahrhunderts 37,7 Jahre und seit dem zweiten Jahrzehnt des 19. Jahrhunderts um 40 Jahre. Damit war ein Stand erreicht, der sich in den nächsten fünf Jahrzehnten nicht ändern sollte.

Als Gründe für den positiven Trend werden die bessere Ernährungslage der Bevölkerung und der Rückgang von Infektionskrankheiten wie Tuberkulose, Typhus oder Pocken angegeben. Große Epidemien waren in der Tat die Ausnahme, konnten aber noch verheerend wirken wie die Cholera-Epidemie, die 1831/32 in Großbritannien 50000 Tote forderte. Die allgemeine Anhebung der Gesundheit und die größere Widerstandskraft gegen Krankheiten sind wohl in erster Linie zurückzuführen auf erhöhte Agrarproduktion, Verbreitung der Kartoffel als billigem Nahrungsmittel sowie bessere Versorgung der Bevölkerung auch bei örtlichen Mißernten, die durch ein zunehmend entwickelteres Transportsystem ausgeglichen werden konnten. Von geringerer Bedeutung für die Bevölkerungsexplosion waren medizinische Fortschritte wie die zuerst in England eingeführte Pockenimpfung und hygienische Verbesserungen. Sie griffen erst in der zweiten Hälfte des 19. Jahrhunderts, als die Bevölkerung trotz relativen Rückgangs der Geburtenrate weiter zunahm.

Was an Gründen für den Rückgang der Sterberate angeführt wird, kann auch als Voraussetzung für das Ansteigen der Geburtenrate gelten. Vorindustrielles merkantilistisches Wachstum, bessere Einkommens- und Ernährungsverhältnisse, gesündere Kleidung und Wohnung waren Faktoren, die nicht nur die Überlebenschancen von Säuglingen verbesserten, sondern auch das Heiratsalter senkten und die Fruchtbarkeit ansteigen ließen. Das durchschnittliche Heiratsalter sank bei Männern von 28,1 Jahren in der Mitte des 18. Jahrhunderts auf 27,1 um die Jahrhundertwende und 26,5 in der Mitte des 19. Jahrhunderts, bei Frauen von 27 auf 25,4 und 24,3 Jahre. Frühe Heiraten und mehr Kinder führten zu einer Verjüngung der Bevölkerung.

Die Bevölkerungszunahme war von ausgedehnten Wanderungsbewegungen begleitet, und zwar sowohl von der Auswanderung nach Übersee als auch von der Binnenwanderung in Großbritannien. Den Ausweg der Auswanderung aus politischen, religiösen oder wirtschaftlichen Gründen wählten im 18. Jahrhundert 1,5 Mio. Menschen. In der ersten Hälfte des 19. Jahrhunderts wanderten 2,3 Mio. Menschen aus, davon 1,8 Mio. Iren. Besonders in den *hungry forties* mit ihren Mißernten, Konjunktureinbrüchen und Versorgungskrisen verließen die betroffenen Menschen das Land. Zwischen 1841 und 1845 emigrierten 400000 Menschen, zwischen 1846 und 1850 1,03 Mio., darunter 949000 Iren.

Einen besonderen Akzent erhielt die Auswanderung durch ihren Zwangscharakter, wenn es sich um Strafgefangene handelte, deren Strafe in der Abschiebung nach Amerika und dann – nach der Unabhängigkeit der Vereinigten Staaten – nach Australien bestand. Der erste Gefangenentransport nach Botany Bay in Australien erfolgte 1788. Bis 1867 gelangten auf diese Weise 137000 Briten nach Australien. Die Erwartung, die das Unterhaus 1783 aussprach, daß nämlich den Verurteilten nicht nur ein neuer Start ermöglicht werden sollte, sondern daß sich die neuen kolonialen Siedlungsgebiete auch als günstig für die britische Schiffahrt und den britischen Handel erweisen könnten, zeigt den gesamtwirtschaftlichen Aspekt der Auswanderung. Die überseeischen Siedler blieben auf vorteilhafte Weise meist mit dem Mutterland verbunden, so daß es zu neuen Märkten, Rohstoffgebieten und internationalen Kapitalbewegungen kam.

Die britische Insel war darüber hinaus auch das Ziel von Einwanderern vom Kontinent. Großbritannien war ein Exilland, für politische Flüchtlinge jeder Couleur. Quantitativ ins Gewicht aber fielen in erster Linie die irischen Einwanderer, die als billige Arbeitskräfte nach England kamen, oft auch als Erntearbeiter, die sich nur in den Sommermonaten in England aufhielten. So kamen zum Beispiel im Sommer 1841 60000 irische Arbeiter kurzfristig zum Einsatz. Besonders als während der Kriege gegen Frankreich Arbeitskräftemangel herrschte, hatten die jährlich durchschnittlich 4000 irischen Einwanderer gute Chancen. In den vierziger Jahren erreichte der Bevölkerungsstrom aus Irland einen absoluten Höhepunkt. 1841 kamen 130000. London, Lancashire, West-Yorkshire und Glasgow waren ihre Hauptziele.

Hervorstechend im Zeitalter der Industrialisierung ist die Konzentration der Bevölkerung auf die Städte und die Grafschaften mit industriellen Standorten. So stieg der Bevölkerungsanteil von Lancashire, West-Yorkshire, Staffordshire und Warwickshire von 17% 1781 auf 26% 1861. Explosionsartig verlief die Bevölkerungszunahme in den Städten Mittel- und Nordenglands, mit den größten Steigerungsraten zwischen 1800 und 1850 in Liverpool und Sheffield (je 450%), Birmingham und Manchester (je 300%) und Leeds (über 100%). Der Anteil der Stadtbevölkerung in Großbritannien stieg von 15% 1750 über 25% 1801 auf 60% 1850.[6] [s. Tab. 2]

Die größte Stadt nicht nur Großbritanniens, sondern der damaligen Welt war London, dessen Bevölkerung in der ersten Hälfte des 19. Jahrhunderts um 146% wuchs. Die relative Bedeutung Londons, wo die Fäden der *vor*industriellen Wirtschaft zusammenliefen und das für den britischen Binnenmarkt Magnetfunktion hatte, ging allerdings leicht zurück. Der allgemeine Prozeß der Urbanisierung führte auch zur Gründung ganz neuer Städte wie zum Beispiel von Middlesbrough in Nordengland, wo 1830 ein Hafen für die Verschiffung von Kohle nach London gebaut wurde, über den fast ein Viertel des Londoner Bedarfs abgewickelt wurde. Wo vorher ein Bauernhaus gestanden hatte, lebten 1841 6000 und 1851 8000 Menschen. Bekannt sind die meist schlechten Lebensbedingungen in den aus allen Nähten platzenden Städten, wo die Bevölkerung dicht gedrängt wohnte und sanitäre Anlagen zunächst völlig fehlten. Die Ansteckungsgefahr bei Krankheiten war entsprechend hoch. In Manchester starben 1840 57% der Kinder vor ihrem fünften Geburtstag. Auch in ländlichen Gebieten gab es eine beträchtliche Kindersterblichkeit, aber hier starben nur 32% der Kinder unter fünf Jahren. Ein besonders abschreckendes Beispiel für Überfüllung und ungesundes Wohnen war das südlich von Manchester gelegene Stockport; eine Stadt, die von der Baumwollindustrie lebte, nach Friedrich Engels „im ganzen Bezirk als eines der finstersten und räucherigsten Nester bekannt", wo es mehr bewohnte Keller gab als andernorts.[7]

Die Wanderungsbewegung in die Städte wurde lange Zeit als Ergebnis von Strukturwandel im Agrarsektor verstanden. Karl Marx prägte den Begriff von der „industriellen Reservearmee", die in einer massenhaften Landflucht aufgrund der Einhegungen von Gemeindeland zur Abwanderung in die Städte gedrängt wurde. Tatsächlich aber gibt es zwischen den Einhegungen und dem Beginn der Industrialisierung keinen ursächlichen Zusammenhang. Das in die Städte gelangte Arbeitskräftepotential war nicht durch soziale Umschichtungen auf dem Land bedingt, sondern war ein Resultat des Bevölkerungsüberschusses. Die Zahl der in der Landwirtschaft Beschäftigten nahm sogar zu, und zwar im Laufe des 18. Jahrhunderts in England und Wales um 8,5%. Demgegenüber stieg aber die Bevölkerung um 81%. In der ersten Hälfte des 19. Jahrhunderts nahm die Landbevölkerung um rund 50% zu. Das flache Land war dichter bevölkert als je zuvor. Wer hier kein Auskommen fand, mußte in die Städte und deren Einzugsgebiete abwandern, ohne freilich damit irgendwelche soziale oder wirtschaftliche Sicherheiten zu erhalten.

Das explosionsartige Bevölkerungswachstum und die Zunahme der Bevölkerungsdichte mit bisher ungekannten Zusammenballungen warfen die Frage auf, wie man mit dieser Herausforderung fertig werden würde. Auf historische Erfahrungen konnte man nicht zurückgreifen. Tat man dies, blieb nur die düstere Aussicht, daß das prekäre Gleichgewicht zwischen Ernährungsbasis und Bevölkerungszahl im Krisenfall zu katastrophalen Einbrüchen führen mußte. So sagte Thomas Malthus 1798 in seinem *Essay on the Principle of Population* noch voraus, die Bevölkerungsexplosion werde unausweichlich zur Verelendung führen, weil die Bevölkerung in geometrischer Reihe, der Bodenertrag aber nur in arithmetischer Reihe steige. Nichtagrarische Faktoren zur Steigerung des Volkseinkommens erschienen zu diesem Zeitpunkt noch nicht durchgreifend genug, um darauf die Erwartung aufbauen zu können, den historischen circulus vitiosus in der demographischen Entwicklung durchbrechen zu können. Daß mit der Industrialisierung innerhalb weniger Jahrzehnte völlig neue Bedingungen nicht nur für die Zahl der Bevölkerung, sondern auch für deren Lebensstandard gegeben sein würden, war an der Wende vom 18. zum 19. Jahrhundert noch nicht eindeutig absehbar.

Was aber schon zur Realität gehörte, war die Tatsache, daß die erste

Welle der Bevölkerungszunahme, die vor dem Durchbruch der Industrialisierung lag, zu keinem Zeitpunkt zu Versorgungsengpässen für die Bevölkerung führte. Sieht man einmal von Irland ab, so kam es seit der Mitte des 18. Jahrhunderts weder durch Epidemien noch durch Mißernten zu einschneidenden Einbrüchen in der Bevölkerungsentwicklung, und auch in Irland war das Auskommen vor der Katastrophe der vierziger Jahre voll gesichert. Bevor das industrialisierte Großbritannien zum Importland für Nahrungsmittel wurde, war es ein landwirtschaftliches Überschußgebiet mit beträchtlichen Agrarexporten. Grundlage dafür war die sog. Agrarrevolution. Bei aller Problematik auch dieses Begriffs, bei dem man nicht übersehen darf, daß der unter ihm subsumierte Vorgang weder schlagartig noch flächendeckend erfolgte, ist damit die schon im 17. Jahrhundert einsetzende Modernisierung der Landwirtschaft gemeint, die sich durch bessere Ausnutzung der Böden, Ausweitung der Anbaufläche und effizientere Viehhaltung auszeichnete. Unterstützt durch die Gesetzgebung des Parlaments, wo unter den Abgeordneten die landbesitzende Schicht tonangebend war, zeigte sich die nach Grundsätzen kapitalistischer Unternehmer geführte Landwirtschaft für Innovationen verschiedenster Art aufgeschlossen. Dieser Entwicklungsschub ging auf Kosten der kleinen Bauern, die oft zu Lohnarbeitern auf den Höfen der Landbesitzer und Pächter wurden. Sie entrichteten den sozialen Preis dafür, daß England in der Mitte des 18. Jahrhunderts Flandern von der Spitze des landwirtschaftlichen Fortschritts verdrängte und in der Mitte des 19. Jahrhunderts in seinem landwirtschaftlichen Entwicklungsniveau nur von den USA übertroffen wurde.

Die landwirtschaftliche Produktion stieg im 18. Jahrhundert um 61%. Die Erzeugung von Getreide wurde zwischen 1770 und 1820 um 59%, zwischen 1830 und 1860 noch einmal um 50% gesteigert. Das Fleischangebot nahm bis 1820 um 35% zu. Der Fortschritt in den Anbaumethoden beruhte ganz wesentlich auf der Einführung der Fruchtwechselwirtschaft. Es gab kein Brachfeld mehr zur Regenerierung des Bodens. Sie wurde nun durch den wechselnden Anbau von Getreide und Futterpflanzen (vor allem Klee) bzw. Hackfrüchten (Rüben, Kartoffeln) erreicht. Dadurch kam es zu unterschiedlicher Auslaugung der Böden und zur Wiederzuführung von Nährstoffen durch bestimmte Pflanzen. Der vermehrte Anbau von Futterpflanzen führte zu erweiterter Viehhaltung und zur Zunahme der Stallfütterung, wodurch wiederum mehr Dünger anfiel. Die Verbesserungen von Ackerbau und Viehzucht bedingten und ergänzten einander.

Die im Zuge der Agrarrevolution eingeführten Neuerungen beruhten nicht auf dem Einsatz von Maschinen. Die Mechanisierung der Landwirtschaft durch Dampfpflug, Mähmaschine und Sämaschine erfolgte erst Mitte des 19. Jahrhunderts. Auch chemischer Dünger wurde nicht früher verwendet. Eine Ausnahme bildete die Dreschmaschine, die seit den achtziger Jahren des 18. Jahrhunderts langsam und dann während der Kriegszeit verstärkt eingeführt wurde, ebenso wie die Sense, die an die Stelle der Sichel trat, um Arbeitskräfte einzusparen, die aber wie die Dreschmaschine von den Arbeitern abgelehnt wurde. In Notzeiten wie 1830/31 gehörte die Zerstörung der neuen Geräte zu den gewaltsamen Kampfmethoden der Arbeiter. Wichtig war die Ablösung des Holzpflugs, der zunächst unter Verwendung von Eisenteilen verbessert wurde, ehe der Metallpflug an seine Stelle trat. Die technischen Fertigkeiten des Industriezeitalters verbanden sich mit den vorindustriellen Errungenschaften der Landwirtschaft, ebenso wie die Expansion auf industriellem Sektor nicht von der agrarischen Leistungsfähigkeit des Landes zu trennen war.

Zum Signum der modernen Landwirtschaft und des sozialen Wandels im ländlichen Bereich wurden schließlich die Einhegungen *(enclosures)* von Gemeindeland bzw. vorher ungenutzten Lands. Der sich über Jahrhunderte erstreckende Vorgang der Einhegungen, in dessen Verlauf Gemeinbesitz durch Parlamentsgesetz in individuell genutzten Besitz verwandelt wurde, erreichte seit der Mitte des 18. Jahrhunderts einen Höhepunkt und vorläufigen Abschluß. Von 1760 bis 1820 verabschiedete das Parlament rund 4000 entsprechende Gesetze. Zwischen 1761 und 1792 wurden 478000 *acres* eingehegt, zwischen 1792 und 1815 knapp über 1 Mio. *acres* und dann bis 1845 nur noch 200000 *acres*. Dadurch kam es nicht nur zu einer Ausweitung des bebauten Bodens, sondern auch zu Rationalisierung und Konzentration. Die offene Flur, in deren Bebauung sich verschiedene Landwirte teilten, und die Allmende verschwanden und machten agrarkapitalistischer Nutzung Platz. Einhegungen und Urbarmachung von Ödland waren kostspielig, weil Wege, Zäune, Hecken und Gräben anzulegen waren. Es entstand das Landschaftsbild, das noch heute charakteristisch für England ist. Auch die Investitionen für neue Gebäude, Geräte und vor allem Arbeitskräfte konnte sich der kleinere Landbesitz nicht leisten. Er verlor zudem die Nutzungsrechte am vorher zugänglichen Gemeinbesitz. Häuslern und kleineren Bauern waren plötzlich Weiderechte und Anbaumöglichkeiten entzogen. Sie sanken unter das Existenzminimum und verdingten sich als Landarbeiter, die in größerer Zahl als je zuvor in der modernen Landwirtschaft gebraucht wurden. Absolut stieg die Zahl der in Land-, Forst- und Fischereiwirtschaft Beschäftigten bis zur Mitte des 19. Jahrhunderts stetig an. Noch um 1800 erbrachte die Landwirtschaft ein Drittel des Volkseinkommens. Sie war der größte Arbeitgeber und der Wirtschaftszweig mit dem größten Kapitaleinsatz. Volkswirtschaftlich nahm sie also im Geburtsland der Industriellen Revolution noch lange einen wichtigen Rang ein. Bis weit ins 19. Jahrhundert hinein beeinflußten die Ernten maßgeblich die Entwicklung des Volkseinkommens und den gesamtwirtschaftlichen Verlauf. Noch 1864 mußte der *Economist* feststellen: „Eine schlechte Ernte und eine entsprechend starke Steigerung der Lebensmittelpreise wirkt sich – und zwar unmittelbar nachteilig – auf jede Industrie im Königreich aus ... Der Preis der Lebensmittel ist ein so großer Posten in den Ausgaben der meisten Familien, daß notwendigerweise, wenn er um 40–50% steigt, der Verbrauch aller Dinge zurückgehen muß und die Industrien, die vom Verbrauch und dem Wohlergehen der großen Masse der arbeitenden Klassen abhängig sind, alle miteinander auf einmal darniederliegen."[8] Relativ gesehen war der Bedeutungsrückgang der Landwirtschaft freilich unübersehbar. Während sie 1811 ein Drittel der erwerbstätigen Bevölkerung beschäftigte, ging ihr Anteil auf ein Viertel 1831 und ein Fünftel 1851 zurück.

b) Die Ausgangslage vor der Industriellen Revolution

Großbritannien an der Schwelle zur Industriellen Revolution war ein Land der Zuwächse in der agrarischen und gewerblichen Produktion. Die im letzten Drittel des 18. Jahrhunderts zunächst nur punktuell in der Baumwollbranche einsetzende industrielle Produktion war damit eng verzahnt. Eine wachsende Bevölkerung und eine Überschüsse produzierende Landwirtschaft führten zu größerer Nachfrage nach Manufakturgütern als anderswo in Europa. Das Durchschnittsjahreseinkommen war in England und Wales von neun Pfund Ende des 17. Jahrhunderts auf 12 bis 13 Pfund Mitte des 18. Jahrhunderts gestiegen. Die Löhne waren etwa doppelt so hoch wie in Frankreich. Kaufkraft und Nachfrage schufen einen Binnenmarkt, der nach neuen Methoden der Fertigung verlangte. Im Laufe des 18. Jahrhunderts verdreifachte sich die Nachfrage auf dem britischen Inlandsmarkt. Lange Zeit galt fast unbesehen die Zunahme der Außenmärkte und die Expansion des Handelsstaats England als Ursache für die rasante wirtschaftliche Entwicklung. In der Tat waren die Veränderungen im Handel mit kolonialen und ausländischen Märkten dramatisch und deutlich sichtbar, nicht zuletzt ablesbar an der Etablierung großer Handelshäuser und am Ausbau der Handelsflotte, die als größte der Welt zum Symbol britischer Macht wurde und um mehr als das Dreifache anwuchs. Im 18. Jahrhundert kam es zu einer Versechsfachung der Exporte. Kurzfristige Rückschläge – durch Kriegseinwirkung oder andere Ursachen – änderten nichts am säkularen Trend, der dem Außenhandel die größten Zuwachsraten brachte, die sich im gesamten Wirtschaftsleben nachweisen ließen.[9] [s. Tab. 3]

Die Ausweitung des Außenhandels, die eine Fülle neuer Tätigkeiten von der Organisation des Transports der Waren zu den Häfen über die Bereitstellung von Schiffsraum bis zur Versicherung der Handelsgeschäfte mit sich brachte und den Grund für Großbritanniens dominierende Rolle als Dienstleister im Welthandel legte, muß allerdings im Kontext der gesamtwirtschaftlichen Entwicklung und Leistung gesehen werden. So eindrucksvoll die Steigerungsraten im Außenhandel auch erscheinen, so dürften sie doch kaum als isoliert und absolut ausschlaggebend fungierende Triebkraft für wirtschaftliches Wachstum anzusehen sein. Bei der industriellen Produktion betrug der Anteil der Exporte im Jahr 1800 34,5%. Der größere Teil der Produktion wurde also auf dem Inlandsmarkt abgesetzt, der in der neueren Forschung als entscheidender Motor im Übergang zur Industrialisierung gilt. An der Wende vom 18. zum 19. Jahrhundert betrug der Anteil des Exports am Sozialprodukt nicht mehr als 15% (gegenüber 5% hundert Jahre zuvor). Im Unterschied zur Frühphase der Industrialisierung dürfte für den weiteren Verlauf der Entwicklung die relative Bedeutung der Außenmärkte gestiegen sein. Am plausibelsten erscheint eine Betrachtungsweise, die die Interdependenz von Binnen- und Außenmarktexpansion betont. Ein wachsender Binnenmarkt war zunehmend auf Importe – z. B. von Rohbaumwolle aus Nordamerika, Zucker aus der Karibik, Getreide oder Holz aus dem Ostseeraum – angewiesen, denen wiederum entsprechende Ausfuhren gegenüberstehen mußten, um die Zahlungs- und Handelsbilanzen günstig gestalten zu können. Ohne zu vereinfachenden monokausalen Erklärungen greifen zu müssen, wird man nicht übersehen können, daß der günstige Verlauf in den Außenwirtschaftsbeziehungen die Bedingungen für den Verlauf der Industriellen Revolution optimierte.

Außenhandel war zugleich eines der wenigen Felder, auf denen der Staat eine aktive Rolle spielte. Ansonsten trat er als Regulator des Wirtschaftslebens weniger in Erscheinung als in anderen europäischen Ländern, die später als Großbritannien den Weg der Industrialisierung betraten. In England wurde nach den Worten von Jeremy Bentham „viel Nützliches von Individuen geleistet, was in anderen Ländern vom Staat oder überhaupt nicht unternommen wird".[10] Der Staat beschränkte sich in Großbritannien auf die Schaffung von Rahmenbedingungen, die für die Entfaltung der Marktgesellschaft mit freier Bewegung von Gütern, Kapital, Unternehmern und Arbeitskräften günstig waren. Dazu gehörten ein großräumiger Binnenmarkt mit einem einheitlichen Währungs-, Steuer- und Zollsystem und gesicherten Handelsrecht. Auch Regelungen in den Arbeitsbeziehungen, die der Arbeitgeberseite zugute kamen, sind hier zu erwähnen. Während sich die Marktkräfte im Innern in einem weitgehend staatsfreien Raum entwickeln konnten, war die staatliche Intervention im Außenhandel um so deutlicher spürbar. Am Ende der Napoleonischen Kriege war Großbritannien endgültig in seiner handelspolitischen Führungsrolle bestätigt, die es im Siebenjährigen Krieg errungen hatte. Als neue Interessengebiete standen die jungen Staaten Lateinamerikas vor ihrer Durchdringung durch Finanz und Wirtschaft Großbritanniens. Die britische Politik der Sicherung von imperialen Verbindungslinien und Handelsinteressen fand ihren Ausdruck in der zunehmenden Formalisierung der Herrschaft in Indien und in der Errichtung eines weltweiten Stützpunktsystems (Malta 1800, Kapkolonie 1806, Singapur 1819, Falklandinseln 1833, Aden 1839, Hongkong 1842).

Nachdem diese Arrondierung britischer Macht erreicht war und Großbritannien das technisch am weitesten entwickelte und wirtschaftlich produktivste Land geworden war, zog sich der Staat auch aus der Außenwirtschaftspolitik zurück. Eine vorsichtige Liberalisierung in der Wirtschaftspolitik setzte in den zwanziger Jahren während der Regierungszeit von Lord Liverpool ein. Die Bestimmungen der Navigationsgesetze wurden nach und nach gemildert und 1849 ganz abgeschafft. Das Auswanderungsverbot für gelernte Handwerker wurde 1825, das Ausfuhrverbot für Maschinen 1843 aufgehoben. Beide Maßnahmen bestätigten nur die ohnehin herrschende Praxis, denn in der Realität waren die Restriktionen nur bedingt durchsetzbar gewesen. Von den Zollsenkungen war die Beseitigung der Getreidezölle 1846 die spektakulärste. Es begann die Ära des Freihandels.

Großbritannien verfügte an der Schwelle zur Industriellen Revolution nicht nur über günstige Marktbedingungen, sondern auch über ein Transportsystem, dessen natürliche Ausstattung (Fluß- und Küstenschiffahrt) für das vorindustrielle Wachstum in der Mitte des 18. Jahrhunderts unentbehrlich war und das im weiteren Verlauf unter den technischen, finanziellen und wirtschaftlichen Bedingungen der Industrialisierung vom Kanalbau über den Straßen- und Brückenbau bis hin zur Eisenbahn umstürzende Veränderungen erfuhr. Dadurch war eine schnellere Versendung von Waren möglich, die auch für entferntere Orte jenseits lokaler und regionaler Märkte produziert werden konnten. Die Heranschaffung von Brenn- und Rohstoffen wurde erleichtert und verbilligte sich (für Kohle um 50%), ebenso die Versorgung der Bevölkerung in den neuen Ballungsgebieten mit Nahrungsmitteln. Im letzten Drittel des 18. Jahrhunderts waren die wichtigsten wirtschaftlichen Zentren – die Industriegebiete Nord- und Mittelenglands, das Severn-Bekken, die Häfen an der Westküste und London – untereinander verbunden. Straßen, Kanäle und seit den dreißiger Jahren des 19. Jahrhunderts auch die Eisenbahnen wurden von privaten Gesellschaften finanziert und gebaut, nicht in staatlicher Regie. Adlige und bürgerliche Geldanleger finanzierten Verkehrslinien, Häfen, Werftanlagen sowie Schiffs- und Fahrzeugbau.

Im Straßenbau waren die *Turnpike Trusts* Träger des Fortschritts. Sie schossen nach 1751 wie Pilze aus dem Boden und führten den Bau und die Unterhaltung von Fernstraßen durch. Die Benutzer der Straßen hatten am Schlagbaum *(turnpike)* eine Gebühr zu entrichten. In den dreißiger Jahren des 19. Jahrhunderts gab es rund tausend dieser Gesellschaften. Sie kontrollierten etwa 35000 km Fernstraßen. Die Reisezeiten schmolzen überall zusammen. Während man um 1750 von London nach Birmingham zwei Tage brauchte, mußte man in den achtziger Jahren nur noch 19 Stunden dafür ansetzen. Zum Straßen- kam der Brückenbau hinzu, der im Zeitalter der Industriellen Revolution in eine neue Epoche eintrat. Thomas Telford gehört zu den herausragenden Straßen- und Brückenbauern, die Maßstäbe setzten. Seine Straße von London nach Holyhead in Wales, von wo man nach Irland übersetzte, verkürzte die Reisezeit von mehreren Tagen auf 27 Stunden, und zwar nicht nur durch moderne Straßenbauweise, sondern auch durch zahllose Brücken besonders in Wales, darunter die 1826 eingeweihte Hängebrücke über die Straße von Menai, lange Zeit die längste Hängebrücke der Welt und mit ihren schmiedeeisernen Ketten ein Symbol des technischen Fortschritts und auch des nationalen Stolzes.

Der Kanalbau in der zweiten Hälfte des 18. Jahrhunderts war die zweite Maßnahme, die das Transportwesen revolutionierte. Von den um 1800 benutzten Wasserwegen waren ein Drittel ohnehin schiffbare Flüsse, ein Drittel vor 1760 kanalisierte Flüsse und ein Drittel nach 1760 gebaute Kanäle. Sie verbanden die wichtigsten Flüsse Themse, Severn, Mersey und Trent und schufen damit ein dichtes Netz von Wasserwegen. Auch der viel Geld verschlingende Kanalbau lag in privater Verantwortung. Zur Initialzündung wurde 1761 der Bridgewater-Kanal. Er verband die Kohlebergwerke des Herzogs von Bridgewater, der rund 250000 Pfund in den Kanalbau investierte, mit dem 16 km entfernten Manchester und wurde 1776 bis Liverpool fortgeführt.

Ein neues Zeitalter begann, als 1830 zusätzlich zu Straße und Kanal, die Manchester und Liverpool verbanden, eine Eisenbahnlinie gebaut wurde. Dadurch erwuchs den Kanalgesellschaften, die bisher die Preise für Gütertransporte diktieren konnten, und den Betreibern von Kutschenunternehmen für den Personenverkehr, eine unschlagbare Konkurrenz. Innerhalb weniger Jahrzehnte verbilligten und beschleunigten sich auf diese Weise die Transporte in England abermals. Die Marktentwicklung erhielt neue und wettbewerbsfördernde Impulse. Die großen Städte konnten jetzt von weither mit Fleisch, Gemüse und Molkereiprodukten versorgt werden.

Was innerhalb kurzer Zeit zum Rückgrat des Verkehrswesens wurde, hatte vergleichsweise bescheiden begonnen. Die spätere rapide Entwicklung war von den Zeitgenossen nicht vorausgesehen worden. In der Nähe von Merthyr Tydfil im südwalisischen Kohle- und Eisenrevier, wo die Masse der Schienen für das zwischen 1830 und 1850 gebaute britische Streckennetz hergestellt wurde, entwickelte 1804 Richard Trevithick eine

Lokomotive. Der erfolgreichste Konstrukteur war George Stephenson, ein Bergmann und Hobby-Maschinenbauer, dessen *Locomotion* 1825 die Strecke von Stockton nach Darlington eröffnete, bevor er zur Liverpool-Manchester-Eisenbahngesellschaft ging und dort 1829 seine *Rocket* entwickelte. In den folgenden beiden Jahrzehnten wurden 5000 Meilen Schienen verlegt. Die wichtigsten Linien des britischen Eisenbahnnetzes waren damit gebaut. Von London nach Bristol benötigte man mit der Bahn knapp drei Stunden. Mit der Kutsche waren es zwanzig Stunden gewesen.

c) Die Industrielle Revolution

Im letzten Viertel des 18. Jahrhunderts kam es zu neuen Herstellungsmethoden und einem deutlichen Sprung in der Produktivität. Die nichtagrarische Produktion wuchs ab ca. 1780 um jährlich 2,8% (1710–1740: 0,7%, 1740–1780: 0,9%). In der Landwirtschaft blieb das jährliche Wachstum fast unverändert (1740–1780: 0,5%, 1780–1800: 0,6%). Diesen Vorgang, der sich in der Baumwoll- und Eisenindustrie abspielte, bezeichnen wir als Industrielle Revolution. Während das vorindustrielle Wachstum kräftig, im europäischen Vergleich aber nicht außergewöhnlich war, war der Durchbruch der Industrialisierung ein spezifisch britischer Vorgang, den andere Volkswirtschaften mit unterschiedlichem Abstand zum britischen Pionier erst später erreichten.

Industrielle Produktion für den Absatz auf Massenmärkten war erst nach Einführung der Mechanisierung infolge technischer Neuerungen möglich. Spinnmaschinen, mechanische Webstühle, Hochöfen mit von Dampfkraft angetriebenem Gebläse waren das Ergebnis von Erfindungsreichtum und technischem Fortschritt und zugleich die Antwort auf die steigende Nachfrage eines Marktes, der in der zweiten Hälfte des 18. Jahrhunderts zunächst schneller wuchs als die Produktionskapazitäten. Der technische Wandel schlug sich in der enormen Zunahme der Patente seit den sechziger und siebziger Jahren des 18. Jahrhunderts nieder. Im Jahrzehnt nach 1760 wurde erstmals die Zahl 200 überschritten; zwischen 1770 und 1780 waren es 300 Patente. Die Entwicklung ging dann stürmisch bergauf. Im ersten Jahrzehnt des 19. Jahrhunderts wurden 910 und in den dreißiger Jahren 2453 Patente registriert. Die ersten Träger der technischen Entwicklung waren Autodidakten mit handwerklichem Hintergrund. Richard Arkwright, der 1769 die durch Wasserkraft betriebene Spinnmaschine erfand, war Barbier und Perückenhändler. Im selben Jahr ließ James Watt seine Dampfmaschine patentieren. Er war Instrumentenbauer an der Universität Glasgow. Der Erfinder der *Spinning Jenny*, James Hargreaves, war Zimmermann und Weber; der Erfinder der *Mule*, Samuel Crompton, Weber und Landwirt. Edmund Cartwright schließlich, der Erfinder des mechanischen Webstuhls, war Geistlicher und hatte nach eigenem Bekunden nie einen Webstuhl arbeiten sehen. Die Erfinder konnten sich entweder selbst als Unternehmer betätigen, wie Arkwright es tat, oder sie kooperierten mit anderen. So fand Watt in Matthew Boulton, einem Eisenwarenfabrikanten aus der Nähe von Birmingham, einen herausragenden Organisator. Boulton hatte auch andere fortschrittliche Köpfe nach Birmingham geholt, wo die *Lunar Society* einen Treffpunkt für experimentierfreudige Erfinder, Wissenschaftler und Unternehmer bildete.

Die Erfindungen waren zunächst ein Ausweg aus Engpässen oder Mangelsituationen, indem sie die Garnherstellung für die schon seit der ersten Hälfte des 18. Jahrhunderts verbesserten Webstühle (Kays fliegendes Weberschiffchen 1733) beschleunigten, Holzkohle durch Koks oder Wasserkraft durch Dampfkraft ersetzten. Sie entwickelten allerdings schnell eine eigene Dynamik und revolutionierten den Herstellungsprozeß nicht zuletzt auch durch weitere Verbesserungen der neuen, anfangs noch recht primitiven Maschinen. In der Massenproduktion gehörte ihnen die Zukunft. Sie beschleunigten den Arbeitsvorgang und werteten die Rohmaterialien besser aus. Ihre Produkte waren billiger und von gleichbleibender Qualität.

Symbol des neuen Zeitalters war die Dampfmaschine, die der menschlichen und tierischen Arbeitskraft überlegen war und die im Unterschied zur Wasserkraft überall einsetzbar war, so daß die Produktionsstätten nicht mehr unbedingt an Flußläufen angesiedelt werden mußten. Die Wattsche Dampfmaschine bedeutete gegenüber der bisher vornehmlich zum Abpumpen von Bergwerken benutzten Newcomen-Dampfmaschine einen entscheidenden Fortschritt. Die erste Dampfmaschinenfabrik gründeten Boulton und Watt 1775. Aber auch nach Einführung der Dampfmaschine blieb Wasserkraft noch lange eine wichtige Energiequelle. Die ersten Baumwollfabriken wurden mit Wasserrädern betrieben. Ein technischer Durchbruch erfolgte 1781, als es gelang, ein Getriebe zu entwickeln, das die Kolbenbewegung in eine Drehbewegung umwandelte. Nun konnten die Maschinen mit Dampfkraft angetrieben werden. Die erste Baumwollspinnerei dieser Art (1785) fand rasch Nachahmung, wenn auch immer noch in recht begrenztem Umfang. Um 1800 lag die Leistung der Fabrikmaschinen bei 170000 PS. Davon wurden nur ungefähr 35000 PS von etwa 1500 Dampfmaschinen erzeugt. Im Laufe der Zeit wurden sie allerdings zunehmend eingesetzt. Die britische Dampfmaschinenkapazität betrug 1840 620000 PS, 1850 1,3 Mio. Dies entsprach 75% bzw. 60% der europäischen Gesamtkapazität. Die Vergleichszahlen für Deutschland waren 1840 40000 PS, 1850 260000 PS, für Frankreich 1840 90000 PS, 1850 270000 PS.

Ein anderes Symbol des Industriezeitalters waren die Baumwollfabriken in Lancashire. Die Baumwollfaser eignete sich in idealer Weise für eine mechanische Verarbeitung. Innerhalb einer Generation wurde die Baumwollindustrie als eine im wesentlichen völlig neue Industrie zur größten Einzelindustrie. Der Wert der Baumwollexporte erreichte 1815 40% aller in Großbritannien erzeugten Exportgüter. Baumwollgarne und -stoffe hatten die Wolle 1802 vom ersten Platz in der britischen Ausfuhr verdrängt, ohne daß die Wollindustrie als traditioneller Wirtschaftszweig von bleibender Bedeutung absolut gesehen zurückging. Vor der Industriellen Revolution bestand ein Ungleichgewicht in der Produktion zugunsten der Weber. Es wurde durch Erfindungen umgekehrt, die 1764 mit Hargreaves' *Spinning Jenny* einsetzten. Auf dieser 1768 weiter verbesserten Maschine konnte ein Spinner zunächst acht, später bis zu 100 Spindeln bedienen. Die Festigkeit der Garne ließ allerdings zu wünschen übrig, und der Antrieb des Geräts konnte noch nicht durch mechanische Kraft erfolgen. Arkwrights Wasserspinnmaschine *(Water-frame)* von 1769 dagegen arbeitete mit Wasserkraft. Ein Wasserrad konnte mehrere Maschinen antreiben, die im Unterschied zur *Jenny* in Fabrikhallen aufgestellt wurden. Den nächsten Entwicklungsschritt vollzog 1779 Crompton mit seiner *Mule,* einer Maschine, die feiner und fester spinnen konnte als ihre Vorgängerinnen und die im Laufe kurzer Zeit auch auf mechanischen Antrieb umgestellt wurde. Auch die *Mule* mußte noch von Fachkräften bedient werden. Zur völligen Automatisierung kam es mit der selbsttätigen *Mule* (Selfaktor), die der ausgebildete und nicht mehr nur als Autodidakt tätige Maschinenbauer Richard Roberts zwischen 1825 und 1830 entwickelte und die zu ihrer Bedienung keine gelernten Fachkräfte mehr erforderte. Noch in anderer Hinsicht veränderte sich die Zusammensetzung der Arbeiter. 1835 beschäftigte die Baumwollindustrie zu 13% Kinder und 25–30% Jugendliche zwischen 13 und 18 Jahren. Groß war auch der Anteil der Frauen, die etwa ein Viertel der Arbeitskräfte ausmachten.

Roberts war es auch, der 1822 den mechanischen Webstuhl verbesserte. Wie vorher die gelernten Spinner, so wurden jetzt die Handweber überflüssig. Sie tauchten in der wirtschaftlichen Erfolgsbilanz nicht auf, die die Textilindustrie zunächst in der Herstellung von Baumwoll- und dann von Wollstoffen zu verzeichnen hatte. Durch Automatisierung und Einführung der Chlorbleiche kurz vor der Jahrhundertwende kam es zu einer fortwährenden Reduzierung des Preises für Baumwollprodukte. In der Mitte des 19. Jahrhunderts zahlte man ein Achtel des Preises, der noch 1780 entrichtet werden mußte. Der durchschnittliche jährliche Rohbaumwollverbrauch betrug im Jahrzehnt 1781–90, in dem der Sprung zur industriellen Produktion stattfand, 8100 Tonnen (gegenüber 2300 jährlich zwischen 1771 und 1780). Zu Beginn des 19. Jahrhunderts hatte er sich verdreifacht. 1825 wurden 100000 Tonnen überschritten und

Mitte des 19. Jahrhunderts wurden jährlich 290000 Tonnen verarbeitet. 1834 gab es in Großbritannien 10 Mio., 1852 18 Mio. Baumwollspindeln. An zweiter Stelle in Europa rangierte Frankreich mit 2,5 bzw. 4,5 Mio. Spindeln. Britische Baumwollprodukte beherrschten den Weltmarkt.

Es war die Baumwollindustrie, wo die technisch-organisatorische Umwälzung und Produktionsvermehrung industriellen Zuschnitts deutlich sichtbar war. „Wer Industrielle Revolution sagt, meint Baumwolle."[11] Hobsbawms prägnante Formel könnte den Gedanken nahelegen, die Baumwollindustrie sei der alles entscheidende Leitsektor in der ersten Phase der Industriellen Revolution gewesen, der alle anderen Wirtschaftszweige mitgerissen habe. Die neuere Forschung stellt die steile Entwicklung der Baumwollindustrie stärker in den wirtschaftlichen Kontext und sieht die Industrielle Revolution eher als Ergebnis allgemeinen Wachstums und nicht als Auswirkung eines branchenspezifischen Wachstums, zumal die Berührungspunkte der Baumwollindustrie zu anderen Branchen vergleichsweise gering waren und sie räumlich auf wenige Stellen beschränkt blieb. Ein überragender stimulierender Effekt allein von der Baumwolle her ist eigentlich nicht vorstellbar. Im Jahr 1841, also rund sieben bzw. sechs Jahrzehnte nach den Durchbrüchen in der mechanischen Spinnerei und Weberei, betrug der Anteil der Arbeiter in Fabriken der Baumwollindustrie nicht mehr als 5% aller außerhalb der Landwirtschaft beschäftigten Arbeiter und der Anteil der Baumwollindustrie an der industriellen Produktion nicht mehr als 10%.

Weniger spektakulär und sprunghaft im Ablauf, aber wohl nachhaltiger in der Auswirkung auf die gesamtwirtschaftliche Entwicklung war die Eisenindustrie. Sie prägte schließlich mit Maschinen, Eisenbahnen, Brükken und anderen Bauten sowie Gegenständen aller Art das Gesicht der industrialisierten Welt. Die Fertigkeiten in der Eisenherstellung waren Voraussetzung für verbesserte Geräte von der Landwirtschaft bis zur Baumwollindustrie. Alle Investitionsgüterindustrien bauten darauf auf. „Die Entwicklungen in der Eisenindustrie stellten das Kernstück der neuen Maschinentechnologie dar. Hier wurde die moderne Industriewirtschaft geboren."[12]

Bevor die Eisenindustrie diesen Status erringen konnte, mußten verschiedene Probleme gelöst werden, die mit dem Brennstoff für den Schmelzvorgang, der Energie für das Gebläse des Hochofens und mit technischen Problemen bei der Erzeugung erst von Roheisen und dann von Schmiedeeisen zu tun hatten. Als Brennstoff wurde traditionellerweise Holzkohle verwandt, ein im Laufe der Zeit knapper werdender Brennstoff. Der Ausweg war die Verhüttung des Eisenerzes mit Koks. Dieses Verfahren praktizierte zuerst 1709 in Coalbrookdale (Shropshire) Abraham Darby, der Begründer einer Dynastie von Eisenfabrikanten. Koksverhüttung erlaubte reinere und größere Gußteile. Gebrauchsgegenstände (Kessel, Kamingitter, Bügeleisen) gingen vermehrt in die Produktion. Es gelang, den Zylinder für die Newcomen-Dampfmaschine aus Eisen zu gießen. Wellen für Mühlen und Zahnräder, die früher aus Holz waren, wurden mehr und mehr aus Eisen gefertigt. Landwirtschaftliche Geräte wiesen in größerem Maß Eisenteile auf.

In der zweiten Hälfte des 18. Jahrhunderts waren Bauteile vermehrt aus Eisen. Stolzes Aushängeschild der Industrie war 1779 die erste eiserne Brücke der Welt, die der Enkel Darbys, Abraham Darby III., ganz in der Nähe von Coalbrookdale über den Severn baute und die dem heutigen Ort Ironbridge seinen Namen gegeben hat. Die Verhüttung mit Koks kam allerdings nur langsam voran. 1775 gab es erst 31 Kokshochöfen. 1790 war die Zahl auf 81 gestiegen (bei noch bestehenden 25 Holzkohlehochöfen).

Dazwischen lag der Einsatz der Dampfmaschine für das Gebläse der Hochöfen und eine der wichtigsten Erfindungen während der Industriellen Revolution: das Puddelverfahren für die Überführung von Roh- in Schmiedeeisen. John Wilkinson verwandte 1776 für seinen Hochofen in Willey (Shropshire) die Dampfmaschine für das Gebläse, nachdem er zuvor Bohrtechniken entwickelt hatte, die präzise Zylinder für Watts Dampfmaschine ermöglichten. Das dampfgetriebene Gebläse sorgte für eine gleichmäßige und anhaltende Koksglut. Das verbliebene technische Problem der Unreinheit und mangelnden Festigkeit des Eisens löste 1784 Henry Cort in seiner Eisengießerei in Fareham (Hampshire). Ihm gelang es durch seine Erfindung des Puddelns, die Koksrückstände im Eisen fast völlig zu beseitigen. Ferner entwickelte er eine dampfgetriebene Walzmaschine. Die reichlich vorhandene Kohle hatte sich als Brennstoff endgültig durchsetzen können, die Qualität des Eisens verbesserte sich erheblich, und die Kosten für die Herstellung gingen drastisch zurück. Schmiedeeisen wurde leicht erhältlich. Die Voraussetzungen für die nächste Phase der Industriellen Revolution, für das Eisenbahnzeitalter waren geschaffen. Bis Mitte der achtziger Jahre des 18. Jahrhunderts wies die Roheisenproduktion jährliche Wachstumsraten von 2% auf, danach waren es 6%. Während der Napoleonischen Kriege kam es zu einer kriegsbedingten Nachfragesteigerung, aber nicht zu technologischen Schüben, so daß der Krieg nicht als Motor der Entwicklung angesehen werden kann. Mitte des 19. Jahrhunderts war über die Hälfte der Weltroheisenerzeugung in britischer Hand. Der britische Ausstoß betrug 1850 2,7 Mio. Tonnen. Der nächstgrößte Produzent war Frankreich mit 0,5 Mio. Tonnen.

Die Zentren der Eisenproduktion lagen in der ersten Hälfte des 19. Jahrhunderts in den Kohlerevieren von Wales, wo 36% des britischen Roheisens hergestellt wurden, der Midlands (26%) und Schottlands (27%). Kohle war ein leicht erreichbarer und billiger Brennstoff. Um

1800 wurden etwa 11 Mio. Tonnen Kohle gefördert. Mitte des 19. Jahrhunderts hatte sich diese Menge verfünffacht. Deutschland und Frankreich hatten 1850 mit 9,2 bzw. 5,3 Mio. Tonnen noch nicht einmal den britischen Stand der Jahrhundertwende erreicht. Großabnehmer für Kohle war die Eisenindustrie. Nicht nur das ausreichende Vorhandensein von Kohle war wichtig. Von ausschlaggebender Bedeutung war schließlich, daß sie vielfältig eingesetzt werden konnte, nicht nur in der Eisenindustrie, sondern auch bei der Herstellung von Kupfer, Glas, Ziegeln oder in Brauereien. Auch die neue von Josiah Wedgwood im nördlichen Staffordshire entwickelte Keramikindustrie ist hier zu nennen. Welch zentrale und unverzichtbare Rolle die Kohle spielte, wurde schließlich seit den dreißiger Jahren deutlich, als das Eisenbahnzeitalter Großbritannien nach den erfolgten Anfängen der Industrialisierung tatsächlich zu einem Industrieland im eigentlichen Sinn werden ließ.

Der Eisenbahnbau verursachte eine Nachfrage nach Eisen, Kohle und Ziegelsteinen, die alle bisherigen Erfahrungen in den Schatten stellte. Ein neuer Typ von Bauingenieur und Unternehmer war gefragt, um die anstehenden Konstruktions- und Organisationsprobleme zu bewältigen. Als seine Idealverkörperung kann Isambard Brunel gelten, dessen Vater, ein gebürtiger Franzose, sich schon einen Namen beim Tunnelbau gemacht hatte. Er selbst war leitender Ingenieur der *Great Western Railway Company,* wo er für den Bau von tausend Meilen Bahnstrecke verantwortlich war. Gleichzeitig war er ein bekannter Schiffsbauer.

Während man in der ersten Phase der Industriellen Revolution mit relativ bescheidenen Investitionen auskam, benötigte man für den Eisenbahnbau in den dreißiger Jahren jährlich 4 Mio. Pfund, in den vierziger Jahren 15 Mio. Pfund. Dadurch ergaben sich neue Formen der Geldbeschaffung und Geldanlage, denn die Investoren saßen jetzt nicht mehr überwiegend am Ort, wo gebaut wurde, sondern wurden landesweit von den Banken erfaßt. Ausgesprochene Boomjahre waren 1836/37 und 1847. 1847 waren 300000 Menschen in Bau und Betrieb der Eisenbahnen involviert. Wie stets ging es auch hier nicht ohne Fehlspekulationen, Zusammenbrüchen und Entlassungen von Arbeitskräften ab. Insgesamt aber gingen vom Eisenbahnbau mehr Impulse als jemals zuvor von einer wirtschaftlichen Tätigkeit aus. Großbritannien wurde mit seinen Produktionsstätten und seinen fortgeschrittenen Technologien zur Werkstatt und Baustelle der Welt. Die Londoner Weltausstellung 1851 mit der Eisen- und Glaskonstruktion des *Crystal Palace* als Manifestation des überlegenen britischen Standards dokumentierte dies auf eindringliche Weise. Ein Strom von Reisenden ergoß sich nach England, um das Vorbild zu studieren. Umgekehrt kam es zu einem breiten Technologie- und Kapitaltransfer ins Ausland. Ende der vierziger Jahre trat Großbritannien in eine Prosperitätsphase ein, die bis zu den siebziger Jahren ungebrochen anhielt. Das industriewirtschaftliche Wachstum erlangte nach 1830 ein breiteres Fundament als vorher. So ist es wohl gerechtfertigt, die „Entwicklung der Eisenbahnen als das zentrale Ereignis im Heranreifen der Industriellen Revolution darzustellen. Besonders in seinen letzten Jahrzehnten wurde das 18. Jahrhundert Zeuge technischer Veränderungen von wesentlich moderner Art in verschiedenen Industrien – Arbeitsmaschinen, Fabrikproduktionen usw. Aber erst im Eisenbahnzeitalter und weitgehend bewirkt durch die Eisenbahnen wurde die moderne Industrie zum beherrschenden Sektor der gesamten Volkswirtschaft."[13]

Beim allgemeinen Trend wirtschaftlichen Wachstums darf man allerdings die Schwankungen im Konjunkturverlauf nicht übersehen, die immer wieder zu Verunsicherungen und Störungen führten. Arbeitslosigkeit und Firmenzusammenbrüche waren in der Regel die Folge.[14] [s. Tab. 4] Nimmt man allerdings die Bautätigkeit hinzu, zu der der Ausbau des Transportsystems zählte, und schaut sich den gesamten nicht-agrarischen Sektor an, so ergibt sich eine kontinuierliche Aufwärtsbewegung von Jahr zu Jahr ohne einen einzigen Rückschlag.

In der Mitte des 19. Jahrhunderts war Großbritannien die in der Welt führende Handels-, Finanz- und Industriemacht. Seine Investitionstätigkeit verdoppelte sich zwischen 1760 und 1830, seine Arbeitsproduktivität zwischen 1800 und 1860. Das Volksvermögen versechsfachte sich von 1760 bis 1860. Die traditionellen Wirtschaftszweige waren keineswegs verschwunden, aber ihr Anteil am Sozialprodukt war merklich zurückgegangen. Die Verlagerung fand nicht nur in Richtung Industrie statt, sondern auch hin zu den dienstleistenden Berufen, die eine wachsende Differenzierung erfuhren. Damit wird deutlich, daß der wirtschaftliche Strukturwandel nicht nur ein industriewirtschaftliches Phänomen war.[15] [s. Tab. 5]

In Großbritannien spielte sich zum ersten Mal in der Weltgeschichte das ab, was wir die erste Industrielle Revolution nennen, den „Durchbruch von einer Agrar- und Handwerkswirtschaft zu einer Ökonomie, die von der Industrie und der maschinellen Fabrikation beherrscht wird".[16] Gleichzeitig ist festzustellen, daß der Übergang zur Industrialisierung dort wesentlich verhaltener verlief als später in anderen Ländern. Von manchen Historikern wird sogar bezweifelt, ob der Begriff der Industriellen Revolution überhaupt verwendet werden sollte, weil er die Plötzlichkeit und Radikalität des Umbruchs suggeriert, von dem keine Rede sein könne. Es kommt aber nicht auf die Vermeidung des Begriffs an, der sich in der wissenschaftlichen Diskussion als praktikabel erwiesen hat und *einen* Aspekt der politisch-ökonomischen Doppelrevolution im Übergang vom alteuropäischen Ancien Régime zur Moderne bezeichnet, sondern auf eine möglichst genaue Bestimmung seiner komplexen Inhalte.

Man kann kaum leugnen, daß die Industrielle Revolution die „gründlichste Umwälzung menschlicher Existenz in der Weltgeschichte“[17] gewesen ist, ein „Bruch im geschichtlichen Ablauf“, der die Menschen von „Bauern und Schafhirten in Betätiger von Maschinen“ verwandelte.[18] Zugleich aber muß man sehen, daß es sich dabei um sehr globale Beschreibungen handelt. Im einzelnen gab es in der ersten Hälfte des 19. Jahrhunderts viele Menschen in Großbritannien, deren Arbeitsleben sich wenig geändert hatte. Viele handwerkliche und ländliche Existenzen bemerkten kaum einen Bruch der Kontinuität. Nur an wenigen Stellen gab es rauchende Schornsteine und Fabrikanlagen. Und doch befand sich das gesamte Wirtschaftsleben – auch dort, wo das alte England noch ungebrochen schien – in einem neuen industriewirtschaftlichen Verbund mit wirtschaftlichen Leitsektoren (Textil- und Eisenindustrie), neuen Entwicklungen im Transportwesen und zusätzlichen Infrastrukturen im Dienstleistungsbereich. Auch die traditionellen Wirtschaftsformen hatten es mit neuen Marktbedingungen zu tun. Auch sie waren in das dauerhafte Wirtschaftswachstum einbezogen (wie sie auch wesentlich zu seiner Entstehung beigetragen hatten), das nur die industriewirtschaftliche Expansion leisten konnte. Landwirtschaftlicher Produktionsanstieg allein wäre eine zu schmale Basis für andauerndes Wachstum gewesen. Dies zeigt das irische Beispiel, wo in den vierziger Jahren infolge von Mißernten (Kartoffelkrankheit) Hunderttausende verhungerten.

Die Industrielle Revolution war der Strukturwandel einer schon expansiven Wirtschaft traditioneller Prägung. Er dauerte einige Jahrzehnte und erfaßte verschiedene Wirtschaftszweige und Wirtschaftsräume Großbritanniens in unterschiedlicher Intensität und unterschiedlichem Tempo. Das Problem von Kontinuität und Diskontinuität in der Industriellen Revolution läßt sich an verschiedenen Beispielen demonstrieren. Wie erfolgte ihr Ablauf und ihre räumliche Verbreitung? In welchem Verhältnis stand das Fabriksystem zu älteren gewerblichen Produktionsformen? Welche Auswirkungen ergaben sich auf dem Geld- und Kreditmarkt?

Die Industrielle Revolution wird heute als längerer Prozeß verstanden, nicht als *take-off* im Sinne Rostows, der zudem auch noch genaue zeitliche Angaben (1783–1802) für das dramatische Einsetzen der Industrialisierung gemacht hat.[19] Heute unterscheidet man stärker zwischen Veränderungen in einzelnen Bereichen und einer gesamtwirtschaftlichen Lage, auf die zunächst nur begrenzte Impulse von den modernen Wirtschaftszweigen ausgingen. Die neuere Forschung betont das zeitgleiche Nebeneinander verschiedener Entwicklungsstufen und Wirtschaftsformen. Der traditionelle Sektor (Landwirtschaft, Bautätigkeit, Heimindustrie, Handwerk) existierte neben dem modernen Sektor (Textil, Eisen, Maschinenbau, Bergbau, Transport). Beide Sektoren waren miteinander verzahnt. Noch 1861 arbeiteten nur 30% aller Beschäftigten in Berufen, die durch technischen Wandel tatsächlich grundlegend verändert worden waren (Eisenbahn, Schiffsbau, Bergbau, Metallindustrie, Maschinenbau, Chemie, Textilindustrie). Darüber hinaus gilt es festzuhalten, daß nicht eigentlich der Nationalstaat, sondern die Region „die wesentliche operative territoriale Einheit für die Industrialisierung gewesen ist".[20] Bei diesem Nebeneinander von industriellen und nichtindustriellen Wirtschaftsräumen, Wirtschaftsformen und Mentalitäten bedurfte es erst einer längeren Phase technologischen Wandels, bevor sich industrielles Wachstum wirklich gesamtwirtschaftlich bemerkbar machen konnte. Wie der Verlauf des Wachstums im einzelnen aussah, ist umstritten. Neuerdings schält sich heraus, daß die Wachstumskurve flacher ist, als ursprünglich angenommen wurde, nicht zuletzt bedingt durch die Ausgaben im Krieg gegen das revolutionäre Frankreich.

Die Gleichzeitigkeit von traditionellen und modernen Sektoren der Wirtschaft bedeutete ein Nebeneinander – oft auch Interaktion – von verschiedenen Arbeitsstätten und Produktionsformen. Die Fabrik stand für die Umwälzung industrieller Produktion mit ihrer geregelten und langen Arbeitszeit und mit ihren standardisierten Tätigkeiten. Als nach 1810 Gasbeleuchtung eingeführt wurde, konnte auch in Nachtschichten gearbeitet werden. In der Tuchfabrikation entstanden die ersten Großindustrien (Baumwolle in Lancashire und Wolle in West-Yorkshire). In Manchester stand 1786 ein einziger Fabrikschornstein, 1801 dagegen gab es dort bereits 50 dampfgetriebene Textilfabriken. Das erste Industriegebiet in der Geschichte war entstanden.

Fabriken konnten von sehr unterschiedlicher Größe sein. In Manchester gab es 1841 115 Baumwollbetriebe, angefangen bei 26 Unternehmen, die weniger als 100 Beschäftigte hatten, über 78 mit 100 bis 500 Arbeitern bis hin zu sechs Fabriken mit über 500 und fünf Fabriken mit über 1000 Arbeitern. Die großen Produktionseinheiten wie Fabriken, Bergwerke, Hüttenwerke oder Werften stellten nur *eine* Seite der Wirtschaft dar. Bei aller Gewaltigkeit, die diesen Anlagen zum Teil eigen war, ist aber im Auge zu behalten, daß 1841 nur etwa 5 % der Bevölkerung Fabrikarbeiter waren. Diese Gruppe war kleiner als die Gruppen, die in der Landwirtschaft oder in häuslichen Diensten tätig waren. Es gab mehr Schuhmacher als Bergarbeiter, mehr Schmiede als Arbeiter in der Eisenindustrie. In Heimarbeit und kleineren Werkstätten, wo Schuhe oder Kleidung hergestellt wurden, arbeiteten ungefähr ebenso viele Leute wie in der Baumwollindustrie. Die Masse der Konsumgüter wurde noch von Hand und in Kleinbetrieben hergestellt. Dieser Sachverhalt, den die neuere Forschung nachdrücklich herausstreicht, um die Vorstellung von der Industriellen Revolution als eines alles verschlingenden Kontinuitätsbruchs zu korrigieren, darf freilich nicht darüber hinwegtäuschen, daß von der technisch entwickelten Fabrikindustrie die entscheidenden Wachstumsimpulse ausgingen und daß sie es war, die die Wirtschaft insgesamt verwandelte.

Das entwickelte Fabriksystem machte ebenso wie der Eisenbahnbau die Bereitstellung größerer Kapitalmengen erforderlich. Der Anstieg der volkswirtschaftlichen Investitionsquote, der in der ersten Hälfte des 19. Jahrhunderts zu verzeichnen war, und ein entwickeltes Bankensystem waren eine wesentliche Voraussetzung für den Übergang Großbritanniens von der Frühindustrialisierung Ende des 18. zur „Werkstatt der Welt" in der Mitte des 19. Jahrhunderts. Eine vollautomatische *Mule*, die von Dampf- oder Wasserkraft angetrieben wurde und bis zu tausend Spindeln hatte, kostete über tausend Pfund. Eine *Jenny* mit 40 Spindeln war 1792 noch für sechs Pfund zu haben gewesen. Dieses Beispiel zeigt die enorme Zunahme im Kapitalbedarf. In den Anfängen der Industrialisierung besonders in der Textilbranche, war er dagegen nicht sehr hoch. Anfangs überwog noch die Selbstfinanzierung. Geld wurde bei Freunden aufgenommen. Es ging nicht immer ohne Kreditaufnahme, aber Banken spielten bei der frühen Industriefinanzierung noch keine große Rolle. Sie blieben meist auf Wechseldiskontierungen und Überziehungskredite beschränkt, was durch die große Verbreitung von Provinzbanken sehr erleichtert wurde. Der Kapitaleinsatz in der Landwirtschaft war anfangs höher als in der Industrie. Der Verkauf eines durchschnittlichen landwirtschaftlichen Anwesens mit einer beschäftigten Arbeitskraft erbrachte genügend Kapital, um acht Arbeitsplätze in der Industrie zu schaffen. Der Tuchhändlergehilfe Robert Owen lieh sich 1789 hundert Pfund, um mit einem Partner einen Betrieb zu gründen. Schon 1809 konnte er ihn mit 84000 Pfund auszahlen. Viele frühindustrielle Anfänge waren ähnlich bescheiden. Robert Peel, der Großvater des späteren Premierministers, war bäuerlicher Herkunft und begann mit Handspinnen und Baumwolldrucken, ehe sein Sohn mit mechanischen Spinnereien und Kattundrukkereien expandierte. Bekannte Eisenindustrielle wie Darby, Boulton oder Wilkinson entstammten dem Bauern-, Arbeiter- oder Handwerkermilieu. Mit einem Wort: die unmittelbare Bedeutung der Kapitalakkumulation war für den Beginn der Industrialisierung vergleichsweise gering. Die Spar- und Investitionsfähigkeit in nicht-industriellen Wirtschaftszweigen war kein autonomer Bedingungsfaktor für den Durchbruch der Industriellen Revolution. Sie „begleitete eher das Wachstum, als daß sie ihm vorausging".[21] Indirekt aber war es zweifellos von erheblicher Bedeutung, daß die britische Gesellschaft an der Schwelle zur Industriellen Revolution investierbare Überschüsse erwirtschaften konnte, die der Industrialisierung zugute kamen. So entstanden die für die Industrialisierung wichtigen Bedingungen: die Modernisierung der Landwirtschaft in der Agrarrevolution, der Ausbau des Transportsystems oder die Anhebung der Nachfrage.

Wer nicht auf eigenes Vermögen zurückgreifen oder bei Freunden und Verwandten Geld leihen konnte, mußte einen Bankkredit aufnehmen. Im Fortgang der Industrialisierung, als die Ausgaben für Maschinen und Produktionsanlagen steil anstiegen, war dies der übliche Weg, auch bei Konjunkturschwankungen und Absatzkrisen – wie nach Beendigung der Napoleonischen Kriege oder in den dreißiger und vierziger Jahren des 19. Jahrhunderts. In keinem Land war der Markt mit Aktien und Wertpapieren schon im 18. Jahrhundert so entwickelt wie in Großbritannien. London trat an die Stelle von Amsterdam und wurde in der zweiten Hälfte des 18. Jahrhunderts – und endgültig während der Napoleonischen Kriege – zur Drehscheibe des internationalen Geldmarkts. Eine wesentliche Voraussetzung dafür war die Stabilität der britischen Währung und das Vertrauen in die Staatsfinanzen. Der Staatskredit gründete sich auf die Kooperation mit den Geldanlegern, und diese besaßen im System der Staatsanleihen eine lange bevorzugte und sichere Anlageform. Die Staatsverschuldung in Form von Anleihen stieg von 30 Mio. Pfund Mitte des 18. Jahrhunderts auf 440. Mio. Pfund im Jahr des Wiener Kongresses. Demgegenüber wurden für alle neuen Kanalbauten bis 1815 20 Mio. Pfund, für Häfen und Docks von 1800 bis 1820 18 Mio. Pfund und für Dampfmaschinen bis 1830 nur 10 Mio. Pfund aufgewendet. Der innerbritische Geldfluß profitierte von der Streuung der Unternehmerinteressen. Grundbesitzender Adel und seine Pächter investierten nicht nur in der Landwirtschaft, sondern auch im Transport- und Verkehrswesen oder in Bergwerken. Kaufleute beteiligten sich an Industrien. Der Hüttenbesitzer Wilkinson unterhielt auch landwirtschaftliche Güter. Die Verzahnung der Wirtschaftszweige, deren Folge ein leistungsfähiger Kapitalverkehr war, kam insbesondere nach den Napoleonischen Kriegen zum Tragen, als der Kapitalbedarf zunahm und die Modernisierung der Landwirtschaft, die ihrerseits viel Geld verschlungen hatte, fürs erste abgeschlossen war. Die traditionelle Vermögensbildung und Geldanlage (Landbesitz, Bankguthaben, Staatspapiere) wurde ergänzt durch Investitionen in Verkehrsbauten (Straßen, Brücken, Kanäle, Eisenbahnen) und in der Industrie (Fabriken, Maschinen, Rohstoffimporte). Die regionale Orientierung der Geldanleger im Zusammenwirken von Grundbesitzern, Geschäftsleuten, Banken und Gemeinden wich seit den neunziger Jahren des 18. Jahrhunderts weiträumiger Geldbeschaffung, als der Kanalbauboom die bisherigen Dimensionen sprengte und die Anlage in Kanalaktien zum Modell für den späteren Eisenbahnbau wurde.

Überblickt man den Wandel von der überwiegend agrarischen Wirtschaft zur Industriewirtschaft und Dienstleistungsgesellschaft, so handelt es sich im Ergebnis um eine revolutionäre Umwälzung, im Ablauf dieses Vorgangs aber um ein langsames Ablösen alter Entwicklungen und Kontinuitätslinien. Warum gerade Großbritannien das Land war, von dem die Industrialisierung ausging und sich über die Welt verbreitete, wird immer wieder höchst unterschiedlich beantwortet. Manche Historiker sprechen von einem Zufall. In der Tat kann man darauf verweisen, daß andere Länder über eine bessere Ausstattung mit bestimmten Rohstoffen verfügten wie Schweden mit Eisenerzen oder die USA mit Baumwolle; daß es auch woanders günstige Verkehrsbedingungen und moderne, leistungsorientierte Gesellschaften gab wie in den Niederlanden; daß das Niveau von Bildung und Wissenschaft in Frankreich oder den Niederlanden wohl höher war; daß französische Erfinder und Naturwissenschaftler beachtliche Erfolge vorweisen konnten; daß die französische oder niederländische Wirtschaft in der Mitte des 18. Jahrhunderts eine vergleichbare Produktivitätsstufe aufwies. Will man sich nicht mit der Zufallsthese begnügen, wird man nach spezifischen Unterschieden in den jeweiligen nationalen oder regionalen Konstellationen suchen. Hier ist etwa darauf zu verweisen, daß in Großbritannien die praktische Anwendung von Erfindungen durch Kooperation von Wissenschaftlern, Ingenieuren und Unternehmern besser oder überhaupt funktionierte; daß politische Stabilität und gesellschaftliche Offenheit in Großbritannien von Vorteil waren, während Frankreich durch ständische Schranken eingeengt war und dann die einzelnen Phasen der Revolution zu verkraften hatte, als Großbritannien die erste Welle der Industriellen Revolution erlebte; daß Großbritannien durch die Revolutionskriege weniger in Mitleidenschaft gezogen wurde, die Kriegslasten das wirtschaftliche Wachstum zwar verzögerten, der Krieg aber auch nachfragefördernd war (Schiffsbau, Eisen- und Textilindustrie) und der Kriegsverlauf die Stellung Großbritanniens im Welthandel stärkte. Spezifisch britische politische und gesellschaftliche Rahmenbedingungen traten zu den anderen Faktoren hinzu, die oben genannt worden sind: Bevölkerungswachstum, Urbanisierung, Agrarrevolution, günstige interne und äußere Marktbedingungen, ein entwickeltes Transportsystem, Kohlevorkommen, technisches Können, leicht mobilisierbares Kapital. All diese Faktoren kamen woanders einzeln auch vor, aber nicht in ihrer Gesamtheit gebündelt, wie dies in Großbritannien der Fall war.

2. Gesellschaftliches Gefüge und sozialer Wandel zwischen Konflikt und Integration

a) Die funktionierende Aristokratie

Wie die Wirtschaft so war auch die Gesellschaft durch Momente sowohl der Kontinuität als auch der Diskontinuität gekennzeichnet. Die führende Stellung des Adels war politisch und gesellschaftlich in der Mitte des 19. Jahrhunderts fast ebenso stark wie hundert Jahre vorher. Die wirtschaftliche Vorherrschaft war ihm aus den Händen geglitten, aber die Industrielle Revolution hat das soziale Gefüge in Großbritannien nicht von Grund auf umgestoßen. Die soziale Differenzierung wurde ausgeprägter, indem neue Elemente wie das Industriebürgertum und die Fabrikarbeiterschaft hinzukamen, aber die vorindustriellen Muster und Hierarchien verschwanden nicht. Es war eine Gesellschaft sozialer Gegensätze und Konflikte, doch war das Verhalten der gesellschaftlichen Gruppen nicht über einen bündig zu benennenden Klassenstandpunkt definiert. Der politisch-sozialen Sprache war der Klassenbegriff (*working classes, middle classes*) seit den zwanziger Jahren des 19. Jahrhunderts geläufig. So begann sich die Arbeiterschaft als Klasse zu verstehen, aber es gab keine durchgehende Klassensolidarität. Zwischen dem adligen Landbesitz und den besitzenden Mittelschichten aus Handel und Finanz sowie Industrie bestanden trotz aller Unterschiede im sozialen Prestige vielfältige Verbindungen.

Soziale Mobilität und soziale Differenzierung entstanden nicht erst als Folge der Industrialisierung, sondern waren ein Strukturmerkmal schon der vorindustriellen Gesellschaft. Auch sie kannte den Gegensatz zwischen altem und neuem Reichtum, den Gegensatz zwischen *landed* und *moneyed* oder *commercial interest.* Die Existenz lohnabhängiger Arbeiter war schon in den vorindustriellen Produktionsformen durchaus nicht die Ausnahme. Das Problem der Massenarmut bestand vor wie nach der Industriellen Revolution. Daß sich in Großbritannien die vorindustrielle Machtverteilung in Politik und Gesellschaft halten konnte, ohne daß sich gleichzeitig revolutionäre Potentiale bildeten, lag an der Durchlässigkeit des sozialen Gefüges, der freien und sicheren Verfügbarkeit von Eigentum und der Wertschätzung von wirtschaftlicher Leistung, schon *bevor* die Industrielle Revolution zum Durchbruch kam. Es gab keine Abschottung zwischen den besitzenden Schichten. Kein Privilegiendünkel verhinderte die Fluktuation zwischen Adel und Bürgertum, das in Handel, Finanz oder Gewerbe zu Vermögen gekommen war. Eigentum, namentlich Grundbesitz, war frei transferierbar. Eigentumsdelikte wurden hart bestraft. Die freie Marktgesellschaft begünstigte Innovationen und Investitionen. Der Staat förderte die Freiheit wirtschaftlichen Handelns durch die Stärkung kapitalistischer Unternehmerinitiative sowohl in der Landwirtschaft als auch in der Industrie, indem er durch die *Enclosure*-Gesetze agrarischen Gemein- und Kleinbesitz beseitigte und in der ersten Hälfte des 19. Jahrhunderts nach und nach noch bestehende staatliche Beschränkungen in der Arbeitswelt oder im Außenhandel abbaute. Großbritannien überschritt also die Schwelle zur Industrialisierung unter den Voraussetzungen einer vergleichsweise offenen Gesellschaft, was die wirtschaftlichen Entfaltungsmöglichkeiten anging. Da alle gesellschaftlichen Schichten davon profitierten, konnten die traditionellen politisch-gesellschaftlichen Abstufungen erhalten bleiben, die allerdings durch Reformbereitschaft der adligen Eliten immer flexibel gehalten wurden. Entwicklung und Wachstum lautete die Devise, nicht Gleichheit oder Demokratisierung.

Hochadel (*Nobility, Peerage*) und niederer Adel (*Gentry*), die an der Wende zum 19. Jahrhundert 1,4% der Bevölkerung ausmachten und über 15,7% der Einkommen verfügten, hatten auf ihren Ländereien und Pachtbetrieben mit der Agrarrevolution bereits ihre wirtschaftliche Leistungsfähigkeit unter Beweis gestellt, als von Industrialisierung noch nicht die Rede sein konnte. Der weite wirtschaftliche Horizont des Adels war auch daran ablesbar, daß der Adel nicht anders als bürgerliche Kapitalisten auch in Bergbau, Transportwesen, Überseegeschäft, Industrie, städtischem Grundbesitz oder Staatsanleihen investierte und sich nicht auf seine zum Teil riesigen Besitzungen zurückzog. An der Spitze der Einkommensskala standen die 200 Familien des Hochadels. Die reichsten von ihnen bauten sich prachtvolle Landsitze und konnten auf ein Jahreseinkommen von 50000 Pfund kommen. Der Adel war integrierter Bestandteil der besitzindividualistischen Gesellschaft. Er genoß keine Steuerprivilegien. Die Aristokratie war zwar im Oberhaus repräsentiert, aber der größte Teil der *Nobility* gehörte rechtlich zu den *Commoners*. Den Adelstitel erbte nur der älteste Sohn, während die jüngeren Söhne nach Unterhaussitzen streben konnten, wenn sie in die Politik gehen wollten, in Armee, Staatsdienst und Kirche tätig sein oder auch „bürgerlichen" Beschäftigungen in Handel, Finanz und Gewerbe nachgehen konnten. Dadurch blieb die Aristokratie in enger Berührung mit allen Zweigen der Volkswirtschaft. Politisch kontrollierte sie zusammen mit der Gentry, die das Rückgrat der lokalen Verwaltung bildete, die Wahlen zum Unterhaus. Dies blieb auch nach der Wahlrechtsreform von 1832 unverändert,[22] die völlig zu Unrecht gelegentlich als „bürgerliche" Reform bezeichnet wird. Schon Friedrich Engels irrte, wenn er mit 1832 die „Bourgeoisie zur herrschenden Klasse erhoben" sah.[23] Die Masse der Unterhausmitglieder kam auch nach 1832 aus dem Grundbesitz.[24] [s. Tab. 6] Dabei spielte Korruption eine wichtige Rolle, wenn der Begriff nach den zeitgenössischen Maßstäben der politisch-sozialen Eliten auch irreführend ist: Parlamentssitze waren eine Handelsware. Das Wahlrecht war kein natürliches Recht, sondern ein an bestimmte Voraussetzungen gebundenes Eigentumsrecht. Wahlberechtigte konnten sich infolgedessen für die Stimmabgabe bezahlen lassen.

Völlig zutreffend beschrieb Tocqueville das England der dreißiger Jahre des 19. Jahrhunderts im Kontrast zu den USA, wo man das Muster einer Demokratie studieren könne, als Beispiel einer funktionierenden Aristokratie. Sie funktioniert, weil die Aristokratie den mittleren und unteren Rängen der Gentry die politische Unabhängigkeit beließ und weil auch Außenseiter wie Pitt, Fox und Peel und später Gladstone oder Disraeli, die nicht aus einer traditionsreichen Familie stammten, in oberste Ämter vordringen konnten. Parallel dazu kam es auch zum Erwerb von Landgütern, die als Ausweis für gesellschaftlichen Status und gesellschaftlichen Aufstieg auch in der ersten Hälfte des 19. Jahrhunderts unersetzlich blieben. Bekannt ist Edmund Burkes Ablehnung der in Indien zu Geld gekommenen Nabobs, die als Neureiche in die traditionelle Agrargesellschaft eindrangen. Doch kam es keineswegs zu einer radikalen Umverteilung von Landbesitz. Er blieb überwiegend unter der Kontrolle der Magnaten. Nur etwa 10% des ländlichen Großbesitzes kam bis etwa 1880 in die Hand von sozialen Aufsteigern.

Die Adelsgesellschaft als Verkörperung des „alten" England erwies sich als stabiler Faktor im sozialen Kräftefeld. In der Mitte des 19. Jahrhunderts entstammten 55% der Schüler an den führenden *Public Schools* dem adligen Landbesitz. Einerseits hatten die Agrarier keine Berührungsangst mit anderen gesellschaftlichen Gruppen. Andererseits bewahrten sie ihre Identität und ihren Einfluß und waren so an der Ausbildung einer im Land der Industriellen Revolution stets mächtigen nicht-industriellen Mentalität beteiligt. Sie wurde zusätzlich dadurch untermauert, daß noch in der Mitte des 19. Jahrhunderts der große Reichtum des Landes nicht bei den industriellen Unternehmern konzentriert war, sondern beim Landbesitz und beim Handelskapital. Welches die Orientierungspunkte waren, macht eine Äußerung Königin Viktorias deutlich. Sie besuchte im Jahr der Weltausstellung 1851 zum ersten Mal Liverpool und Manchester. Zur Lokalisierung der zweit- bzw. viertgrößten Stadt Großbritanniens nannte sie Besitzungen der adligen Oberschicht, deren Lage im Gegensatz zu den neuen industriellen Zentren dem Empfänger ihres Briefes durchaus vertraut war: „Liverpool liegt drei Meilen von Croxteth entfernt ... Manchester soll sieben Meilen von Worsley entfernt sein, aber nach meiner Meinung sind es weniger."[25]

b) Mittel- und Unterschichten

Wie der landbesitzende Adel verfügten auch die Mittelschichten über gemeinsame Merkmale. Arbeitsamkeit, Gewissenhaftigkeit, Zielstrebigkeit, Selbständigkeit waren Tugenden, die ihre Mentalität prägten. Freilich paßt diese Beschreibung auch auf viele Adlige oder bessergestellte Arbeiter. Volkswirtschaftlich waren die Mittelschichten die Gruppe mit mittlerem Einkommen, obwohl die 2000 reichsten Kaufmannsfamilien in England und Wales Anfang des 19. Jahrhunderts mit 2600 Pfund Jahreseinkommen höher lagen als die 15600 Familien mit mittlerem und kleinem Landbesitz. Aber den Kaufleuten fehlte der Grundbesitz als Merkmal gesellschaftlicher Zugehörigkeit. Der großen Zahl der Pächter in der

Landwirtschaft und der abnehmenden Zahl der kleineren selbständigen Bauern (*freeholders*) wiederum fehlte das große Einkommen. Auch sie gehörten zu den Mittelschichten.

Zu Anfang des 19. Jahrhunderts hatten die Mittelschichten einen Bevölkerungsanteil von 31,6% und verfügten über 59,4% des Volkseinkommens. Am unteren Ende der Einkommensskala gehörten zu ihnen auch 25000 bessergestellte Handwerkerfamilien mit durchschnittlich 150 Pfund Jahreseinkommen und 30000 Familien, wo die Väter ihre 75 Pfund Jahreseinkommen als kleine Geschäftsleute oder Angestellte verdienten. Daraus geht klar hervor, daß es sich bei den Mittelschichten um recht unterschiedliche soziale Zugehörigkeiten handelte. Man unterscheidet im allgemeinen zwischen oberen und unteren Mittelschichten (*upper* und *lower middle classes*). Wie dies generell in der britischen Gesellschaft möglich war, hatte das Kleinbürgertum (Kleinkrämer, Handwerksmeister, Angestellte, untere Ebene von Klerus und Rechtsanwälten) bei wirtschaftlichem Erfolg die Chance zum Aufstieg ins Großbürgertum. Dieses orientierte sich in seinen Wertvorstellungen an der adligen Führungsschicht und strebte oft durch Erwerb von Landbesitz oder Wahl ins Unterhaus nach gesellschaftlicher Statuserhöhung. Die Industriellen von Lancashire kauften Ländereien in Cheshire. Robert Peel, dessen Sohn 1834 zum ersten Mal Premierminister wurde, war ein Modellfall für wirtschaftlichen Erfolg und sozialen Aufstieg. Sein Vater hatte 1764 in Blackburn (Lancashire) zusammen mit zwei Partnern eine Kattundruckerei gegründet. Er selbst startete u.a. eine Zweigfirma in Tamworth (Staffordshire) und kaufte dort Ländereien, wo er Drayton Manor baute, das für ihn und seinen Sohn zum Ausgangspunkt für ihre politischen Karrieren wurde. 1790 gelangte er für Tamworth ins Unterhaus, 1800 wurde er in den erblichen Adelsstand eines *Baronet* erhoben. Als Sir Robert Peel wählte er das Motto *Industria* und beschäftigte gegen Ende seines Lebens rund 15000 Arbeitnehmer.

Im Laufe der Industriellen Revolution verließen die Mittelschichten die schmutzigen und überfüllten Innenstädte und zogen in deutlicher Abgrenzung von der Arbeiterschaft in die westlichen Vorstädte. Zu ihnen gehörten nicht nur die Vertreter des zum größeren Teil schon aus vorindustrieller Zeit stammenden Handels- und Finanzkapitals und das neue Industriebürgertum, nicht nur die Staatsbediensteten, Offiziere der Streitkräfte und der Klerus, sondern auch die freiberuflichen Dienstleistungsberufe (*professions*) sowohl alter Art (Ärzte, Apotheker, Juristen), als auch die neuen Expertenberufe (Architekten, Maschinenbautechniker, Bauingenieure). Mit der Bedeutungszunahme des tertiären Bereichs im Verlauf der Industrialisierung stiegen die gehobenen Dienstleistungsberufe in die oberen Mittelschichten auf. Politisch auch nach 1832 unterrepräsentiert schuf sich das Bürgertum als Ort der Kommunikations- und

Identitätsbildung Gesellschaften und Vereine, angefangen von Handelskammern und Unternehmerverbänden bis hin zu literarischen Gesellschaften. Die sozialen Oberschichten der Industriestädte artikulierten sich in mächtigen Provinzzeitungen wie dem *Leeds Mercury* oder dem *Manchester Guardian.* Meist aus bescheidenen Anfängen zu Wohlstand aufgestiegen, waren die industriellen Unternehmer ein völlig neuer Faktor im sozialen Gefüge. Millionäre waren in der industriellen Mittelschicht selten. Aber als Ganzes verkörperten die industriellen Unternehmer und Manager wirtschaftliche Dynamik mit Aussicht auf ein sich selbst tragendes und stetig ansteigendes Wachstum, insbesondere nach Überwindung der Krisen in den vierziger Jahren. Ihre unternehmerische Risiko- und Innovationsbereitschaft bestimmte ganz wesentlich das Bild der modernen britischen Wirtschaft. Überproportional hoch war der Anteil der protestantischen Nonkonformisten. Sie machten 7% der Gesamtbevölkerung aus, aber rund 50% der neuen Unternehmerschicht. Da ihnen bis zur Emanzipation des protestantischen Dissent 1828 der Zugang zum Staatsdienst und zu kommunalen Ämtern sowie zu den Universitäten von Oxford und Cambridge verwehrt war, kompensierten sie ihre gesellschaftliche Randexistenz durch ihre Leistungen als Träger der Industriellen Revolution.

Die große Masse der Bevölkerung, nämlich ungefähr zwei Drittel, gehörte den sozialen Unterschichten an. Auf sie entfiel lediglich ein Viertel des Volkseinkommens. Die volkswirtschaftliche Leistung Großbritanniens stieg ständig, und zwar stärker als das Bevölkerungswachstum. Aber die Hälfte der Unterschichten lebte in Armut am Rand oder unterhalb des Existenzminimums. Als Tagelöhner, Häusler oder schlicht Arme waren sie den Wechselfällen des Jahres völlig ausgeliefert. Besser ging es den Landarbeitern, Handwerkern, Industriearbeitern, Bauleuten, Seeleuten und Soldaten, auch wenn sie die steigenden Lebenshaltungskosten infolge der Kriege oder wirtschaftliche Konjunkturschwankungen und damit verbundene Preiserhöhungen einschneidend spürten. Tumulte und Plünderungen (*food riots*) waren oft die Folge. Sie waren für die außerhalb der politischen Nation stehenden Unterschichten ein Ventil. Besonders intensiv waren sie als Folge schlechter Ernten 1756/57, 1766, 1772/73, 1795/96, 1800/01 und 1816. Lokal begrenzter und in seiner Zielsetzung überschaubarer Aufruhr wurde von den Herrschenden nicht sogleich als Angriff auf das System verstanden. In Ermangelung einer wirkungsvollen Polizeiorganisation gab es nur das Militär zur Abwehr von Angriffen auf die innere Ordnung. Die Hinnahme von kollektiven Plünderungsaktionen hing im einzelnen natürlich von der Einschätzung der Lage durch die Ordnungskräfte ab und schwankte regional beträchtlich. Auf dem Land konnten sie eher geduldet werden als im Umfeld von Industriestädten, wo die Massen stärker ins Gewicht fielen. Im Laufe der

Napoleonischen Kriege verband sich der Aufruhr gegen soziale Not mit politischen Parolen gegen die sozialen Schichten, die das Parlament kontrollierten und einen kostspieligen Krieg führten. Als in der ersten Hälfte des 19. Jahrhunderts der Lebensstandard langsam anstieg, ging die Zahl der Tumulte entscheidend zurück. Die letzten *food riots* verzeichnete man 1847.

Die von Handarbeit lebende Bevölkerung wies gemeinsame Merkmale auf, die sie als Klasse erscheinen ließen. Sie war andererseits in sich stark gegliedert und von Zügen sozialer Ungleichheit geprägt, so daß kaum von einer geschlossenen Arbeiterklasse gesprochen werden kann. Gemeinsam war allen Arbeitern, daß sie als Lohnarbeiter in der Landwirtschaft, im Kleingewerbe, auf Baustellen oder in der Industrie nichts als ihre Arbeitskraft hatten, die sie gegen Bezahlung dem Landbesitzer, Meister oder Unternehmer zur Verfügung stellten. Mit der Bevölkerungsexplosion nahm ihre Zahl jährlich zu, und von der Zeit der Kriege gegen das revolutionäre Frankreich abgesehen gab es keinen Arbeitskräftemangel. Durch Zugang aus landwirtschaftlichen Gebieten war für Gewerbe und Industrie ein zusätzliches Reservoir billiger Arbeitskräfte gegeben, die zunächst kein Gegenmittel hatten, wenn die Arbeitgeber Löhne diktierten oder Entlassungen vornahmen. Lohnabhängige Arbeit ist kein Phänomen, das erst mit der Industriellen Revolution entstand. Auch auf eigener Scholle lebende Heimarbeiter waren von den Preisen für Rohmaterial oder von den Absatzmöglichkeiten für Fertigprodukte abhängig, die Verleger und Kaufleute ihnen vorgaben. Aber fraglos wuchs mit der Agrarrevolution und der Industriellen Revolution die Zahl der Menschen, die die Chance zur Selbstversorgung auf einem kleinen Stück Land und auf der Allmende oder zur selbständigen Tätigkeit zu Hause einbüßten und die reine Lohnarbeiter wurden. Es bestand eine steigende Tendenz zur Entpersönlichung des Arbeitsverhältnisses. In der liberalen Ökonomie Adam Smiths gab es keinen Gegensatz zwischen Gewinnmaximierung und Hebung des allgemeinen Wohlstands. Die Freisetzung des Wettbewerbs durfte nicht durch Schutzbestimmungen traditioneller Art behindert werden. In der Konsequenz dieses Denkens lag es, daß handwerklich arbeitende, hochqualifizierte Fachkräfte, die durch die Mechanisierung des Webens oder des Textildrucks in die Defensive gedrängt wurden, auch gesetzlich seit dem 16. Jahrhundert verbriefte Rechte verloren, als das Parlament 1813/14 Bestimmungen über Lohnfestsetzungen durch Friedensrichter oder die siebenjährige Lehrzeit für Fachkräfte aufhob und damit den Arbeitsmarkt liberalisierte. Die Arbeitskraft wurde vollends zur Ware, deren Wert die Gesetze des Marktes bestimmten.

Die meisten britischen Arbeiter waren als Landarbeiter, Hausangestellte, Bauarbeiter oder in kleinen Werkstätten und Betrieben beschäftigt. Sie hatten den herkömmlichen zehn- bis zwölfstündigen Arbeitstag. Die längeren Arbeitszeiten in den Textilfabriken, die 14 bis 16 Stunden betrugen, waren also nicht die Norm. In den Textilfabriken wurde nicht nur länger gearbeitet. Hier gab es auch einen überproportional großen Anteil von Frauen und Kindern. Frauen- und Kinderarbeit war schon immer bekannt. Die vorindustrielle Arbeitswelt, die nicht in falscher Idyllik gesehen werden darf, konnte nicht ohne sie auskommen. Aber die Industrielle Revolution mit ihren spezialisierten Tätigkeiten und Großorganisationen hat ihre Arbeit erstmals deutlicher hervortreten und meßbar werden lassen. Nach Mindestschätzungen stand in der Mitte des 19. Jahrhunderts ein Drittel aller Kinder unter 15 Jahren in einem Arbeitsverhältnis. Schon immer wurden Kinder mit sieben Jahren und gelegentlich auch früher in der Landwirtschaft eingesetzt. Im Unterschied zur Fabrikarbeit gab es keine Gesetze, die Kinderarbeit auf dem Land einschränkten. Dasselbe galt für die Hausindustrien. In Betriebe der metallverarbeitenden Industrie oder in Textilfabriken wurden Kinder mit acht, in Bergwerke mit sechs Jahren geschickt. Kinder unter 15 Jahren machten ungefähr 1 % der Erwerbstätigen aus. Einen wesentlich höheren Prozentsatz stellten die Frauen mit etwa 30%. Rund 39% aller Frauen waren berufstätig, vor allem als häusliche Angestellte, in der Textilbranche und in der Landwirtschaft. Besonders hoch war der Anteil der berufstätigen Frauen in der Altersgruppe 14 bis 29 Jahre, also vor der Eheschließung. In Preston, einer von der Baumwollindustrie geprägten Stadt in Lancashire, waren 1851 26% der Ehefrauen berufstätig. Frauen waren überwiegend in angelernten und ungelernten Tätigkeiten beschäftigt. Ihr Anteil an den gelernten Arbeitern betrug nur 5%.

Die Masse der Arbeiter lebte sowohl vor als auch während der Industriellen Revolution in völliger Unsicherheit. Geringer Verdienst von meistens nicht mehr als einem Pfund pro Woche (mit den durchschnittlich 10 s. der Landarbeiter am Ende der Skala) und häufige Arbeitslosigkeit bestimmten das Bild, das sich infolge von Krankheit noch drastisch verschlimmern konnte. Die Lebenshaltungskosten für eine Durchschnittsfamilie betrugen um die Jahrhundertwende etwa 10 s., wobei die Miete noch nicht eingeschlossen war. Die qualifizierten Facharbeiter dagegen in Handwerk und Industrie waren gesicherter in ihrer beruflichen Existenz und verfügten über mehr Einkommen. Sie hatten einen Wochenverdienst von 30 s. bis zwei Pfund. Für sie hat sich der Begriff der Arbeiteraristokratie eingebürgert. Er wird entweder in deskriptiver Absicht gebraucht, um damit die sowohl vor als auch nach dem Durchbruch der Industriellen Revolution existierende Elite der Arbeiter zu bezeichnen; oder in polemischer Weise, um damit den Verrat der bessergestellten Arbeiter an der Sache der Klassensolidarität, den „Übergang von der kämpferischen Klassenmobilisierung ... zum gemäßigten und subalternen ‚Labourismus' der zweiten Jahrhunderthälfte" anzuprangern.[26] Die gehobene Arbeiterschicht, zu der in der Mitte des 19. Jahrhunderts etwa 1,1 Mio. Arbeiter zählten (gegenüber 3,8 Mio. angelernten und 2,8 Mio. ungelernten Arbeitern), umfaßte sowohl Handwerker aus traditionellen Berufen wie Tischler oder Drucker als auch Facharbeiter in industriellen Betrieben. Zwischen ihnen und den unteren Mittelschichten gab es fließende Übergänge. Einem Facharbeiter in einer sicheren Stellung konnte es bessergehen als einem selbständigen kleinen Händler. In Städten wie Birmingham oder Sheffield, wo es noch viele kleinere metallverarbeitende Handwerksbetriebe gab, lebten die zur unteren Mittelkasse zählenden Meister in engem Kontakt zu ihren gelernten Arbeitern. Hier gab es nicht so schroffe soziale Gegensätze wie in den Fabrikindustrien der Textilzentren Manchester, Oldham, Bradford oder Leeds. Nach neueren Untersuchungen, die am Beispiel der Baumwollstadt Stockport durchgeführt wurden, wäre es aber wohl auch verfehlt, in Orten mit einem alles beherrschenden neuen Industriezweig, wie es die Baumwollindustrie war, von einer homogenen Arbeiterschaft mit kämpferischer Solidarität zu sprechen.

Wo sich die Angehörigen der Arbeiteraristokratie an der Nahtstelle zu den Mittelschichten befanden, tendierten sie seit den vierziger Jahren zu einer gewissen Verbürgerlichung. Nüchternheit, Sparsamkeit, Individualismus und Streben nach Respektabilität bestimmten den sozialen Tugendkatalog. Gleichzeitig unterschieden sie sich vom Individualismus der Mittelschichten durch klassenspezifische Organisationsformen wie Gewerkschaften, Unterstützungsgesellschaften (*Friendly Societies*) oder genossenschaftliche Vereinigungen. Sie hatten eigene politische Clubs und eigene Zeitungen wie *Poor Man's Guardian, Voice of the People* oder *Northern Star.* Ihre Rolle war es, für die Außendarstellung der Arbeiterschaft zu sorgen, obwohl sie sich von der Masse der Arbeiter erheblich unterschieden. Sie waren die Träger der sich formierenden Arbeiterbewegung. Es empfiehlt sich also nicht, von einer einheitlichen Arbeiterklasse zu sprechen, denn die organisierte Arbeiterschaft war eine Minderheit, die sich sehr wohl gegen die unteren Schichten abgrenzte.

Welchen Anteil die Unterschichten am steigenden Nationaleinkommen hatten und wie sich die Industrialisierung auf den Lebensstandard der Arbeiter auswirkte, ist eine immer wieder debattierte Frage. Sie bezieht sich auf die Zeit nach den Napoleonischen Kriegen, da das Wirtschaftswachstum zu Beginn der Industriellen Revolution noch bescheiden war und die Kriegszeit ohnehin keinen ungestörten Verlauf der Wirtschaft gestattete. Der Krieg wirkte sich durch hohe Steuern und Lebensmittelpreise negativ auf die Lage der breiten Bevölkerung aus. Die schlechten Ernteerträge nach 1795 und 1808 taten ein übriges. 1800/01 und 1812/13 waren die Agrarpreise doppelt so hoch wie vor dem Krieg. Für die Zeit nach 1815 stehen den sog. Pessimisten unter den Historikern, die die

Arbeiterschaft als Objekt der Ausbeutung mit verschlechterten Lebensbedingungen sehen, die Optimisten gegenüber, die seit den zwanziger Jahren eine Verbesserung in der Lage der Arbeiter glauben feststellen zu können. Alle Berechnungen beruhen auf einer unsicheren Datenbasis. Regionale und berufsspezifische Unterschiede müssen in Rechnung gestellt werden. Versucht man dennoch, zu einer generellen Aussage zu kommen, so wird man zunächst einmal vom Konsum und der Einkommens- und Preisentwicklung auszugehen haben. Daß die Industrialisierung trotz ansteigender Bevölkerungszahlen den Privatverbrauch pro Kopf zwischen 1810 und 1860 um jährlich fast 2% steigen ließ, ist von grundsätzlicher Bedeutung. Ohne diesen Anstieg gäbe es für eine optimistische Einschätzung der Entwicklung keinerlei Grundlage. Der Durchschnittswert des privaten Konsums vermittelt freilich ein unvollständiges Bild, wenn man die Einkommensverteilung zwischen den sozialen Schichten außer acht läßt. Den Pessimisten wird ein Argument dadurch geliefert, daß sich die Schere zwischen Reich und Arm in der ersten Hälfte des 19. Jahrhunderts weiter öffnete. Der Anteil der Masse der Bevölkerung (etwa 90% aller Briten) am Volkseinkommen fiel von 54,6% zu Beginn auf 47,3% in der Mitte des Jahrhunderts. Die fraglos gegebene ungleiche Verteilung des Wohlstands mußte nun aber, so könnte man als Optimist entgegenhalten, nicht unbedingt verhindern, daß auch die Einkommen der Unterschichten absolut gestiegen sind. Schaut man auf die Reallöhne, so ergibt sich in der Tat ein deutlicher Anstieg von durchschnittlich 0,9% pro Jahr für die erste Hälfte des 19. Jahrhunderts. Sein Beginn wird frühestens auf 1810–14 datiert. Auch von den Pessimisten wird nicht bestritten, daß die Reallöhne seit den vierziger Jahren merklich stiegen.

Im Durchschnitt nahmen Verbrauch und Verdienst der Bevölkerung seit den zwanziger Jahren des 19. Jahrhunderts also eindeutig zu. Dieser positive Befund wird dadurch ergänzt, daß nach den kriegsbedingten Preissteigerungen die Preise wieder zurückgingen, insbesondere für Konsumgüter, deren Index von 150 im Jahr 1810 mit gewissen Schwankungen auf 93 (1831), 81 (1845) und 72 (1850) fiel. Die Bevölkerung konnte sich mehr Fleisch und Weizenbrot sowie landwirtschaftliche Frischprodukte leisten. Die Durchschnittswerte lassen allerdings nicht erkennen, welche Bevölkerungsschichten in welchem Ausmaß am Aufwärtstrend teilhaben konnten. Die kleinen Bauern und ungelernten Arbeiter hatten nur unterdurchschnittliche Verbesserungen zu verzeichnen. Die Wirtschaftskrisen der *hungry forties* trafen sie weit härter als die besser Verdienenden. Der statistisch nachgewiesene Anstieg der Reallöhne kann nicht darüber hinwegtäuschen, daß 1847 auf dem Höhepunkt des Eisenbahnbooms das Lohnniveau sank, als das ohnehin reichliche Arbeitskräfteangebot durch die Zuwanderung aus dem hungernden Irland noch anstieg. Die statistischen Daten geben keine Vorstellung von den Lebensbedingungen der Armen in den städtischen Elendsquartieren oder auf dem Land. Die Armut wurde weder von der Industriellen Revolution verursacht, noch von ihr überwunden. Auch wenn man, wie dies gelegentlich geschieht, die Debatte um den Lebensstandard zur Zeit der Industriellen Revolution ausweitet und auch Momente der Lebensqualität wie Wohnverhältnisse, Arbeitsbedingungen, Umwelt, Gesundheit und Bildungschancen einbezieht, ändert sich daran nichts, und zwar schon deshalb, weil die große Masse der Bevölkerung mit dem Fabriksystem gar nicht in Berührung kam. Die von Disraeli 1845 beklagten „zwei Nationen", die als Reiche und Arme nebeneinander und ohne Verbindung existierten, gab es auch schon vor der Industriellen Revolution und sollte es auch Ende des 19. Jahrhunderts noch geben. In London lebten um 1800 100000 Arme. Diese 10% der Bevölkerung, die völlig mittellos waren und deren Lage sich auch 50 Jahre später nicht gebessert hatte, sind ebensowenig in einen ursächlichen Zusammenhang mit der Industrialisierung zu bringen wie die Zunahme der Armut auf dem Land, wo seit der Jahrhundertwende ein Überangebot an oft nur kurzfristig eingesetzten Arbeitskräften herrschte und die Gesetze gegen Wilderei und illegales Fischen zunehmend schärfer gehandhabt wurden. Zu Beginn des 19. Jahrhunderts waren 12–15% der ländlichen Bevölkerung mittellos.

Stellt sich das Bild der Unterschichten einerseits sehr uneinheitlich dar, so ist andererseits doch festzuhalten, daß große Teile der Arbeiterschaft am Wirtschaftswachstum zwar unterproportional partizipierten, daß sich ihre Lage insgesamt aber verbesserte. Ihr Lebensstandard war von vielen Faktoren abhängig, die überwiegend negativ zu Buche schlugen. Dazu gehörten die Kriegsereignisse, Schwankungen in der agrarischen und industriellen Produktion und nicht zuletzt auch die Bevölkerungsexplosion, die jegliche Produktivzunahme in der Landwirtschaft sogleich wieder aufzufressen drohte. Der einzige Faktor, der das Lebenshaltungsniveau anheben konnte, war eine anhaltende Wachstumsentwicklung im sekundären und tertiären Bereich. Sie ist ohne die Industrielle Revolution nicht denkbar.

c) Anfänge des liberalen Interventionsstaats

Bevölkerungswachstum, Industrialisierung und Verstädterung waren zusammenhängende Momente eines tiefgreifenden Strukturwandels, der die Gesellschaft zu Anpassungen zwang und vor neue Probleme stellte. Dazu gehörten die wachsende Armut, die Arbeitsverhältnisse in den Fabriken, die Zustände in den aufgeblähten Städten und der Bildungsstand der Bevölkerung. Gegenüber der Zeit überschaubarer Gemeinschaftsformen und begrenzten Wachstums hatte man es mit völlig neuen Größenordnungen von Armut, Krankheit oder Lohnarbeit zu tun, so daß überkommene gesellschaftliche Institutionen wie die Kirche oder das Armenunterstützungswesen der lokalen Behörden unter Druck gerieten. In dieser Lage entwickelte sich ein steigendes Bewußtsein für gesellschaftliche Realitäten. Die gesellschaftlichen Gruppen reagierten unterschiedlich: zum Teil sozialkonservativ – mit Abwehr gegenüber der Industrie- und Dienstleistungsgesellschaft –, zum Teil durch das Bekenntnis zur freien Marktgesellschaft, zum Teil durch die Propagierung genossenschaftlicher Organisationsformen.

Ein unübersehbares Anzeichen für wachsendes soziales Bewußtsein waren kirchliche Aktivitäten, sei es innerhalb der Anglikanischen Kirche oder sei es seitens der Nonkonformisten. Religiöse Erweckungsbewegungen und soziales Engagement gingen oft Hand in Hand und sicherten den Kirchen eine gewisse Präsenz in der Gesellschaft. Sie drohte angesichts der Verkrustung der Anglikanischen Staatskirche fast verlorenzugehen, jedenfalls aus der Sicht der Evangelikalen Bewegung. Zu ihren Führergestalten gehörte William Wilberforce, der aus dem Handelsbürgertum stammte und 1780 in Yorkshire einen Sitz im Unterhaus errang. Er ist vor allem durch seine Kampagne gegen die Sklaverei bekannt geworden, die 1807 zur Abschaffung des Sklavenhandels und 1833 zum Verbot der Sklaverei überhaupt führte. Man bemühte sich aber auch um eine Milderung im Strafvollzug, um Sozialgesetzgebung und um Tierschutz. Innenpolitisch konservativ, wollte man die Gesellschaft menschlicher gestalten und propagierte zugleich Tugenden wie Pünktlichkeit und Selbstdisziplin. Die Anglikanische Kirche sollte von innen erneuert werden und durch größere pastorale Wirksamkeit in breiteren Bevölkerungsschichten als Stütze der politisch-sozialen Ordnung erhalten bleiben.

Der *Church* stand die nonkonformistische *Chapel* gegenüber. Hier ist vor allem auf die Methodisten zu verweisen, deren Prediger gerade in Bergwerks- und Industriebezirken auftraten. In der Mitte des 19. Jahrhunderts hatten die Methodisten, die zu diesem Zeitpunkt in mehrere rivalisierende Gruppen zerfielen, 358000 Mitglieder. Vor allem Wales war eine Hochburg ihres Wirkens. John Wesley und seine Anhänger wollten das Wort der Bibel zu den Arbeitern tragen, und es wird immer wieder die These geäußert, sie hätten maßgeblich zur Zähmung und Disziplinierung der Arbeiter und zu ihrer gesellschaftlichen Integration beigetragen. Auch organisatorische Anstöße seien von ihnen ausgegangen. Ob das geistliche Wort angesichts des nachweislich geringen Kirchenbesuchs der Arbeiter wirklich so weitreichend war, kann aber auch füglich bezweifelt werden.

Gesellschaftliche Fragen beschäftigten seit der Wende vom 18. zum 19. Jahrhundert in zunehmendem Maß auch die Behörden, zunächst auf der lokalen, dann aber auch auf der zentralstaatlichen Ebene. Schritt für

Schritt wurden die Anfänge moderner staatlicher Intervention sichtbar, die man zwar nicht schon als Sozialpolitik im eigentlichen Sinn, vor allem nicht im wohlfahrtsstaatlichen Sinn bezeichnen kann, die aber den Staat als gesellschaftspolitischen Akteur in Erscheinung treten ließen. Der Staat begnügte sich nicht mehr mit den klassischen Mitteln, die ihm in Form von Haushaltspolitik, Zoll- und Steuererhebungen zur Verfügung standen und die zum Beispiel bei der Einführung, Abschaffung und Wiedereinführung der Einkommensteuer 1799, 1816 und 1842 eingesetzt wurden. Er führte darüber hinaus Erhebungen über soziale Zustände durch und erließ entsprechende Gesetze zu ihrer Steuerung. Allerdings blieb die zentralstaatliche Tätigkeit in einer für Großbritannien spezifischen Weise marginal. Dies änderte sich wirklich grundlegend erst nach dem Zweiten Weltkrieg, als der Wohlfahrtsstaat geschaffen wurde. Schon der geringe Umfang der staatlichen Bürokratie sorgte dafür, daß die Handlungsmöglichkeiten der Regierung in London begrenzt blieben. In der Mitte des 19. Jahrhunderts sollten 48 Beamte das Armenrecht exekutieren. Knapp 20 Inspektoren sollten 4600 Fabriken in England und Wales überwachen, und 16 Schulinspektoren sollten 4400 Schulen kontrollieren, die öffentliche Mittel erhielten. Daß der Staat „schwach" blieb, hängt mit der Dezentralisierung des politischen Lebens seit der Glorreichen Revolution zusammen. Londoner Zentralismus wurde als „Diktatur" zurückgewiesen, wenn lokale Behörden in den Städten und Grafschaften oder private Organisationen wie die Solidargemeinschaften der Arbeiterschaft an Ort und Stelle tätig sein konnten. Allen zeitgenössischen Soziallehren war das Moment der Freiheit von zentralstaatlicher Regulierung eigen. In diesem einen Punkt waren sich sozialkonservative Agrarier und gewerkschaftlich organisierte Arbeiter einig. Robert Owens Genossenschaftsbewegung wollte weitgehend ohne den Staat auskommen. Erst recht galt dies für die Sozial- und Wirtschaftstheorie, die sich als herrschende Lehre durchsetzte, für die liberale Lehre von der Freiheit sowohl des Arbeits- als auch des Güter- und Geldmarktes. Adam Smith (*An Inquiry into the Nature and Causes of the Wealth of Nations,* 1776), Jeremy Bentham (*Introduction to the Principles of Morals and Legislation,* 1789), Thomas Malthus (*Essay on the Principle of Population,* 1798), David Ricardo (*Principles of Political Economy and Taxation,* 1817), James Mill (*Elements of Political Economy,* 1821) oder J. R. McCulloch (*Principles of Political Economy,* 1830) waren weitverbreitete Autoren, die in ihrer politischen Ökonomie für das freie Spiel der Marktkräfte eintraten. Der Staat hatte nur eine Aufgabe. Er sollte die freie wirtschaftliche Entfaltung und die privaten Eigentumsverhältnisse garantieren. Im Sinne des utilitaristischen Ansatzes waren gesellschaftliche Einrichtungen an ihrer Nützlichkeit zu messen, die durch das „größte Glück der größten Zahl" (Bentham) definiert war. So gesehen konnten dem Staat bestimmte Aufgaben zufallen, deren Erledigung im Interesse wirtschaftlicher Leistungssteigerung angezeigt war. Dazu gehörten das Armenrecht, die öffentliche Gesundheit, die Fabrikarbeit und das Schulsystem.

Die Armenunterstützung gründete sich bis 1834 auf Bestimmungen aus dem 16. Jahrhundert. Sie stand unter der Aufsicht der Friedensrichter und wurde aus den Einnahmen der Armensteuer von den Gemeinden bestritten. Die Ausgaben weiteten sich aus, als 1795 durch den Friedensrichter von Speenhamland in Berkeshire Ausgleichszahlungen festgesetzt wurden, die bei zu niedrigen Löhnen erfolgen sollten und die sich nach dem Brotpreis und der Kinderzahl richteten. Ein Landarbeiter in Berkeshire verdiente nur sieben bis acht Schilling in der Woche. Daraus entwickelte sich das weit verbreitete Speenhamland-System, das nicht nur die Not der Unterschichten durch Lohnsubventionierung linderte, sondern auch die Ausgaben für die Armenunterstützung, die 1754 zwei Mio. Pfund betragen hatten, sprunghaft auf 4 Mio. Pfund 1801 und 7 Mio. Pfund 1831 steigen ließ. Am schlimmsten waren die Jahre nach 1815, als aus den Streitkräften Entlassene auf den Arbeitsmarkt drängten, Agrarpreise und Löhne verfielen und es viele Arbeitslose gab. Der Höhepunkt war 1818 erreicht, als 7,8 Mio. Pfund für die Armenunterstützung ausgegeben wurden. Ein solch hoher Stand wurde erst wieder 1871 erreicht, bei einer allerdings inzwischen verdoppelten Bevölkerungszahl.

Diese Entwicklung rief nicht nur den Widerstand der Steuerzahler hervor, sondern forderte auch die liberal-bürgerliche Kritik heraus, die in Zahlungen von Mindestlöhnen bzw. Lohnsubventionierungen einen unangemessenen Eingriff in den Arbeitsmarkt erblickte. Noch vor der Wahlrechtsreform setzte das Unterhaus eine Kommission ein, deren neun Mitglieder überwiegend der liberalen Gesellschafts- und Wirtschaftstheorie anhingen. Ihr intellektuell führender Kopf war Nassau Senior, Professor für Politische Ökonomie in Oxford, der die Grundlinien des Kommissionsberichts schon vor Sichtung der landesweit gesammelten Unterlagen abgeschlossen hatte. Zunächst als Sekretär und ab 1833 als Vollmitglied war auch Edwin Chadwick in der Kommission tätig, der einer der führenden sozialpolitischen Experten seiner Zeit werden sollte. Auf der Grundlage der Kommissionsarbeit verabschiedete das Parlament 1834 ein neues Armenrecht, das eine zentrale Behörde in London vorsah und jegliche Zahlungen an Arbeitsfähige verbot. Wenn Unterstützung gewährt wurde, dann unter dem Niveau der niedrigsten Löhne und nur in Arbeitshäusern. Das Arbeitshaus, wo die Bedürftigen nach Geschlechtern getrennt kaserniert wurden, entwickelte sich zum Symbol sozialer Deklassierung. Armut galt nun als selbst verschuldeter moralischer Makel. In einer Phase konjunktureller Schwankungen löste das Parlament, in dem die besitzenden Schichten repräsentiert waren, das soziale Problem der Armut in eindeutig arbeiterfeindlicher Weise. In der

Praxis blieben viele Schärfen des Gesetzes, das vor allem auf die Landbevölkerung gemünzt war, allerdings auf der Strecke. Eine rigide Anwendung war angesichts der unterentwickelten Bürokratie der Londoner *Poor Law Commission* und der zunächst noch gar nicht vorhandenen Arbeitshäuser kaum möglich. Vor allem lief in lokaler Verantwortung die bisherige Art der Unterstützung außerhalb der Arbeitshäuser (*outdoor relief*) weiter. 1850 erhielten etwa 5 % der Bevölkerung Armenunterstützung, vier Fünftel von ihnen außerhalb der Armenhäuser.

Wie die Wahlrechtsreform von 1832 die Arbeiter politisch nicht einbezog, so ließ das Armenrecht von 1834 sie sozial auf der Strecke bleiben. Für den weiteren Verlauf mußte viel von der wirtschaftlichen Entwicklung des Landes abhängen. Nur bei einem dauerhaften Aufschwung würde sich das Wettbewerbssystem eines freien Arbeitsmarktes positiv auswirken können. Bevor sich der Aufschwung in der Tat einstellte, durchlebte England Ende der dreißiger und Anfang der vierziger Jahre zur Zeit des Chartismus schwere soziale Konflikte. Schließlich aber behielten die liberalen Theoretiker Recht. Seit Ende der vierziger Jahre konnten die meisten Arbeiter einen deutlichen Anstieg des Lebensstandards verzeichnen und im System kapitalistischer Industriewirtschaft ausreichende Gewinn- und Aufstiegschancen erblicken. Daß dabei immer noch ein beträchtlicher Bodensatz der Gesellschaft in Armut zurückblieb, vermochte das System insgesamt nicht mehr zu erschüttern.

Wie beim Armenrecht, so wirkten auch bei den Fabrikgesetzen konservative und wirtschaftsliberale Kräfte zusammen. Zur Eindämmung von Kinder- und Frauenarbeit gab es ein heterogenes Bündnis aus paternalistisch denkenden Abgeordneten aus der Gentry, die die aufstrebende industrielle Mittelklasse unter Kontrolle halten wollten, und den utilitaristischen Reformern, die die Ruinierung der Gesundheit von Kindern durch Fabrikarbeit als volkswirtschaftlich zu kostspielig erkannten. Außerdem waren Kinder nicht frei in ihrer Entscheidung und fielen infolgedessen nicht unter das Dogma des freien Arbeitsmarktes. Die Arbeiter selbst waren aus Gründen des Familienbudgets oft durchaus nicht gegen die historisch eben geläufige Kinderarbeit eingestellt. Nach Anfängen 1802 und 1819 kam es seit 1833 zu mehreren Fabrikgesetzen, durch die Kinder- und Frauenarbeit geregelt wurde. Damit verbunden waren als wichtige administrative Neuerung staatliche Kontrollen durch Fabrikinspektoren, auch wenn diese, wie erwähnt, oft ineffizient waren. Die neuen Vorschriften enthielten immer noch genug Härten. Kinder unter neun Jahren (ab 1844 unter acht Jahren) durften bis auf wenige Ausnahmen nicht in Fabriken arbeiten. Aber Kinder zwischen acht und zwölf Jahren konnte man immerhin noch sechseinhalb Stunden beschäftigen. Für ihre Schulausbildung waren auf dem Papier täglich drei Stunden vorgesehen. Dreizehn- bis Achtzehnjährige arbeiteten nach dem Gesetz bis 1847 zwölf Stunden täglich. Für sie und für Frauen wurde 1847 der Zehnstundentag eingeführt. In der Landwirtschaft wurde die Arbeit von Kindern unter acht Jahren erst 1867 verboten. Die Arbeit von Frauen und Kindern im Untertagebergbau wurde 1842 abgeschafft. Es war gestattet, Jungen mit elf Jahren in Bergwerken arbeiten zu lassen.

Wie im Bereich der Fabriken und Bergwerke wurden auch auf dem Feld der öffentlichen Gesundheit staatliche Kommissionen gebildet, die die Grundlage für gesetzliche Maßnahmen erarbeiten sollten. Vor allem die sanitären Verhältnisse in den Städten und die mangelnde Frischwasserversorgung waren eine Quelle für Krankheiten (Tuberkulose) und Epidemien (Cholera 1831/32, 1848/49, 1853/54). Chadwicks Bericht für Regierung und Parlament über die städtischen Arbeiterviertel aus dem Jahr 1842, den auch Friedrich Engels heranzog, und viele andere Publikationen, trugen umfangreiches und erschreckendes Material zusammen. Erste Wasserreservoirs wurden im ersten Drittel des 19. Jahrhunderts angelegt. Gleichzeitig mußte das Abwasserproblem angepackt werden. Erst Ende der vierziger Jahre waren billige Rohre dafür verfügbar. Der Staat reagierte 1831 mit der Einrichtung eines zentralen *Board of Health* und entsprechenden Behörden auf lokaler Ebene, 1840 mit der kostenlosen Pockenimpfung und 1848 mit einem Gesetz für die öffentliche Gesundheit, das zentralstaatliche und lokale Instanzen koordinierte.

Die Schulbildung war ein letzter Bereich, in dem der Staat erste tastende Schritte unternahm. 1851 zählte man in England und Wales knapp 45000 Tagesschulen und 23000 Sonntagsschulen. Die Vermittlung von Wissen rangierte oft hinter der sozialdisziplinierenden Funktion dieser meist schlecht ausgestatteten Einrichtungen, deren Träger in der Hauptsache die Kirchen waren, allen voran die Anglikanische Kirche. Schulpflicht gab es nicht. Ungefähr zwei Drittel der Kinder besuchten in der Mitte des 19. Jahrhunderts Tagesschulen, 55% gingen in Sonntagsschulen. Bildung war eine Frage des sozialen Status. In der zweiten Hälfte des 18. Jahrhunderts konnten etwa 60% der männlichen und 40% der weiblichen Bevölkerung lesen und schreiben. 1840 waren es 67% bzw. 50%, 1850 70% bzw. 55%. Die staatliche Elementarschule wurde erst 1870 eingeführt, Schulpflicht erst 1880. Staatliche Einflußnahme war also gering. Sie begann 1833 mit einem staatlichen Zuschuß von 20000 Pfund für Schulbauten, der bis 1860 auf 800000 Pfund gesteigert wurde und im Laufe der Zeit auch für die Lehrerausbildung verwandt wurde. Eine Hürde für staatliche Planung war vor allem die Anglikanische Kirche, die mit Erfolg auf Mitsprache auch in staatlichen Schulbehörden pochte.

d) Plebejische Öffentlichkeit und Reformbewegung

Das Gebäude der englischen Gesellschaft zeichnete sich auch unter den Belastungen und Anpassungszwängen der Industriellen Revolution durch ein großes Maß an Stabilität und Integration aus. Es kam in Großbritannien weder zu einer „Revolution von unten" wie in Frankreich noch zu einer „Revolution von oben" wie in Preußen-Deutschland. Vielmehr wurden die politisch-sozialen Konflikte, die sehr wohl bestanden, durch wachsenden Reichtum der Nation, zunehmenden Konsum fast aller Bevölkerungsgruppen und flexible Anpassungsstrategien der Herrschenden aufgefangen, so daß die überwiegende Mehrheit der Bevölkerung einen Nutzen verspürte, wenn sie über ihre gesellschaftliche Schicht in das gesamtgesellschaftliche System integriert war.

Ob diese Einschätzung, die Entwicklungsstand und soziale Verhaltensweisen in der Blütezeit des viktorianischen England Mitte des 19. Jahrhunderts widerspiegelt, von den Zeitgenossen auch schon vor Erreichung dieses „goldenen" Zeitalters geteilt wurde, dürfte zu bezweifeln sein. Denn zu ungewiß mußte der Ausgang der Konflikte erscheinen, die die Gesellschaft auszutragen hatte. So stellte der politische Radikalismus in der zweiten Hälfte des 18. Jahrhunderts eine „plebejische Öffentlichkeit" her, die als neuer Faktor ins politisch-soziale Kräftefeld eintrat. Sie war sozialgeschichtlich höchst brisant, „weil sie das emanzipatorische Potential der bürgerlichen Öffentlichkeit in einem neuen sozialen Kontext zur Entfaltung" brachte.[27] Die Französische Revolution sorgte für zusätzliche Dynamik und schließlich verband sich der Protest vorindustriellen Ursprungs mit den Konflikten, die aus der Industrialisierung erwuchsen. Die Industrielle Revolution brachte schließlich eigene spezielle Konfliktlagen hervor, die sich im Chartismus der Arbeiter und in der Freihandelsbewegung des Industriebürgertums niederschlugen. Der Konfliktaustrag war durchaus nicht immer friedlich. Revolutionäre Gewalt blieb jedoch eine Randerscheinung. 1846 siegte die Freihandelsbewegung, ohne die politische Herrschaft des Adels zu beseitigen; 1848 versammelten sich die Chartisten zu ihrer letzten großen Demonstration, um danach ihre Massenbasis einzubüßen. Die Leistungsfähigkeit von Gesellschaft und Wirtschaft symbolisierte sich in der Londoner Weltausstellung von 1851. Hohe Produktivität und soziale Integration waren die letztlich bestimmenden Merkmale des britischen Wegs in die Moderne des Industriezeitalters.

In den hundert Jahren vom Siebenjährigen Krieg bis zur Weltausstellung differenzierten sich die gesellschaftlichen Gegensätze in Entsprechung zum wirtschaftlichen Differenzierungsprozeß. Gesellschaftlich wirkte sich die Industrialisierung erst nach der Jahrhundertwende aus. Zu Beginn gab es die Interessenstreuung zwischen *landed interest* und *commercial* bzw. *moneyed interest.* Landbesitzer, Pächter, freie Bauern und lohnabhängige Landarbeiter bildeten die größte aller Gruppen, die durch Gemeinsamkeiten ihrer wirtschaftlichen Tätigkeit verbunden waren. Gewerbe, Handel und Banken waren demgegenüber ein Sektor mit wachsender Bedeutung, der in der politisch-gesellschaftlichen Auseinandersetzung erstmals auftrumpfte, als die Ära Walpole zu Ende ging und dem widerstrebenden Premierminister 1739 der Krieg gegen Spanien aufgezwungen wurde. Zum Gegensatz zwischen den sozialen Eliten im agrarischen und nichtagrarischen Bereich kamen seit Ende des Siebenjährigen Kriegs die Reformbestrebungen des politischen Radikalismus hinzu, der das Herrschaftssystem der Aristokratie unter Beschuß nahm und seine Massenbasis bei den leicht zu mobilisierenden Volksmassen der hauptstädtischen Unterschichten hatte. Obwohl der Radikalismus auch in den Mittelschichten vertreten war, stützte er sich in erster Linie auf ausgebildete Handwerker und auf angelernte Arbeiter. Der ältere Pitt hatte im Siebenjährigen Krieg als Außenseiter in der Oligarchie der das Land üblicherweise regierenden landbesitzenden Magnaten schon gezeigt, wie man sich auch als Amtsträger populistischen Druck zunutze machen kann. Nach dieser Episode aber bestimmte der Gegensatz zwischen den etablierten Eliten und den radikalen Kräften aus dem Kleinbürgertum der unteren Mittelschichten und der gewerblichen und handwerklichen Arbeiterschaft das Bild. Eine erste Personifizierung des Protests war John Wilkes, der wiederholt ins Unterhaus gewählt wurde, dem das Parlament aber das Mandat entzog, weil ihm wegen Majestätsbeleidigung der Prozeß gemacht werden sollte. Sein Verlangen nach Parlamentsreform konnte sich leicht mit sozialen Spannungen verbinden, was im Mai 1768 wochenlang zu gewaltsamen Tumulten in London, zum Einsatz des Militärs und zur Erschießung von Demonstranten führte. Wilkes gelang es, auch über London hinaus zu wirken und eine Petitionswelle mit 50000 Unterschriften zu mobilisieren. Damit zeichnete sich ein Handlungsmuster ab, das für die nächsten Jahrzehnte beibehalten wurde, in seinem Umfang aber noch beträchtlich zunehmen sollte. Politische, soziale und wirtschaftliche Faktoren waren bei Demonstrationen und Tumulten oft eng verquickt. Die *Gordon Riots* vom Juni 1780 in London begannen als Ausschreitungen gegen Katholiken, weiteten sich aber schnell gegen die protestantische Oberschicht aus. 10000 Soldaten kamen zum Einsatz, 300 Tote blieben zurück, 100000 Pfund betrug der Sachschaden.

Der politische Radikalismus war nicht revolutionär, sondern demokratisch-progressiv. Er wollte breiteren Schichten eine Teilhabe am politischen System ermöglichen, das den besitzenden Oberschichten vorbehalten war. Sie fällten im Parlament Entscheidungen über Krieg und Frieden oder die Höhe der Steuern und bestimmten auf diese Weise die Alltagswelt der Bevölkerung, die noch nicht einmal wählen durfte. Die politische Unzufriedenheit artikulierte sich in Zeiten von Mißernten, Teuerung, Arbeitslosigkeit oder Lohnkürzungen in gesteigerter Weise. Durch die Französische Revolution erhielt der Ruf nach Freiheit, den schon Wilkes angestimmt hatte, neue Schubkraft. Nicht nur in London, sondern überall im Land bildeten sich politische Klubs. Sie nannten sich *Corresponding Societies,* weil sie politische Programme und Nachrichten durch Rundbriefe und Flugschriften von Ort zu Ort verbreiteten. Die größte dieser Gesellschaften war die *London Corresponding Society,* die unter der Führung des Schuhmachers Thomas Hardy stand. Sie umfaßte 1795 etwa 3000 Mitglieder. Es wurden Massendemonstrationen organisiert, die bis zu 300000 Teilnehmer hatten. Revolutionäre Gewalt lehnte der Reformer Hardy ab. Der extremere Radikalismus Thomas Paines war trotz der hohen Auflage seiner *Rights of Man* (1790–92) nicht repräsentativ. Die Regierung schätzte vor dem Hintergrund des Krieges gegen das revolutionäre Frankreich die Lage allerdings anders ein. Sie hob 1794 *Habeas Corpus* auf, so daß Verhaftungen ohne Gerichtsverfahren möglich wurden, erließ Versammlungsverbote und verbot schließlich 1799 und 1800 mit den *Combination Acts* politische Vereinigungen und Gewerkschaften.

Die gewerkschaftliche Arbeit in den traditionellen Handwerksberufen wurde faktisch jedoch fortgesetzt, zumal die *Friendly Societies* weiter bestanden. Von diesen Unterstützungsvereinen für den Krankheits- oder Todesfall gab es 1801 7000 mit 648000 Mitgliedern. 1815 waren es 925000, 1870 vier Mio. Mitglieder (gegenüber 0,75 Mio. Gewerkschaftsmitgliedern 1870). Stärker als die Organisationen der Handwerker waren die noch jungen Organisationen der Industriearbeiter von den *Combination Acts* betroffen. Als erste hatten sich die Baumwollspinner in den achtziger Jahren auf der Ebene der ausgebildeten Fachkräfte zu gewerkschaftlichen Vereinigungen zusammengefunden. Mit Hilfe der Gesetze konnten die Behörden bei organisierten Streiks Verhaftungen vornehmen. Zugleich war dadurch das Ausweichen in den Untergrund provoziert.

Eine besondere Form des Kampfes der Arbeiter war die Maschinenstürmerei der Ludditen. Sie erhielten ihren Namen, weil sie ihre Erklärungen und Bekennerbriefe nach Anschlägen auf Maschinen und Industrieanlagen mit *Ned Ludd's Office Sherwood Forest, Captain Ludd* oder *General Ludd* unterzeichneten, eine fiktive Führerfigur, deren Existenz auf erste Vorkommnisse von Maschinenzerstörung um die Jahrhundertwende zurückzuführen ist. Vor dem Hintergrund der zunehmenden Mechanisierung der Produktion, der allgemeinen wirtschaftlichen Anspannung während der Napoleonischen Kriege und der zusätzlich durch den Handelskonflikt und dann den Krieg mit den USA herbeigeführten Absatzschwierigkeiten, organisierten sich 1811/12 Arbeiter in der Spitzen- und Strumpfwirkerei von Nottinghamshire, Leicestershire und Derbyshire, in der Wollindustrie von Yorkshire und in der Baumwollindustrie von Lancashire und Cheshire. In zum Teil präzise geplanten Überfällen zerstörten sie Maschinen. Es handelte sich dabei teilweise um Abwehrreaktionen gegen die industrielle Massenproduktion, die die qualifizierten Fachkräfte in ihrem Status bedrohte; in stärkerem Maß aber um Kampfmaßnahmen gegen bestehende Arbeitsbedingungen und zu niedrige Löhne in einer Zeit hoher Agrarpreise. Die Aktionen der Ludditen waren also eine Kampfform, die dieselben Ziele verfolgte, wie es Streiks taten. An die Stelle der Kollektivverhandlungen (*collective bargaining*) trat bei den Ludditen das *collective bargaining by riot* (Hobsbawm). Die Ludditen waren teilweise straff organisiert und wurden von der Regierung als Verschwörung betrachtet. Entsprechend hart war die Reaktion der Behörden. In Yorkshire wurden 1813 siebzehn Arbeiter hingerichtet.

Die gewaltsame und verschwörerische Form der Austragung von Konflikten ging in der ersten Hälfte des 19. Jahrhunderts als Mittel des politischen und gesellschaftlichen Kampfes zurück. Bekannt sind die gewaltsamen Ausschreitungen im Dezember 1816 nach einer Demonstration auf den Spa Fields im Londoner Stadtteil Islington, die Erhebung von etwa 300 Arbeitern in Pentrich (Derbyshire) 1817 oder die *Cato Street*-Verschwörung in London 1820. Auch zur Zeit des Chartismus kam es noch vereinzelt zu Gewaltanwendung, aber überwiegend verlief die Entwicklung ohne die Anwendung von physischer Gewalt. Die radikale Reformbewegung wollte in erster Linie materielle Verbesserungen und politische Reformen im Rahmen des bestehenden Systems.

Die wirtschaftliche Flaute nach 1815 unterstrich noch das Verlangen nach Reform, das sich zunehmend auch in der Provinz äußerte, wo die Metallarbeiter von Birmingham, die Handweber von Norwich oder die Messerschmiede von Sheffield die Reformkampagne und politische Versammlungswelle trugen. Der Krieg gegen Frankreich hatte lange Jahre dem Appell an nationale Geschlossenheit weitgehend zur Wirkung verholfen. Jetzt kam es neuerlich zur Gründung von politischen Klubs, die die Ausweitung des Wahlrechts forderten und sich davon soziale Verbesserungen versprachen. Im Jahr des Wiener Kongresses hatte Premierminister Lord Liverpool kaum Muße, sich am außenpolitischen Triumph Großbritanniens zu freuen. Denn er mußte sich vollständig auf die Frage konzentrieren, wie die Bevölkerung durch mehr wirtschaftliche Stabilität zu einem besseren Lebensstandard kommen konnte. Wirtschaftlich schlechte Jahre waren ein zusätzliches Stimulans für die politische Reformbewegung, die alle sozial-ökonomische Not dem politischen System anlastete. Eine ihrer wortgewaltigen Führergestalten war William Cobbett, Autodidakt und Landarbeiter aus Surrey. Nachdrucke aus seinem

Political Register erschienen zu dem äußerst niedrigen Preis von 2 d. und wurden als Flugschriften verbreitet. Er war der am meisten gelesene Publizist seiner Zeit. „Es ist die Steuerlast, die die Armut verursacht", lautete seine griffige Formel. Er sprach nicht von Bevölkerungswachstum, Industrialisierung oder kapitalistischer Wirtschaft, sondern mit dem Blick auf eine vermeintlich bessere Vergangenheit von hoher Staatsverschuldung und daraus herrührenden Lasten für die Bevölkerung. Samuel Bamford, ein Seidenweber aus Middleton in Lancashire und einer der dortigen radikalen Wortführer, erklärte in seiner Autobiographie die Wirkung von Cobbetts Schriften: „Er führte seinen Lesern die wahre Ursache ihrer Leiden vor Augen – Mißregierung. Und er zeigte den richtigen Ausweg – Parlamentsreform." Zur Erreichung dieses Ziels mobilisierte Cobbett die Unterschichten gegen das „System", wie er es nannte, aber nicht, um es zu vernichten, sondern um es zu reformieren. Aufruhr und Gewalt seien zu vermeiden, um der Regierung keinen Vorwand für verschärfte Gesetze zu geben. Wer *alles* für schlecht halte und zerstören wolle, sei ein Feind der Reform. „Wir wollen große Veränderungen, um gewandelten Zeiten und Umständen gerecht zu werden. Aber die Grundlinien müssen fortbestehen, wenn nicht das Chaos folgen soll."[28]

Einen spektakulären Höhepunkt erreichte die Reformbewegung, die 1817 zu 700 Petitionen aus 350 Städten und 1818 zu 1500 Petitionen geführt hatte, im Jahre 1819 – einem Jahr niedriger Löhne und hoher Arbeitslosigkeit – mit verschiedenen Großdemonstrationen, darunter diejenige auf dem St. Peter's Field in Manchester am 16. August 1819, zu der 60000 Menschen aus der ganzen Gegend zusammenströmten. Redner war Henry Hunt, ein Brauer bäuerlicher Herkunft, der den Beinamen *Orator* trug und wie Cobbett für die Ausweitung des Wahlrechts und gegen das adlige Herrschaftsmonopol agitierte. Die Versammlung in Manchester stand unter keinem guten Stern. Sie sollte eigentlich schon eine Woche vorher stattfinden, war aber verboten worden, nachdem auf Versammlungen in London und Birmingham das bestehende parlamentarische System in Frage gestellt worden war. Um den lokalen Gewalten keine Handhabe zum Eingreifen zu geben und um sich als plebejische Versammlung den Respekt der Mittel- und Oberschichten zu erringen, entwickelten die Organisatoren eine Strategie des disziplinierten Protests. Durch Sauberkeit, Nüchternheit, Ordnung und Friedfertigkeit sollten sich die Demonstranten auszeichnen. Sie sollten keinerlei Waffen mit sich führen.

Kurz nachdem Hunt das Wort ergriffen hatte, stürmte auf Anordnung des Magistrats von Manchester berittenes Militär in die Menge. 400 Menschen wurden verletzt und elf getötet. Hunt wurde verhaftet. Der Vorfall ist als das Massaker von Peterloo in die Geschichte eingegangen. Peterloo war eine Wortschöpfung der radikalen Presse, die dem Vorfall eine gewaltige Publizität verlieh. In ironischer Weise spielte sie damit auf den Sieg bei Waterloo an. Dem militärischen Einsatz gegen den äußeren Feind war jetzt der Einsatz gegen den inneren Feind gefolgt. Die Londoner Regierung hielt das Vorgehen der örtlichen Behörden intern für eine Überreaktion, stellte sich in der Öffentlichkeit aber hinter die getroffenen Maßnahmen. Schon seit 1816/17 war sie über den höheren Organisationsgrad der Massen durch Klubs und dergleichen beunruhigt. Obwohl es sich dabei um Kleinorganisationen handelte, die verstreut waren, und es keine zentral gesteuerte Volksbewegung gab, sprach Lord Liverpool davon, die Massen hätten ihre bisherige Atomisierung überwunden. Die Handlungsfähigkeit der Reformbewegung wurde von den Herrschenden weit überschätzt. Im Hintergrund stand dabei die Furcht vor der ansteckenden Wirkung der Französischen Revolution, der Liverpool es zuschrieb, daß sich die Unterschichten und die unteren Mittelschichten politisch von den bisher respektierten Institutionen und Autoritäten emanzipierten. Mit einem wachen Gespür für die politisch-ökonomische Doppelrevolution, die er vor seinen Augen ablaufen sah und die die Weltgeschichte veränderte, erkannte er eine Analogie zwischen der Organisationsfähigkeit des politischen Massenmarkts, die er auf die Französische Revolution zurückführte, und dem technischen Wandel der Industriellen Revolution, der mit der mechanischen Arbeitskraft der Maschine neue Organisationsformen in der Wirtschaft bewirkt habe.

Bereits 1817 war die *Habeas Corpus*-Akte – wie schon 1794 – aufgehoben worden. Zur Überwachung der Radikalen setzte die Regierung Spitzel ein. 1819 sprach sie von Hochverrat und schränkte die Presse- und Versammlungsfreiheit ein. Allerdings sollte sich die Lage bald wieder entspannen, als es Anfang der zwanziger Jahre mit der wirtschaftlichen Konjunktur bergauf ging. Neue Märkte in Südamerika sorgten nach den schwierigen Jahren der Nachkriegszeit für Entlastung. 1824 lockerte die Regierung die innenpolitische Repression und ließ vor allem wieder Gewerkschaften zu. Die *Combination Acts* der Jahrhundertwende hatten weder Arbeiterorganisationen noch Streiks wirklich verhindern können. So fand mit dem Ziel, Lohnsenkungen von 1816 rückgängig zu machen, im Juli 1818 ein Streik der Spinner in Manchester statt, der in der Region und sogar in anderen Teilen des Landes durch Sympathiestreiks und materielle Zuwendungen unterstüzt wurde. Erst Ende August, als Disziplin und Streikbegeisterung der Arbeiter nachließen, verhafteten die Behörden das Streikkomitee. Ohne jeden Erfolg kehrten die Arbeiter im September an die Arbeitsplätze zurück. Sie sahen sich noch zusätzlich dadurch gedemütigt, daß die Arbeitgeber von ihnen die Unterzeichnung einer Erklärung, des sogenannten *Document,* forderten. Darin mußte der Arbeiter bei Beginn des Arbeitsverhältnisses versichern, keiner Gewerkschaft anzugehören und auch keinen Beitritt zu planen. Was chiffreartig nur *Document* genannt wurde, ist als unternehmerisches Druckmittel in den folgenden Jahrzehnten immer wieder benutzt worden und hat die Arbeitsbeziehungen schwer belastet.

Der Streik in Manchester war nicht der einzige, so daß man über die Opportunität staatlicher Einschränkung für gewerkschaftliche Arbeit ernsthaft nachdenken mußte. War es sinnvoll, so argumentierten die Befürworter größerer gewerkschaftlicher Organisationsfreiheit, die Dynamik eines freien Arbeitsmarkts einzuschränken? Auch die Gewerkschaften würden sich seinen Gesetzen nicht entziehen können, wie der Ausgang des Arbeitskampfes 1818 in Manchester in der Tat gezeigt hatte. Warum sollte man durch ohnehin kaum wirksame Gesetze die Arbeiterschaft von der bestehenden Ordnung entfremden? Hinzu kam, daß in der Einschätzung von Regierung und Parlament die politischen Aspekte der *Combination Acts* durch ein Nachlassen jakobinischer und radikaler Aktivitäten weitgehend hinfällig geworden waren.

Indem das Parlament 1824 die Gewerkschaften wieder zuließ, gab es ihnen das Recht, Kollektivverhandlungen über Löhne und Arbeitszeiten zu führen. Man darf diese Lockerung angesichts der für die nächsten fünf Jahrzehnte geltenden Rechtslage allerdings nicht überbewerten, zumal der Handlungsspielraum der Gewerkschaften 1825 wieder etwas eingeengt wurde. Ein Streikrecht wurde bis 1871 nicht explizit anerkannt. Streikposten waren nicht erlaubt. Gewerkschaftliche Arbeit konnte unter den Straftatbestand der Verschwörung fallen. Nach wie vor konnten nach dem *Master and Servant Act* einzelne Arbeiter strafrechtlich verfolgt werden, wenn sie gegen Absprachen verstießen und den Arbeitsplatz verließen, während vertragsbrüchige Arbeitgeber nur zivilrechtlich belangt werden konnten und mit Geldstrafen davonkamen. Nicht in jedem Konflikt kam es zu Anklageerhebungen oder Verurteilungen, aber im Ernstfall saßen die politisch und wirtschaftlich Herrschenden am längeren Hebel. Wer sich *in restraint of trade* verhielt, wer also als Arbeiter die freie Verfügung über die Produktionsmittel und den wirtschaftlichen Ablauf einschränkte, konnte sich strafbar machen.

Die zwanziger Jahre brachten nicht nur der gewerkschaftlich organisierten Elite der Arbeiterschaft mehr Rechte, sondern auch den protestantischen Dissenters und den Katholiken. 1828 wurde mit der Abschaffung der Test Akte die Diskriminierung der protestantischen Sekten weitgehend beendet. Sie konnten jetzt öffentliche Ämter anstreben, waren aber immer noch von den Universitäten Oxford und Cambridge ausgeschlossen. Alle Nicht-Anglikaner hatten weiterhin darunter zu leiden, daß Abgaben an die Anglikanische Staatskirche zu zahlen waren, was erst 1868 von Gladstones liberaler Regierung beendet wurde. Besonders im katholischen Irland, wo eine schmale protestantische Oberschicht herrschte, führte dies zu Konfliktstoff. Die Katholiken erreichten ihre Emanzipation 1829, nachdem Daniel O'Connell 1823 in Irland die *Catholic Association* mit einer daraufhin entstehenden Massenbewegung ins Leben gerufen hatte. Alle Ämter waren jetzt für Katholiken zugänglich, und sie konnten ins Unterhaus gewählt werden. Im Gegenzug engte London allerdings das Wahlrecht in Irland stark ein, und O'Connell stimmte der Auflösung seiner Organisation zu. Er war ein Massenagitator, der irischen Nationalismus und katholische Religion verquickte, aber er war auch ein Mann des 18. Jahrhunderts und kein Anhänger demokratischer Ideen.

Die Katholikenemanzipation nannte Thomas Attwood, ein Bankier in Birmingham, einen „großen und unblutigen Sieg".[29] Tatsächlich war damit die Gleichstellung aller erreicht, die zu den besitzenden Schichten gehörten, ausgenommen die Juden, deren politische Gleichstellung erst in den fünfziger Jahren erfolgte. Die Mittel- und Unterschichten aber waren politisch gesehen bis auf wenige Ausnahmen noch Außenseiter. Ihr politisches Nahziel war die Reform des Wahlrechts. Die Industrielle Revolution war inzwischen so weit fortgeschritten, daß auch die Mittelschichten der industriellen Regionen sich stärker organisierten und das aristokratisch beherrschte Repräsentativsystem des britischen Parlamentarismus unter Druck setzten. Attwood gründete im Dezember 1829 in Birmingham eine *Political Union of the Lower and Middle Classes of the People.* Wie der Name zum Ausdruck bringt, war Birmingham ein Beispiel für die Zusammenarbeit von bürgerlichen Mittelschichten und Arbeitern. Darin lag das besondere Signal dieser neuen politischen Vereinsgründung. Innerhalb kurzer Zeit gab es in zahlreichen Städten ähnliche Organisationen. Der Versuch des Londoner Schneiders Francis Place, eine *National Political Union* zu gründen, war allerdings zu ambitioniert. Während man sich in Birmingham politisch gemäßigt und sozial integrativ zeigte, gab es auch Vereinsgründungen, die im Gegensatz dazu Arbeiterinteressen exklusiv zum Ausdruck bringen wollten. So gründete der Tischler William Lovett 1831 in London die *National Union of the Working Classes.*

Gelegentlich wird auf die Juli-Revolution in Frankreich als Beschleuniger auch der politischen Entwicklung in Großbritannien hingewiesen. Doch sollte man ihre Wirkung keinesfalls überschätzen, zumal die neue Welle der britischen Reformbewegung schon 1829 einsetzte. Wichtiger als die Juli-Revolution dürfte sein, daß der Sieg der Katholikenbewegung ein Zeichen gesetzt hatte und das politisch erwachende Bürgertum in den Industriestädten ermutigte. Wichtiger als die Juli-Revolution war vor allem, daß der wirtschaftliche Aufschwung der zwanziger Jahre 1829 zu Ende ging. Mißernten kamen hinzu. Schon 1828 war ein schlechtes Erntejahr, das sich im nächsten Jahr wiederholte und die Brotpreise entsprechend klettern ließ. Das übliche Überangebot von Arbeitskräften ließ in dieser Lage die Löhne sinken. Traditionelle Hausindustrien standen gegenüber modernen Produktionsformen mit dem Rücken an der Wand. In Kent und Sussex entlud sich die soziale Spannung im August 1830 in der Zerstörung von Dreschmaschinen, die gerade eingeführt worden waren, sowie in Brandstiftungen und Plünderungen. Die mit *Captain Swing* unterzeichneten Drohbriefe gaben der Bewegung ihren Namen, die sich bis East Anglia und Lincolnshire erstreckte und schließlich durch Militäreinsatz und drakonische Strafen unterdrückt wurde. 500 Verhaftete wurden nach Australien verbannt, 600 wanderten in britische Gefängnisse, 19 wurden hingerichtet.

Die landwirtschaftlichen Unternehmer waren in dieser Lage durch Schutzzölle vor billigen Getreideimporten geschützt, während die industriellen Mittelschichten und erst recht die lohnabhängige Bevölkerung, die niedrige Löhne oder Arbeitslosigkeit hinnehmen mußte, den Schwankungen des Marktes ausgesetzt waren. Daß vor diesem Hintergrund Wahlrecht und Wahlkreiseinteilung – aber nicht der Parlamentarismus an sich – in das Kreuzfeuer der Kritik kamen, weil der Adel in diesem Herrschaftssystem stets sichere Mehrheiten hatte, ist nicht weiter verwunderlich. Aus der Sicht der politisch-sozialen Eliten formierten sich mächtiger als je zuvor die Gegenkräfte. Nicht nur, daß bekannte Vertreter des politischen Radikalismus wieder hervortraten: Cobbett absolvierte 1829/30 eine Agitationsreise in Städten und ländlichen Gebieten der Midlands, East Anglias, Yorkshires, Lancashires und Nordenglands; Hunt wurde 1830 als Vertreter für Preston ins Unterhaus gewählt. Die Mittelschichten-Presse wie der *Leeds Mercury* oder der *Manchester Guardian* verlangte Reformen des Wahlrechts. Parallel zu den parlamentarischen Bemühungen der Whig-Regierung unter Lord Grey, eine Wahlrechtsreform herbeizuführen, ging 1831/32 eine gewaltige Welle der Unzufriedenheit über Großbritannien hinweg. Hunderttausende gingen in die Öffentlichkeit. Es blieb nicht bei friedlichen Demonstrationen. Auch gewaltsame Übergriffe auf die Besitzungen von Reformgegnern waren zu verzeichnen. In Bristol entglitt Ende Oktober 1831 den Behörden die Kontrolle, als Aufrührer die Stadt für drei Tage beherrschten. Es war der letzte große Aufruhr in einer britischen Stadt. Er wurde mit vier Todesurteilen, 54 Deportationen nach Australien und zahlreichen Gefängnisstrafen geahndet.

Oft waren antiklerikale Töne zu hören, denn die im Oberhaus sitzenden Bischöfe der Anglikanischen Kirche votierten gegen Reformen. Im Mai 1832 forderte Francis Place zu einem Bankensturm auf, um durch Goldabhebungen die Regierung in die Knie zu zwingen. „To stop the Duke go for gold!", hieß die Parole, die dem vergeblich um eine Regierungsbildung der reformunwilligen Tories bemühten Duke of Wellington im Mai 1832 den Ernst der Situation vor Augen führen sollte. Zweifellos aber wollten weder die Mittelschichten eine ernsthafte Finanzkrise herbeiführen, weil sie viel zu sehr ökonomisch zweckrational dachten und an einer raschen Überwindung der Wirtschaftskrise interessiert waren, noch befand sich Großbritannien in einer „revolutionären Situation".[30] Die Alternative 1832 lautete nicht Reform oder Revolution, sondern Reform oder Status quo. Starke Worte und Gewaltausbrüche können nicht darüber hinwegtäuschen, daß es keine zentral koordinierte und massenhafte revolutionäre Handlungsbereitschaft gab. Hätte sich Großbritannien am Rand einer Revolution befunden, wäre es kaum gelungen, die Reformbefürworter mit vergleichsweise bescheidenen Reformmaßnahmen abzuspeisen, die den Mittelschichten leichte Verbesserungen ihrer politischen Partizipationsmöglichkeiten brachten, im übrigen aber die Herrschaft des Adels unberührt ließen. Eine Revolution stand schon deswegen nicht ins Haus, weil die Mittelschichtenreformer und auch die überwiegend gemäßigt eingestellten Kräfte der gehobenen Arbeiterschaft sie schlechterdings nicht wollten. Die Gewalttätigkeiten von Bristol fanden bei Attwood oder Place keine Unterstützung. Die Masse der Unterschichten aber war unorganisiert. Wo die Arbeiterschaft organisiert war, orientierte sie sich meist – und dies nicht erst seit der Jahrhundertmitte – am Ziel der gesellschaftlichen Respektabilität, nicht am Klassenkampf oder am politischen Umsturz.

e) Arbeiterschaft, Freihandelsbewegung und der gesellschaftliche Kompromiß des viktorianischen Zeitalters

Andererseits blieben die Arbeiter von den Auswirkungen der Wahlrechtsreform völlig unberührt. Es blieb abzuwarten, ob sie dies hinnehmen würden. Daß dies nicht der Fall war, zeigte sich schon im Frühjahr 1833, als in Birmingham 180000 Demonstranten gegen den Verrat der Whig-Regierung protestierten. Nur etwa 1000 Teilnehmer brachte im Mai 1833 eine Veranstaltung der *National Union of the Working Classes* auf die Beine, wo mit revolutionären Parolen operiert wurde und ein Polizist bei dem Versuch, die Versammlung aufzulösen, getötet wurde. Im weiteren Verlauf sahen die dreißiger Jahre vermehrte Versuche der Arbeiterschaft, sich sowohl als Gewerkschaften als auch als politisch-soziale Bewegung zu organisieren. Zunächst handelte es sich um die Fortsetzung gewerkschaftlicher Arbeit, die schon seit 1829 auf nationale Organisationen zielte. Als in den Spinnereien von Manchester ein sechsmonatiger Streik 1829 erfolglos blieb, ergriff John Doherty die Initiative zur Überwindung der lokalen und berufsspezifischen Zersplitterung des Gewerkschaftswesens. Er gründete zunächst eine nationale Gewerkschaft der Baumwollspinner und 1830 die *National Association for the*

Protection of Labour, der verschiedene Berufsgruppen angehörten und die ihren Schwerpunkt in Lancashire und in den Midlands hatte. Die Mitgliedschaft schwankte von Ort zu Ort, und die überregionale Solidarität war in der Praxis sehr begrenzt. Ab Herbst 1831 verlor diese erste allgemeine Gewerkschaftsorganisation entscheidend an Schwung.

Kaum erfolgreicher war der zweite Versuch in dieser Richtung, der mit dem Namen Robert Owens verbunden ist. Im Februar 1834 entstand unter den an sich günstigen Bedingungen einer wirtschaftlichen Aufschwungphase in London die *Grand National Consolidated Trades Union*. Sie war allerdings entgegen ihren Zielen niemals eine wirklich nationale Organisation, noch umspannte sie das gesamte Arbeitsleben. Vielmehr lag ihr Schwerpunkt in London. Von den 16000 Mitgliedern auf dem Höhepunkt der Entwicklung waren 4000 Schneider, 3000 Schuhmacher und 1000 Seidenweber. Im April 1834 mobilisierte die Organisation in London 30000 Leute, die gegen die Verurteilung von sechs Landarbeitern aus Tolpuddle in Dorset demonstrierten. Die Tolpuddle-Märtyrer, wie sie bald genannt wurden, hatten eine Landarbeitergewerkschaft gründen wollen. Ebenfalls schon im April 1834 zeigte sich die innere Brüchigkeit der neuen Gewerkschaft, als die Londoner Schneider streikten und von der Gewerkschaftsleitung keine Unterstützung erhielten. Owen wollte gewerkschaftliche Stärke nicht so sehr durch Klassenkampf und Streik erringen, sondern durch genossenschaftliche Produktionseinheiten, die den modernen Kapitalismus bremsen sollten. Die Schneider – im Mai wieder an die Arbeitsplätze zurückgekehrt und von den Unternehmern zur Unterzeichnung des *Document* gezwungen – verließen daraufhin die Gewerkschaft, die ein Jahr später überhaupt zu existieren aufhörte. Angesichts des bestehenden Überangebots an Arbeitskräften saßen die Arbeitgeber vorerst am längeren Hebel.

Abgesehen von einem kurzlebigen Versuch der Bergarbeiter 1842, eine *Miners' Association of Great Britain and Ireland* zu gründen, blieben die Gewerkschaften weiterhin lokal ausgerichtet und rekrutierten sich aus der Oberschicht der gelernten Arbeiter, die die hohen Beiträge bezahlen konnten. Nur etwa 5% der Arbeiter waren Gewerkschaftsmitglieder. Erst in den fünfziger Jahren kam es dann zu dauerhaften organisatorischen Neuansätzen, als 1851 mit der Gründung der *Amalgamated Society of Engineers, Machinists, Smiths, Millwrights and Pattern-makers* ein modellhafter Durchbruch zur Bildung überregionaler Berufsgewerkschaften gelang.

Neben den Gewerkschaften entwickelte sich mit zum Teil beachtlichem Erfolg eine weitere Organisation der Arbeiter, genauer gesagt der besser gestellten Arbeiter. Schon Owen hatte die Idee von Produktions- und Konsumgenossenschaften praktiziert. Seit der 1821 in London erfolgten Gründung der *Cooperative and Economic Society* nahmen kooperative Zusammenschlüsse beständig zu. Eine erste Blüte erreichten diese Organisationen in den vierziger Jahren. Hervorzuheben sind dabei die Genossenschaftsläden, deren Entwicklung 1844 in Rochdale einsetzte.

Während die Gewerkschafts- und Genossenschaftsarbeit die Selbstorganisation und Selbsthilfe in den Mittelpunkt stellte und politische oder klassenkämpferische Militanz zurücktreten ließ, kam es in den dreißiger Jahren gleichzeitig zu einer Politisierung in der Arbeiterschaft. Daraus ging die erste politische Arbeiterbewegung der Welt hervor, der Chartismus. Ihren Namen hatte die Bewegung von der *People's Charter*, die 1837 formuliert wurde und sechs Forderungen enthielt: allgemeines Wahlrecht für Männer, geheime Wahlen, Wegfall der Besitzqualifikation für Unterhausmitglieder und Zahlungen von Diäten, gleich große Wahlkreise, jährliche Wahlen. Gefordert wurde also eine Demokratisierung, die den britischen Parlamentarismus mit seinem Zensuswahlrecht völlig verändert hätte. Entwickelt wurden die Formulierungen der *People's Charter* unter Mitwirkung einiger radikaler Abgeordneter des Unterhauses in der 1836 gegründeten *London Working Men's Association,* die unter der Leitung von Lovett stand und eine Vereinsgründung mit politischer Zielsetzung war. Nachdem die nationalen Gewerkschaftsorganisationen gescheitert waren, schien der Schritt in die Politik eine logische Konsequenz zu sein. Über die Demokratisierung des politischen Systems sollten eigene sozial- und wirtschaftspolitische Ziele erreichbar werden. Wie eine Flugschrift aus dem Jahr 1836 zeigt,[31] befand man sich in einer doppelten Frontstellung. Man sah sich im Unterhaus weder durch den Grundbesitz der Oberschicht angemessen repräsentiert, „der aufgrund ungerechter und einseitiger Gesetze die Pachtgebühren festsetzt", noch – wie es hieß – durch den „Kapitalisten" aus der Mittelschicht, „dessen Verfügungsgewalt über Holz, Eisen und Dampfkraft Tausende in Not stürzt und ihn befähigt, die Löhne auf ein Minimum herabzudrücken". Die Vereinigung verstand sich als Organisation der Arbeiteraristokratie. Sie wandte sich an den „gebildeten und einflußreichen Teil der Arbeiterschaft", also nicht an die arbeitende Bevölkerung in ihrer Gesamtheit. Klassenbewußtsein bezog sich nur auf die oberen Sprossen der sozialen Leiter. Entsprechend wurden die Mittel gewählt, die man zur Erreichung der gesteckten Ziele einsetzen wollte. „Politische und soziale Rechte" sollten auf „legale Weise" erkämpft werden. Als Grundlage der Debatte wollte man Informationen sammeln und Statistiken erstellen. Man wollte Kooperation mit allen sozialen Gruppen der Gesellschaft, erkannte aber realistischerweise zugleich die „gegensätzlichen Klasseninteressen" und wollte darum die Mitgliedschaft auf die *working classes* beschränken. Man strebte nach Veränderung „ohne Gewalt und Aufruhr", nach „gradueller Verbesserung in der Lage der arbeitenden Klassen". Der Schlüsselbegriff, der für die in der britischen Arbeiterbewegung dominierenden

Kräfte richtungweisend bleiben sollte, lautete Gradualismus. Klassenbewußtsein und zugleich der Glaube an schrittweisen Fortschritt im bestehenden System prägten die Einstellung der Mehrheit der Arbeiterführer. Revolutionäre Gewalt war zu keinem Zeitpunkt ein bestimmendes Konzept.

Die in London formulierten Ziele der *People's Charter* wurden 1838 im ganzen Land debattiert, bis im Februar 1839 der erste Nationalkonvent der Chartisten zuerst in London und dann in Birmingham zusammentrat. Die Delegierten hatten recht unterschiedliche Vorstellungen. Die einen wollten eine Petition an das Unterhaus abfassen; andere ein Alternativparlament mit entsprechender Gesetzgebungstätigkeit anstreben; wieder andere konkrete Aktionen wie politische Streiks, Sturm auf Banken oder Gewaltakte planen. Im Mai 1839 präsentierten die Chartisten dem Unterhaus 1,3 Mio. Unterschriften zur Unterstützung der *People's Charter*. Es fanden sich aber nur 46 Abgeordnete bereit, die sechs Punkte der Charter wenigstens zu diskutieren. Die überwältigende Mehrheit lehnte jede Behandlung des Gegenstands ab. Innere Uneinigkeit beendete den ersten Nationalkonvent der Chartisten. Er löste sich im September auf, ohne ein Strategiekonzept für die Zukunft entwickelt zu haben.

Einzelne Unruhen, zu denen es im Herbst kam, blieben isoliert, auch der Aufstand von Newport in Südwales. Am Morgen des 4. November 1839 marschierten 7000 bewaffnete Arbeiter aus den umliegenden Bergarbeitergemeinden nach Newport und versuchten, einen Chartistenführer aus dem Gefängnis zu befreien. Die Hoffnungen der Masse, die neben Bergleuten auch Metallarbeiter umfaßte und deren drei Führergestalten ein Gastwirt, ein Schneider und ein Uhrmacher waren, hatten sich auf eine größere Aufstandsbewegung eingerichtet, die über Wales hinausgehen sollte. Doch starben ihre Hoffnungen im Kugelhagel britischer Truppen, die die Aufständischen im Zentrum von Newport schon erwarteten. Ungefähr 25 Tote und zahlreiche Verletzte waren schließlich zu beklagen. Die Anführer wurden zum Tode verurteilt, später aber zur Deportation nach Australien begnadigt. Der Aufstand zeugt von der Bereitschaft der walisischen Chartisten zu direkter revolutionärer Aktion. Die Hoffnungen seiner Initiatoren, zu einer nationalen Koordination von einzelnen Zentren des Protests kommen zu können, erfüllten sich aber nicht. Newport war der letzte Arbeiteraufstand in der britischen Geschichte.

Daß die Vorfälle von Newport nicht zu einem Fanal für das ganze Land wurden und der Chartismus als Massenbewegung im Winter 1839/40 abflaute, lag einmal am harten Durchgreifen der Regierung, die das chartistische Führercorps durch rund 500 Verhaftungen dezimierte, vor allem aber auch daran, daß der Chartismus trotz millionenfacher Unterschriften für seine Ziele insgesamt im einzelnen programmatisch und organisatorisch zersplittert war. Mehrere Strömungen flossen in ihm zusammen, ohne sich wirklich zu integrieren. Ein wichtiges Element innerhalb des Chartismus war der aus dem 18. Jahrhundert stammende politische Radikalismus, der sich gegen die Anfänge des interventionsstaatlichen Zentralismus, wie er im Armengesetz von 1834 sichtbar wurde, und gegen das undemokratische Wahlrecht wandte. Damit eng verbunden war die Propagierung vorindustrieller Ideale in den chartistischen Landreformplänen der vierziger Jahre, die die lokale und überschaubare Identität gegen den voranschreitenden Industriekapitalismus verteidigen wollten. Aber auch revolutionär-sozialistische Stimmen waren zu vernehmen. Die Chartisten waren allesamt Arbeiter, aber sie bildeten keine wirklich einheitliche Front und ihre Bewegung erfaßte das Land keineswegs flächendeckend. Dies lag daran, daß die britische Arbeiterschaft Ende der dreißiger Jahre des 19. Jahrhunderts sehr unterschiedliche Typen aufwies: Auf der einen Seite Handwerker ganz traditioneller Art wie Drucker oder Hutmacher und Handwerker in Großbetrieben und Großwerkstätten wie Schiffbauarbeiter, Schneider, Schuhmacher oder Möbeltischler; auf der anderen Seite Lohnarbeiter und Handwerker moderner Prägung wie Baumwollspinner, Metallarbeiter oder qualifizierte Fachkräfte wie Maschinenbauer. Von dieser sozial und beruflich uneinheitlichen Arbeiterschaft stellten die Fabrikarbeiter aus der Textilindustrie von Lancashire eine besonders geschlossene Formation innerhalb der Chartisten-Bewegung dar. Ähnliches gilt auch für die Bergleute und Eisenarbeiter in Südwales, einem der durch Kohle, Dampfkraft und Eisenherstellung technologisch am besten entwickelten Gebiete in der ersten Industriellen Revolution. Beide Regionen sind Beispiele für neue gesellschaftliche Formationen, die sich im Zuge und als Folge der Industrialisierung bildeten. Bürgerliche Unternehmer von Fabriken oder Hüttenwerken standen Arbeitermassen gegenüber, die räumlich konzentriert waren und auch ein Solidaritätsgefühl entwickeln konnten. Daneben waren im Chartismus auch ältere Handwerksberufe vertreten, aber in sehr unterschiedlicher Dichte. Insbesondere in London hatte der Chartismus keine Massengrundlage, so daß die Regierung gar nicht unmittelbar mit dem Druck konfrontiert war, der von den Chartisten ausging. In der Hauptstadt überwogen die herkömmlichen Handwerksberufe, wo die Löhne nicht so sehr den Schwankungen der frühindustriellen Entwicklung ausgesetzt waren und relativ stabil blieben. Die Höhepunkte des Chartismus 1839, 1842 und 1848 waren immer auch Jahre wirtschaftlicher Depression.

Ein letztes Problem, das die Geschlossenheit der Chartisten-Bewegung störte und zugleich die Mittelschichten auf Distanz gehen ließ, war das Gewaltproblem. Sozialer Protest auch durch Anwendung von Gewalt gehörte durchaus zur Tradition im Konfliktverhalten der Unterschichten. Dies setzte sich im Chartismus fort. Die Mehrheit aber suchte ihre

Ziele zweifellos unter Verzicht auf physische Gewaltanwendung durch die Mobilisierung der Öffentlichkeit, durch Demonstrationen und Petitionen zu erreichen. Sie wollte nur *moral force* anwenden und das Umkippen der Agitation in gewaltsame Auseinandersetzungen allenfalls als gefährliches Gespenst für den Fall an die Wand malen, daß die Herrschenden dem Reformverlangen überhaupt kein Gehör schenkten. Diesem gemäßigten Flügel stand – zumeist in einem nur schwer fixierbaren Übergang – der revolutionäre Flügel gegenüber, der *physical force*-Chartismus, wie er schon in der zeitgenössischen Diskussion genannt wurde. Vor allem die aussterbenden und von der technischen Entwicklung bedrohten Berufe wie die Handweber und Strumpfwirker, die wenig zu verlieren hatten, unterstützten den Gewaltflügel. Julian Harney, einer seiner auch publizistisch sehr aktiven Sprecher erläuterte im Januar 1839 den Unterschied: „Was wollen wir? Wir wollen nicht Besitz oder Leben zerstören. Wir sind für Frieden, Gesetz und Ordnung. Aber wir müssen Gerechtigkeit haben und schnell zu unseren Rechten kommen, möglichst friedlich, aber erforderlichenfalls mit Gewalt." „Allgemeines Wahlrecht oder Tod", so drohte Harney im März 1839 den Herrschenden, die die große Masse des Volkes nicht länger an der politischen Mitsprache hindern dürften.[32] Er erkannte im Laufe der Zeit aber auch, daß der Applaus der Massen bei Aufforderung zur Gewaltanwendung nicht wirklich deren Bereitschaft zum Handeln einschloß. Der Protest der Chartisten ließ sich trotz vorhandener Massenbasis nicht in revolutionäre Aktion umsetzen. Auch für sozialistische Entwürfe fehlte eine ausreichende Massenbasis. Der Chartismus war zwar in allen seinen Teilen auch immer eine Bewegung, die über das politische Ziel der Demokratisierung hinaus soziale und wirtschaftliche Fragen ansprach. Diese Diskussion sprengte aber überwiegend nicht die Grenzen der vorgegebenen Ordnung, während der Gewaltflügel des Chartismus oft zugleich sozialistische Vorstellungen artikulierte. Die weitere Entwicklung der britischen Arbeiterbewegung, die sich überwiegend im kapitalistischen System einrichtete und nur am Rand sozialistische Vorstellungen entwickelte, war also im Chartismus schon deutlich sichtbar.

Nach dem Abflauen der ersten Welle des Chartismus erfolgte 1842 eine kräftige Wiederbelebung, als die 1840 gegründete *National Charter Association* auf 48000 Mitglieder kam und 3,3 Mio. Unterschriften sammelte. Das Unterhaus zeigte sich ebenso ablehnend wie bei der ersten Petition. Das Jahr 1842 mit seiner schweren wirtschaftlichen Depression gehörte zu den unruhigsten Jahren des Jahrhunderts. Chartisten und Gewerkschaften arbeiteten teilweise zusammen und organisierten als Protest gegen die niedrigen Löhne zahlreiche Streiks in vielen Orten der englischen, walisischen und schottischen Industrieregionen. Im August gelangten die Unruhen auf ihren Höhepunkt. Dazu gehörten Übergriffe auf öffentliche Gebäude und auch die sogenannten *Plug Plot Riots,* bei denen die Arbeiter die Stöpsel aus den Dampfmaschinen entfernten und sie dadurch – ohne sie zu zerstören – vorübergehend zum Stillstand brachten. Die Behörden reagierten mit rund 1000 Verhaftungen, wobei die ausgesprochenen Strafen allerdings relativ glimpflich blieben. Ganz ohne Strafe blieb Feargus O'Connor, der mit seinem *Northern Star* die öffentliche Agitation der Chartisten nachhaltig bestimmte und durch seinen Führungsanspruch für viele Konflikte innerhalb des Chartismus sorgte. Er war ein oft demagogisch auftretender Agitator, der das Elend der arbeitenden Massen und die ungleiche Verteilung der politischen Macht aufeinander bezog: „Armut ist die Folge der Klassengesetzgebung. Sie muß zerstört werden, damit die Armut überwunden werden kann."[33] Hervorgetreten ist O'Connor aber nicht nur als Agitator, sondern auch mit seinem Landplan 1845, der die zum Teil vorindustrielle Orientierung der Chartisten erkennen läßt. O'Connor gründete eine bis 1851 bestehende *Chartist Land Company* mit dem Ziel, Arbeiter auf Kleinbauernstellen anzusiedeln. 70000 Arbeiter zahlten in das Projekt ein. Von der Verlosung des angekauften Landes profitierten indes nur 250 Mitglieder.

Ein letztes Aufflackern erlebte der Chartismus 1848, bevor ihm von dem allgemeinen wirtschaftlichen Aufwärtstrend der Wind aus den Segeln genommen wurde. 1847 aber war allgemein ein schlechtes Erntejahr, wodurch die besondere Problematik der durch die irische Kartoffelkrankheit ausgelösten Hungersnot noch verstärkt wurde. Der Getreidepreis erreichte einen Höchststand seit 1819, der Brotpreis seit 1812. Unruhen im Frühjahr 1848 waren die Folge. Als die Chartisten ihren Nationalkonvent im April in London zusammenriefen und eine Massendemonstration mit anschließender Übergabe einer Petition an das Parlament ankündigten, waren mehr Sicherheitskräfte in der Stadt als Demonstranten. Diesmal wurden rund 2 Mio. Unterschriften präsentiert, darunter allerdings viele, die gefälscht waren.

Erfolgreicher als der Chartismus war die *Anti Corn Law League*, eine Pressure-group der industriellen Mittelschichten, die unter der Führung von Richard Cobden, einem Textilfabrikanten aus Manchester, und John Bright, einem Baumwollfabrikanten und Quäker aus Rochdale, stand. Sie forderte die Abschaffung der Kornzölle, weil diese dem Landbesitz zugute kamen, die Industrie aber benachteiligten. Gegen Formen der Klassengesetzgebung protestierten also nicht nur die Arbeiter, sondern auch das Industrie- und Handelsbürgertum. Die Mittelschichten erreichten damit einen Organisationsgrad, der ihnen in der Anfangsphase der Industriellen Revolution noch fehlte. Der erste industrielle Interessenverband, die *General Chamber of Manufacturers* von 1785, war nur kurzlebig und zerfiel nicht zuletzt wegen unterschiedlicher Auffassungen über staatlichen Protektionismus. Auch politisch blieben die Mittelschichten zunächst eher im Hintergrund. Der *Leeds Intelligencer* bezeichnete es 1792 sogar als günstig, daß der Durchbruch der Industriellen Revolution in einem quasi politikfreien Raum erfolgte: „Es ist bekannt, daß Wahlen Ausschweifung, Unmoral und Faulheit fördern; es ist ebenso bekannt, daß jene Industriestädte (wie unsere Stadt und Manchester), die keine Unterhausabgeordneten entsenden, stärker prosperieren als solche, die Repräsentanten wählen."[34] Seit den zwanziger Jahren des 19. Jahrhunderts dagegen erfolgte eine Politisierung der Mittelschichten. Damals erkannte Lord Grey, der Führer der reformbereiten Whigs, daß die Mittelschichten den politisch ausschlaggebenden Teil der Öffentlichkeit darstellten, ohne den die Macht der Gentry „nichts" sei. Die Wahlrechtsreform von 1832 räumte den städtischen Mittelschichten mehr politische Mitwirkungsrechte ein, als sie bisher hatten. Sie beseitigte aber nicht die Vorrangstellung des Landbesitzes und ließ den alten, sich im Laufe der Zeit verschärfenden sozial-ökonomischen Interessenkonflikt fortbestehen. Er mußte zum offenen Ausbruch kommen, als es seit 1837 zu Absatzschwierigkeiten kam und das Industriebürgertum seine Belange im Parlament der Grundbesitzer nicht ausreichend vertreten sah.

Den Ton der folgenden Auseinandersetzung gab im Dezember 1838 die Industrie- und Handelskammer von Manchester mit einer dem Unterhaus unterbreiteten Resolution an.[35] Darin wurde die Einschränkung beklagt, die der britischen Wirtschaft durch die „ungerechte Gesetzgebung" der Kornzölle erwachsen sei. Die auf Export angewiesene Industriewirtschaft verlangte freien Zugang für ausländische Agrarproduzenten in England, wo die Agrarpreise nicht länger durch Schutzzölle künstlich hochgehalten werden dürften, um im Gegenzug mehr britische Waren exportieren zu können. Die britische Landwirtschaft müsse sich den Kräften des freien Marktes stellen und dürfe nicht mehr zum Nachteil anderer Wirtschaftszweige subventioniert werden. Dies liege nicht nur im Interesse der Mittelschichten, sondern vor allem auch der Arbeiter, die nur in einer florierenden Wirtschaft ausreichend beschäftigt werden könnten. Nur bei Verwirklichung des Freihandels sei der gesellschaftliche Frieden dauerhaft erreichbar.

Frieden durch Freihandel war ein Zauberwort, das auch auf internationale Zusammenhänge angewandt wurde. Cobden erklärte den Freihandel zu einem Instrument der Kommunikation, das die Menschheit universal durchdringen und sie durch die „Bande ewigen Friedens" vereinigen könne. Proportional zur Ausweitung des Handels und zur Versorgung der Welt mit Industriegütern, proportional zum Grad der Verwandlung der Welt in eine technisch-wissenschaftliche Welt; proportional also zum Grad der Arbeitsteilung würde die Attraktivität kriegerischer Auseinandersetzung verlorengehen. Die Aussicht auf Zugewinn durch Krieg schien eher den Bedürfnislagen der auf sich gestellten und vergleichsweise armen, von Mangel geprägten vorindustriellen Agrargesellschaften zu entsprechen, wo ein labiles und stets bedrohtes Gleichgewicht von Bevölkerungszahl und Ernährungsgrundlage gegeben war und der stabilisierende Überschuß von Industriegesellschaften fehlte. Diese seien ihrem Wesen nach auf arbeitsteiliges Wachstum und damit internationale Kooperation im Frieden angelegt. „Ich glaube“, so führte Cobden 1846 in Manchester genau an der Stelle aus, wo 1819 das Peterloo-Massaker stattgefunden hatte und wo 1843 die 8000 Menschen fassende *Free Trade Hall* errichtet worden war, „daß der Freihandel das Gesicht der Welt verändern wird ... Ich glaube, daß das Streben nach großen und mächtigen Weltreichsbildungen, nach gigantischen Armeen und Flotten aufhören wird, das Verlangen nach all den Dingen, die benutzt werden, um Leben zu zerstören und die Früchte menschlicher Arbeit zu verwüsten. All das wird aufhören, wenn die Menschheit eine Familie wird und jeder die Früchte seiner Arbeit mit seinem Mitmenschen frei austauschen kann. Ich glaube, daß in einer fernen Zeit die Welt wie eine städtische Gemeinde regiert wird. Und ich glaube, daß man in tausend Jahren die größte Revolution in der Weltgeschichte auf den Tag datieren wird, an dem das Prinzip des Freihandels sich durchsetzt, für das wir hier eintreten.“[36]

Cobden erklärte damit das partikulare Interesse der Baumwollindustrie zum allgemeinen Menschheitsinteresse und setzte das liberale Modell der Friedenssicherung älteren vormodernen Modellen entgegen. Der aristokratischen Internationale stellte er die bürgerliche Internationale gegenüber, der die Zukunft gehören müsse, weil sie wirtschaftliche Machtmaßstäbe einführe und unkriegerischen Wettbewerb zur Regel mache. Solche Gedanken waren nicht neu. Doch trafen sie jetzt wie nie zuvor auf eine Konstellation, wo gedanklicher Entwurf und politisch-ökonomische Interessenlagen zur Deckung zu kommen schienen. Großbritannien trat in der Tat in seine klassische liberale Ära ein.

In Manchester und in anderen Industriestädten bildeten sich im Winter 1838/39 Assoziationen gegen die Kornzölle, und als das Unterhaus negativ reagierte, wurde im März 1839 als nationale Organisation die *Anti Corn Law League* gegründet. Im Unterschied zu den Chartisten haben die Freihändler eine schlagkräftige und gut finanzierte Organisation mit einer eigenen Presse aufbauen können. Man organisierte Versammlungen und versuchte, Wahlen zum Unterhaus zu beeinflussen. Eigene Kandidaten konnten zum Teil wie in Manchester und Stockport durchgebracht werden, in Bradford oder Leeds dagegen nicht. Im Krisenjahr 1842 peitschten die extremeren Kräfte der *League* die Stimmung der Arbeiter hoch, denen sie nach Einführung des Freihandels eine Senkung der Nahrungsmittelpreise in Aussicht stellten. Mit ihrer kompromißlosen Agitation waren sie in die Unruhen des Jahres 1842 direkt verwickelt. Seit 1844 versuchte man, durch Landkäufe in den Grafschaften das dortige Wahlrecht zu erlangen und damit den Ausgang von Wahlen auch auf dem Land zu beeinflussen. Bis Februar 1845 wurden schätzungsweise 250000 Pfund dafür ausgegeben. Nachwahlen in Süd-Lancashire und West-Yorkshire führten tatsächlich zu Niederlagen der Konservativen in bisher für sie sicheren Wahlkreisen.

Mitte der vierziger Jahre war es eindeutig die *Anti Corn Law League*, die das Feld der öffentlichen Diskussion bestimmte. Im Vergleich dazu war der Chartismus stumm geworden. Es führt aber in die Irre zu glauben, die Aufhebung der Kornzölle durch das Unterhaus im Mai 1846 wäre ohne den Druck der Industriellen nie erfolgt. Die konservative Regierung Peel stand zwar unter öffentlichen Pressionen, war aber ohnehin auf Liberalisierung der Wirtschaft ausgerichtet. Der Premierminister war ein Anhänger des Freihandels im Interesse einer dann zur Effizienz gezwungenen Landwirtschaft und der weltweiten Entfaltungsmöglichkeiten der britischen Industrie. In der vorentscheidenden Unterhausdebatte im Februar 1846 hielt er den Abgeordneten vor Augen, daß Großbritannien jetzt von einer Position der Stärke aus weiter voranschreiten müsse. Wissenschaftlicher und wirtschaftlicher Fortschritt, maritime Überlegenheit, politische Freiheit und Unternehmergeist, Kapitalmarkt und Kapitalbildung stellten Großbritannien an die Spitze der Entwicklung. Mit dem sicheren Rückhalt seines Vorsprungs vor allen Weltkonkurrenten könne Großbritannien durch Abschaffung des Protektionismus ein Signal geben, dem andere Länder wie Preußen oder Frankreich folgen würden. „Kann ein Zweifel daran bestehen, daß die Vereinigten Staaten bald ihre Zollschranken abbauen werden und daß die Anhänger eines freien Güteraustausches, die Freunde des Friedens zwischen beiden Ländern, das Beispiel Englands mit Befriedigung begrüßen werden?“[37] Peels Rede hätte auch Cobden halten können. Man darf den Durchbruch von 1846 also nicht vereinfachend als Sieg der Freihändler über die Regierung, der Industrie über die Landwirtschaft bezeichnen. Vielmehr befand sich Peel längst auf freihändlerischem Kurs und handelte angesichts der Kartoffelkrankheit nicht zuletzt aus Sorge darüber, es könnte zu Engpässen in der Nahrungsmittelversorgung kommen. Die Einführung des Freihandels entsprang nicht nur einer spezifischen Interessenlage, sondern lag auch in der Logik der Gesamtentwicklung.

Außerdem bestand in der Landwirtschaft keine geschlossene Abwehrfront. Die konkurrenzfähigen Betriebe waren – anders als der kleinere Pachtbesitz – durchaus der Beseitigung staatlichen Schutzes und der Öffnung Großbritanniens gegenüber dem internationalen Agrarmarkt gewachsen. In der Tat fielen die Getreidepreise nach 1846 nicht dramatisch, wenn auch der Anteil des ausländischen Getreides zunahm. Die hohen Transportkosten für Importgetreide aus Ägypten, Rußland, Kanada und den USA verhinderten einen einbruchartigen Preisverfall. Hinzu kam, daß der Anteil importierten Getreides zunächst noch recht klein blieb. In den vierziger Jahren konsumierten knapp über 10% der Bevölkerung ausländischen Weizen. Erst in den fünfziger Jahren stieg der Anteil des Importweizens auf 30% (1811–30 : 3%, 1831–51 : 13%).

Für das politische Bewußtsein großer Teile des *landed interest* kam die Öffnung des Agrarmarkts gleichwohl dem Schlachten einer heiligen Kuh gleich. In einer Mischung aus Zukunftsangst und Widerstand gegen die sozial-ökonomische Selbstentmachtung stellte man sich infolgedessen gegen den säkularen Trend in der Wirtschaftspolitik. Sir Robert Peel, der Führer der konservativen Partei, repräsentierte das moderne England, das es erst seit wenigen Jahrzehnten überhaupt gab. Zwei Drittel der konservativen Partei im Unterhaus versagten Peel die Gefolgschaft, so daß die Partei sich spaltete und die politische Führung des Landes für die nächste Zeit einbüßte. Der politisch konservative Teil des Adels koppelte sich damit für eine gewisse Zeit vom Trend der Liberalisierung ab, während der reformbereite Adel, der sich in der Partei der Whigs und dann seit den dreißiger Jahren in der Liberalen Partei organisierte, Peels Konzept folgte und den Ausgleich von agrarischen und industriellen Interessen anstrebte.

Peel wollte nicht die Aristokratie entmachten, sondern ihr Zugeständnisse an das Industriebürgertum entlocken. Nur unter der Voraussetzung solcher Zugeständnisse sah er eine Chance, den „legitimen Einfluß und die Autorität der ländlichen Aristokratie" zu erhalten.[38] Die Suche nach Konsens zwischen den besitzenden Schichten war zugleich eine innenpolitische Stabilisierungsstrategie, weil die besitzenden Mittelschichten, wie dies schon 1832 mit der Wahlrechtsreform geleistet worden war, ein Stück weiter im politisch-sozialen System integriert wurden. Nicht zu übersehen ist auch, daß in dieser Stabilisierung zugleich eine Abwehrhaltung sichtbar wird. Aristokratie, Gentry sowie gehobenes und mittleres Bürgertum – die Träger des britischen Parlamentarismus also – waren sich einig in der Abwehr demokratischer Strömungen, wie sie im Chartismus bestimmend waren. Lord Palmerston sprach 1832 von einer Politik des *Divide et Impera.* Man müsse durch vernünftige und rechtzeitige Konzessionen die gemäßigten von den extremen Kräften trennen.[39] Die politische und gesellschaftliche Elite Großbritanniens hat in kritischen Momenten stets genug Beweglichkeit gezeigt, um gesellschaftlichen Druck auffangen zu können. Schon im 18. Jahrhundert begriff der Adel seine Herrschaftsposition im Sinne eines „Verpflichtungsverhältnisses",[40] was ihn in der Durchbruchsphase der Industriellen Revolution mehrheitlich zu Reformen befähigte. Niemals ging es dabei um Demokratisierung oder Abdankung von der Herrschaft. Vielmehr handelte es sich um ein soziales Konfliktverhalten, mit dem die traditionelle Elite ihr politisches Mandat vorerst sicherte.

Daß es in Großbritannien eine Industrielle Revolution, aber keine politische Revolution gab, hing zweifellos eng miteinander zusammen. Faktoren, die die Industrielle Revolution begünstigten (vorindustrielles Wirtschaftswachstum, soziale Mobilität) trugen zugleich dazu bei, daß Großbritannien nach der „Entscheidungsphase"[41] des 17. und der Stabilisierungsphase des 18. Jahrhunderts den Weg der Reform beschritt und dadurch eine politisch-soziale Revolution überflüssig wurde. Anpassungsfähigkeit der alten Führungsschichten und die trotz aller Krisen letztlich immer wieder bestätigte wirtschaftliche Aufwärtsentwicklung ließen revolutionäre Gewalt nicht zum Zuge kommen. Wo es sie gab, blieb sie isoliert und sah sich vor zusätzliche organisatorische Schwierigkeiten dadurch gestellt, daß Großbritannien ein dezentralisiertes Land war. Unruhen waren Unruhen in der Stabilität. Daß ein Herrschaftskompromiß gelang, lag weniger an der vermeintlich ehrerbietigen Haltung britischer Unterschichten gegenüber ihren Oberen, wie dies Walter Bagehot 1867 in seiner „Englischen Verfassung" meinte und wie es seitdem oft wiederholt worden ist. Bagehot verwechselte konkrete politische und wirtschaftliche Bedingungen, die vergleichsweise friedliche Verhaltensweisen erlaubten, mit einer vermeintlich nationalcharakterlichen Mentalität. Er zählte England zu den „ehrerbietigen Nationen", „deren zahlenmäßig großer, aber weniger kluger Teil von dem an Zahl geringeren klügeren Teil regiert zu werden wünscht".[42]

Daß die bestehenden innergesellschaftlichen Konflikte in Großbritannien überwiegend ohne Blutvergießen ausgetragen wurden, daß es trotz vielfacher sozialer Not und politischer Unterprivilegierung keinerlei Ansätze zu einem revolutionären Flächenbrand gab, lag nicht an der Lammfrommheit der Briten, sondern an der Reformwilligkeit der Führungsschichten in einem nie durch strikte Schranken untergliederten gesellschaftlichen Gefüge und an der wirtschaftlichen Erfolgsgeschichte, die allen sozialen Schichten, wenn auch in sehr unterschiedlicher Verteilung, zugute kam. Die integrativen Momente waren stets stärker als der Egoismus gesellschaftlicher Gruppen. So kam es in Großbritannien weder zur Revolution von unten, sei es durch die Massen der Unterschichten oder sei es durch die ökonomisch sichtbar aufsteigenden Mittelschichten, noch zur Revolution von oben durch einen Staatsstreich der vorindustriellen Eliten.

In den fünfziger und sechziger Jahren stabilisierte sich das gesellschaftliche Kräftefeld zusehends. Kein Politiker sah mehr eine Notwendigkeit, sein Landgut vor möglichen Übergriffen besonders zu schützen. Es waren die Jahre der Blütezeit des viktorianischen England. Der Kontrast zu den bewegten vierziger Jahren hätte nicht deutlicher ausfallen können. „Selbst ist der Mann", lautete die Parole, die die optimistische Grundstimmung der Gesellschaft wiedergab. Das 1859 erschienene Buch *Self*

Help von Samuel Smiles brachte – in einer riesigen Auflage verbreitet – genau dies zum Ausdruck. Auch die konservativen Kräfte der britischen Politik schwenkten auf Reformkurs ein und gewährten der Arbeiteraristokratie in den Städten das Wahlrecht. Die Arbeiterschaft meldete sich auch immer wieder zu politischen Fragen zu Wort (Wahlrecht, Irland-Frage, amerikanischer Bürgerkrieg, Vorgänge in Italien und Polen, internationale Arbeiterbewegung und Friedenssicherung), entwickelte aber keine dauerhaften politischen Organisationsformen, vor allem keine politische Partei. Im Unterschied etwa zu Deutschland lag der Schwerpunkt der Arbeit eindeutig auf gewerkschaftlichen Aktivitäten. Der Vorrang der Gewerkschaften sollte für lange Zeit die Entwicklung der britischen Arbeiterbewegung prägen, und bis heute ist das große Gewicht der Gewerkschaften in der Organisation und Politik der Labour Party zu spüren.

Unverändert blieben die Gewerkschaften der beruflich qualifizierten Elite der Arbeiterschaft vorbehalten, die die relativ hohen Mitgliedsbeiträge aufbringen konnte. Von 12 Mio. britischen Arbeitern waren 1870 nur 750000 gewerkschaftlich organisiert. Dabei handelte es sich nicht um Branchen- oder Industriegewerkschaften, sondern um zum Teil verschwindend kleine Berufsverbände. In Sheffield zum Beispiel gab es 1859 56 verschiedene Gewerkschaften. Winzige lokale Gruppen standen neben nationalen Organisationen wie der *Amalgamated Society of Engineers,* die als größte Gewerkschaft 1851 12000 und 1870 35000 Mitglieder hatte. Neben den Maschinen- und Metallarbeitern schlossen sich noch die Zimmerleute auf nationaler Ebene zusammen. Solche größeren Organisationen wurden zunehmend von den Arbeitgebern als Verhandlungspartner anerkannt, zumal die Gewerkschaften überwiegend den Kompromiß der Streikaktion vorzogen. Spektakuläre Streiks wie der Metallarbeiterstreik 1852 in London und Lancashire, der Streik der Spinner in Preston 1853 oder der Londoner Bauarbeiter 1859/60 waren nicht typisch für den allgemeinen Trend. Vorrangig ging es den Gewerkschaften um Interessenwahrung im Rahmen der kapitalistischen Industriewirtschaft und um die noch ausstehende vollständige rechtliche Absicherung der Gewerkschaften. Um sowohl auf der Ebene der Arbeitsbeziehungen als auch im politischen und rechtlichen Bereich voranzukommen, bildeten sich seit 1860 städtische Gewerkschaftsräte (*Trades Councils*), die überberuflich angelegt waren und so die Interessen der Arbeiterschaft insgesamt vertreten konnten. Derartige Organisations- und Informationszentren mit hauptamtlichen Funktionären bildeten sich in vielen Städten, wobei dem *London Trades Council* eine herausragende Stellung zukam. Der Zug zur überberuflichen Zentralisierung, der schließlich 1868 in der ersten Versammlung des *Trades Union Congress* in Manchester gipfelte, stieß aber an der Basis in den Betrieben oft auf Kritik und Widerstand. Neben der organisatorischen Weiterentwicklung, die im übrigen den Einzelgewerkschaften alle Autonomie beließ, kam es auch zur rechtlichen Anerkennung der Gewerkschaften, als das Parlament 1871 und 1875 entsprechende Gesetze verabschiedete. Streiks konnten jetzt nicht mehr zur strafrechtlichen Anklage führen. Damit war nach der Wahlrechtsreform von 1867 ein wichtiger zusätzlicher Schritt der Staatsgewalt erfolgt, um die Arbeiterschaft in die bestehende Gesellschafts- und Wirtschaftsordnung zu integrieren.

II. Britische Politik im Übergang zur Moderne: Reformen im Innern und Friedenswahrung nach außen

1. Stabilität und Wandel des politischen Systems

a) Parlamentarismus und die Wahlrechtsreform von 1832

Die Geschichte Großbritanniens im 19. Jahrhundert ist immer wieder als Erfolgsgeschichte geschrieben worden. Dem wirtschaftlichen Aufstieg als Handels-, Finanz- und Industriemacht stellte man Großbritannien als Ursprungsland des Parlamentarismus und der politischen Freiheit an die Seite. Der Fortschritt in Richtung Demokratie schien dem britischen politischen System eingeboren zu sein. Eine solche Sicht der Dinge unterschlägt allerdings die Tatsache, daß die aristokratische Grundstruktur der britischen Politik lange erhalten blieb. Politischen Handlungsspielraum besaßen allein die besitzenden Schichten, vor allem der Landbesitz, seit dem zweiten Drittel des 19. Jahrhunderts in zunehmendem Maß auch Finanz, Handel und Industrie. Die Masse der Bevölkerung blieb davon ausgeschlossen. Großbritannien besaß freiheitliche Institutionen wie das Parlament und eine politische Öffentlichkeit, in der man Kontroversen offen austragen konnte. Aber es besaß lange keine Demokratie. Was im Rückblick wie eine zielstrebige Entwicklung dorthin aussieht, entwickelte sich eher gegen den Willen der Führungsschichten.

Andererseits zeigten die Eliten, wie schon deutlich geworden ist, genügend Anpassungsfähigkeit gegenüber neuen wirtschaftlichen und gesellschaftlichen Realitäten. Sie beteiligten soziale Aufsteiger an der politischen Macht, die ihrerseits den sozial höherstehenden Schichten nacheiferten, so daß die Mittelschichten auf kämpferische Parolen oder gar Aktionen verzichten konnten und ein beträchtliches Maß gesamtgesellschaftlicher Integration erreicht wurde. Die relative Offenheit der britischen Gesellschaft war eine wesentliche Grundlage für die Freiheit gesellschaftlichen Handelns.

Die sozialen Schichten organisierten sich in ihrem jeweiligen gesellschaftlichen Milieu und errichteten Symbole ihrer Macht oder Alltagskultur, seien es palastartige Landhäuser oder bombastische Rathäuser, viktorianische Einfamilienhäuser oder engräumige Arbeitersiedlungen mit dem Pub als Treffpunkt, wo die Männer für von Jahrzehnt zu Jahrzehnt steigenden Alkoholkonsum sorgten. Wo es nicht zu sozialer Durchlässigkeit kam, lebten die sozialen Schichten in einer hierarchisch gegliederten Besitzgesellschaft oft im Konflikt miteinander, aber nicht eigentlich in

Feindschaft gegeneinander. Was allen gemeinsam war, war der Wille zur gesellschaftlichen Selbstorganisation und die Ablehnung einer Staatsgesellschaft. Insbesondere die adlige Führungsschicht war viel zu eigenständig und in ihrer lokalen Herrschaft verwurzelt, als daß sie einen starken Zentralstaat geduldet hätte. So konnte sich kontinuierlich gesellschaftliches Selbstbewußtsein ausbilden. Diese Bürgerkultur war nicht eine Gesellschaft von Gleichen, aber eine weitgehend staatsfreie Gesellschaft, in der sich in der ersten Hälfte des 19. Jahrhunderts der Grundsatz des *laissez faire* immer mehr durchsetzte. Wo der Staat in Gesellschaft und Wirtschaft intervenierte, war er ein liberaler Interventionsstaat. Nicht zuletzt darum bot Großbritannien Bewegungsmöglichkeiten für politische Flüchtlinge vom Kontinent, seien es nun französische Adlige auf der Flucht vor der Revolution oder seien es Emigranten aus Deutschland auf der Flucht vor der Reaktion. Großbritannien erschien ihnen allen als das Land der Freiheit, das Asyl gewährte. Das Schicksal des Exils blieb dadurch zwar hart genug, auch deshalb, weil die hohe Ausprägung gesellschaftlicher Identität in England die Integration von Fremden erschwerte und weil oft politische Liberalität und Xenophobie dicht beieinander lagen. Aber der Druck der politischen Verfolgung fiel in England weg, wie ein deutscher Flüchtling nach 1849 bezeugte: „Ich hatte in der immensen Hauptstadt Englands keine Freunde, keine Bekannte, ausgenommen eine Anzahl von Schicksalsgenossen. Und doch fühlte ich mich unbeschreiblich wohl. Ich war frei, kein Spion folgte mir, keiner horchte in öffentlichen Lokalen auf meine Worte, kein schwarzes Kabinett öffnete meine Briefe. Ich begann frei aufzuatmen, wie einer, der aus dem Gefängnis getreten."[43]

Bei aller Freiheit der Meinungsäußerung oder Demonstrationsfreiheit darf man jedoch nicht übersehen, daß der britische Parlamentarismus dieser Jahre ein im wesentlichen exklusives Herrschaftssystem darstellte. Das Unterhaus verstand sich nicht als Versammlung von Abgeordneten, die Interessen einer Region oder sozialen Schicht zu vertreten hatten, sondern als autonomes und gegenüber der politischen Öffentlichkeit abgeschirmtes Gremium, dessen Mitglieder die Gesamtnation repräsentierten. Sie verstanden sich darum auch nicht als Deputierte oder Abgeordnete, sondern waren Mitglieder des Parlaments, *Members of Parliament.* Die Repräsentativverfassung Großbritanniens hatte mittelalterliche Ursprünge und war nicht das Ergebnis einer liberalen Theoriedebatte. Darin liegt ein Moment der Kontinuität vormoderner Herrschaftsformen, die zwar immer wieder korrigiert wurden, deren Ausläufer aber noch heute sichtbar sind. Bis heute gibt es keine geschriebene Verfassung und keinen fixierten Grundrechtskatalog. Letztinstanzlich ist gesetzgeberisch und juristisch die Souveränität des Parlaments ausschlaggebend.

Über das aktive Wahlrecht verfügten in der Mitte des 19. Jahrhunderts nur etwa 5% der Bevölkerung. Die Wahlberechtigten stammten zunehmend aus den Industrieregionen. Die Wähler aus den ländlichen und nichtindustriellen Gegenden aber waren aufgrund der bestehenden Wahlkreiseinteilung besser im Unterhaus vertreten als das moderne England. Diese grundlegende Tatsache ist wichtig, will man zu einer angemessenen Bewertung der Wahlrechtsreform von 1832 kommen. Sie gab der Anpassungsfähigkeit der bestehenden Institutionen an veränderte sozial-ökonomische Bedingungen Ausdruck, ohne das Bestehende grundlegend zu ändern. Wandel war Wandel in der Kontinuität. Daß beides verknüpft war, machte die Stabilität des politischen Systems aus, weil sich auf diese Weise sowohl alte Eliten als auch aufsteigende Schichten mit ihm identifizieren konnten. Die britische Moderne zeichnet sich durch behutsame Reformfähigkeit in Permanenz aus. Von Vorteil war, daß der Übergang zur Industriegesellschaft weniger stürmisch als auf dem europäischen Kontinent verlief, wo die Industrialisierung zeitlich zusammengedrängter erfolgte. Dieser Zeitfaktor kann nicht hoch genug veranschlagt werden. Der allmähliche Verlauf der Modernisierung gab den politischen Kräften in Großbritannien bessere Chancen, den Weg graduellen Wandels und reformgerichteter Evolution einzuschlagen, bis das Land vergleichsweise spät sein parlamentarisches System demokratisierte und eine wohlfahrtsstaatliche Verfassung erlangte.

Bemüht man, wie es hier geschieht, den Begriff der Reform als zentralen Begriff zur Beschreibung und Analyse britischer Politik seit der Wende vom 18. zum 19. Jahrhundert, so ist also stets die Dialektik von Beharrung und Wandel mitzudenken. In diesem Sinn meinte Premierminister Lord Grey 1831 in seiner Begründung der Vorlage zur Reform des Wahlrechts, man müsse schrittweise Veränderungen einleiten, um das Bestehende in seiner Substanz erhalten zu können. Mit Vehemenz stellte er sich gegen alle Tendenzen des politischen Radikalismus, der allgemeines oder gar geheimes Wahlrecht forderte. Grey bewegte sich damit auf der Ebene, die auch Edmund Burke in seiner Auseinandersetzung mit der Französischen Revolution 1790 als verbindlich hingestellt hatte. Burke argumentierte mit dem Blick auf England historisch und stellte die organische Entwicklung von gesellschaftlichen und staatlichen Ordnungen als wünschenswert hin. Revolutionen lehnte er infolgedessen ab. Mitwirkung an der Politik müsse an Besitz gebunden sein. Zahlenmäßige Mehrheit könne keinesfalls Grundlage für politische Entscheidungen sein. Darum wies Burke jeglichen Gedanken an Demokratie zurück und befürwortete gemischte Verfassungen. Wichtig ist aber, daß sich Burke nicht zum Anwalt des französischen Ancien Régime machte. Ihm hielt er vor, die Chance zur Reform ausgelassen zu haben. Reform war der Schlüsselbegriff seiner Kritik sowohl an den Bourbonen als auch an der Revolution. Zugleich forderte er als Grundmuster für die britische Politik die Wechselbeziehung von „Erhaltungs- und Verbesserungsprinzip“.[44]

Übertragen auf die Wahlrechtsfrage hieß dies: Beseitigung von offensichtlichen Anomalien bei gleichzeitiger Konservierung bestehender Machtstrukturen. Genau darin bestand das Ziel der seit 1830 im Amt befindlichen Whig-Regierung unter Grey. Seit dem 18. Jahrhundert dienten die Begriffe Whig und Tory der politischen Grobeinteilung. Es handelte sich um locker gefügte Gruppen, die Ende des 18. Jahrhunderts erste Merkmale von Parteien aufzuweisen begannen. Parteiorganisationen fehlten allerdings gänzlich. Die programmatischen Aussagen reduzierten sich auf wenige Kernelemente. Die Tories standen für eine starke Stellung der Krone und Bewahrung der bestehenden Institutionen, nicht zuletzt der Anglikanischen Kirche. Überwiegend konnte man sie dem Landbesitz zurechnen, während die Whigs eine stärkere Öffnung für Handel und Industrie erkennen ließen. Relativ stark vertreten war bei ihnen der nonkonformistische Bevölkerungsteil. Vor allem aber gaben sich die Whigs das Image des Progressiven, indem sie politische Reformen als wünschenswert hinstellten.

Die dem Regierungswechsel von 1830 vorausgegangene lange Vorherrschaft der Tories, die von wenigen Ausnahmen abgesehen unter den Königen Georg III. und Georg IV. ungebrochen war, ist durchaus nicht mit Stillstand oder gar Reaktion zu kennzeichnen. So trat Handelsminister William Huskisson seit 1823 für mehr Wirtschaftsliberalismus ein, und Außenminister Canning unterstützte in enger Verbindung mit britischen Außenwirtschaftsinteressen und unter Abkehr vom Legitimitätsprinzip des Wiener Kongresses die Emanzipationsbewegungen in Griechenland, Portugal und Südamerika. Innenminister Peel begann 1823 eine Reform des Strafgesetzbuches. In seine Amtszeit fiel auch die Einrichtung der *Metropolitan Police* in London 1829, der ersten regulären britischen Polizeiorganisation, deren Angehörige nach dem Vornamen des Innenministers vom Volksmund die Bezeichnung *Bobby* erhielten. Zwischen 1824 und 1829 erlangten Gewerkschaften, der protestantische Dissent und Katholiken größere Rechte.[45] In der Frage des Wahlrechts jedoch bewegten sich die Tories keinen Schritt.

Über das aktive Wahlrecht verfügte rund eine halbe Million Briten. Sie hatten bestimmte Besitzqualifikationen nachzuweisen. In den ländlichen Wahlkreisen der Grafschaften (*counties*) konnten aufgrund von Bestimmungen aus dem 15. Jahrhundert alle wählen, die aus freiem Grundbesitz ein Nettojahreseinkommen von 40 Schilling hatten. Das Wahlrecht in den städtischen Wahlkreisen (*boroughs*), die ihren Status seit dem Mittelalter durch königliches Privileg erhalten hatten, war von Fall zu Fall unterschiedlich geregelt, aber in jedem Fall auch einer bevorrechtigten Minderheit vorbehalten. Die Wahlbezirke wichen in ihrer Größe erheblich voneinander ab. Infolge von demographischen Veränderungen kam es sogar vor, daß manche städtischen Wahlkreise menschenleer waren, daß die aristokratischen Magnaten, zu deren Besitzungen die *boroughs* gehörten, aber nach wie vor Repräsentanten ins Unterhaus entsandten. Solche vor allem im Süden und Südwesten Englands gelegenen *rotten boroughs* (wie z. B. Old Sarum unweit von Salisbury) waren in besonderer Weise der Kritik ausgesetzt. Ihre historisch begründete Privilegierung stand in schreiendem Gegensatz zur Benachteiligung von Städten der industrialisierten Gegenden Englands. Das moderne England, von dem technischer Wandel und wirtschaftliches Wachstum ausgingen, stand weitgehend außerhalb der politischen Nation. Manchester oder Birmingham entsandten keine eigenen Vertreter ins Unterhaus und konnten nur auf Grafschaftsebene wählen. Von den 558 Mitgliedern des Unterhauses wurden an der Wende zum 19. Jahrhundert 70 in Wahlkreisen ohne jeden Wahlberechtigten „gewählt", 90 in Wahlkreisen mit unter 50 Wahlberechtigten und 134 in Wahlkreisen, die zwischen 50 und 250 Wahlberechtigte aufwiesen. Über die Hälfte der Unterhausmitglieder stammte also aus Miniwahlkreisen. Hinzu kam, daß nur in wenigen Wahlkreisen überhaupt eine echte Wahl stattfand, weil es meist keine Gegenkandidaten gab.

Die radikale Opposition, die eine Reform des Wahlrechts und der Wahlkreiseinteilung verlangte, wies seit dem Siebenjährigen Krieg zunehmend die verfassungstheoretische Verklärung des britischen Parlamentarismus zurück. Der Krieg hatte als Katalysator für neue Stilelemente in der britischen Innenpolitik gewirkt und plebiszitäre Formen in die politische Auseinandersetzung eingeführt, in deren Verlauf die Autonomie des Parlaments in Frage gestellt und ein höheres Maß an politischer Partizipation gefordert wurde. John Wilkes, als Radikaler in der Grafschaft Middlesex gewählt, wo die Nordlondoner Stadtteile mit ihrer politisch unabhängig votierenden Geschäftswelt lagen, war ein früher Vorkämpfer für „wirkliche Repräsentation" und hielt 1776 seinen Kollegen im Unterhaus vor, daß 254 von ihnen von nur 5723 Briten gewählt worden seien. Seine im Jahr der amerikanischen Unabhängigkeitserklärung vorgebrachte Forderung nach einem Ende der „aristokratischen Tyrannei"[46] blieb ein Dauerbrenner in der öffentlichen Debatte. Seit den achtziger Jahren kam es zu verschiedenen Initiativen und Anträgen im Unterhaus zur Reform des Wahlrechts. Doch vermochten weder die Regierung des jüngeren Pitt 1783 und 1785, noch einzelne Abgeordnete die Mehrheit des Unterhauses zu überzeugen. Die Tory-Regierung des Herzogs von Wellington ging 1830 sogar so weit, eine Notwendigkeit für Reformen rundweg zu bestreiten. Die nach dem Tod Georgs IV. erforderlichen Wahlen brachten aber den Whigs, die im Wahlkampf für Reformen eingetreten waren, eine Mehrheit.

Vor dem Hintergrund eines konjunkturellen Einbruchs und sozialer

Gegensätze, die mehr als sonst die Mittelschichten mobilisierten,[47] hat der aristokratische Grey anders als sein Vorgänger klar erkannt, daß die Reformfrage nicht mehr dem radikalen Rand des politischen Spektrums überlassen werden durfte, sondern von der Elite selbst angepackt werden mußte. Adressat seiner Politik waren allein die Mittelschichten, nicht die Reformbewegung insgesamt. Für Grey war der Zeitpunkt gekommen, die *middle classes* in die politische Nation zu integrieren, denn *ihre* Haltung (und nicht die der Arbeiter) erschien ihm ausschlaggebend für die weitere Entwicklung des politischen Kräftefelds zu sein. In einer wirtschaftlich turbulenten Situation durften sie nicht auch noch in einen *politischen* Gegensatz zum Adel gebracht werden. Ohne die Zustimmung der Mittelschichten sei die Macht der Gentry, die die Masse der Unterhausmitglieder stellte und das Land auf der lokalen Ebene regierte, nichts wert.[48]

Als die Regierung im März 1831 ein Gesetz zur Reform des Wahlrechts einbrachte, zielte sie auf eine geringfügige Erweiterung der Wählerschaft, aber nicht auf Teilung der Macht, die – als ob dies selbstverständlich wäre – weiter in den Händen des Adels liegen sollte. Mit der wünschenswerten Präzision hat der Historiker Thomas Babington Macaulay in seiner Unterhausrede zur Unterstützung der Regierungsvorlage diesen Punkt erläutert. Er saß für Calne im Unterhaus, einem Borough im ländlichen Wiltshire in Südengland, wo das moderne England der Industriellen Revolution die vorindustriellen Machtstrukturen noch nicht gestört hatte. Macaulay ließ keinen Zweifel daran, daß politische Rechte an Besitzqualifikationen gekoppelt bleiben müßten. Eine Ausdehnung des Wahlrechts auf die *labouring classes* kam für ihn nicht in Betracht, da – wie er durchaus zutreffend feststellte – ihre Lebensverhältnisse infolge von häufiger Arbeitslosigkeit, schwankenden Löhnen und Preisen und großen Familien zu oft von Elend geprägt seien. Elend aber sei keine gute Grundlage für die Abgabe eines politischen Urteils. Also dürfe man nicht für das allgemeine Wahlrecht eintreten, anders als in den Vereinigten Staaten von Amerika, deren auf Demokratie angelegtes politisches System Macaulay ausdrücklich zurückwies, weil es nicht zu den Verhältnissen und Institutionen Großbritanniens passe. Sie zu verbessern und gleichzeitig zu erhalten, müsse oberste Richtschnur sein. Mit seiner Argumentation ganz im Sinne Burkes verlangte Macaulay eine Ausweitung des Wahlrechts auf die aufsteigenden Mittelschichten, die zu Recht einen „Platz im System" forderten. Damit komme es zur nötigen Anpassung der politischen Verfassung an die veränderte soziale und ökonomische Verfassung. Verweigere man diese Anpassung, so werde es zur Auseinandersetzung „zwischen der jungen Energie *einer* Schicht und den überkommenen Privilegien einer *anderen* Schicht" kommen.[49]

Bis die Wahlrechtsreform von beiden Häusern des Parlaments im Juni

1832 schließlich angenommen wurde, kam es zu einem erregten Ringen innerhalb und außerhalb des Parlaments. Neuwahlen, Zurückweisung des Gesetzes durch das Oberhaus, Rücktritt und Wiederernennung Greys, Androhung eines Peers-Schubs, zahlreiche Demonstrationen im ganzen Land – dies waren die Begleiterscheinungen eines Konflikts, der genau so ausging, wie die Regierung es sich gewünscht hatte. Das politische System hatte sich als reformfähig erwiesen, ohne die traditionellen Träger der politischen Herrschaft zu entmachten. Höchst bedeutsam war, daß die „liberalen" Tories mit Peel als einem ihrer führenden Köpfe nie einen reaktionären reformfeindlichen Standpunkt einnahmen.

Die Neuerungen betrafen vor allem die Wahlkreiseinteilung und die Besitzqualifikation für das aktive Wahlrecht.[50] Von den Boroughs verloren 56 ihren Status als eigener Wahlkreis ganz und gar, während 30 in Zukunft nur noch einen (statt der üblichen zwei) Vertreter ins Unterhaus schicken konnten. Trotz dieser offensichtlich einschneidenden Regelung konnten sich vorerst auch weiterhin Kleinstwahlkreise halten. So mußte das seit der Mitte des 18. Jahrhunderts wirtschaftlich bedeutungslose Städtchen Lyme Regis an der Südküste zwar auf einen Sitz verzichten und den Wahlbezirk über die engeren Grenzen der Stadt hinaus auf das gesamte Kirchspiel und das Nachbardorf ausdehnen, doch waren es auch dann nicht viel mehr als tausend Einwohner, die von einem Parlamentsmitglied vertreten wurden, während zum Beispiel Manchester mit 182000 Einwohnern nur zwei Vertreter wählen konnte. Manchester gehörte wie Birmingham oder Leeds zu den 22 neuen Boroughs in den Industrieregionen, die künftig zwei Abgeordnete wählen konnten. Weitere 20 Städte wie Rochdale in Lancashire oder Merthyr Tydfil in Wales erhielten das Recht, einen Abgeordneten zu entsenden. Auch auf County-Ebene gab es Veränderungen. Yorkshire hatte künftig sechs Vertreter, und 26 Grafschaften konnten seit 1832 vier (statt bisher zwei) Abgeordnete wählen. Obwohl es insgesamt zu einer Vermehrung der County-Sitze und zu einem Rückgang der Borough-Sitze kam, blieb das flache Land statistisch gesehen unterrepräsentiert. Dort kamen auf einen Abgeordneten durchschnittlich 1830 Wähler. In den Boroughs waren es nur 860. Viele kleinere Boroughs befanden sich allerdings unter der politischen Kontrolle des landbesitzenden Adels, so daß insgesamt das Übergewicht des ländlichen Einflusses gesichert war. Auch nach 1832 blieben die Wahlkreise unterschiedlich groß und die Landesteile des Vereinigten Königreichs ungleich repräsentiert. Zwar büßte England 18 Sitze ein, verfügte mit seinen 471 Sitzen aber immer noch über 72% aller Sitze, obwohl in England weniger als die Hälfte aller Briten wohnte. Wales und Irland erhielten je fünf zusätzliche Sitze, Schottland verfügte nun über acht zusätzliche Sitze.[51] [s. Tab. 7]

Das Wahlrecht war unterschiedlich geregelt. Allgemein galt, daß man sich termingerecht in Wahllisten registrieren zu lassen hatte. In den Boroughs mußte man Eigentümer oder Mieter von Häusern mit einem jährlichen Mindestertrag von zehn Pfund sein. Außerdem mußte man die Armensteuer und andere örtliche Abgaben bezahlt haben. Die Zehn-Pfund-Grenze wirkte sich von Ort zu Ort sehr unterschiedlich aus. Der Anteil der entsprechenden Häuser schwankte regional bedingt zwischen einem Sechstel und der Hälfte aller Häuser. In London waren die Mieten so hoch, daß fast jeder Hausbesitzer wählen konnte. Arbeiter in Leeds zahlten für ihre Häuser fünf bis acht Pfund Miete. Ihre Kollegen in Manchester dagegen hatten höhere Mieten zu zahlen und erhielten folglich oft das Wahlrecht. Generell begünstigt von den neuen Bestimmungen waren die städtischen Mittelschichten. Für die County-Wahlkreise enthielt die Reform von 1832 mehr Einzelbestimmungen. Das Wahlrecht leitete sich von Eigentums- bzw. Pachtverhältnissen ab. So mußten Freisassen auf altem ererbtem Grundbesitz nur 40 Schilling jährlich an Jahreseinkünften nach Abzug aller Steuern nachweisen. Eigentümer von gekauftem Grundbesitz mußten auf einen Ertrag von zehn Pfund kommen, ebenso Pächter mit unkündbarem Pachtvertrag. Sonstige Pächter mußten es auf mindestens 50 Pfund bringen. Die letzte Bestimmung ist als sog. Chandos-Klausel aufgrund einer Initiative des Tory-Politikers Lord Chandos in das Gesetz aufgenommen worden. Sie macht deutlich, daß es 1832 nicht nur zu einer Vermehrung der städtischen, sondern auch der ländlichen Wähler gekommen ist, und zwar solcher, die leicht kündbar waren und darum bei Wahlen den politischen Pressionen des Grundherrn leicht ausgeliefert sein konnten. In 23 Grafschaften machten diese neuen Wähler immerhin rund ein Drittel aller Wähler aus. Wahlen waren weiterhin öffentlich. Unverändert blieben viele Wahlkreise in der Hand der mächtigen Adelsfamilien. Wahlbestechung war nach wie vor ein gängiges Mittel. Die Zahl der Wahlberechtigten verdoppelte sich etwa auf eine Million (bei einer Gesamtbevölkerung von 24 Mio.).

Der Grad politischer Partizipation hatte sich also nicht grundlegend geändert. Die politische Nation blieb gegenüber der Gesamtnation eng begrenzt und in ihrer Exklusivität überschaubar. Gleichzeitig aber hatten die opponierenden Tories nicht völlig Unrecht, wenn sie auf die ihnen unheimliche Dynamik hinwiesen, die für sie in der Reform von 1832 enthalten war. Denn ungeachtet der Tatsache, daß sich die vom Adel gesteuerte Zusammensetzung des Unterhauses nicht wesentlich veränderte und seine 50 bis 60 Mitglieder, die dem Industriebürgertum oder dem radikalen Lager entstammten, nicht entscheidend und direkt den Gang der Dinge beeinflussen konnten, zeigte sich doch sehr rasch, daß der relativ kleine Reformschritt von 1832 weitere Schritte nach sich ziehen würde. Allen Sicherungsklauseln zum Trotz, die die sozialen Oberschichten eingebaut hatten, handelte es sich doch um eine Reform, die die

Umgestaltung des politischen Lebens einleitete und zusammen mit den Tory-Reformen der zwanziger Jahre den ersten Schritt auf dem langen Weg bedeutete, der Großbritannien nicht nur in die wirtschaftliche, sondern auch in die gesellschaftliche und politische Moderne führte. Die Zukunft gehörte fraglos nicht den retardierenden, sondern den reformerischen Kräften. Wie die Industrielle Revolution ein sich selbst tragendes Wirtschaftswachstum hervorbrachte, so setzte sich in der Politik das Prinzip der schrittweisen Reformen durch. Damit war nicht die Vorstellung von Harmonie verbunden, sondern eine spezifische Form des Konfliktaustrags, die sich durch Pragmatismus und Kompromißfähigkeit auszeichnete. Ein Zeitgenosse des Jahres 1832, der seine Gegenwart durch die Zunahme von Wissen bei breiteren Bevölkerungsschichten, die Einführung von Maschinen im Produktionsprozeß, den Abbau von Autoritäten, die Ausbreitung der Meinungsvielfalt und den Niedergang der Aristokratie geprägt sah, hob hervor, daß öffentliches Räsonnement den gewaltfreien Übergang zu einer Politik der Reformen geleistet habe. Die Tage der Militärheroen seien vorbei. Vernunft und Klugheit würden an die Stelle brutaler Gewalt treten. Physische Gewaltanwendung gehöre der Vergangenheit an. Manches an dieser Aufbruchstimmung war überzogen, doch die vorzeigbaren Erfolge der Reformpolitik sowohl der Tories als auch der Whigs waren unübersehbar: Abschaffung der Test-Akte, Katholikenemanzipation, Beseitigung der *rotten boroughs* und Repräsentation der Industriestädte im Parlament.[52] Drei Jahre später konnte man noch die Reform der Gemeindeverfassung anführen, als in den Gemeinden ein einheitliches Wahlrecht für alle steuerzahlenden Hausbesitzer eingeführt wurde.

Die Verabschiedung der Wahlrechtsreform führte zwar nicht sogleich zu einem Unterhaus, das sich von seinen Vorgängern wesentlich unterschied. Innerhalb des staatlichen Institutionengefüges aber nahm das Gewicht des Unterhauses auf Kosten von Oberhaus und Krone fraglos zu. Das Oberhaus erlitt 1832 eine schwere Niederlage, als es sein Veto gegen das Reformgesetz unter der Drohung eines Peers-Schubs zurückzog. Auch König Wilhelm IV. mußte 1832 zurückstecken, als Wellington seinen Auftrag zur Regierungsbildung nicht erfüllen konnte. Ein letzter Versuch in dieser Richtung scheiterte gleichfalls, als der König 1834 Peel zum Premierminister ernannte, dieser aber keine Mehrheit hatte und Neuwahlen angesetzt wurden. Erstmals in der Geschichte britischer Unterhauswahlen wandte sich Peel im Dezember 1834 direkt an die Öffentlichkeit. Im Tamworth-Manifest richtete er einen nationalen Appell an die Wählerschaft, worin er sich als Parteiführer der Konservativen profilierte und für „Ehrerbietung gegenüber der Autorität“ warb, sich aber auch in aller Form zur Wahlrechtsreform bekannte, die „im Interesse von Frieden und Wohlfahrt“ niemand rückgängig machen dürfe. Peel betrachtete das Reformgesetz „als endgültige und unwiderrufliche Regelung einer großen Verfassungsfrage". Seinen Anstrengungen um innenpolitische Integration stellte er eine Wirtschaftspolitik an die Seite, die in Entsprechung dazu auf Ausgleich von Partikularinteressen in Landwirtschaft, Industrie und Handel abhob.[53] Peel gelang es nicht, eine ausreichende Mehrheit zu erzielen, so daß er im April 1835 zurücktrat. Damit war der Versuch der Krone endgültig gescheitert, eine Regierung gegen die Unterhausmehrheit im Amt zu halten. Obwohl die Regierung formal immer noch dem König verantwortlich war, hing sie in der Praxis von der Zustimmung der Unterhausmehrheit ab.

Die Mehrheit im Unterhaus wurde zu diesem Zeitpunkt mit 383 Abgeordneten von den Liberalen gestellt, denen Peels Konservative nur 273 Sitze entgegenzustellen hatten. Beide Parteien befanden sich in einem Formierungsprozeß, der die Anfänge der modernen politischen Parteien mit programmatischen und organisatorischen Merkmalen rudimentär erkennen läßt. Auch die neuen Parteinamen kamen im Laufe der dreißiger Jahre in Umlauf. Die wenig organisierte Gruppe der Tories wurde zur Konservativen, die der Whigs zur Liberalen Partei. Damit legten sie das Image einer aristokratischen Fraktion ab und suchten ihre soziale Basis zu erweitern. Während sie vorher nur parlamentsintern als Gruppe in Erscheinung getreten waren, bewegten sie sich seit den dreißiger Jahren in der Öffentlichkeit und wurden im Laufe der Zeit zum Hebel für politische Einflußnahme. Ein wesentlicher Grund für diese Entwicklung lag darin, daß jeder Wähler seit 1832 in Wählerverzeichnissen eingetragen sein mußte, wenn er von seinem Wahlrecht Gebrauch machen wollte. Selbstverständlich mußte den Parteien daran gelegen sein, daß möglichst viele ihrer Anhänger dieser Form genügten. Infolgedessen versuchten sie, die Eintragungen in die Wählerverzeichnisse zu organisieren und bedurften dazu einer gewissen Organisationsform, auf die sie bisher verzichten konnten. Den Anfang machten die Konservativen 1832 mit dem *Carlton Club* in London, der ein Kommunikationszentrum für Konservative war, aber noch keine Parteizentrale im modernen Sinn. Entscheidend für die Arbeit der Partei waren die lokalen Parteibüros. Erst 1870 wurde das *Conservative Central Office* eingerichtet. Analog dazu organisierten sich die Liberalen in *Liberal* oder *Reform Associations* in den Wahlkreisen und besaßen im 1836 gegründeten *Reform Club* ihr Londoner Zentrum. Ein stärker zentralistisches Parteihauptquartier richteten sie 1861 mit der *Liberal Central Association* in London ein. Die Parteibildung umfaßte eine längere Zeit, insbesondere bei der Liberalen Partei, die sich erst Ende der fünfziger Jahre endgültig bildete, als der freihändlerische Flügel der Konservativen, der 1846 nach der Abschaffung der Kornzölle als Gruppe der Peel-Anhänger (*Peelites*) aus der Spaltung der Konservativen hervorging, in die Liberale Partei integriert wurde. Nach dem Tod Peels 1850 war Lord Aberdeen Führer der Peeliten, in der zweiten Linie aber stand schon der 1809 geborene William Gladstone als Vertreter einer jüngeren Generation bereit. Im liberalen Lager standen weiterhin die traditionellen Whigs mit den Lords Russell und Palmerston als herausragenden Führergestalten. Palmerston war ursprünglich ein „liberaler" Tory gewesen, der 1830 Außenminister in Greys Whig-Regierung geworden war. Auf dem linken Flügel der Liberalen schließlich standen *Radicals* wie Cobden und Bright, die auf dem Erfolg der *Anti Corn Law League* aufbauen konnten. Parteigrenzen waren durchaus fließend, und im Unterhaus fehlte es noch lange an Fraktionsdisziplin. Wie bei den Liberalen so dominierte auch bei den Konservativen der Hochadel in der Parteiführung. Benjamin Disraeli zeigte zwar seit der Parteispaltung 1846 beständig zunehmende Führungsqualitäten, mußte aber bis 1868 warten, ehe er Lord Derby als Parteiführer auch formell ablösen konnte.

Wenn sich in der ersten Hälfte des 19. Jahrhunderts ein höherer Organisationsgrad in der Politik entwickelte, so war dies nicht nur auf landesweite Parteiaktivitäten zurückzuführen, sondern auch auf eine sich stärker bemerkbar machende Rolle des Staates, der mehr Kompetenzen an sich zog und die dafür nötigen Bürokratien entwickelte. Ob bei der immer noch schwachen Ausbildung des Interventionsstaats wirklich von einer revolutionären Neuerung gesprochen werden kann, wie dies gelegentlich geschieht, wird man aber doch bezweifeln können. Es geht dabei um die sozialpolitischen Gesetze der dreißiger und vierziger Jahre,[54] die im Bereich der Arbeitsbeziehungen, öffentlichen Gesundheit, Armenunterstützung und des Schulwesens in den nächsten Jahrzehnten ergänzt und fortgeführt wurden. Die staatliche Verwaltung, deren Personal sich im Laufe der Jahrzehnte durch zunehmendes Fachwissen auszeichnete und ab 1870 aufgrund objektiver Leistungsmerkmale ausgewählt wurde, kümmerte sich zwar um verschiedenste Bereiche von der Armee über das Armenwesen bis hin zur Auswanderung nach Übersee, ihre Reichweite blieb allerdings begrenzt. Der Regierungsapparat hatte nur bescheidene Ausmaße und die Staatsfinanzen erlaubten keine Ausweitung. Die Einnahmen aus direkten Steuern waren niedriger als in jedem anderen vergleichbaren europäischen Land. Am meisten nahmen noch Ministerien zu, die mit den Außenbeziehungen zu tun hatten. Aber auch das *Foreign Office* mußte bis Ende des 19. Jahrhunderts mit ganzen 45 Beamten auskommen. Eine ganz andere Größenordnung erreichten die Steuer- und Zollbehörden und die Post. Die Zahl der Staatsbediensteten insgesamt stieg von 16000 im Jahr 1780 auf 54000 in der Mitte des 19. Jahrhunderts.

b) Parteienkalkül und die Wahlrechtsreform von 1867

Nach dem Abschluß der Wahlrechtsreform von 1832 beherrschten die Auseinandersetzungen um Chartismus und Freihandel die britische Innenpolitik.[55] Beide Themen waren 1846 bzw. 1848 abgeschlossen. In den fünfziger Jahren trat die Wahlrechtsfrage wieder in den Vordergrund. Sie sollte erst 1867 gelöst werden. Den Ton gab 1852 ein liberaler Politiker an, der geprüft wissen wollte, ob das Wahlrecht in Entsprechung zur zunehmenden Klugheit und Bildung der Bevölkerung und zur wachsenden politischen Zivilisierung der Unterschichten nicht ausgeweitet werden könne.[56] Im Unterschied zur ersten Wahlrechtsreform bestand jetzt weitgehender Konsens zwischen den Parteien über die Notwendigkeit, die Reformen fortzusetzen, und zwar unter Einbeziehung der bessergestellten Schichten der Arbeiterschaft. Allerdings wurde die Wahlrechtsfrage auch zum Gegenstand parteipolitischen Kalküls. Bei allen Vorschlägen und Gesetzentwürfen prüfte man stets vorrangig die Frage, welche Auswirkungen sie auf die Wahlchancen der Parteien haben würden. Einen ersten Vorstoß machte 1852 Lord John Russell. Er war schon 1831/32 als Mitglied der Regierung Lord Greys maßgeblich am Reformgesetz beteiligt gewesen, hatte danach aber für einige Zeit die Auffassung vertreten, eine Weiterführung der Reform werde es nicht geben. In seine Amtszeit als Premierminister zwischen 1846 und 1852 fielen wichtige Gesetze zur Fabrikarbeit und zum Gesundheitswesen. Ende 1852 wurde er Außenminister in der von Lord Aberdeen geführten Regierung und unterbreitete eine Reformvorlage, die die Whig-Strategie von 1832 zu wiederholen und die Herrschaft des Adels festzuschreiben suchte. Damit scheiterte er ebenso schnell wie nach ihm Disraeli, der 1859 als Schatzkanzler einer kurzlebigen konservativen Regierung Reformvorschläge machte, die allzu offensichtlich konservativ orientierte Wahlkreise stärken sollte. Darüber hinaus aber erklärte er in ganz prinzipieller Weise, man müsse denen die Teilhabe an der politischen Willensbildung ermöglichen, die aufgrund ihrer „Tugend, Besonnenheit und ihres klugen und maßvollen Verhaltens" ein Recht dazu hätten.[57] Abermals ging es nicht um Demokratisierung, sondern um Kriterien zum Zutritt zur politischen Nation.

Daß sowohl Liberale als auch Konservative das Gesetz von 1832 nicht mehr als letztes Wort ansahen, lag an der stürmischen Weiterentwicklung der Industrialisierung. 1832 hatte das Eisenbahnzeitalter noch kaum richtig begonnen. Dreißig Jahre später war Großbritannien ein Industrieland im eigentlichen Sinn des Wortes. Es war der Schnittpunkt von Welthandel und Weltfinanz. Seine Importe stiegen zwischen 1859 und 1866 von 179 Mio. auf 295 Mio. Pfund; seine Exporte von 155 Mio. auf 238 Mio. Pfund. Entsprechend dazu setzte sich die Bevölkerungsverschiebung in die Industrieregionen hinein fort, wo es abermals zu sprunghaftem Anstieg der Stadtbevölkerung kam. Liverpool hatte die 200000-Marke 1831 gerade überschritten. 1851 hatte es 376000, 1864 450000 Einwohner. Birmingham hatte Anfang der sechziger Jahre seine auf 300000 gestiegene Bevölkerung seit den dreißiger Jahren ungefähr verdoppelt. An der parlamentarischen Vertretung aber hatte sich nichts geändert. Es gab 1864 67 Boroughs unter 10000 Einwohnern mit insgesamt 106 Abgeordneten und 145 Boroughs zwischen 10000 und 20000 Einwohnern mit insgesamt 215 Abgeordneten. Die 15 größten Boroughs dagegen entsandten nur 32 Abgeordnete.

Was im Parlament eher als Empfehlung vorgetragen wurde, nahm in der Öffentlichkeit entschiedenere Formen an. Das Reformverlangen führte zur Bildung von außerparlamentarischen Organisationen, die sowohl an die Freihandelsbewegung als auch an den Chartismus anknüpften. Auf Mittelschichtenebene wurde im März 1864 in Manchester die *Reform Union* gegründet. Versammlungsort war die *Free Trade Hall*, wo schon die Freihändler ihre großen Treffen abgehalten hatten. Im Februar 1865 folgte im Zusammenwirken von bekannten Gewerkschaftlern wie Robert Applegarth oder George Odger vom *London Trades Council*, früheren Chartisten wie Ernest Jones und radikalliberalen Abgeordneten wie John Stuart Mill die *Reform League*, die im wesentlichen die öffentliche Agitation in den folgenden zwei Jahren vorantrieb. Auch sie verfolgte eine gemäßigte Linie und forderte nicht das allgemeine Wahlrecht.

Für die Wiederbelebung der Reformbewegung und die Repolitisierung von Teilen der Arbeiterschaft waren auch äußere Anstöße von Bedeutung, darunter der Bürgerkrieg in den USA und der Aufenthalt Garibaldis in England. Im Licht der innerenglischen Konflikte zwischen Privilegierten und Unterprivilegierten erhielt die amerikanische Auseinandersetzung zwischen Sklaverei und Sklavenbefreiung einen besonderen Akzent. Schon im März 1863 veranstalteten die Londoner Gewerkschaften eine große Versammlung zur Unterstützung der Sklavenbefreiung, bei der ein Nicht-Gewerkschaftler und Unternehmer den Vorsitz hatte, nämlich John Bright, radikalliberaler Abgeordneter und einstiger Vorkämpfer der *Anti Corn Law League*. Die Veranstaltung wurde im *Beehive*, der von George Potter herausgegebenen Arbeiterzeitung, beziehungsvoll angekündigt, indem die Hoffnung geäußert wurde, sie möge sowohl die Stellung Präsident Lincolns in Amerika als auch diejenige Brights im Unterhaus stärken.[58] Nach der Ermordung Lincolns demonstrierten die Londoner Arbeiter für die Sache des toten Präsidenten: *Union and Emancipation*. „Auch wir brauchen Einheit", rief ein Redner aus, „um Recht und Gerechtigkeit zu erhalten und Befreiung von den Überresten des Feudalismus, die immer noch die arbeitenden Menschen in diesem Land fesseln."[59]

Auch andere außerenglische politische Fragen wie der polnische Aufstand 1863 spielten im Kontext der innerenglischen Debatte eine gewisse Rolle. Vor allem aber war es die Entwicklung in Italien und der Besuch Garibaldis im April 1864 in London, der die Gemüter erhitzte, weil Garibaldis Bewegungsfreiheit nach seiner Rede vor 20000 Menschen im Londoner *Crystal Palace* von der britischen Regierung eingeengt wurde. Das schon seit einiger Zeit bestehende *London Working Men's Garibaldi Committee* organisierte daraufhin eine Protestdemonstration, die von der Polizei aufgelöst wurde. Die Gründung der *Reform League* war die unmittelbare Antwort auf diese Vorgänge.

Kurz nach Garibaldis London-Aufenthalt trat Gladstone für die Ausweitung des Wahlrechts ein. Im Mai 1864 erklärte er im Unterhaus, daß jeder, der aus persönlichen oder politischen Gründen zur Ausübung des Wahlrechts nicht offensichtlich ungeeignet ist, einen moralischen Anspruch darauf habe, „in den Geltungsbereich der Verfassung einbezogen" zu werden. Äußerer Anlaß für diese Äußerungen war eine Debatte über den Antrag eines liberalen Abgeordneten, die Besitzqualifikation zur Ausübung des Wahlrechts herabzusetzen. Mit Gladstone, immerhin Schatzkanzler der damaligen liberalen Regierung, hatte sich ein Mitglied der engeren politischen Führung eindeutig zugunsten der Reform festgelegt. An anderer Stelle verwies er darauf, daß die Arbeiter in der Baumwollindustrie von Lancashire Ruhe und Ordnung bewahrt hätten und es nicht zu Plünderungen gekommen sei, obwohl infolge des amerikanischen Bürgerkriegs die Zufuhr von Rohbaumwolle ausgeblieben sei und die Arbeiter durch Arbeitslosigkeit in Armut gestürzt worden seien. Gladstone hätte auch sagen können: Die Zeit von Aufruhr und Plünderungen, die bis zu den vierziger Jahren als Mittel sozialen Protests durchaus noch geläufig waren, gehört der Geschichte an. Wenn dieses Moment der Instabilität aber überwunden sei, dann sei es „eine Schande und ein Skandal", wenn man solche Mitbürger, „unsere Brüder aus den arbeitenden Klassen", vom Privileg des Wahlrechts ausschließe.[60]

Bei der liberalen Parteiführung machte sich Gladstone mit seinem Vorpreschen kaum Freunde. Premierminister Palmerston vom konservativen Whig-Flügel der Liberalen war strikt gegen eine Ausweitung des Wahlrechts eingestellt. Im Juli 1865 verlor Gladstone seinen Oxforder Unterhaussitz und ließ sich jetzt für den Grafschaftssitz von Süd-Lancashire aufstellen, wo er eine Nachwahl gewinnen und eine Legitimationsbasis für seine Politik erringen konnte. Eine neue Lage trat ein, als Palmerston im Oktober 1865 starb. So sehr schon zu diesem Zeitpunkt die Politik den anonymen Zwängen moderner Institutionen und gesellschaftlicher Interessen ausgesetzt war, so sehr war doch andererseits die Rolle der führenden Persönlichkeit immer noch von großer Bedeutung. Für Gladstone ergab sich nun als Mitglied der Regierung Russell die Möglichkeit, im März 1866 einen Gesetzentwurf zur Erweiterung der Wählerschaft einzubringen, der eine Senkung der Besitzqualifikation vorsah. Im Laufe der Unterhausberatungen, die zu den rhetorischen Höhepunkten in der Geschichte des britischen Parlaments zählen, wurde als weiterer Punkt die Neueinteilung der Wahlkreise hinzugenommen. Die Debatte endete mit einer Abstimmungsniederlage der Regierung und ihrem Rücktritt im Juni 1866. Zugleich war damit das Ende der alten Whig-Elite gekommen. Sie machte einer neuen Generation von liberalen Politikern Platz, die den weiteren Kurs der Partei bestimmen sollten und die unter der Führung Gladstones standen.

Von ausschlaggebender Bedeutung beim Sturz der Regierung Russell waren sowohl der radikale Flügel der Liberalen, dem der Gesetzentwurf nicht weit genug ging, als auch die Reformgegner in den eigenen Reihen, die mit der konservativen Opposition stimmten und deren Einwände von Robert Lowe artikuliert wurden. Er und seine etwa 35 politischen Freunde sind als die Adullamiten in die Geschichte eingegangen, nachdem John Bright, entschiedener Befürworter der Reform, sie als „allerlei Männer" verspottet hatte, „die in Not und Schulden und betrübten Herzens waren" und die wie einst David in den Höhlen der kanaanitischen Stadt Adullam Zuflucht und Absonderung suchen wollten.[61] Die Adullamiten zielten auf Aussetzung der Wahlrechtsreform, nicht auf den Sturz der Regierung Russell, den sie dann tatsächlich herbeiführten. Lowe wollte keineswegs alle Brücken abbrechen, und in der Tat wurde er 1868 in einer von Gladstone geführten Regierung Schatzkanzler. Was ihn 1866 umtrieb,[62] war seine Opposition gegen eine Demokratisierung des Wahlrechts. Auch wenn die Gesetzesvorlage der Regierung nicht dergleichen beinhaltete, so befürchtete er doch eine Sogwirkung. Weitere Konzessionen an Bevölkerungsgruppen, die noch ohne Wahlrecht waren, würde man auf Dauer nicht vermeiden können. Dabei dachte er vor allem an die lohnabhängigen Arbeiter, zunächst in den Städten, mittelfristig aber auch auf dem Land. Er wehrte sich gegen ein Wahlrecht, das in seinen Augen „in den meisten städtischen Wahlbezirken die Macht in die Hände der Arbeiterschaft" legen würde, das heißt in die Hände derjenigen, „die sehr wenig soziale Macht irgendwelcher Art haben".

„Soziale Macht" war im Sinn von Besitz, Wohlstand und Bildung gemeint, wie sie die soziale Hierarchie bestimmten und zur Teilhabe am politischen Leben berechtigten. Der bekannteste zeitgenössische Kommentar zur englischen Verfassung, den der liberal-konservative Publizist Walter Bagehot 1867 veröffentlichte, gab diesem Begründungszusammenhang beredten Ausdruck, indem er die Politik für die Eliten reservierte und den „Ausschluß der arbeitenden Klassen von einer wirkungsvollen Repräsentation" als die logische Konsequenz des britischen Repräsentativsystems ansah. „Die arbeitenden Klassen tragen fast nichts zu unserer korporativen öffentlichen Meinung bei, und deswegen beeinträchtigt die Tatsache, daß sie keinen Einfluß im Parlament besitzen, die Übereinstimmung des Parlaments mit der öffentlichen Meinung nicht."[63] In diesem Tenor beschwor auch Lowe das Gespenst der Demokratie: „Demokratie können Sie jederzeit haben. Tag und Nacht ist das Tor offen, das auf jene öde und platte Ebene hinausführt, wo jeder Ameisenhaufen ein Berg und jede Distel ein Baum ist." Man dürfe ein über Jahrhunderte gewachsenes Regierungssystem nicht willkürlich verändern. Daß sich die Institutionen der Verfassung in der Vergangenheit immer wieder verändert hatten, kam Lowe ebensowenig in den Blick wie die Frage, ob der Zeitpunkt neuerlichen Wandels vielleicht wieder einmal gekommen war. Für ihn war das, was die Regierung plante, „Mord im Falle der Verfassung, die das Leben und die Seele dieser großen Nation ist."

Weniger pathetisch formulierte Lowes Gegenspieler John Bright. Er sah die Wahlrechtsreform nicht nur wie Disraeli als opportun oder wie Gladstone als klug an, sondern geradezu als dringend geboten. Wie John Stuart Mill hielt er die „meisten liberalen Abgeordneten" nicht für „wirkliche Reformer". „Sie stimmen nur für eine Reform, weil sie eine Verpflichtung dazu spüren und weil sie hoffen, dadurch die Frage loszuwerden."[64] Bright machte entschieden Front gegen die „Monopolbesitzer der politischen Macht" und protestierte dagegen, „daß der Besitz- und Geldadel die Macht in beiden Häusern des Parlaments usurpiert". Das „Parlament von Grundbesitzern und Reichen" müsse Reformen einleiten und den Arbeitern das Wahlrecht geben, wolle man eine gefährliche innenpolitische Zuspitzung vermeiden.[65] Bright gehörte zu den Starrednern einer Serie von Massenversammlungen, die das Land im Herbst 1866 überzogen. Erster Höhepunkt waren Ende Juli die Unruhen in London gewesen, darunter eine trotz Verbot durchgeführte Demonstration, in deren Verlauf die Eisengitter des Hyde Parks niedergerissen wurden. Die allgemeine Unzufriedenheit wurde noch durch steigende Lebensmittelpreise, die eine Folge von Mißernte und Rinderpest waren, durch weitverbreitete Arbeitslosigkeit nach den wirtschaftlichen Turbulenzen des Londoner Börsenkrachs vom Mai 1866 und durch eine Cholera-Epidemie gesteigert.

Die Konservativen, die mit Lord Derby als Premierminister und Disraeli als Schatzkanzler und führendem konservativem Politiker im Unterhaus seit Ende Juni 1866 eine Minderheitsregierung, also keine Koalition mit den Adullamiten, bildeten, griffen die Frage der Wahlrechtsreform vor Ablauf der Sitzungsperiode nicht mehr auf. In welchem Maß sich die Regierung durch die öffentliche Agitation unter Druck gesetzt fühlte, ist umstritten. Auf jeden Fall kam Derby im September 1866 „zögernd zu dem Schluß, daß wir die Reformfrage in Angriff nehmen müssen".[66] Auch Disraeli, der nur unter Bedenken der von Derby vorgeschlagenen parlamentarischen Initiative zustimmte, also zunächst keineswegs zielstrebig auf die Verwirklichung der ihm oft zugeschriebenen Tory-Demokratie zusteuern wollte, konnte nicht davor die Augen verschließen, daß die Konservativen nur zum Schaden ihrer eigenen Partei das Verlangen der unteren Mittel- und der oberen Arbeiterschichten nach dem Wahlrecht ignorieren konnten. Hinfort erwies sich Disraeli als entscheidende Antriebskraft für die parlamentarische Behandlung der Wahlrechtsreform. Auf diese Weise gelang es den Konservativen für kurze Zeit, die politische Initiative an sich zu reißen und die Uneinigkeit der ihnen gegenüberstehenden Unterhausmehrheit für sich auszunutzen. Die Konservativen konnten sich das Kleid der Reform anziehen und aus dem Rollenzwang ausbrechen, der ihnen bisher den Part des Rückwärtsgewandten zugewiesen hatte.

Wenn Disraeli auch zum Motor der Reform wurde, so darf man nicht übersehen, daß es ein recht langsam auf Touren kommender Motor war. Beim Beschleunigen durfte man sich nicht nur an den Massendemonstrationen orientieren, die den Winter über anhielten und denen die Spitze nur durch eine Initiative in der Reformfrage abgebrochen werden konnte, sondern mußte auch die reformunwilligen Mitglieder der konservativen Regierung berücksichtigen, die durch zu schnelle und zu weitgehende Veränderungen im Wahlrecht verprellt worden wären und in der Tat mit Rücktritt drohten. Was mangels zuverlässiger Statistiken bei allen Beratungen umstritten war, betraf die Auswirkungen jeglicher Reform auf die Zusammensetzung der neuen Wählerschaft und die dadurch gegebene Chancenverteilung der Parteien. Öffnung des politischen Systems hieß dessen Öffnung für die Arbeiterschaft. Wer das Gespenst der quantitativen Übermacht der Arbeiterschaft beschwor, ging zu Unrecht von einem einheitlichen Wahlverhalten der neuen Wähler aus. Realistische Beobachter machten diesen Fehler nicht. Zu ihnen gehörte auch Disraeli, der zwischen den kleineren Boroughs, wo er für die Konservativen gute Siegesaussichten sah, und den ohnehin bis auf wenige Ausnahmen in liberaler Hand befindlichen großen Industriestädten unterschied: „Was man die ‚arbeitenden Klassen‘ in den kleinen Boroughs nennt, so sind es die, welche unter der Vormundschaft der Oberklassen stehen und von diesen für ihren Arbeitsplatz und ihre Existenz abhängig sind. In den großen Städten sind die ‚arbeitenden Klassen‘ mächtige Handwerksberufe und in Gewerkschaften zusammengefaßt; die Arbeitgeber sind von ihnen abhängig.“[67]

Als das Parlament am 5. Februar 1867 eröffnet wurde, hatten Derby und Disraeli noch nichts unternommen, um das Kabinett auf eine gemeinsame Linie festzulegen. Was die beiden politischen Führer wollten, waren Absichtserklärungen, die Wahlrechtsreform in Angriff nehmen zu wollen. Nichts deutete darauf hin, daß für 1867 an eine rasche Gesetzgebung gedacht war. Als Disraeli dann am 12. Februar auf Anfrage hin erklärte, die Regierung werde sich nicht mit allgemein gehaltenen Plänen begnügen, sondern umgehend eine eigene Gesetzesvorlage einbringen, handelte er ohne Absprache mit seinen Kabinettskollegen. Zwischen der ersten Februar- und der zweiten Märzhälfte kam es zu Gesetzesvorlagen, die wieder zurückgenommen und abermals vorgelegt wurden – ein Verfahren, das der führende Biograph Disraelis als „Ergebnis von Pfuscherei, Wirrwarr, Mangel an Vorbedacht, unzureichenden Statistiken und Meinungsverschiedenheiten im Kabinett" bewertet.[68] Hinzufügen kann man noch die Uneinigkeit in den Reihen der Liberalen, die ihre rechnerische Mehrheit nicht zu einem wirkungsvollen Gegenkurs zu nutzen verstanden. Die politische Hektik hatte zumindest ein vorläufiges Ergebnis, als Anfang März drei Minister, denen die Reformpläne zu radikal erschienen, zurücktraten und das Kabinett daraufhin mehr Geschlossenheit erlangte. Zur Gruppenbildung innerhalb der Konservativen Partei nach dem Muster der Adullamiten kam es jedoch nicht. Die Masse der Konservativen hatte begriffen, daß die Ausweitung des Wahlrechts zwingend geboten war, und zwar zunächst einmal zugunsten aller Hausbesitzer in den Boroughs.

Bevor die Gesetzesvorlage, die schließlich zum neuen Wahlrechtsgesetz führte, am 18. März 1867 von Disraeli im Unterhaus eingebracht wurde, versicherte sich die Regierung der geschlossenen Unterstützung der konservativen Abgeordneten. Sie wurden in eine Art Fraktionsdisziplin genommen, auch wenn der Begriff und die damit verbundene politische Praxis zu dieser Zeit nicht üblich war. Derby und Disraeli griffen zu dem gänzlich ungewöhnlichen Mittel einer „Fraktionssitzung", um die Abgeordneten zu integrieren, bevor es in die offene parlamentarische Auseinandersetzung ging. Wir beobachten hier einen in die Zukunft des modernen britischen Parlamentarismus weisenden Vorgang, der zugleich deutlich macht, wie die vielgerühmte Unabhängigkeit der einzelnen Mitglieder des Parlaments auch in der Blütezeit des viktorianischen Parlamentarismus eingeschränkt werden konnte. Wie wichtig ein konsistentes Abstimmungsverhalten der eigenen Partei war, das durch Vorabinformationen der sich dadurch in den Entscheidungsprozeß einbezogen fühlenden Abgeordneten und zugleich durch die Drohung mit der Auflösung des Unterhauses erreicht wurde, wußte Disraeli allzu genau aus jener Zeit, als er 1846 entscheidend an der konservativen Rebellion gegen Peels Abschaffung der Kornzölle beteiligt gewesen war.

Für das parlamentarische Verfahren war weiterhin wichtig, daß Disraeli mit dem radikalen Flügel der Liberalen geheime Kontakte pflegte, die auf eine Tolerierung seiner Pläne in der Anfangsphase der Unterhausdebatte hinausliefen und radikalliberale Ergänzungen erst für die Ausschußberatungen vorsahen. All dies diente aus Disraelis Sicht seinem vorrangigen Ziel, Gladstone als Führungs- und Integrationsfigur der Liberalen zu demontieren. Kurzfristig ist ihm dies in der Tat gelungen. Gladstone blieb mit seinen Vorstellungen, der Masse der Arbeiter das Wahlrecht zu verweigern und es nur den oberen Facharbeiter- und Handwerkerschichten zu gewähren, auf dem radikalen Flügel seiner Partei ohne Resonanz. Hinzu kam, daß auch ein Teil der Adullamiten aus Gründen innerparteilicher Opposition Gladstone die Gefolgschaft versagte. Disraeli dagegen, der wegen der Gichterkrankung des Premierministers Derby die Regierungspolitik allein auf seine Schultern nehmen mußte, integrierte nicht nur seine eigene Partei, sondern zog auch 45 Liberale ab, die Gladstones Abänderungsanträgen in einer entscheidenden Abstimmung am 13. April nicht zustimmten. Weitere 20 Liberale enthielten sich der Stimme. Auf der konservativen Seite gab es dagegen nur sieben Ausfälle, die gegen Disraeli votierten. Disraeli war der unbestrittene und akklamierte Führer der Konservativen geworden.

Der von Disraeli vorgelegte Gesetzentwurf enthielt weitaus geringfügigere Ausweitungen des Wahlrechts als das schließlich verabschiedete Gesetz, das seine endgültige Gestalt erst nach der zweiten Lesung annahm, als die Radikalliberalen verschiedene Abänderungsanträge durchbrachten und damit die von Disraeli eigentlich angestrebte „soziale Balance" zerstörten. Disraelis Statistiker hatten 400000 neue Wähler errechnet. Die Wählerschaft insgesamt würde sich dann zu je 25% aus Adel und Arbeiterschaft und zu 50% aus Mittelschichten zusammensetzen. Tatsächlich erhöhte sich die Zahl der Wahlberechtigten von ca. 1,4 Mio. auf 2,5 Mio. Disraeli befand sich in einem Dilemma. Einerseits wollte er die politische Nation klein und durch die etablierten Eliten kontrollierbar halten, andererseits betrachtete er das Gesetz als eine Prestigeangelegenheit und wollte die Wahlrechtsreform auf jeden Fall unter seinem Namen durchbringen. Da die Konservativen allein keine Mehrheit hatten, mußte Disraeli eine in gewisser Weise unheilige Allianz mit den liberalen Gegenspielern Gladstones eingehen und so sein konservatives Prinzip der „sozialen Balance" parteitaktischem Kalkül opfern. Er beugte sich den Forderungen der Radikalen, die als die parlamentarischen Speerspitzen einer in der Öffentlichkeit unvermindert andauernden Demonstrationswelle fungierten. Sie vertraten überwiegend Londoner Wahlkreise und brachten im Mai 1867 verschiedene Änderungsanträge ein. Der erste erfolgreiche Vorstoß gelang, als auf Antrag von Acton Ayrton, dem radikalen Abgeordneten für den Wahlkreis Tower Hamlets, die Residenzpflicht, die Voraussetzung für das Wahlrecht war, von zwei Jahren auf ein Jahr reduziert wurde. Das aus Irland stammende Mitglied des Unterhauses für den Wahlkreis Finsbury, William Torrens, trat erfolgreich für die Bestimmung ein, wonach in den städtischen Wahlkreisen auch Mieter von Räumen, die in der Regel Untermieter waren, wählen konnten, sofern die Jahresmiete mindestens zehn Pfund betrug.

Der schwerstwiegende Änderungsantrag kam von Grosvenor Hodgkinson, Abgeordneter für Newark und wie Torrens Rechtsanwalt. Danach erhielten in den Städten auch diejenigen Mieter von Häusern und Wohnungen das Wahlrecht, die ihre Steuern bisher pauschal mit der Miete an den Grund- und Hauseigentümer bezahlten. Aufgrund dieses sog. *Compounding*, das auf rund 35% der Mieter von Häusern zutraf, erschien nur der Eigentümer, der die Steuern abführte, in den Steuerlisten und nur die dort Eingetragenen sollten nach der ursprünglichen Fassung des Gesetzes das Wahlrecht haben. Indem diese Einschränkung wegfiel und in Zukunft jeder Gemeindesteuerzahler seine Steuern persönlich zahlen sollte, vermehrte sich die Zahl der Wahlberechtigten schlagartig um 500000 und wurde das Hausbesitzerwahlrecht in den Städten allgemein eingeführt. Diese Entscheidung fiel am 17. März zur Zeit des Abendessens gegen 21 Uhr in einem mit rund 45 konservativen und 100 oppositionellen Abgeordneten nur schwach besetzten Unterhaus. Disraeli stimmte zu, nicht zuletzt wohl auch deswegen, um einen von Gladstone zu erwartenden weiteren Abänderungsantrag in derselben Sache abzublocken. Er hatte sich damit weit vorgewagt. Ihm fehlte das Plazet der Kabinettskollegen und der Masse der konservativen Abgeordneten, die erst nach der Abstimmung ins Unterhaus zurückkehrten. Disraelis Begründung gegenüber seinen Parteifreunden war typisch. Er habe einem Schachzug Gladstones zuvorkommen müssen und stellte die Entscheidung als Schritt hin, der die „gegenwärtige Agitation beenden und Gladstone & Co. vernichten" könne,[69] also sowohl die außer- als auch die innerparlamentarische Opposition zum Schweigen bringen könne. Es ist umstritten, welche Bedeutung der außerparlamentarische Druck für die Gesetzgebung hatte. Das Reformverlangen war ein Ausdruck massenhafter Unzufriedenheit mit dem politischen System. Zugleich aber war die Reformfrage ein Gegenstand der „hohen Politik", unabhängig vom Grad der öffentlichen Agitation. In konkreten Entscheidungssituationen wie im Mai 1867 war es sicherlich nicht ohne Eindruck auf die Regierung, wie sich die *Reform League* verhielt. Sie verzeichnete einen großen Sieg, als sie am 6. Mai im Londoner Hyde Park eine völlig gewaltfrei verlaufende Demonstration durchführte, obwohl die Regierung sie verboten hatte.

Mit der Annahme der drei Änderungsanträge vom Mai 1867 hatte das Gesetz seine endgültige Form im wesentlichen angenommen. Ein weiterer Antrag, den der für Westminster im Unterhaus sitzende John Stuart Mill einbrachte und der das Stimmrecht auch auf die Frauen ausdehnen wollte, fand keine Mehrheit. Die Frauen waren weiter auf außerparlamentarische Aktionsformen angewiesen. Sie sollten in den kommenden Jahrzehnten zunehmen, auch wenn die Frauenbewegung von einer Massenbewegung weit entfernt war und nur in den bürgerlichen Mittelschichten Fuß faßte. Einen institutionellen Anfang zu landesweiter Organisation stellte die 1868 gegründete *National Society for Women's Suffrage* dar. Zum Wahlrechtsgesetz gehörte noch eine Neueinteilung der Wahlbezirke, wobei es der konservativen Regierung vor allem um die Sicherung ihrer Wahlaussichten in den Counties ging. Verschiedene Städte verloren den Status eines selbständigen Wahlkreises, andere erhielten ihn erstmals. Die industriellen Zentren Manchester, Liverpool, Birmingham und Leeds entsandten künftig drei Abgeordnete. Insgesamt blieb es bei der bekannten ungleichen parlamentarischen Vertretung. Die kleineren Boroughs waren nach wie vor überrepräsentiert. Das Oberhaus fügte dem Gesetz noch eine Klausel ein, die als Minderheitenschutz gedacht war. Wo drei Abgeordnete zu wählen waren, sollten die Wähler nur zwei Stimmen haben. Dadurch würden – so die dann nur teilweise erfüllten Hoffnungen der Konservativen – in den liberalen Hochburgen der Industriestädte die liberalen Wähler mit den ihnen zustehenden zwei Stimmen ihre Kandidaten wählen, während der dritte Kandidat von der konservativen Minderheit nach Westminster entsandt werden könnte.

Zusammengefaßt galten nach Verabschiedung des Gesetzes am 15. April 1867 folgende neue Wahlrechtsbestimmungen.[70] In den englischen und walisischen Boroughs durfte wählen, wer Eigentümer oder Mieter eines Wohnhauses war, vorausgesetzt, er hatte zum Stichdatum mindestens 12 Monate dort gewohnt; beziehungsweise wer Mieter einer Wohnung war, deren Jahresmiete mindestens zehn Pfund betrug. In den Counties wurden Grundeigentümer oder Pächter (mit einem Pachtvertrag über mindestens 60 Jahre) wahlberechtigt, wenn der jährliche Reinertrag fünf Pfund nicht unterschritt, und sonstige Pächter, wenn sie einen versteuerbaren Jahresertrag von zwölf Pfund nachwiesen und der zwölfmonatigen Residenzpflicht genügten. Im übrigen mußten alle Wahlberechtigten, die in das Wahlregister eingetragen wurden, ihren Beitrag zur Armensteuer entrichtet haben.

Nach Verabschiedung entsprechender Gesetze auch für Schottland und Irland hatten im Vereinigten Königreich nur etwas über 8% der Bevölkerung das Wahlrecht. Die Zahl der Wahlberechtigten betrug 2,5 Millionen. Von den volljährigen Männern durften in den Grafschaftswahlkreisen von England und Wales 23,8%, von Schottland 16,7% und von Irland 14,8% wählen; in den Boroughs waren es 44,7%, 49,7% und 21,9%. Auch wenn es eine beträchtliche Zahl an Neuwählern aus den Mittel- und Arbeiterschichten gab, war im wesentlichen die Kontinuität bestehender Herrschaftsverhältnisse gewahrt. Königin Viktoria stellte in ihrer Thronrede 1867 zutreffend fest, die Ausweitung des Wahlrechts ziehe keine Störung des innenpolitischen Gleichgewichts nach sich. Das Wahlrecht blieb auch nach 1867 ein Privileg. Es war kein politisches Bürgerrecht, wie es das allgemeine Wahlrecht darstellt. Gleichzeitig aber ist nicht zu übersehen, daß erstmals in der Geschichte des britischen Parlamentarismus das Prinzip der Zahl in Konkurrenz trat zum Prinzip des gesellschaftlichen Gewichts. Die neue Quantität der Wähler führte in Ergänzung zur bisherigen Gewichtung sozialer Interessen zum Zählen der Stimmen und damit auf den Weg zur Demokratie. Das Gefühl der Zeitgenossen und namentlich derer, die bisher *allein* am politischen System partizipiert hatten, ein neues Zeitalter stehe bevor, nämlich das Zeitalter des politischen Massenmarkts, kam in der Einschätzung Derbys zum Ausdruck, man wage einen „Sprung ins Dunkle". Die Verbreitung der Legitimationsbasis ging für die politischen und gesellschaftlichen Eliten mit der Ungewißheit einher, wie sich die neuen Wählerschichten verhalten würden. Würde die nun zahlenmäßig überlegene Gruppe der Neuwähler die politische Entmachtung der in der sozialen Hierarchie Höherstehenden anstreben?

Worum es aus der Sicht der Eliten unabhängig von ihrer parteipolitischen Festlegung ging, artikulierte auf sehr anschauliche Weise wiederum Walter Bagehot. In der Einleitung zur zweiten Auflage seiner *English Constitution*, die 1872 erschien, fällte er Urteile, warf Fragen auf und zog Schlußfolgerungen. In seinen Augen hat das Reformgesetz von 1867 Ungewißheiten heraufbeschworen, weil es „das Wahlrecht auch den ungelernten Arbeitern" gab. „Und keiner wird behaupten, daß der gewöhnliche Arbeiter, der über keine besonderen Fertigkeiten verfügt und der nur Gemeindesteuern bezahlt, weil er ein Haus hat, intellektuelle Dinge einigermaßen beurteilen kann." Daran schloß Bagehot die Frage, ob sich die neuen Wähler „unterordnen" werden. „Werden sie Reichtum und sozialer Stellung Ehrerbietung erweisen?" Oder wird es „zum politischen Zusammenschluß der arbeitenden Klassen als solcher und für ihre eigenen Ziele" kommen, was ein „Unglück erster Ordnung" wäre, weil dies die „Herrschaft von Unwissenheit und Zahl über Bildung und Kenntnisse bedeuten würde". Bagehots Schlußfolgerung enthielt eine Aufforderung an die im Unterhaus vertretenen Parteien, alle Anstrengungen für die Integration der Arbeiterwähler zu unternehmen, um so eine eigene politische Organisation der Arbeiterschaft zu verhindern. Damit sprach er einmal ein Problem des Parteiensystems an, das erst um die Jahrhundertwende einer Lösung zugeführt werden sollte. Zum anderen berührte er das Kardinalthema britischer Politik, das Thema der Herrschaft durch Reform in Permanenz. Innenpolitische Konsensbildung und Integration unter Führung der „höheren Klassen", wie er es sich wünschte, waren an Reformbereitschaft gekoppelt. Bagehots Klassendenken, das die traditionellen Führungsschichten des Landes in ihrer Position bestätigt sehen wollte, sah nur einen Weg, um andere Klassenstandpunkte im Hintergrund halten zu können, den Weg der flexiblen Erwiderung der Eliten auf die Herausforderungen der Hochindustrialisierung: „Sie müssen nicht nur jeden Mißstand, sondern jeden Anschein eines Mißstandes vermeiden; solange sie noch die Macht besitzen, müssen sie nicht nur jeden tatsächlichen Mißstand, sondern, womöglich, auch jeden scheinbaren Mißstand beseitigen; sie müssen bereitwillig jeder Forderung nachgeben, der sie gefahrlos stattgeben können, damit sie nicht unfreiwillig irgendeine Forderung erfüllen müssen, die die Sicherheit des Landes beeinträchtigen würde."[71]

Im Hinblick auf das Wahlverhalten der „armen Wähler" konnte sich Bagehot beruhigt sehen. Worauf Disraeli schon hingewiesen hatte: eine Arbeiterklasse mit durchgängigem Klassenbewußtsein und zentral gelenkter, landesweiter Politisierung gab es nicht. Der größte Teil der Arbeiterwähler tendierte zur Liberalen Partei. Disraeli hatte 1867 seinen Triumph gehabt. Aber Gladstones große Zeit als Führer der Liberalen und der Nation stand bevor. Disraeli wurde zwar im Februar 1868 nach dem krankheitsbedingten Rücktritt Derbys Premierminister, hatte jedoch wie sein Vorgänger keine Mehrheit. Im Dezember fanden Neuwahlen statt. Die Liberalen, die nach Verabschiedung der Wahlrechtsreform wieder ein geschlossenes Bild boten, erweiterten dabei ihren schon bestehenden Vorsprung noch ein wenig, und Gladstone wurde Premierminister. Die Wahlen ließen erkennen, daß sich das innenpolitische Kräftefeld nach der Wahlrechtsreform nicht geändert hatte. England blieb die Domäne der Konservativen, die dort vor allem in den Grafschaften und kleineren Boroughs erfolgreich waren und 80% ihrer Unterhaussitze holten. In den größeren englischen Boroughs dagegen errangen die Liberalen 125 von 159 Sitzen. Der *Celtic fringe*, also der „keltische Rand" von Wales, Schottland und Irland, der freilich nur aus englischer Perspektive „Rand" war, wählte überwiegend liberal. Die Konservativen erreichten in diesen nonkonformistisch-protestantischen bzw. -katholischen Gebieten nur 44 von 194 Sitzen, und solange sie ihre enge Verbindung zur Anglikanischen Kirche nicht lockerten, war hier auch nur wenig zu ändern. Konfessionelle Fragen konnten sich aber auch von diesem Schema abweichend auswirken. Mancher Wahlkreis in Lancashire wählte konservativ, weil die Arbeiter ihre Stimme oft aus Abneigung gegen den hohen Prozentsatz der katholischen Einwanderer aus Irland den Konservativen gaben, die sich gegenüber dem Katholizismus stärker abgrenzten als die Liberalen. Kirche und Religion waren noch lange bedeutungsvolle Faktoren bei Wahlentscheidungen, bevor Gesichtspunkte sozialer Schichtung stärker ins Gewicht fielen.

Wie die erste so hat auch die zweite Wahlrechtsreform zu einer Straffung der Parteiorganisation geführt. Schon die Wahl 1868 zeigte, wozu effektive Parteiarbeit führen konnte. Die liberale Parteiorganisation in Birmingham verstand es nämlich, die Minoritätenklausel aus dem Gesetz von 1867 zu umgehen,[72] indem die liberalen Wähler in den einzelnen Birminghamer Wahlbezirken nach Anweisung eines Parteiausschusses, der als *Birmingham Caucus* Berühmtheit erlangt hat und in dem der Metallwarenfabrikant und Unitarier Joseph Chamberlain eine wichtige Rolle spielte, ihre zwei Stimmen auf die drei zu wählenden Kandidaten so verteilten, daß am Ende drei Liberale vorn lagen. In Leeds, Liverpool oder Manchester dagegen funktionierte die Minoritätenklausel nach den Vorstellungen des Gesetzgebers. Dort kam neben zwei Liberalen tatsächlich auch ein Konservativer zum Erfolg. Im Kampf um neue Wählerschichten gründeten die Konservativen bis 1874 in 57 Städten 150 konservative Arbeitervereine, die sich allerdings nicht immer behaupten konnten. 1880 waren es nur noch 78. Es bildete sich jetzt für kurze Zeit ein Zweiparteiensystem heraus, das ein wenig zu Unrecht als *die* bestimmende Form des britischen Parteiensystems gilt. Tatsächlich war die Zweiparteienkonstellation mit politischen Parteien, die in der Regierungsverantwortung alternierten und jeweils klare Mehrheiten hatten, eher die Ausnahme als die Regel. Seit den achtziger Jahren sollte das Parteienspektrum infolge der irischen Frage und durch Parteispaltungen, innerparteiliche Gruppenbildungen und auch Neugründungen wieder komplexer werden.

In den sechziger Jahren wies das politische Leben in Großbritannien immer noch viele Traditionselemente auf, doch traten sie zunehmend in ein Spannungsverhältnis zu modernen politischen Stilformen einer Massengesellschaft. Die politischen Führer konnten sich nicht allein mit der parlamentarischen Debatte begnugen. Gesellschaftliche Bewegungen begannen, auf die politische Ebene durchzuschlagen. Die politische Führung spiegelte in ihrer Zusammensetzung deutlicher als zuvor die britische Gesellschaft wider. Die beiden Premierminister des Jahres 1868 verdeutlichten dies in augenfälliger Weise. Sowohl Gladstone als auch Disraeli, die für die nächste Zeit das politische Leben beherrschten, waren keine genuinen Repräsentanten des ländlichen aristokratischen England. Gladstones Vater war ein vermögender Kaufmann und William Gladstone ein politischer Zögling von Sir Robert Peel, der 1846 noch politisch scheiterte, als er der Konservativen Partei, in der Gladstone als traditionsorientierter Anglikaner seine politische Laufbahn begonnen hatte, eine breitere Basis verschaffen wollte. Stammte Gladstone immerhin aus einer wohlhabenden Familie, die auch über Landbesitz als Ausweis ihrer gesellschaftlich gehobenen Stellung verfügte, so war Benjamin Disraeli ein Aufsteiger, der allein durch Leistung politische Karriere machte. Wäre sein Großvater, ein italienischer Jude, nicht nach England ausgewandert, wäre der mit dreizehn Jahren getaufte Disraeli gar nicht Engländer geworden. Wie Gladstone literarisch begabt und produktiv, gelang Disraeli gegen mancherlei Vorbehalte der Aufstieg in der Konservativen Partei, in der er 1846 gegen Peel Stellung bezogen hatte, nach der Parteispaltung im Laufe der Zeit aber gewissermaßen in dessen Rolle schlüpfte und die Konservativen auf den Weg einer modernen Integrationspartei brachte.

Die politische Nation war in den sechziger Jahren ein Stück größer, wenn auch nicht entscheidend demokratischer geworden. Das Wahlrecht war weit von einem allgemeinen Wahlrecht entfernt. Doch gleichzeitig stand die Entwicklung nicht still. 1872 wurde eine wichtige Forderung erfüllt, die die Chartisten schon 1838 erhoben hatten: Die Stimmabgabe war in Zukunft geheim. 1883 verabschiedete das Parlament ein Gesetz gegen Wahlkorruption, 1884 wurde das Wahlrecht auch in den Grafschaften auf Haus- und Wohnungsinhaber ausgedehnt, und 1885 wurden von wenigen Ausnahmen abgesehen Ein-Mann-Wahlkreise (mit allerdings immer noch ungleicher Größe) eingeführt, wie sie das britische Mehrheitswahlrecht heute noch (wenn auch in ausgeglichener Größe) kennt.

2. Weltmacht und das nationale Interesse am Frieden

a) Frieden als Pax Britannica

Die wirtschaftliche Dynamik Großbritanniens und der vergleichsweise friedliche Wandel seines politisch-sozialen Systems seit Beginn des 19. Jahrhunderts sind nicht nur im innerbritischen Zusammenhang zu sehen, sondern auch in Verbindung mit der Außenpolitik und der Stellung Großbritanniens in der Weltpolitik. Innere Entwicklung und außenpolitisches Konfliktverhalten waren eng verzahnt. Exportinteressen verlangten nach Märkten. Produktionsanlagen waren auf Zufuhr von Rohstoffen angewiesen. Beides war für wirtschaftliches Wachstum unentbehrlich und erforderte einen Zustand der internationalen Politik, der den Güterstrom nicht behinderte. Wirtschaftliches Wachstum wiederum war fraglos ein Faktor, der die gesellschaftliche Integration und die Reformfähigkeit der staatlichen Institutionen günstig beeinflußte. Eine möglichst geringe Belastung der Gesellschaft durch Rüstung oder gar Krieg war wünschenswert im Interesse wirtschaftlicher Entfaltung und inneren Friedens. Kurz: Es bestand eine Wechselwirkung zwischen der Konsolidierung der Industriellen Revolution, der inneren Befriedung im Übergang zur Industriegesellschaft und der Politik der Friedenswahrung nach außen.

Friedenswahrung war ein nationales britisches Interesse, weil außenpolitische Ruhe die günstigste Rahmenbedingung für graduelle Reformen und weltweite wirtschaftliche Expansion war. Kriege waren allenfalls als begrenzte Eingriffe zur Korrektur von Rahmenbedingungen denkbar, prinzipiell aber widersprachen sie im 19. Jahrhundert der Rationalität britischer Interessendefinition. Wurde militärische Gewalt eingesetzt oder angedroht, dann diente dies der Offenhaltung von Märkten, der Sicherung imperialer Verbindungslinien oder dem Schutz der britischen Inseln selbst. Wenn Außenminister Lord Castlereagh nach dem Wiener Kongreß erklärte, der „Weltfriede" sei das „einzige Ziel" britischer Politik,[73] so läßt sich daran ablesen, daß in seinen Augen Großbritannien saturiert war, also die wesentlichen Kriterien erfüllt waren, die für eine Politik der Friedenswahrung unverzichtbar erschienen: freier Zugang zu Märkten und Rohstoffen, Sicherheit für das britische Mutterland und ungehinderter Zugang zu seinen überseeischen Besitzungen. Der Wunsch nach Friedenswahrung diente der Bewahrung einer internationalen Ordnung, die spezifischen Interessen Großbritanniens entgegenkam. Denn diese Ordnung war eine Pax Britannica, weil sie Großbritannien eine unangefochtene Führungsrolle auf den Weltmeeren bescherte, bei gleichzeitiger Zähmung Frankreichs, seines weltpolitischen Rivalen, und gegenseitiger Blockierung der kontinentaleuropäischen Mächte in einem System des Gleichgewichts. Bevor dieser Zustand erreicht war, befand sich Großbritannien durchaus häufig im Krieg und zwar 1739–1748 (Krieg gegen Spanien, Österreichischer Erbfolgekrieg), 1756–1763 (Siebenjähriger Krieg), 1776–1783 (Amerikanischer Unabhängigkeitskrieg), 1793–1815 (Kriege gegen das Frankreich der Revolution und Napoleons, Krieg gegen die USA). Erst nachdem diese Kriege zu einer für Großbritannien günstigen weltpolitischen Lage geführt hatten, galt Friedenswahrung als verbindliches Ziel. Vom Krimkrieg abgesehen führte Großbritannien bis zum Ersten Weltkrieg keinen Krieg mehr mit einer Großmacht. Friedenswahrung meinte Vermeidung von Kriegen mit Großmächten. Kleinere und lokal begrenzte Kriege und militärische Einsätze in Kolonialgebieten blieben davon unberührt. Im Laufe der Regierungszeit Königin Viktorias (1837–1901) fanden über 200 solcher Aktionen und „kleinere Kriege" statt.

Die britische Entwicklung des 19. Jahrhunderts stand bis zu den achtziger Jahren unter dem Vorzeichen eines doppelten Vorsprungs: des technischen und wirtschaftlichen Vorsprungs, den die erste Industriemacht der Weltgeschichte errungen hatte und einer damit zusammenhängenden machtpolitischen Überlegenheit in der internationalen Politik. „Werkstatt der Welt" zu sein und in der Weltpolitik eine Pax Britannica durchsetzen zu können waren zwei untrennbar miteinander verquickte Erscheinungsformen einer Superiorität, die die britische Weltsicht prägte, eine spezifische Mentalität hervorbrachte und britische Politik formte. Grundlegend für jegliche außen- und sicherheitspolitische Planung war die maritime Überlegenheit Großbritanniens. Die Siege Nelsons über Napoleons Flotteneinheiten 1798 bei Aboukir in Ägypten und 1805 in der Seeschlacht von Trafalgar warfen Frankreich auf den Status einer

Landmacht zurück, nahmen Napoleon den weltpolitischen Handlungsspielraum und beendeten die britische Furcht vor einer Invasion. Daneben sind die Angriffe auf Kopenhagen und die dänische Flotte 1801 und 1807 nicht zu vergessen, die die Seemacht Dänemarks vernichteten. Dadurch sicherte sich Großbritannien den freien Zugang zum Ostseeraum, von wo lebenswichtige und unverzichtbare Schiffsbaumaterialien bezogen wurden. Die britische Seeüberlegenheit führte zur Inbesitznahme verschiedener Stützpunkte und Protektorate (Helgoland, Malta, Ionische Inseln, Kap der Guten Hoffnung, Mauritius, Ceylon, St. Lucia, Trinidad und Tobago), die die handelswichtigen Verbindungslinien ins Mittelmeer und zur Levante, nach Indien und Ostasien sowie nach Mittel- und Südamerika strategisch sicherten. Völkerrechtlich und machtpolitisch von Bedeutung war, daß Großbritanniens hegemoniale Seemachtstellung auf dem Wiener Kongreß gänzlich ausgeklammert blieb. Sie wurde als Faktum stillschweigend anerkannt. Castlereagh wollte sich lieber von den Friedensverhandlungen zurückziehen, als irgendwelche maritimen Zugeständnisse zu machen.

Andererseits waren Weltpolitik und Europapolitik nicht zu trennen. Großbritannien durfte nie auf Mitwirkung bei den kontinentaleuropäischen Angelegenheiten verzichten. Denn maritime Hegemonie war nur möglich und sinnvoll, wenn es keinen übermächtigen kontinentaleuropäischen Herausforderer gab, der, wie es Napoleon versucht hatte, den für Großbritannien aus wirtschafts- und sicherheitspolitischen Gründen wichtigen Kontinent sperren und dann auch die britische Seemacht angreifen konnte. Vom Beginn der britischen Weltmachtstellung bis zu ihrem Ende nach dem Zweiten Weltkrieg hatte dieses Grundprinzip Geltung. Darum blieb auch in der Zeit der Seeherrschaft die Armee als wichtiges militärisches Instrument erhalten. Sie war gegenüber der Flotte zweitrangig, umfaßte 1819 aber immerhin 123000 Mann. Sie standen freilich auch für die Aufrechterhaltung der inneren Ordnung zur Verfügung. Im Krimkrieg betrug die Gesamtzahl von aktiven Soldaten und Reservisten 500000 Mann. Sie war damit höher als in Preußen und ebenso hoch wie in Frankreich und Österreich. Nur Rußland war zahlenmäßig stärker. Erst gegen Ende des 19. Jahrhunderts erreichten die Kontinentalmächte eine deutliche Überlegenheit in den Landstreitkräften. Militärische Interventionen galten allerdings als äußerstes Mittel. Man bevorzugte durchgehend das nicht-militärische Instrumentarium: Diplomatie und Finanz. Interventionen erübrigten sich, wenn sich die internationale Politik in einem System des multipolaren Gleichgewichts befand. Genau dies war das Ziel der Außenpolitik Castlereaghs, der in den Friedensverhandlungen nach der Niederlage Napoleons darauf drang, einen Straffrieden zu vermeiden und Frankreich als Faktor des europäischen Gleichgewichts zu erhalten. In Großbritannien brachte ihm diese Politik mancherlei Kritik ein. Angesichts der Kriegsfolgelasten (Wirtschaftskrise, Staatsverschuldung) blieben Forderungen nach einer härteren Behandlung Frankreichs nicht aus. Doch war es langfristig im Hinblick auf eine ungestörte Überseepolitik für Großbritannien tatsächlich wichtiger, den Kontinent möglichst dauerhaft zu befrieden.

Ein weiterer Punkt kam hinzu. Nachdem Napoleon militärisch besiegt war, sollte auch das Ideengut der Revolution eingedämmt bleiben. Was aber eignete sich dazu besser als das europäische Konzert der Mächte, in das Frankreich mit seiner wieder eingesetzten Bourbonen-Dynastie eingebunden war? Das sicherheitspolitische Motiv verband sich mit dem gegenrevolutionären Konzept. Das System des Wiener Kongresses beruhte auf der Kooperation der Großmächte, die in den Worten Castlereaghs „ihrer Natur nach" konservativ war. Zur Bekräftigung schlossen im November 1815 Großbritannien, Österreich, Rußland und Preußen die sog. Quadrupelallianz, die eine Intervention gegen ein eventuelles Wiederaufleben der Revolution und regelmäßige Konsultationen zur Aufrechterhaltung des Friedens in Europa vorsah. Der Vertrag richtete sich gegen das Gespenst der Revolution in Frankreich. Doch schon auf dem Kongreß von Aachen 1818 kehrte Frankreich in aller Form in den Kreis des europäischen Konzerts zurück. Damit schien Castlereaghs Politik der Befriedung Europas erfolgreich abgeschlossen zu sein.

Als jedoch die Staaten der Heiligen Allianz (Rußland, Österreich und Preußen) in der Folgezeit den Interventionsgedanken gegen liberale Bewegungen und nationale Unabhängigkeitsbestrebungen in Italien, Spanien, Portugal und Griechenland strikter ausgelegt wissen wollten als Großbritannien, entfernte sich Castlereagh wieder von der Kongreßdiplomatie. Seine Politik der Eindämmung der Revolution richtete sich nicht gegen jegliche liberale Bewegung, die von den absolutistischen Regimes in Europa Reformen verlangten, sondern gegen die Verbindung von Revolution und Großmachtpolitik, die britische Sicherheitsinteressen in Europa oder an den Nahtstellen des Weltreichs gefährden mußte, wie es im Fall des revolutionären Frankreichs geschehen war. Grundsätzlich aber widersetzte er sich dem Gedanken eines Kondominiums der Großmächte über den Rest der Welt und einer konzertierten Generalüberwachung der inneren Angelegenheiten kleinerer Mächte. Eine solche Politik hätte Großbritannien im übrigen viel zu sehr an die Entscheidungen der Kontinentalstaaten gebunden und den Handlungsspielraum der britischen Weltpolitik eingeschränkt.

Die Jahre nach dem Wiener Kongreß zeigten vor allem, daß Großbritannien eine Politik der freien Hand und der Bündnisfreiheit verfolgte. Bis zum Bündnis mit Japan im Jahr 1902 sollte sich daran nichts ändern. Man hat von einer Politik des Isolationismus gesprochen, für das ausgehende 19. Jahrhundert sogar von einer Politik der *splendid isolation*.

Doch gilt es im Auge zu behalten, daß sich London niemals vom europäischen Kontinent abwandte oder sich ihm gegenüber desinteressiert zeigte. Isolationismus meinte vielmehr, daß das europäische Gleichgewicht nach Möglichkeit ohne direkte Intervention und auf jeden Fall ohne automatisch wirkende Bündnisverpflichtungen aufrecht erhalten werden sollte. In ihrem Kern war britische Außenpolitik gerade keine Politik des Isolationismus, sondern eine Politik, die auf der freien Entscheidungsgewalt einer sich als autonom verstehenden Weltmacht beruhen sollte und Zeitpunkt und Ort von Interventionen selbst bestimmen wollte.

Isolationismus verbot sich schon aus wirtschaftlichen Gründen. Britische Außenbeziehungen sind nicht nur auf der politischen, sondern insbesondere auch auf der wirtschaftlichen Ebene zu sehen. Über seine global angelegte Außenwirtschaft war Großbritannien notwendigerweise in allen Zonen der Weltpolitik präsent, in Europa ebenso wie in Übersee. Der Staat blieb auf diesem Gebiet weitgehend im Hintergrund. Doch wenn er sich auch nicht für wirtschaftliche Einzelinteressen einspannen ließ, so definierte gleichwohl jeder britische Außenminister das nationale Interesse seines Landes nicht nur sicherheitspolitisch oder militärstrategisch, sondern nicht zuletzt auch ökonomisch. Da Großbritannien im Vergleich zu seinen Konkurrenten ein viel zu kleines Land war, um seinen Weltmachtstatus über längere Zeit hinweg auf militärische Macht und direkte Herrschaft gründen zu können, war sein wirtschaftlicher und finanzieller Einfluß in der Welt die eigentlich dauerhafte Grundlage für seine Weltpolitik. Ohne wirtschaftliche Entfaltungsmöglichkeiten gab es keine britische Weltmacht, so daß der nationale Sicherheitsbegriff notwendigerweise auf die Sicherung des Handels und überseeischer Investitionen ausgedehnt werden mußte. Indirekte Herrschaft durch finanzielle und wirtschaftliche Verflechtung und direkte Herrschaft durch politisch-militärische Präsenz standen dabei in einem klar abgestuften Verhältnis. Primär galt es, die informelle Sicherung britischen Einflusses durch Wirtschaft und Finanz sicherzustellen. So wie die Industrielle Revolution eine unumkehrbare Dynamik und ein sich selbst tragendes Wachstum entwikkelte, konnte man erwarten, daß sich Waren- und Güteraustausch, Technologietransfer und Kapitalinvestitionen zu einer sich selbst tragenden Form britischer Herrschaft in der Welt entwickeln würden. Die wirtschaftliche Durchdringung der Welt und damit die Errichtung eines unter britischer Führung stehenden informellen Netzes von Abhängigkeiten – in einem Begriff: das *informal empire* – war die Expansions- und Herrschaftsform, die der britischen Lage am meisten entsprach. Sie ermöglichte gleichzeitig die Finanzierung der Armee und vor allem der Flotte, um im Ernstfall einer Bedrohung der informellen Herrschaft entgegentreten oder auch informelle in formelle Herrschaft verwandeln zu können. Indien war ein Beispiel dafür, daß man ohne direkte staatliche Einflußnahme mit Verwaltungseinrichtungen und Truppenstationierungen nicht auskommen konnte. Bis zu den achtziger Jahren des 19. Jahrhunderts, als das Zeitalter des Imperialismus begann, war es jedoch die Regel, den Kostenfaktor Militär oder gar Krieg so klein wie möglich zu halten. „Es ist eine Sache, die Stärke eines Riesen zu haben", betonte George Canning, seit 1822 Castlereaghs Nachfolger als Außenminister. „Aber es wäre eine andere, sie auch wie ein Riese zu gebrauchen. Das Bewußtsein der Stärke gibt Selbstvertrauen und Sicherheit. Aber die Lage, in der sich unser Land befindet, verlangt von uns, keine Gelegenheiten zur Demonstration der Stärke zu suchen."[74]

Cannings Name ist eng mit der wirtschaftlichen Durchdringung Lateinamerikas verbunden, einer der großen Regionen der Weltwirtschaft, wo es möglichst große Marktanteile zu erringen galt. Gerade in der wirtschaftlich schwierigen Übergangsphase nach den Napoleonischen Kriegen war es von größter Bedeutung, daß Großbritannien hier Fuß fassen konnte. Im Gegenzug zögerte Canning nicht, den Unabhängigkeitsdrang der jungen Staaten Südamerikas gegenüber den alten Kolonialmächten Spanien und Portugal zu unterstützen. In der europäischen Herrschaft in Lateinamerika fand zugleich ein Generationen- und ein Formenwechsel statt. Großbritannien löste Spanien und Portugal ab, aber mit dem ihm eigenen ökonomischen Zugriff. Es waren „neuartige Machtmaßstäbe",[75] die sich mit der britischen Politik durchsetzten. Informelle Herrschaftsausübung führte zusätzliche Kriterien in die Bestimmung des globalen Mächtegleichgewichts ein. Mit Blick auf die französische Intervention 1823 in Spanien gegen die Liberalen und vor dem Hintergrund der 1826 erfolgten Entsendung von 4000 britischen Soldaten zum Schutz Portugals, des ältesten britischen Verbündeten, sprach Canning im Unterhaus davon, er habe die „Neue Welt" in die Waagschale geworfen, um das „Gleichgewicht der Alten Welt" zu korrigieren.[76]

Neuartige, nämlich wirtschaftliche Machtmaßstäbe ließen die britische Überlegenheit nicht nur gegenüber den europäischen Konkurrenten deutlich hervortreten, sondern auch gegenüber den Vereinigten Staaten von Amerika. Die USA hatten in den dreißiger Jahren des 19. Jahrhunderts den Wettlauf um wirtschaftlichen Einfluß in Südamerika verloren. Gegen das *politische* Übergewicht der USA und deren Expansion auf dem nordamerikanischen Kontinent war Großbritannien allerdings machtlos und zeigte sich in Grenzkonflikten nachgiebig und zurückhaltend, um die Grenze Kanadas langfristig sichern zu können. Auch in Mittelamerika gab man dem Machtanspruch der USA nach. In Amerika war eine Politik des Gleichgewichts im herkömmlichen Sinn für Großbritannien nicht durchsetzbar. Es machte darum Konzessionen an Washington und nahm dessen territoriale Ausdehnung hin, um das vorrangige Ziel zu erreichen: Besitzstandswahrung und Erhaltung des Friedens – ein frühes

Muster außenpolitischen Konfliktverhaltens, das sich im 20. Jahrhundert unter dem Stichwort *appeasement* in Europa wiederholen sollte.

b) Konflikte, Interventionen, Kriege

An anderen Stellen der Weltpolitik trat London dagegen weit energischer auf und wirkte aktiver und machtvoller an der Gestaltung der internationalen Ordnung mit. Schaut man sich die sicherheitspolitisch neuralgischen Punkte an, so handelte es sich um die Großbritannien gegenüberliegende Küste auf dem europäischen Kontinent, die Iberische Halbinsel, den Nahen und Mittleren Osten sowie China. Der Großbritannien am nächsten liegende Punkt lag auf der anderen Seite des Ärmelkanals. Britische Sicherheitsinteressen schrieben zwingend vor, daß Frankreich keinen Zugriff auf das seit dem Wiener Kongreß bestehende Königreich der Niederlande haben sollte. Diese Gefahr aber tauchte auf, als 1830 im Gefolge der französischen Juli-Revolution auch in Brüssel die Revolution losbrach und Belgien seine Unabhängigkeit erklärte. Weil ein schwaches Belgien fast automatisch in den Machtbereich Frankreichs fallen mußte und dadurch das Gleichgewicht in dieser Region gestört werden würde, wollte man in London die Unabhängigkeit Belgiens zunächst nicht hinnehmen.

Es war die erste internationale Krise, die der im November 1830 zum Außenminister ernannte Lord Palmerston zu meistern hatte. Er sollte über weite Strecken bis zu seinem Tod 1865 Gestalter der britischen Außenpolitik bleiben. In der Kontinuität britischer Außenpolitik stehend, verfolgte er Sicherung und Ausbau des Handels im Frieden und unter Wahrung von Bündnisfreiheit. Großbritannien sei mächtig genug, eine unabhängige Politik zu verfolgen. Es habe, so sein bekanntes Diktum aus dem Jahr 1848, „keine ewigen Alliierten und keine dauernden Feinde". Nur seine Interessen seien „ewig und unveränderlich".[77] Palmerston nahm die Unabhängigkeit Belgiens als Faktum hin und versuchte zugleich, jegliche Eskalation des Konfliktes zu vermeiden und die neue Lage mit dem Grundprinzip des Kräftegleichgewichts in Einklang zu bringen. Er widersetzte sich insbesondere Rußland, das gegen die Revolution intervenieren wollte. Vor allem gelang es, mit Frankreich zu einer Übereinkunft zu kommen, was schließlich als Ergebnis der Londoner Konferenz 1830/31 zur Neutralität Belgiens führte. Wichtig war aber nicht nur der macht- und sicherheitspolitische Gesichtspunkt des Gleichgewichts, sondern auch das britisch-französische Einvernehmen, das zur ersten *Entente cordiale* zwischen beiden Ländern und zur gemeinsamen Unterstützung für liberale Bewegungen in Europa führte. Man darf sich die Blockbildung zwischen den liberalen Westmächten und den konservativen Ostmächten der Heiligen Allianz allerdings nicht zu festgefügt vorstellen. Jederzeit konnten neue Konstellationen eintreten. Prinzipiell war das internationale System zwischen dem Wiener Kongreß und dem Ersten Weltkrieg ein System wechselnder Annäherungen und Gegnerschaften. Zunächst aber kooperierten Großbritannien und Frankreich zugunsten der konstitutionellen Ordnung in Spanien und Portugal.

Wie wenig tragfähig politische Systemähnlichkeiten sein konnten, zeigte sich schon Ende der dreißiger Jahre im Nahen Osten, dem Dauerkrisenherd der internationalen Politik im 19. Jahrhundert, um dessen Eindämmung Großbritannien auf der Grundlage des Status quo bemüht sein mußte. Nur so war der Weg nach Mittelost und nach Indien offen zu halten. Die Schwierigkeiten im östlichen Mittelmeerraum, die als „orientalische Frage" immer wieder zur Bildung von Krisenstäben in den europäischen Hauptstädten führten, resultierten aus dem Machtverfall des Osmanischen Reiches. Vom Balkan bis nach Ägypten regten sich nationale Unabhängigkeitsbewegungen, die bei verschiedenen Großmächten Rückhalt suchten. Entscheidend war, daß niemand aus dem Kreis der europäischen Großmächte es dulden konnte, wenn einer von ihnen das türkische Erbe antreten wollte. Ein britisch-französischer Gegensatz kam auf, als sich Frankreich 1839 auf die Seite Ägyptens stellte, das Ansprüche auf Syrien durchsetzen wollte. Großbritannien kannte in dieser Situation keinerlei ideologische Probleme, wenn es zusammen mit den Staaten der Heiligen Allianz Frankreich zur Räson rief. Das schließlich in das Konzert der Mächte zurückkehrende Frankreich beteiligte sich 1841 an der Londoner Konvention, wo die Schließung der Meerengen für nichttürkische Kriegsschiffe in Friedenszeiten vereinbart wurde.

Weltpolitisch betrachtet handelte es sich dabei aus britischer Sicht vor allem um die Blockierung Rußlands, das britische Interessen an der ganzen Linie vom Nahen Osten über den Mittleren Osten bis hin zur indischen Nordgrenze gefährden konnte. Beide Seiten versuchten, ihre Sicherheit durch Expansion beziehungsweise Errichtung von Einflußzonen zu gewährleisten. Rußland hatte zur Unterstützung Konstantinopels Schiffe und Truppen geschickt, was in den Augen Londons ein Versuch war, im östlichen Mittelmeer Fuß zu fassen und die Fesseln abzuschütteln, die Rußland als Landmacht angelegt waren. Um russischem Druck auf die indische Grenze vorzubeugen, marschierten britische Truppen 1839 in Afghanistan ein, verloren in diesem Krieg jedoch ihre gesamte Streitmacht.

Der sich bis zum Ende des Jahrhunderts hinziehende britisch-russische Gegensatz war der einzige, in dessen Verlauf Großbritannien tatsächlich mit einer Großmacht Krieg führte. Auf der einen Seite stand Rußland mit seinem Offensivdrang zu den Meerengen. Das Schicksal der unter türkischer Herrschaft stehenden christlichen Völker im Donauraum erschien als ausreichende Bemäntelung seiner Machtpolitik. Nachdem Rußland

1853 in die Donaufürstentümer einmarschiert war, erklärte der Sultan den Krieg. Auf der anderen Seite bestand in London nicht einmal ein unbedingter Wille zum Krieg, aber die Entschlossenheit, eine Verschiebung der Kräfteverhältnisse zugunsten Rußlands nicht zuzulassen. Als erste Reaktion kam es zur Entsendung der Flotte ins östliche Mittelmeer. Das britische Selbstbewußtsein, das von heftiger Russophobie in der Öffentlichkeit untermalt wurde, führte auf Regierungsebene jedoch nicht zu einem rechtzeitigen Krisenmanagement, sondern im Februar 1854 zu einem späten Ultimatum, in dem Rußland von Großbritannien und Frankreich zum Rückzug aufgefordert wurde. Kurz danach begann der schlecht vorbereitete und verlustreiche Krimkrieg. Er endete zwar mit dem Zerfall der Heiligen Allianz und der Zurückdrängung Rußlands, aber der Friedensschluß von 1856 brachte keine wirkliche Lösung der orientalischen Frage, auch wenn das nichtchristliche Osmanische Reich zum „europäischen Konzert" in aller Form zugelassen wurde. Dadurch allein konnte das durch die Schwäche Konstantinopels erzeugte Machtvakuum nicht ausgefüllt werden, und so blieb es bei der Instabilität in diesem Raum mit den bekannten Zuspitzungen in den siebziger Jahren und vor dem Ersten Weltkrieg.

In der innerbritischen Diskussion war bemerkenswert, daß der Krieg als Krieg gegen die russische Tyrannei zwar in weiten nationalistisch eingestellten Kreisen der Wirtschaft und auch der Arbeiterschaft populär war, daß er im radikalliberalen Lager aber auch Widerstand hervorrief. Für Freihändler wie Cobden und Bright war er ein Rückfall. Großbritannien sei den Weg nicht konsequent zu Ende gegangen, wo kriegerischer Konfliktaustrag durch ökonomischen Wettbewerb unterhalb der Schwelle des Krieges ersetzt werden sollte, wo als Folge des Freihandels Frieden herrschen sollte.[78] Die herkömmliche interventionistische Gleichgewichtspolitik wies Cobden als Kriegsrechtfertigung zurück, es sei denn – und dadurch relativierte er seine Argumentation wieder – nationale Ehre oder Interessen stünden auf dem Spiel. Bright verspottete die Außenpolitik der Regierung und ihrer Diplomaten gar als groß angelegtes System zum Austoben für die britische Aristokratie. Immerhin kam es unter der Federführung Cobdens 1860 zu einem Handelsvertrag zwischen Großbritannien und Frankreich. Er sollte mit der Senkung der Zollschranken nicht nur den bilateralen Handel ausweiten, sondern darüber hinaus zur Initialzündung für eine weitere Liberalisierung des europäischen Marktes werden. Die Begeisterung für solche Pläne war allerdings nicht überall gleich stark ausgebildet. Sie beschränkte sich auf Volkswirtschaften, wo – wie in Großbritannien – eine überlegene Wettbewerbssituation bestand.

Aus der Sicht der Entscheidungsträger in der Regierung erschien die Beherrschung der internationalen Gesellschaft allein durch wirtschaftliche Überlegenheit und freihändlerische Verflechtung attraktiver als durch Drohung mit militärischer Intervention oder Kriegführung. Demonstrationen militärischer Macht und auch Kriegshandlungen blieben gleichwohl auf der Tagesordnung und haben auch gerade bei der Verfolgung von Handelsinteressen eine Rolle gespielt. Die Auseinandersetzungen um die Öffnung Chinas für den britischen und internationalen Handel sind ein sprechendes Beispiel dafür. Großbritannien nahm es nicht hin, daß China 1839 die Einfuhr von Opium aus Indien unterbinden wollte. Zeitgleich mit dem Vorstoß in Afghanistan wurden seit 1840 chinesische Küstenstädte besetzt. Der sogenannte Opiumkrieg ging 1842 mit einem Vertrag zu Ende, mit dem Hongkong britisch wurde und fünf chinesische Häfen für den europäischen Handel geöffnet wurden. Letzte Bemühungen der Chinesen, sich der völligen Aufbrechung ihrer Märkte zu widersetzen, führten 1856/57 zu neuen Konflikten. Als sich 1857 auch im Londoner Unterhaus Kritik gegen das aggressive Vorgehen in China formierte, löste Palmerston, der inzwischen Premierminister geworden war, das Unterhaus auf und errang einen großen Wahlsieg. Mit Truppen in Bereitschaft und mit französischer, russischer und amerikanischer Rückendeckung erzwang Großbritannien die Öffnung weiterer Häfen. Britische Einheiten zerstörten 1860 den Sommerpalast in Peking, um die chinesische Hinhaltetaktik bei der Ratifizierung des Vertrags von Tientsin zu beenden. Es war die Zeit der Konsolidierung sowohl des informellen als auch des formellen Empires. China gehörte zu den Hauptgebieten wirtschaftlicher Durchdringung, ebenso wie Südamerika, wo Großbritannien Entwicklungshelfer und Geldgeber war. Parallel zum „Imperialismus des Freihandels",[79] dem bevorzugten Instrument liberaler Politik, die der nichtstaatlichen Initiative das Feld überließ, bestand aber auch durch das gesamte 19. Jahrhundert hindurch der Wille zur militärischen Intervention und zur Unterwerfung von Kolonialgebieten. In Indien, dem Juwel des formellen Empire, kam die direkte Beherrschung des Subkontinents weiter voran, nachdem der große Aufstand von 1857 niedergeschlagen worden war. Die Rechte der Ostindien-Kompanie gingen 1858 endgültig auf den britischen Staat über. In Kanada wiederum zeichnete sich eine andere Tendenz britischer Weltreichspolitik ab. Dort setzte sich im seit 1867 bestehenden *Dominion of Canada* die Selbstregierung im Innern durch. Die Verantwortung für die Außenbeziehungen blieb bei der britischen Regierung.

In den siebziger Jahren versuchte die Konservative Partei, der Idee des Weltreichs neuen Schwung zu verleihen. Dabei handelte es sich zweifellos auch um einen innenpolitisch motivierten Schachzug, der die seit 1868 regierenden Liberalen treffen sollte. Ihnen unterstellte man, die „Desintegration des Englischen Empire" herbeiführen zu wollen. So charakterisierte Oppositionsführer Disraeli im Juni 1872 bei einer Parteiveranstaltung die Politik der Regierung Gladstone.[80] Mit Blick auf die Mittelschichtenwähler, aber auch auf die Arbeiterschaft spielte Disraeli die nationale Karte gegen „kosmopolitische Prinzipien" aus. Für ihn bestand kein Zweifel daran, „daß das englische Volk, und besonders die arbeitenden Schichten Englands stolz darauf sind, einem großen Land anzugehören und seine Größe bewahren wollen; daß sie stolz sind, zu einem Imperium zu gehören, und entschlossen sind, ihr Imperium, wenn sie können, aufrechtzuerhalten". Disraeli forderte über wirtschaftliches Zweckdenken hinaus eine „große Politik imperialer Konsolidierung". Der moderne Imperialismus-Begriff im Sinne formalisierter Bindungen zwischen Mutterland und überseeischen Besitzungen wurde damit Bestandteil des konservativen Parteiprogramms. Zugleich stieß er zu diesem Zeitpunkt auf klare Ablehnung bei den Liberalen. Disraeli betonte, man dürfe nicht alles unter „finanziellem Gesichtspunkt" betrachten. Er wollte damit den Einwand entkräften, die Unterhaltung von Kolonien sei zu kostspielig und darum sei ein informeller Imperialismus zu bevorzugen. Eine solche Sehweise lasse „völlig jene moralischen und politischen Betrachtungen außer acht, die die Nationen groß machen". In der Tat war es zunächst der Primat der Politik, der Disraelis Kalkül bestimmte. Wirtschaftliche Begründungen für imperialistische Expansion kamen erst später hinzu, nachdem der Konjunktureinbruch der sogenannten Großen Depression Mitte der siebziger Jahre für beträchtliche Nervosität gesorgt hatte. Sie schlug sich wiederum im Jingoismus[81] der zunehmend nationalistisch eingestellten Massen nieder. Als Galdstone 1874 die Unterhauswahlen verlor, ließ Disraeli als neuer Premierminister bald Taten auf seine Worte folgen. Im Dezember 1875 erwarb die britische Regierung für vier Millionen Pfund, die wegen der gebotenen Eile Baron Rothschild kurzfristig zwischenfinanzierte, die im Besitz des Khediven von Ägypten befindlichen Suezkanal-Aktien; 1876 nahm Königin Viktoria den Titel einer Kaiserin von Indien an; 1878 kam Zypern unter britische Kontrolle.

Überblickt man die britische Außen- und Weltreichspolitik von der Mitte des 19. Jahrhunderts bis zu den achtziger Jahren, als die Epoche des Imperialismus einsetzte, so schält sich als Grundtendenz eine immer stärker werdende Globalisierung heraus, die Großbritannien an allen Punkten der Weltpolitik dauernd präsent sein ließ. Bezeichnet man die Fähigkeit, überall zu jedem Zeitpunkt mit Mitteln seiner Wahl eingreifen zu können, als Kriterium für Weltmachtpolitik, so war Großbritannien in dieser Phase aufgrund seiner maritimen Überlegenheit die einzige wirkliche Weltmacht. Zugleich aber zeichnete sich schon ab, was in der Folgezeit immer mehr zum Kernproblem werden sollte: Unabhängig von der gerade im Amt befindlichen Regierung mußte der weltpolitische Riese mit seinen Ressourcen haushalten, durfte sich nicht übernehmen und keine Überbürdung seiner Kräfte riskieren. Im Umgang mit den Großmächten waren darum Risikoscheu und Konfliktausgleich zwingend geboten. „Nur ein Krieg kann unseren Höhenflug stoppen", erkannte völlig richtig Anfang 1867 der britische Außenminister Lord Stanley.[82] Großbritannien war zwar fähig zur Kriegführung, aber zugleich davon bedroht. Denn außenpolitische Verwicklungen mußten das Weltwirtschaftssystem und den von London aus gesteuerten internationalen Geldmarkt stören und darüber hinaus das Werk innerer Reformen stören, die im Interesse innerer Stabilität wichtig waren.

Vor diesem Hintergrund setzte die britische Regierung alles daran, sich nicht in irgendwelche kontinentaleuropäischen Verwicklungen hineinziehen zu lassen. Selbstverständlich schenkte sie den Vorgängen um die Revolutionen von 1848, der italienischen Einigung, dem polnischen Aufstand, der Entwicklung auf dem Balkan, den von Preußen seit 1864 geführten Kriegen und schließlich der Gründung des Deutschen Reiches gebührende Aufmerksamkeit. Doch blieb der Stellenwert Europas im Vergleich zur außereuropäischen Welt begrenzt und konnte es bleiben, solange von dort keine Gefahr für britische Interessen ausging. Insbesondere die deutsche Reichseinigung erschien anfänglich eher als stabilisierender Gleichgewichtsfaktor und nicht als die Gefahr, zu der sie recht bald werden sollte. Bismarcks Politik war noch nicht die Weltpolitik des Wilhelminischen Deutschland, das mit seiner Flottenrüstung in eine urbritische Domäne einbrach. Bismarck erklärte das Reich für saturiert, verfolgte einen zurückhaltenden Kurs gegenüber Frankreich und bändigte zum Vorteil nicht zuletzt Großbritanniens auf dem Berliner Kongreß 1878 den russischen Expansionsdrang in Südosteuropa. Unabhängig davon, ob Bismarck die „halbhegemoniale" Stellung Deutschlands unbegrenzt in der Schwebe hätte halten können oder wollen: Aus britischer Sicht waren alle Voraussetzungen gegeben, an der Politik der Nicht-Intervention und Ungebundenheit gegenüber Kontinentaleuropa festzuhalten und obendrein daraus auch noch eine Tugend zu machen. Schon im Juni 1866 hat Disraeli als Schatzkanzler der konservativen Minderheitsregierung dieser Maxime britischer Politik in unübertrefflicher Klarheit Ausdruck verliehen: „Daß sich England", wie er anstelle von Großbritannien sagte, „jeder unnötigen Einmischung in die Angelegenheiten Europas enthält, ist nicht auf Machtverfall zurückzuführen, sondern auf seine größer gewordene Stärke. England ist keine bloße europäische Macht, sondern der Mittelpunkt eines großen maritimen Reichs, das sich bis an die Grenzen der entferntesten Ozeane erstreckt. England hat sich keineswegs in einen Zustand der Apathie geflüchtet, wenn es sich fast prinzipiell weigert, auf dem europäischen Kontinent zu intervenieren. England ist zur Intervention sogar in demselben Maß bereit wie früher, sollte es die Lage erfordern. Tatsächlich gibt es keine Macht, die mehr interveniert, als England es tut. Dies geschieht in Asien, weil England tatsächlich eher eine asiatische als eine europäische Macht ist. England interveniert in Australien, in Afrika und in Neuseeland, wo es zum Teil auch beträchtliche Kriegsanstrengungen unternimmt ... England hat einen größeren Aktionsradius und mehr Pflichten als jede kontinentaleuropäische Macht. Wir verfolgen keineswegs mit Indifferenz, was auf dem Kontinent vorgeht. Wir sind am Frieden und am Wohlergehen Europas interessiert, und ich schließe es nicht völlig aus, daß sich für England doch die Pflicht ergeben könnte, in einem europäischen Krieg zu intervenieren."[83]

Genauso sollte es schließlich 1914 kommen. Aber es war ein Schritt, der dem Primat des Friedens im Zeitalter der Industrialisierung widersprach und die britische Machtstellung in der Welt demontieren mußte. Die dominierende Position Großbritanniens in der Weltpolitik und Weltwirtschaft beruhte auf der hohen Produktivität seiner Industrie- und Dienstleistungsgesellschaft. Sie erzielte eine entsprechende Außenwirkung, trug aber auch maßgeblich dazu bei, daß sich das politische System anpassungs- und reformfähig erwies und in das auch der weitaus größte Teil derjenigen integriert wurde, die am Reichtum nur sehr geringen Anteil und in der Politik wenig mitzubestimmen hatten. Das Selbstbewußtsein der Nation erfaßte die gesamte Bevölkerung. Der Status Großbritanniens in der Welt stand in direkter Beziehung zum wirtschaftlichen Entwicklungsstand, zum gesellschaftlichen Gefüge und zur politischen Ordnung. Schon in den zwanziger Jahren des 19. Jahrhunderts hatte Handelsminister Huskisson diesen Punkt deutlich erkannt: England könne es sich nicht leisten, klein zu sein.[84] Denn die materielle Basis der britischen Inseln am Rande Europas reichte nicht aus, Wohlstand und Weltgeltung dauerhaft zu erhalten. Die britische Stellung in der Welt aber blieb von den weltpolitischen Veränderungen im Zeitalter des Imperialismus nicht unberührt. Wie sich der zunächst langsame Machtverlust und später rapide Machtverfall Großbritanniens auf britische Politik und innere Verhältnisse auswirkten, gehört darum ebenso zu den Kernfragen der folgenden Abschnitte wie der Versuch, den Abschied von der Weltmachtrolle so langsam wie möglich verlaufen zu lassen.

Zweiter Teil

Machtverfall, Massendemokratie, Wohlfahrtsstaat: Großbritannien seit dem ausgehenden 19. Jahrhundert

I. Die überbürdete Weltmacht in Krisen und Kriegen 1880–1945

1. Vom Imperialismus zum Ersten Weltkrieg

a) Expansion und Niedergang

Machterwerb und Machtausbau bestimmten den Gang der britischen Geschichte seit der zweiten Hälfte des 18. Jahrhunderts. In der Welt führend zu sein, gehörte zur Normalität für das Bewußtsein britischer Eliten in Politik, Finanz oder Wirtschaft. Im letzten Viertel des 19. Jahrhunderts verschwand dieses Gefühl noch nicht, aber es sah sich erstem und immer bohrender werdendem Selbstzweifel ausgesetzt. Neben die von der Mitte des 19. Jahrhunderts fast beliebig einsetzbar erscheinende Fähigkeit zum Machtausbau trat nun die Notwendigkeit der Machterhaltung im internationalen Wettbewerb, der sich für Großbritannien verschärfte. In zunehmendem Maß fanden Defensivstrategien Eingang in das politische Denken, das sich bisher fast ausschließlich auf offensiven Bahnen bewegt hatte. Ein neues Thema begann wie ein Gespenst die Runde zu machen, das Thema des Machtverfalls und des Niedergangs. Was gemessen an der Produktivität und Gewichtszunahme etwa der USA oder Deutschlands nur ein relativer Machtverlust war, erschien vielen Briten als *decline*. Damals sprach man noch nicht von der „englischen Krankheit", aber die ersten Symptome des Krankheitsbilds (nachlassende Wettbewerbsfähigkeit, Modernisierungsrückstand, unkontrollierte Arbeitsbeziehungen) sind an der Wende vom 19. zum 20. Jahrhundert bereits zu erkennen.

Auf den ersten Blick scheint eine solche Beschreibung an der britischen Realität völlig vorbeizugehen. War die industrielle Gesamtproduktivität Großbritanniens bis zum Ersten Weltkrieg denn nicht höher als diejenige Deutschlands, ganz zu schweigen von der nichtindustriellen Rolle Großbritanniens in der Weltwirtschaft als Dienstleistungsnation (Banken, Versicherungen, Transport)? Blieb denn Großbritannien nicht die stärkste Flottenmacht? Vermehrten sich die roten Flächen auf der Weltkarte, die britische Besitzungen anzeigten, denn nicht wie nie zuvor? Blieben britische Politiker nicht stolz auf ihre Politik der Bündnisfreiheit, die sie vor kriegerischen Verwicklungen bewahren sollte; auf den bewußt gewählten Isolationismus der ihnen jedwede Handlungsfreiheit belassen sollte?[85] All diese Fragen sind bejahend zu beantworten, jedoch mit ganz bezeichnenden Einschränkungen, die die veränderte Lage Großbritanniens im Zeitalter des Imperialismus erkennen lassen. Großbritannien bestimmte im

Unterschied zu früheren Phasen nicht mehr den Trend technischer Innovationen und wettbewerbsentscheidender moderner Massenproduktion. In der Flottenrüstung und überseeischen Expansion traf Großbritannien auf ebenbürtige Partner, die seinen Führungsanspruch in Frage stellten und die britische Weltmacht – was seit dem Wiener Kongreß nicht mehr vorgekommen war – in einen Rüstungswettlauf verwickelten. Darum kamen auch Stimmen auf, die von Alternativen zur außenpolitischen Ungebundenheit sprachen und in Nichtintervention und Isolationismus auch Schwächemomente sahen. Kontinuität stand also neben Wandel, Demonstration alter Stärke neben bisher ungewohnter Herrschaftsteilung. Die industrielle Welt gehörte nicht mehr überwiegend Großbritannien allein.

Vorerst schien die politische Initiative aber immer noch bei der Londoner Regierung zu liegen. Denn die entscheidende Beschleunigung des Karussells imperialistischer Erwerbspolitik, auf das fast alle Großmächte aufsprangen und damit dem Zeitalter seinen Namen gaben, erfolgte, als 1882 die bisher informelle Abhängigkeit Ägyptens der formellen Unterwerfung durch britische Truppen wich. Großbritannien und Frankreich kontrollierten zu diesem Zeitpunkt gemeinsam die Staatsfinanzen des verschuldeten Ägyptens, das formal unter der Oberhoheit des Sultans in Konstantinopel stand. Die liberale Regierung Gladstone, die in dieser Frage kaum anders eingestellt war als die sich „imperialistischer" gebenden Konservativen, sah die Stellung der europäischen Gläubiger in Ägypten und die Sicherheit des Suezkanals gefährdet, als nationalistische Kräfte in Ägypten einen Aufstand begannen und den bisher mit den Gläubigerstaaten zusammenarbeitenden Khediven unter Druck setzten. London wollte zunächst zusammen mit Paris nach dem bekannten Muster intervenieren, wonach militärische Disziplinierung kurzfristig nötig sein kann, um anschließend wieder zur weniger kostspieligen Form der Kontrolle durch finanzielle und wirtschaftliche Abhängigkeit zurückzukehren. Die französische Regierung erhielt aber keine Mittel von der Nationalversammlung bewilligt, so daß allein britische Schiffe nach Ägypten entsandt wurden und im Juli 1882 britische Truppen an Land gingen. Frankreich griff nun zum Mittel scharfen Protests gegen das Vorgehen seines imperialistischen Konkurrenten. Ein Jahr zuvor hatte Frankreich Italien im Wettlauf um Tunesien ausgeschaltet. Jetzt befürchtete es selbst, in Ägypten eben dieses Schicksal zu erleiden. Doch Ägypten war von ungleich größerer strategischer Bedeutung. Wer hier die Oberhand hatte, kontrollierte das Nadelöhr auf dem Weg nach Asien, den Suezkanal.

Einmal in Ägypten gelandet, dachte London aber nicht daran, sich dort dauerhaft festzusetzen und eine eigene Verwaltung zu errichten. Doch wollte man die Truppen nicht zurückrufen, ohne vorher gewisse Zusicherungen erhalten zu haben, die aber nicht gegeben wurden. So zog sich die Okkupation hin und weitete sich noch dadurch aus, daß im Sudan der Mahdi-Aufstand die bisherige Abhängigkeit des Sudans von Ägypten beendet hatte. Als General Gordon den Auftrag erhielt, für den sicheren Abzug von Europäern und ägyptischen Truppen aus Khartum zu sorgen, überschritt er seine Befugnisse und versuchte, sich den Mahdisten entgegenzustellen. Er konnte sich jedoch nicht halten. Sein Tod und der Untergang seiner Truppen im Januar 1885 riefen in der britischen Öffentlichkeit einen gewaltigen Entrüstungssturm hervor. An einen britischen Rückzug aus Ägypten war jetzt nicht mehr zu denken, allenfalls an eine Rückeroberung des Sudan.

Die Art der Einverleibung Ägyptens in das formelle Empire ließ erkennen, daß in der imperialistischen Metropole kein fertiger Plan existierte. Angestoßen wurde die Entwicklung durch die Krise in Ägypten, wo die zwischen den Industrieländern und den einheimischen Kräften getroffenen Absprachen und Arrangements in Gefahr gerieten, als selbstbewußte nationalistische Kräfte gegen die Fremdherrschaft angingen. Ohne die Folgen absehen zu können, ergriff die britische Regierung Gegenmaßnahmen. Man war allerdings fest entschlossen, die eigenen Interessen sowohl als Gläubiger Ägyptens als auch im Hinblick auf die freie Passage nach Indien zu wahren. Diese Interessendefinition erzwang die Intervention in Ägypten und verbot zugleich den Rückzug, solange von nichtmilitärischen Instrumenten keine ausreichende Wirkung zu erwarten war.

Es kam hinzu, daß General Gordon als Befehlshaber vor Ort für eine von London nicht autorisierte Eskalation gesorgt hatte. Unzureichende Nachrichtenverbindungen, Pioniergeist und Abenteurertum verbanden sich bei den Befehlshabern in vorderster Linie oft zu einer selbstherrlichen Politik, deren Vollzug die Regierung in London nur noch zur Kenntnis nehmen konnte. Erfolgreicher als Gordon und geradezu prägend für diesen Erberertyp imperialistischen Zuschnitts war der englische Pfarrerssohn Cecil Rhodes, der vom Süden Afrikas aus sendungsbewußt und energisch imperialistische Expansion betrieb. Die Auffassungen von Rhodes waren nicht repräsentativ für die offizielle britische Politik und auch unter imperialistischen Ideologen waren sie mit ihrem Rassismus und ihren überspannten Entwürfen extrem. Sie zeigen aber, mit welcher Unbefangenheit an der imperialistischen Front davon gesprochen wurde, „daß wir die erste Rasse in der Welt sind und daß es für die Menschheit um so besser ist, je größere Teile der Welt wir bewohnen." Rhodes wollte die „ganze zivilisierte Welt unter britische Herrschaft bringen" und hielt sogar die „Wiedergewinnung der Vereinigten Staaten" für „realisierbar". „Da Gott sich die englischsprechende Rasse offensichtlich zu seinem auserwählten Werkzeug geformt hat, durch welches er einen auf Gerechtigkeit, Freiheit und Frieden gegründeten Zustand der Gesellschaft hervorbringen will, muß es auch seinem Wunsch entsprechen, daß ich alles in meiner Macht Stehende tue, um jener Rasse so viel Spielraum und Macht wie möglich zu verschaffen. Wenn es einen Gott gibt, denke ich, so will er daher eines gern von mir getan haben: nämlich so viel von der Karte Afrikas britisch rot zu malen wie möglich und anderswo zu tun, was ich kann, um die Einheit der englischsprechenden Rasse zu fördern und ihren Einflußbereich auszudehnen."[86] Als Rhodes dieses Zeugnis der Arroganz der Macht verfaßte, hatte er es im südafrikanischen Diamantenbergbau schon zu großem Reichtum gebracht. Seit 1880 war er in der Kapkolonie politisch aktiv, 1890 wurde er deren Regierungschef. Bekannt wurde er durch die 1887 gegründete und 1889 rechtlich eingetragene *British South Africa Company*, mit der neue Kolonialgebiete nördlich der Kapkolonie erschlossen werden und zugleich die Burenstaaten eingekreist werden sollten. Als Ziel propagierte Rhodes die Kap-Kairo-Linie, die einen durchgehenden Gürtel britischer Territorien durch ganz Afrika bilden sollte. Ein früher Versuch, das burische Transvaal zu schlucken, scheiterte 1895 und führte zum Rücktritt von Rhodes, der sich daraufhin der Erschließung des nach ihm genannten Rhodesien zuwandte.

Der Vorgang zeigt, daß auch zu dieser Zeit neben dem Staat private, wenn auch staatlich autorisierte Gesellschaften Träger imperialistischer Politik waren, daß Siedlung und Handel der Flagge immer noch vorangehen konnten. Erst in den neunziger Jahren veränderte sich die Reihenfolge endgültig, als nur noch der Staat imperialistische Erwerbspolitik und die Restaufteilung Afrikas betrieb. Damit verschwand zugleich der polemische Beigeschmack, der dem Imperialismus-Begriff stellenweise noch angehaftet hatte. Imperialismus in Afrika und Asien war konsensfähig geworden. Er stiftete geradezu Konsens in der britischen Politik. Insbesondere die Massenpresse, wie die 1896 gegründete *Daily Mail*, wurde zum Sprachrohr imperialistischer Agitation. Auch die Liberalen hatten ihren Widerstand gegen die Ausdehnung des Weltreichs längst aufgegeben. Einer ihrer Führer, Lord Rosebery, der 1894/95 Premierminister war, hielt Imperialismus für angezeigt, um das schon bestehende Weltreich zu sichern, um Siedlungsgebiete zur Verfügung zu haben, um den Sklavenhandel zu unterdrücken und die Mission zu fördern, schließlich um die Ausweitung des Handels zu unterstützen. Die Mischung aus materiellen und ideellen Gesichtspunkten ist bezeichnend für die gesamte zeitgenössische Debatte zur Legitimierung überseeischer Expansion. Von grundlegender Bedeutung erwies sich die Überzeugung, daß nur Großreiche in der internationalen Konkurrenz würden mithalten können, wie es Joseph Chamberlain, eine der Symbolfiguren imperialistischer Politik und von 1895 bis 1903 Kolonialminister, zum Ausdruck brachte: „Es scheint mir ein Zeichen unserer Zeit zu sein, daß sich die Macht in den Händen der größeren Reiche konzentriert und die kleineren Königreiche – jene, die nicht expandieren – in eine zweitrangige Rolle zurückfallen werden.“[87]

Großbritannien besaß schon ein Großreich, als der imperialistische Wettlauf einsetzte. Um aber nicht zurückfallen zu müssen, galt es, „Schürfrechte für die Zukunft abzustecken“, wie Rosebery sehr treffend formulierte. „Was wir ins Auge zu fassen haben, ist nicht, was wir im gegenwärtigen Augenblick nötig haben, sondern was wir in Zukunft einmal nötig haben werden. Wir haben in Erwägung zu ziehen, welche Länder entweder von uns oder gegebenenfalls von einer anderen Nation entwickelt werden müssen, und wir dürfen dabei nicht vergessen, daß es ein Teil unserer Verantwortlichkeit und der uns überkommenen Verpflichtung ist, dafür Sorge zu tragen, daß die Welt, soweit sie von uns geprägt werden kann, angelsächsischen und nicht einen anderen Charakter erhält.“[88]

Wie die Besetzung Ägyptens 1882 zur Initialzündung für die Ausweitung des Weltreichs wurde, bedeutete der Erwerb Ugandas 1894 einen wichtigen Schritt für die Konsolidierung imperialistischer Expansionspraxis. Die in Uganda tätige *British East Africa Company* kam, wie sich Anfang der neunziger Jahre zeigte, ohne staatliche Unterstützung nicht mehr aus. Ihre Geschäftspolitik hatte zum Bankrott geführt. Die nun in Großbritannien einsetzende Debatte, ob der Staat das für den Augenblick wirtschaftlich nutzlos erscheinende und nur Kosten verursachende Uganda übernehmen solle, enthielt alle Hauptargumente, die damals und auch seitdem in der publizistischen und wissenschaftlichen Diskussion zum Imperialismus-Problem eine Rolle spielten. Rosebery stellte strategische und sicherheitspolitische Gesichtspunkte in den Vordergrund. Der Erwerb Ugandas schien ihm unverzichtbar, um den Nil und damit Ägypten gegen die französische, italienische und deutsche Konkurrenz dauerhaft zu sichern. Die Handelskammer von Leeds rückte wirtschaftliche Momente in den Mittelpunkt. Sie forderte die Annexion und Erschließung Ugandas für den britischen Handel, um einen Ausgleich für Verluste im Handel mit den zum Protektionismus übergehenden Industrieländern zu erhalten. Neue Märkte für Waren und Kapitalexport forderte seitens der Konservativen auch Lord Salisbury, der darüber hinaus den strategischen Wert nicht zu erwähnen vergaß, den Uganda für die ostafrikanische Region und im weiteren Sinn für die Sicherung der Verbindungen nach Indien hatte. Es gebe in Uganda keine einheimische Herrschaft mehr, stellte Chamberlain in Vorwegnahme eines auch in der heutigen wissenschaftlichen Debatte vertretenen Erklärungsansatzes fest. Für den Imperialisten in der britischen Metropole war die Ordnung an der Peripherie der Weltpolitik infolge des Aufeinanderpralls zwischen britischen und einheimischen politischen Kräften zusammengebrochen, so daß London jetzt auch ganz direkt seine Herrschaft errichten müsse. „Wir haben die Macht jener beseitigt, die von der Bevölkerung als Häuptlinge anerkannt wurden. Wir haben dies mit einem Kostenaufwand erreicht, der meiner Meinung nach als minimal bezeichnet werden kann im Vergleich zu dem Ergebnis, das wir erreicht haben. Wir haben Uganda die Pax Britannica gebracht, die sich für Indien als so nutzbringend erwiesen hat."[89]

Mit der Annexion Ugandas war die Auseinandersetzung um das Niltal erst eingeleitet. Zu einer gefährlichen Konfrontation zwischen britischen und französischen Truppen kam es 1898 in Faschoda am oberen Nil. Der französische Rückzug entschärfte die Lage, und 1899 einigten sich London und Paris auf die Respektierung von Einflußzonen. Großbritannien fiel das Niltal zu, während Frankreich den westlichen Sudan erhielt. Solche kolonialen Ausgleichsverträge wurden auch an anderen Stellen der knapper werdenden Kolonialgebiete vorgenommen. Besonders bekannt ist die britisch-französische *Entente cordiale* von 1904, in der sich beide Länder über einen umfassenden Interessenausgleich einigten. Er betraf West- und Zentralafrika, Neufundland, Siam, Madagaskar und die Neuen Hebriden sowie Ägypten und Marokko, wo die jeweilige Vorherrschaft Großbritanniens beziehungsweise Frankreichs wechselseitig anerkannt wurde. Worin die Großmächte übereinstimmten, das war weltpolitisches Gesetz. Auch mit Rußland gelang ein Einvernehmen, und zwar 1907 über Persien, Afghanistan und Tibet. Dem war 1902 allerdings das britisch-japanische Flottenbündnis vorausgegangen, das den russischen Expansionsdrang in Ostasien eindämmen sollte. Damit hatte Großbritannien seine traditionelle Politik der Bündnisfreiheit aufgeben müssen. Nur in Anlehnung an Alliierte schien eine Verteidigung seiner weltumspannenden Besitzungen und Interessen noch möglich zu sein. Da das Deutsche Reich sich nicht in eine von London seit 1898 gewünschte Partnerschaft mit Großbritannien begeben wollte, die nach britischen Vorstellungen eine antirussische Spitze enthalten hätte, kam es zum britisch-japanischen Neutralitäts- beziehungweise Bündnisvertrag zur Erhaltung des Status quo im Fernen Osten.

Während Großbritannien in den erwähnten Abkommen und auch in Absprachen über koloniale Interessen mit dem Deutschen Reich ungeschmälert als Weltmacht auftrat, befand es sich in der amerikanischen Hemisphäre deutlich in der Defensive, zum Teil auch im Rückzug. Der Intervention der USA im Grenzkonflikt zwischen Britisch-Guayana und Venezuela, mit der Washington eine schiedsgerichtliche Regelung erzwang, hatte Großbritannien nichts entgegenzusetzen. Der Einigung von 1897 über den Grenzverlauf folgte 1901 der britische Rückzug aus Mittelamerika, als den USA die Kontrolle über den noch zu bauenden mittelamerikanischen Kanal zugestanden wurde.

Auch in Südafrika kam Großbritannien in Bedrängnis, wurde sogar in einen größeren Krieg verwickelt, dehnte seinen Machtbereich nach dessen erfolgreichem Abschluß aber kräftig aus. Der Burenkrieg war eine Herausforderung und zugleich Bestätigung britischer imperialer Macht. Die seit der Jahrhundertmitte bestehenden unabhängigen Burenstaaten versuchten 1899, der zunehmenden britischen Einschnürung entgegenzuwirken. In Anbetracht weltpolitischer Verwicklungen am Nil, in Ostasien und Amerika war man auf britischer Seite zunächst bestrebt, eine friedliche Lösung zu erreichen. Milner, seit 1897 Gouverneur der Kapkolonie, war mit seiner Kriegsentschlossenheit nicht repräsentativ für die britische Politik, Kolonialminister Chamberlain wohl eingeschlossen. Chamberlain ließ Milner im Juli 1899 wissen, daß die allgemeine Stimmung eher gegen einen Krieg eingestellt ist und daß „unser großes Interesse in Südafrika Frieden" ist. Er fügte allerdings hinzu, eine kriegerische Lösung des Konflikts als allerletzter Ausweg stoße in allen Bevölkerungsschichten auf immer mehr Zustimmung.[90] Chamberlain ließ damit das bekannte Grundmuster britischen außenpolitischen Konfliktverhaltens erkennen, das nur in Amerika nicht galt, wo man die Hegemonie der USA anerkannte: Friedenswahrung und Risikoscheu, aber nicht Frieden um jeden Preis. Vorrangig galt es, britische Interessen zu wahren, gegenüber dem wirtschaftlich viel zu wichtigen Transvaal nicht zurückzustekken und in Südafrika die britische Vorherrschaft zu sichern. Im Kern handele es sich um „supremacy, predominance, preponderance, paramountcy – call it what you will".[91]

Der Konflikt mit Transvaal hatte sich seit Frühjahr 1899 zugespitzt, als die *Uitlanders* in Transvaal, die dort im Goldbergbau und Goldhandel tätig waren, eine bessere politische und rechtliche Stellung verlangten und eine Petition mit 22000 Unterschriften an die britische Krone richteten. Transvaal und der Oranje-Freistaat ergriffen im Herbst 1899 schließlich die Flucht nach vorn und eröffneten den Krieg. Zunächst lagen die militärischen Vorteile auf ihrer Seite. Die britische Armee ließ horrende Schwächen erkennen und mußte erhebliche Verluste hinnehmen. Doch zeichnete sich dann doch recht bald ihre Überlegenheit ab. Der Krieg zog sich allerdings noch lange hin, da die Buren zum Mittel des Guerillakampfes griffen. Großbritannien beseitigte im Gegenzug alle Farmen, in denen man Widerstandsnester vermutete, und internierte die betroffene Bevölkerung in Lagern. Dort herrschten zum Teil erschreckende Zustände. In den Lagern kamen infolge von Epidemien mehr Menschen, vor allem Frauen und Kinder, als auf dem Schlachtfeld um. Es war ein schmutziger Kolonialkrieg, wie er sich im 20. Jahrhundert noch oft wiederholen sollte, in diesem Fall allerdings mit Europäern auf beiden Seiten der Front. Die eingeborene Bevölkerung blieb natürlich keineswegs verschont, und nach dem Krieg wurden schwarze Farmer beim Wiederaufbau deutlich benachteiligt.

Die Methoden der Kriegführung führten in Großbritannien zu einer

Antikriegsbewegung, die sich auf liberale Radikale, Teile der Labour-Bewegung und die organisierte Frauenbewegung stützte, die aber an der breiten Zustimmung zum Krieg, nicht zuletzt auch seitens der Gewerkschaften, nichts änderte. Immerhin gehörten ihr künftige Premierminister an wie der Liberale David Lloyd George und der Labour-Politiker Ramsay MacDonald oder der Liberale Henry Campbell-Bannerman, der die „Methoden der Barbarei" anprangerte.[92] Der Krieg endete 1902, als die Buren die britische Herrschaft anerkannten. Auf den Sieg folgten ein von London finanziell geförderter rascher wirtschaftlicher Wiederaufbau und eine politische Befriedung Südafrikas, die 1910 in der Schaffung der Südafrikanischen Union gipfelte, einem mit innerer Selbstverwaltung ausgestatteten Dominion.

Als journalistischer Beobachter berichtete ein Mann über den Burenkrieg, der zugleich die erste Imperialismustheorie verfaßte, der liberale Publizist John A. Hobson. Sein Werk *Imperialism* erschien 1902 und war zugleich eine fundamentale Imperialismus-Kritik, die nicht zuletzt Lenin nachhaltig beeinflussen sollte. Hobson stellte fest, daß die Goldminen von Transvaal große Attraktivität für europäische Geldanleger hatten, zog aus dieser richtigen Beobachtung allerdings zu weitgehende allgemeine Schlußfolgerungen, indem er imperialistische Expansion generell mit dem Bedürfnis der Industrieländer nach Kapitalexport erklärte. Hobson meinte nicht, Imperialismus leite sich aus den Bedingungen des Kapitalismus an sich her. Vielmehr liege das Problem in der hierarchischen Struktur der britischen Gesellschaft, deren Oberschicht Reichtümer horte, dem Binnenmarkt Kapital vorenthalte und damit ins Ausland dränge. Als Heilmittel empfahl Hobson, der nach dem Ersten Weltkrieg wie viele radikale Liberale der Labour Party beitrat, nicht die Abschaffung des Kapitalismus, sondern seine Kontrolle durch eine demokratische Staatsmacht.

In Übereinstimmung mit Hobson ist festzuhalten, daß britische Geldanleger seit der Mitte des 19. Jahrhunderts in großem Umfang ins Ausland gingen. 1880 waren zwei Milliarden Pfund im Ausland angelegt, 1913 hatte sich diese Summe verdoppelt. Zwischen 1870 und 1913 wurden durchschnittlich 5,2% des Bruttosozialprodukts in Investitionen außerhalb Großbritanniens untergebracht. In Frankreich waren es nur 2 bis 3%, in Deutschland 2%. Dafür sind zu unterschiedlichen Zeitpunkten unterschiedliche Faktoren (Kapitalüberschuß, begrenzte Aufnahmefähigkeit des inländischen Geldmarkts, Auslandsnachfrage und höhere Zinssätze im Ausland) in Rechnung zu stellen. Entscheidend ist, ob der von Hobson vermutete und in seiner Nachfolge oft behauptete Zusammenhang von Kapitalexport und Kolonialerwerb statistisch nachweisbar ist. Dies ist eindeutig nicht der Fall, und zwar schon deshalb nicht, weil sich die Londoner Regierung von wirtschaftlichen Einzelinteressen nicht vereinnahmen ließ. Vielmehr lagen die Schwerpunkte des Kapitalexports überwiegend in den alten Siedlungskolonien und in Indien, in anderen Industrieländern und in den bewährten Zonen des informellen Imperialismus, der auch nach 1880 kontinuierlich in Südamerika, China oder im Nahen und Mittleren Osten weiterging. Mit britischem Geld wurden Eisenbahnen in China gebaut, und in der Golfregion sicherte sich Großbritannien durch den Erwerb der Aktienmehrheit der *Anglo-Persian Oil Company* ein kontrollierendes Mitspracherecht. Derselbe Effekt ergab sich in Persien, wo der verschuldete Schah mit britischen Anleihen gestützt wurde. Wie es Curzon, von 1899 bis 1905 Vize-König von Indien, formulierte: ,,Geschäftliche und industrielle Unternehmen sind in den östlichen Ländern die üblichen Mittel, durch die fremde Mächte politischen Einfluß ausüben.“[93] Die wichtigsten Empfängerländer für britische Kapitalströme waren nach 1850 die USA, Australien, Indien und Europa; nach 1870 die USA, Australien und Argentinien; und zwischen 1890 und 1913 Südafrika, Argentinien und Kanada. Das britische Finanzkapital war nicht an imperialistischer Kriegführung und Abschließung interessiert, sondern am freien Verkehr auf den internationalen Anleihe- und Geldmärkten im Frieden.

Auch für die Wirtschaft allgemein war das schon *vor* 1880 bestehende Weltreich von größerer Bedeutung als die neuen Kolonien. Indien war als Auffangbecken bei etwaigen Absatzschwierigkeiten wichtiger als Afrika. Insgesamt nahmen die Gebiete des Weltreichs rund ein Drittel aller Exporte auf. Die Importe bestritten sie zu einem Viertel. Sie waren also ein wichtiger, aber kein beherrschender Faktor. In der subjektiven Einschätzung durch die Zeitgenossen konnte das Weltreich allerdings einen wesentlich höheren Rang einnehmen. Vor dem Hindergrund des zunehmenden Protektionismus in den Industrieländern konnte man leicht auf den Ausweg verfallen, als Gegenmaßnahme ein System imperialer Vorzugszölle im britischen Weltreich einzurichten. Die 1884 gegründete *Imperial Federation League* propagierte diesen Gedanken. Seine ausgeprägteste Form fand er in der Schutzzoll-Kampagne Joseph Chamberlains, der gegen die Befürworter des Freihandels aber 1903 endgültig unterlag.

Chamberlains Flucht in den Schutzzoll und den geschlossenen Handelsstaat des Weltreichs erwuchs auch aus einem Gefühl wirtschaftlicher Rückständigkeit und schwindender Konkurrenzfähigkeit. Nach der 1873 einsetzenden sogenannten Großen Depression, die in Wahrheit eine Verlangsamung wirtschaftlichen Wachstums bedeutete und in den neunziger Jahren überwunden war,[94] stellte sich nun der nächste Schock ein. Großbritannien war zwar im Welthandel immer noch führend, aber sein Vorsprung schrumpfte.[95] [s. Tab. 8] Die Dynamik, die früher auf seiten Großbritanniens als Pionierland der Industriellen Revolution gelegen hatte, war offensichtlich auf andere Länder übergegangen. Im Jahr 1880 besaßen die USA einen ebenso großen Anteil an der Weltproduktion wie Großbritannien, das 1870 noch ganz deutlich vorn gelegen hatte. Um die Jahrhundertwende hatten die USA nicht nur Großbritannien, das im ganzen immer noch vor Deutschland lag, klar überrundet, sie wiesen gegenüber Europa insgesamt eine höhere Durchschnittsproduktivität auf. Großbritannien stagnierte in der Entwicklung der alten Industrien (Textil, Eisen, Kohle) und blieb in der Ende des 19. Jahrhunderts einsetzenden neuen Phase der Industriellen Revolution (Chemie, Elektroindustrie, Kraftfahrzeugbau) gegenüber Deutschland und den USA hoffnungslos zurück. Deutschland erzeugte im Jahr 1900 mehr Strom als Großbritannien und Frankreich zusammen, und in der chemischen Industrie kam der deutsche Weltmarktanteil fast einer Monopolstellung gleich. In der Stahlproduktion mußte Großbritannien 1893 zur Kenntnis nehmen, daß es von Deutschland in der Herstellungstechnik und in der Produktionsmenge überholt worden war. Auch im Kohleverbrauch lag Deutschland klar vor Großbritannien.[96] [s. Tab. 9–10] In seiner 1896 erschienenen Schrift *Made in Germany* stellte E. E. Williams die deutsche Erfolgsbilanz in der Eisen- und Stahlindustrie den britischen Fehlschlägen gegenüber. In Deutschland seien trotz durchschnittlich höherer Löhne die Produktionskosten niedriger, die Produktivität höher, die Materialausnutzung besser und die Transportkosten niedriger. Abgesehen davon, daß sich Deutschland durch Schutzzölle abschirme, sei die technische Innovationsbereitschaft größer, während in Großbritannien ein Modernisierungsrückstand herrsche.[97]

In manchen Kreisen der britischen Öffentlichkeit kam infolgedessen ein Gefühl des „Handelsneids" auf. Berüchtigt ist der *Germania esse delendam*-Artikel in der Zeitschrift *Saturday Review* 1897, wo der deutsch-britische Konkurrenzkampf in „jeder Ecke des Globus" als britische Grunderfahrung beschrieben wird. „Gilt es, ein Bergwerk auszubeuten, eine Eisenbahn zu bauen, einen Eingeborenen zum Verzehr von Dosenfleisch oder zum Genuß von Gin zu veranlassen, immer kämpfen Deutsche und Engländer um den größeren Anteil. Eine Million kleiner Konflikte türmen sich zur größten Kriegsursache auf, die die Welt je gesehen hat. Würde Deutschland morgen ausgelöscht, gäbe es übermorgen keinen Engländer, der nicht reicher geworden wäre. Nationen haben bisher um Städte oder Thronfolgerechte gekämpft. Müssen sie nicht um 250 Millionen Pfund jährlichen Außenhandels kämpfen?"[98] Trotz dieser unverhüllten Kampfansage und Kriegspropaganda, die aber keineswegs repräsentativ für den Gesamttenor dieser Zeitschrift waren,[99] sollte man die Bedeutung von Handelsrivalitäten für die Gestaltung der politischen Beziehungen und für Entscheidungen auf der politischen Ebene nicht überbewerten. Man sollte beachten, daß die wirtschaftliche und finanzielle Verflechtung zwischen den entwickelten Industrieländern beträchtlich war. Deutschland war nicht nur Konkurrent, sondern auch der beste britische Kunde auf dem Kontinent und weltweit der zweitbeste. Nur Indien nahm mehr britische Ware ab. Auf dritten Märkten wie Südamerika gab es nicht nur Kampf um Marktanteile, sondern auch kartellartige Absprachen.

Die gesamtwirtschaftliche Leistung Großbritanniens konnte sich im übrigen durchaus sehen lassen. Großbritannien hatte das höchste Pro-Kopf-Einkommen aufzuweisen (aber nach wie vor auch das ungelöste Problem der Armut: Ein knappes Drittel der Londoner Bevölkerung lebte unterhalb des Existenzminimums, in York waren es 28%). In den traditionellen Wirtschaftszweigen blieb die Baumwollindustrie international auf höchstem Standard. Im Schiffsbau, dem erfolgreichsten Sektor der britischen Industrie vor dem Ersten Weltkrieg, war Großbritannien führend in der Welt. Die Hälfte der Welttonnage aller Dampfschiffe fuhr unter britischer Flagge. Die Basis der britischen Stellung in der Weltwirtschaft und damit die Basis der britischen Weltmacht ganz allgemein hatte sich verringert, war aber absolut betrachtet noch eindrucksvoll und solide. Sie war schmaler geworden, weil Großbritannien nicht mehr die führende Industriemacht war.

Die britische Gesellschaft war nie völlig im industriellen System aufgegangen. Da die Industrielle Revolution das gesamtgesellschaftliche Gefüge nur teilweise und auch nur ganz allmählich verändert hatte, konnten sich vorindustrielle und vormoderne Verhaltensweisen und Mentalitäten vielfach halten. Das alte England mit seinem idyllisch erscheinenden Landleben und seinen gesellschaftlichen Freiräumen, wo pragmatische Lebenseinstellung und das Amateurideal mehr zählten als Planung, Organisation und systematisch angelegte Ausbildungsgänge, verschwand auch im 20. Jahrhundert noch lange nicht von der Bildfläche. Nicht zuletzt auch unter dem Eindruck der deutschen Entwicklung, wo die Technischen Hochschulen einen ganz neuen Organisationsrahmen für naturwissenschaftliche Forschung und deren Anwendung boten, änderte sich einiges auch in Großbritannien, wo um die Jahrhundertwende der Ruf nach mehr „Effizienz" laut wurde. Doch bleibt als Gesamteindruck bestehen, daß Großbritannien den Modernisierungsschub zu Beginn des 20. Jahrhunderts letztlich verpaßte. Man kann sich darüber streiten, ob die Vorstellung von Großbritannien als „Werkstatt der Welt" und Industriegesellschaft ohnehin stets nur einen Teil der britischen Wirklichkeit erfaßte oder ob Großbritannien Ende des 19. Jahrhunderts in die erste Phase seiner De-Industrialisierung eintrat. Tatsache ist jedenfalls, daß um 1900 die Spitzeneinkommen mit über 100000 Pfund nicht so sehr im industriellen Sektor anzutreffen waren, sondern – neben dem Landbesitz – im Bereich von Handel und Banken. Die britische Weltstellung gründete sich auf die dominierende Stellung Großbritanniens in den internationalen Dienstleistungen. Der weltweit gefragte Service in Handel, Finanz und Versicherungen war es, der für eine positive Leistungsbilanz des Landes sorgte und der die tendenziell defizitäre Warenbilanz ausglich. Solange das Weltwirtschafts- und Weltwährungssystem stabil waren, konnte Großbritannien seine Rolle spielen: seinen Einfluß in der Welt geltend machen, das materielle Wohlergehen für die große Mehrheit seiner Bevölkerung und die Stabilität seiner Gesellschaft sichern, den inneren Konsens über die Grundfragen der Politik sichern. Gebunden war dies an eine wesentliche Voraussetzung: die Aufrechterhaltung des Weltfriedens. Jeder Krieg mußte die noch verbliebene Basis britischer Weltpolitik und britischer Macht empfindlich stören. Das ist der konkrete Hintergrund für Premierminister Balfours Mahnung aus dem Jahr 1903: „The interest of this country is now and always – Peace."[100]

Friedenswahrung erschien, wie auch schon an anderen Stellen deutlich geworden ist, immer unter doppeltem Aspekt. Außenpolitische und innerstaatlich-gesellschaftliche Bedingungen britischer Politik griffen ineinander. Es galt, das erreichte Maß an Integration politischer und gesellschaftlicher Art zu sichern und unter Beweis zu stellen, was Friedrich Engels voller Anerkennung, aber auch ungeduldig über den für ihn zu schwachen Fortschritt einer klassenkämpferischen sozialistischen Bewegung schrieb: „Das einzige Land, in dem die Bourgeoisie noch ein wenig gesunden Menschenverstand hat, ist England."[101] Es galt aber auch, eine dafür wesentliche Bedingung zu erhalten, nämlich die immer noch starke, wenn auch von relativem Machtverfall gezeichnete Stellung Großbritanniens in der internationalen Gesellschaft. Angesichts der prekären Balance zwischen dem notwendigen Machtwillen und den begrenzten Machtmitteln entsprach Friedenswahrung der britischen Interessenlage am besten. Den politisch handelnden Zeitgenossen war dieser Zusammenhang durchaus deutlich. Er war stets die unausgesprochene, oft genug aber auch ausdrücklich reflektierte Grundannahme für die Formulierung der Politik. So wies Schatzkanzler Lloyd George 1911 während der Marokko-Krise auf das britische Friedensbedürfnis hin, weil Großbritannien wegen seiner Rolle als Weltbankier, Versicherungszentrum, Mittelpunkt des internationalen Transportwesens, Exporteur und Produzent im Kriegsfall nur Einbußen erleiden konnte. Innerer und äußerer Frieden waren gleichermaßen zu bewahren. Schädlich würde sich beides auswirken: „an industrial war at home" ebenso wie „a disturbance abroad".[102] Mit beiden Problemen war die Regierung konfrontiert. Sowohl die gewerkschaftliche als auch die politische Arbeiterbewegung war seit den neunziger Jahren mächtig erstarkt. Außen- und sicherheitspolitisch war es das maritime Wettrüsten zwischen Großbritannien und Deutschland, das alle bisherigen Gefahrenmomente der internationalen Politik übertraf. Beide Konfliktfelder sind im folgenden zu betrachten.

b) Das innenpolitisch-gesellschaftliche Kräftefeld

In den Jahrzehnten vor dem Ersten Weltkrieg gelangte Großbritannien an die Schwelle zur Massendemokratie. Das aristokratische Gepräge der Innenpolitik ließ deutlich nach. Die Eliten rekrutierten sich stärker als vorher aus den Mittelschichten. Von den Erhebungen in den Adelsstand stammte nach 1880 nur ein Viertel aus dem Grundbesitz. Ein Drittel kam aus den freien Berufen, dem Militär und dem Staatsdienst und ein gutes Drittel aus der Industrie. Auch in der Zusammensetzung des Unterhauses trat ein deutlicher Rückgang der Grundbesitzerinteressen ein. Bis auf wenige Ausnahmen kamen die Abgeordneten aber aus den reichen Oberschichten, und sie mußten es auch, denn Diäten für sie wurden erst 1911 eingeführt.

Die britische Innenpolitik bewegte sich zwischen den Wahlrechtsreformen von 1867 beziehungsweise 1884/85 und der Reform am Ende des Ersten Weltkriegs, die das Tor zur Massendemokratie aufstieß, vordergründig betrachtet in den stabilen Bahnen des Zweiparteiensystems. Konservative und Liberale konnten am Ende, als es im Ersten Weltkrieg zu einer Koalitionsregierung kam, auf ungefähr gleich viele Regierungsjahre zurückblicken, mit einem leichten Übergewicht der Konservativen. Beide Parteien stützten sich auf Wähler aus allen sozialen Schichten, wenn die Gewichte auch unterschiedlich verteilt blieben. Die Liberalen repräsentierten stärker Industrie, Handel und Finanz sowie die Arbeiterschaft. Die Konservativen wurden auch für diese Gruppen zunehmend wählbar, hatten ihren festen Wählerstamm, auf den sie konkurrenzlos immer bauen konnten, aber im ländlichen Bereich. Die vielleicht wichtigste Trennlinie zwischen beiden Parteien verlief entlang der konfessionellen Unterschiede. Wo die Anglikanische Kirche ein Übergewicht hatte, galt dies auch für die Konservative Partei. Trotz prinzipieller Übereinstimmung zwischen Konservativen und Liberalen in den Grundfragen der Nation blieben die Liberalen stärker eine Partei, die für graduellen Wandel eintrat und deren Image das einer Reformpartei war, insbesondere nach der Amtszeit Gladstones, dessen Regierung zwischen 1868 und 1874 diverse Reformgesetze verabschieden ließ (Irland-Gesetze, Schulgesetz, Gewerkschaftsgesetz, Justizvereinheitlichung, geheimes Wahlrecht).

Unter der glatten Oberfläche des Zweiparteienspektrums gab es allerdings zahlreiche politische Kräfte und Konflikte, die die Politik wesentlich komplexer gestalteten, als es zunächst erscheinen mag. Innerparteiliche Auseinandersetzungen bis zu Parteispaltungen, Parteineugründungen und auch außerparlamentarische Bewegungen sorgten für die Möglichkeit zu Um- und Neuorientierungen. Allgemein bedeutsam war, daß Politik letztlich immer noch von den politischen Führern im Parlament formuliert und entschieden wurde. Daneben aber war mit der Ausweitung des Wahlrechts der direkte Appell an die Öffentlichkeit üblich geworden. Gerade Gladstone hat dies in verschiedenen Wahlkämpfen demonstriert. Legitimationsgewinnung durch Zustimmung von der Basis war aber nicht nur ein Mittel in der Hand von Parteiführern, sondern auch von innerparteilichen Oppositionsgruppen. Dazu gehörte in der Konservativen Partei die *Primrose League*, die 1883 zwei Jahre nach dem Tod Disraelis entstand und nach dessen Lieblingsblume, der Primel, genannt wurde. Zu ihren Führern gehörten Randolph Churchill und auch der spätere Premierminister Arthur James Balfour. Sie strebten eine Stärkung der Parteiorganisation gegenüber der parlamentarischen Führung an und arbeiteten unter dem Stichwort der Tory-Demokratie für eine Ausweitung konservativer Wählerschichten, nicht zuletzt unter Sprengung sozialer Barrieren. Sie hoben aber ihren Parteiführer Lord Salisbury ebensowenig aus dem Sattel wie auf der anderen Seite bei den Liberalen Joseph Chamberlain seinen Parteiführer Gladstone. Chamberlain propagierte Anfang der achtziger Jahre von Birmingham aus ein soziales Reformprogramm, das der Liberalen Partei gewisse Impulse für ihren Wahlsieg 1885 gab. Wie bei der *Primrose League* ging es auch hier im Kern darum, der Masse der neuen Wählerschichten, die den mittleren und unteren sozialen Schichten angehörten, Antworten auf die Herausforderungen der Hochindustrialisierung und der verschärften internationalen Konkurrenzsituation zu geben. Den etablierten Parteiführungen, die noch in der Zeit der viktorianischen Wirtschaftsblüte und Weltherrschaft groß geworden waren, traute man solche Antworten nicht zu. So kam es 1885 an der liberalen Parteiführung vorbei zu einem Wahlmanifest von beträchtlicher Attraktivität, aber auch ohne Verbindlichkeit für die Parteispitze. Gladstone hatte seinen – entscheidenden – Rückhalt in der Unterhausfraktion der Liberalen, genoß aber auch landesweit große Popularität. Wie es schon Jahrzehnte zuvor ein Teil der Chartisten getan hatte, verfolgte auch der sozialliberale Radikalismus Chamberlains Landverteilungspläne („drei Morgen und eine Kuh"). Darüber hinaus sollten die Oberschichten höhere Steuern zahlen, um Verbesserungen im Wohnungsbau, Bildungswesen und in der Sozialpolitik finanzieren zu können.

Chamberlain sollte sich in ganz anderer Weise sehr schnell als Schicksal für die Liberalen erweisen, als Gladstone 1886 nicht auf Sozialreformen zusteuerte, sondern ein anderes Problem anpackte, dessen Lösung für den inneren Frieden des Vereinigten Königreichs bis heute von großer Bedeutung ist, das Irland-Problem. Irland war seit 1800 in direkter Union mit London verbunden und im Parlament von Westminster mit eigenen Abgeordneten vertreten. Die Hauptursache für Gegensätze und Unruhen lagen in der Stellung der Anglikanischen Kirche im katholischen

Irland und in der Rolle der englischen „Kolonialherren“ als landbesitzender Oberschicht. Schon 1868, als Gladstone erstmals Premierminister wurde, soll er es als seine Mission angesehen haben, Irland zu befrieden. Damit war nicht die Gewährung der Unabhängigkeit gemeint, die der Bund der Fenier in Irland forderte. Vielmehr versuchte Gladstone durch die Trennung von Staat und Kirche in Irland und durch ein Landgesetz, das Pächtern von kirchlichen Ländereien den Kauf des Landes ermöglichte, eine gewisse Entspannung durch Reformen zu erreichen. Der Kern des Problems lag aber auf der politischen Ebene, wo es um *Home Rule* für Irland ging. Die Forderung nach Selbstverwaltung wurde von der überwältigenden Mehrheit der irischen Abgeordneten geteilt. Die Partei der Irischen Nationalisten unter der Führung des protestantischen Grundbesitzers Charles Parnell errang bei den Unterhauswahlen im November 1885 85 Sitze in Irland und einen weiteren in einem von Iren majorisierten Liverpooler Wahlbezirk. Damit wurden sie zum Zünglein an der Waage im parlamentarischen Kräftespiel. Sie von ihrer Obstruktionspraxis abzubringen, die sie seit längerem im Unterhaus verfolgten, und in das politische System zu integrieren, war um so dringlicher, als Gewaltanwendung aus dem extremen Untergrund heraus zunahm. Gladstones Entscheidung zugunsten der *Home Rule* und der entsprechende Gesetzentwurf, den seine Regierung im Juni 1886 einbrachte, war zukunftsorientiert, aber nicht durchsetzbar. Wie vierzig Jahre zuvor Peel als Freihändler in seiner Konservativen Partei scheiterte, konnte Gladstone jetzt die Liberalen nicht geschlossen auf seine Politik einschwören. Im Unterschied zu Peel hatte er außerdem noch die Opposition der Konservativen geschlossen gegen sich, die ihr Gewicht in der britischen Innenpolitik entscheidend vergrößern konnten, als 92 Liberale unter der Führung Chamberlains zu ihnen übergingen und sich als liberale Unionisten, die die Union mit Irland erhalten wollten, innerhalb recht kurzer Zeit mit der Konservativen Partei verbanden.

Home Rule für Irland war aus Chamberlains Sicht nicht mit der gleichzeitig in Übersee angestrebten imperialen Machtausweitung zu vereinbaren. Nationalismus und imperialistische Ideologie erwiesen sich als stärker als innerbritische Reformansätze, wenn auch beides in Chamberlains Politik verbunden blieb. Durch seine Abspaltung von den Liberalen wurde nicht nur ein erhebliches Mittelschichtenpotential den Konservativen zugeführt. Der Vorgang zeigte überhaupt, wie stark die Mittelschichten Träger des „neuen Imperialismus“ waren, in dessen Zeichen die britische Politik seit Anfang der achtziger Jahre stand. Für die Mittelschichten aus der Industrie, aber vor allem auch aus dem öffentlichen und persönlichen Dienstleistungsbereich[103] bot Imperialismus ein eigenes Identifikationsmuster. Über den Weg imperialistischer Expansion und machtvoller Außenpolitik fanden sie ihren Platz im politischen System Großbritanniens, was in gleicher Weise auch für große Teile der Arbeiterschaft galt. Nationale Hochstimmung ging Hand in Hand mit Selbstüberschätzung und Aggressivität. Der britische Chauvinismus, auch *Jingoism* genannt, ließ, wie der Hurrapatriotismus in anderen Ländern auch, nur die eigenen nationalen Ansprüche gelten und bekam das internationale Umfeld gar nicht in den Blick. In absolut zutreffender Weise hat Hobson den *Jingoism* darum als „introvertierten Nationalismus" bezeichnet, bei dem Selbstbespiegelung und Fremdenhaß den Blick für schiedlich-friedliche Konfliktlösungen verbauen.[104]

Imperialistische Ideologie konnte gelegentlich auch mit deutlicher Kritik am zu schwach erscheinenden und zu sehr liberalen Grundsätzen verpflichteten Zentralstaat und am britischen Parlamentarismus einhergehen. Auf der rechten Seite des politischen Spektrums entwickelte sich eine Strömung, die Grundwerte der liberalen politischen Kultur in Frage stellte. Der Forderungskatalog war weit gespannt und reichte vom Verlangen nach mehr Planung und Effizienz, wie der Schlüsselbegriff lautete, in der Innenpolitik über den Ruf nach Beendigung des Freihandels durch Schutzzölle bis hin zum Wunsch nach mehr militärischer Organisation und allgemeiner Wehrpflicht. Im Extremfall von Milner ist sogar ein deutlicher „Nexus von imperialistischem und antidemokratischem Denken" feststellbar.[105] Die politische Rechte blieb organisatorisch zersplittert und konnte nicht in die Zentren der Macht vordringen. Die nur begrenzte Wirkung Chamberlains, der in seiner Person linksliberale Sozialreform und rechtskonservative Außen- und Weltreichspolitik verband, ist beispielhaft für die auch im Zeitalter des Imperialismus letztlich prägende Kraft des liberalen Systems. Nationalismus und wirtschaftliche Katastrophenstimmung ergriffen die Gesellschaft nur zum Teil. Innenpolitisch blieb das Prinzip der graduellen Reform – im Gegensatz zum Prinzip der Gewalt und des Kampfes – verbindlich.

Die Integrationskraft des bestehenden politischen Systems, das sich zur Öffnung gegenüber der aufkommenden politischen Massenkultur fortwährend in der Lage zeigte, bewährte sich auch in einer neuen Formationsphase der Arbeiterschaft. Die Arbeiterbewegung konnte sowohl ihren gewerkschaftlichen als auch ihren politischen Arm stärken. Im gewerkschaftlichen Bereich gelang eine weitere rechtliche Sicherung der Organisation und eine Ausweitung des Aktionsfelds. Zwischen 1890 und dem Ersten Weltkrieg war die Anzahl der Streiks in Großbritannien mit Höhepunkten 1890–93 und 1910–13 geringer als in Deutschland oder Frankreich, die Zahl der involvierten Arbeiter aber am größten. Die britischen Gewerkschaften hatten weit mehr Mitglieder als die deutschen oder französischen. Als die 1873 einsetzende Wirtschaftsflaute Ende der achtziger Jahre überwunden schien, nahm nicht nur die Streikbereitschaft zu, sondern es kletterten auch die Mitgliederzahlen, und zwar zwischen

1887 und 1892 um fast eine Million auf rund 1,5 Millionen. Der Zuwachs bis 1910 verlief gleichmäßiger, bevor sich die Mitgliederzahl dann innerhalb von drei Jahren verdoppelte. 1913 hatten die britischen Gewerkschaften über vier Millionen Mitglieder (gegenüber 2,6 Mio. in Deutschland und 1,1 Mio. in Frankreich). Damit waren aber erst 23,1 % aller Arbeitnehmer gewerkschaftlich organisiert, ein Anteil, der sich auf durchschnittlich etwa 30 % zwischen den Weltkriegen und 45 % nach dem Zweiten Weltkrieg (mit einem Höchststand von 55 % 1979) steigern sollte.[106]

Parallel zur Zunahme der gewerkschaftlichen Organisationsstärke, kam es auf politischer Ebene zu ganz neuen Ansätzen, nämlich zur Gründung von politischen Parteien. Seit dem Scheitern des Chartismus lag der Schwerpunkt der britischen Arbeiterbewegung eindeutig auf der gewerkschaftlichen Tätigkeit. Im Unterschied etwa zu Deutschland wurde eine eigene politische Partei der Arbeiterschaft erst sehr spät angestrebt. Wahlberechtigte Arbeiter votierten zu etwa einem Drittel für die Konservative Partei, überwiegend aber wählten sie liberal. Es entstand die für die Zeit vor dem Ersten Weltkrieg typische Lib-Lab-Konstellation, die unter dem Dach der Liberalen Partei eigene Arbeitervertreter ins Unterhaus gelangen ließ. Die Liberalen verzichteten in einigen Wahlkreisen auf eigene Kandidaten. Im Gegenzug arbeiteten die Arbeitervertreter in der Unterhausfraktion der Liberalen mit. Nach diesem Muster siegten 1874 zwei Funktionäre der Bergarbeitergewerkschaft in den Wahlkreisen Morpeth (nördlich von Newcastle) und Stafford (nördlich von Birmingham). Die Entwicklung setzte sich 1880 mit drei Lib-Lab-Abgeordneten fort, 1885 mit elf und 1892 mit zwölf.

Erste Forderungen nach Abkehr von den Liberalen und nach einer eigenen politischen Organisation der Arbeiterschaft tauchten auf, als sich das wirtschaftliche Wachstum in den siebziger Jahren verlangsamte und die gewerkschaftliche Arbeit nach der Streikwelle der Jahre 1872/73 kraftloser wurde. Liberale Wirtschaftspolitik und nur um Löhne und Arbeitsbeziehungen bemühte Gewerkschaftspolitik schien für manchen Gewerkschaftler an dem vorbeizutaktieren, was sie als Krisensymptome des Kapitalismus empfanden. Es bildeten sich Gruppen und Parteien mit sozialistischer Zielsetzung. Ihre Mitgliederzahlen waren klein. Die 1881 gegründete *Democratic Federation,* die sich 1884 *Social Democratic Federation* nannte, hatte es Ende der achtziger Jahre auf noch nicht tausend Mitglieder gebracht. Die ebenfalls seit 1884 bestehende *Fabian Society* war eine Gruppe bürgerlicher Intellektueller, die in ihren Publikationen Sozialreformen und auch Sozialisierungskonzepte propagierten, aber immer auf dem Weg evolutionärer Veränderungen. Mit ihrem Konzept der Durchdringung schon bestehender Institutionen und ihrem Grundgedanken des gewaltfreien, graduellen Wandels sollten die Fabier von großem Einfluß auf die weitere Programmbildung der britischen Arbeiterbewegung sein. Die neuen Organisationen standen unverbunden neben den Gewerkschaften, die als Facharbeitergewerkschaften „unpolitisch", also im Schoß der Liberalen Partei bleiben wollten und Sozialisierungsvorstellungen völlig ablehnten. Sozialistische Gewerkschaftler, die für mehr politische Eigenständigkeit und Kampfbereitschaft eintraten, blieben auf dem Jahreskongreß des *Trades Union Congress* 1889 deutlich in der Minderheit.

Die Sozialisten standen damit zwar außerhalb des Hauptstroms der britischen Arbeiterbewegung, doch konnten sie andererseits Ende der achtziger Jahre derart spektakuläre Erfolge verbuchen, daß der über Jahrzehnte die englische Entwicklung beobachtende und von ihr stets enttäuschte Friedrich Engels ein letztes Mal Hoffnung schöpfte, die „Auflösung des Alten" werde jetzt beginnen.[107] Was Engels bewunderte, war eine junge Generation von Arbeiterführern neuen Typs, die sich als sozialistische Avantgarde empfanden, als progressiver Teil der Arbeiterschaft, wie Ben Turner, ein Weber aus Yorkshire, es in seinen Erinnerungen beschrieben hat: „Wir wollten die Gewerkschaftsbewegung aus der Umarmung durch die Liberale Partei herausführen." In den Industriegebieten von West-Yorkshire war Turner an der Ausweitung gewerkschaftlicher Arbeit und der Errichtung von Arbeiterklubs beteiligt.[108] Die größte Aufmerksamkeit erregten freilich die Aktivitäten in London, wo die ungelernten Hafenarbeiter im Londoner East End, die Gaswerksarbeiter oder die Tagelöhner in Handel und Verkehr mobilisiert und erstmals organisiert wurden. Tom Mann, der die Gewerkschaften wegen ihrer elitären und nur auf die Verteidigung von Besitzständen bedachten Politik angriff, sein Kampfgefährte John Burns, der ein großer Redner war, und Ben Tillett als Organisator der Hafenarbeiter waren die neuen Führerfiguren, die sich mit der absoluten Schutzlosigkeit der Masse der ungelernten Arbeiter nicht abfinden wollten. Insbesondere in den Jahren extrem hoher Arbeitslosigkeit zwischen 1884 und 1887 lenkten sie den Blick auf diese Gruppe, die in der bestehenden Gewerkschaftsbewegung überhaupt keinen Platz hatte. Die Hungermärsche durch London 1885/86 und eine Arbeitslosendemonstration im April 1887, zu der im Londoner Hyde Park rund 100000 Arbeiter zusammenströmten, verfehlten nicht ihren Eindruck auf die Öffentlichkeit. Der Durchbruch erfolgte, als es Ende der achtziger Jahre zu einer Erholung der Wirtschaft und damit zu einer besseren Ausgangslage für Streiks kam. Ein erfolgreicher Ausstand von Arbeiterinnen in einer Londoner Streichholzfabrik 1888 führte zur ersten Frauengewerkschaft. Eine andere Gewerkschaft neuen Typs war die Gewerkschaft der Londoner Gaswerksarbeiter im Frühjahr 1889. Als der Londoner Hafenarbeiterstreik 1889 erfolgreich verlief, schien der „Anfang einer vollständigen Revolution im East End" gemacht[109] und der Sieg des *New Unionism* erkämpft zu sein, der die Gewerkschaften nicht mehr auf der Basis von Berufen und qualifizierten Facharbeitern organisierte, sondern als Industrie- oder Branchengewerkschaft auch die Masse der ungelernten und angelernten Arbeiter erfaßte.

Wenn auf der politischen Linken Euphorie ausbrach, entwickelte sich im konservativen Lager ein Gefühl der Bedrohung. Die *Times* hatte sich 1883 noch beruhigt darüber gezeigt, daß die britischen im Unterschied zu den französischen oder deutschen Gewerkschaften gemäßigt waren und klassenkämpferische oder umstürzlerische Parolen in Großbritannien fehlten. Anders fiel das Urteil 1890 aus, als den „Neuen Gewerkschaften" ein Angriff auf den sozialen Konsens und das Privateigentum unterstellt wurde. Das Blatt äußerte Zweifel, ob die breitere Öffentlichkeit oder wenigstens die Arbeitgeber die Natur dieses Angriffs in seiner ganzen Tragweite schon erfaßt hätten.[110] Die reale Durchschlagskraft der Gewerkschaften blieb gegenüber allen Prognosen weit zurück. Die „neuen" Gewerkschaften konnten keine wirkliche Machtposition erringen, zumal sich die „alten" Gewerkschaften auch für weniger qualifizierte Arbeiter öffneten. Die Gewerkschaften insgesamt gerieten unter unvermuteten Druck, da die Unternehmer eigene Interessenvertretungen gründeten, zum Mittel der Aussperrung griffen und Streikbrecher einstellten. Der Metallarbeiterstreik 1897/98, der sich gegen Rationalisierungsmaßnahmen und die Einführung neuer Maschinen richtete, endete mit einer klaren Niederlage der *Amalgamated Society of Engineers.* Noch weniger waren die Gewerkschaften auf den Wind eingestellt, der ihnen von seiten der Rechtsprechung ins Gesicht blies. Zwar fielen Streikaktionen seit 1875 nicht mehr unter das Strafrecht. Die Unternehmer konnten die Gewerkschaften aber bei sogenannten unerlaubten Handlungen – etwa im Fall von unfriedlichem Verhalten von Streikposten – auf Schadenersatz verklagen, was zunehmend bei den Gerichten durchging. Die Richter teilten keineswegs immer die gewerkschaftliche Auffassung, die Unternehmer könnten sich nur an einzelne Arbeiter, nicht aber an die Gewerkschaften halten. Die Gerichte betonten unbeschadet der fehlenden juristischen Persönlichkeit der Gewerkschaften nicht nur die Einzelhaftung, sondern auch die kollektive Haftung.

In dieser Lage erschien die Liberale Partei nicht mehr so uneingeschränkt wie früher als der natürliche Verbündete der gewerkschaftlich organisierten Arbeiter. Der Gedanke einer eigenen politischen Vertretung gewann an Boden. Man konnte dabei an die seit 1893 bestehende *Independent Labour Party* anknüpfen, eine Gründung des schottischen Bergarbeiters Keir Hardie. Die Emanzipation von der Liberalen Partei erfolgte, wie Ben Turner es beschrieben hat, zunächst auf lokaler Ebene, wo unabhängige Arbeiterorganisationen entstanden. Schwerpunkte waren Schottland, wo Hardie schon 1888 eine *Scottish Labour Party* ins Leben gerufen hatte, West-Yorkshire, Newcastle, Manchester und Salford. Die

Gründung der *Independent Labour Party* erfolgte, nachdem 1892 respektable Wahlerfolge hatten erzielt werden können. In Bradford hätte Tillett fast den Unterhaussitz gewonnen, und im Ostlondoner Stadtteil West Ham konnte Hardie als Unabhängiger sogar den Wahlsieg erringen. Im Januar 1893 erfolgte daraufhin die Gründung der *Independent Labour Party,* die im Unterschied zu den Fabiern und der *Social Democratic Federation* eine Massenbasis in Kooperation mit den Gewerkschaften anstrebte. Allerdings blieben diese zunächst auf Distanz, weil sie überwiegend am Lib-Lab-Bündnis festhalten wollten. Um die Gewerkschaften positiver zu stimmen, grenzte man sich deutlich gegen dogmatischen Sozialismus ab. Tillett betonte während der Eröffnungskonferenz, es gehe um Praxisnähe, wie sie der „English trade unionism" als die beste Ausprägung von „socialism and labourism" entwickelt habe. Es gehe nicht um ideologische Festlegungen sozialistischer Politik, wobei er sich ausdrücklich von der deutschen Arbeiterbewegung abhob.[111] Das Parteiprogramm sah dann aber doch die Überführung aller Produktionsmittel in kollektives Eigentum vor. Auf dem Höhepunkt ihrer Entwicklung 1895 verzeichnete die neue Partei 35 000 Mitglieder, überwiegend Facharbeiter und Angehörige der unteren Mittelschichten. Daß die Mitgliederzahl dann rasch zurückging, hing mit den erlittenen Wahlniederlagen zusammen. 1895 stellte man 28 Kandidaten auf, von denen aber keiner gewählt wurde. Entscheidend war nicht die Zersplitterung im linken Lager, wo *Independent Labour Party* und *Social Democratic Federation* miteinander konkurrierten, sondern die mangelnde Kooperation mit den Gewerkschaften.

Daß es dann doch zu einer unabhängigen und in Wahlen auch erfolgreichen Arbeiterpartei kam, lag an der Kurskorrektur der Gewerkschaften, die 1899 nach einer Kampfabstimmung mit recht knappem Ausgang eine wirkungsvolle Vertretung von Arbeiterinteressen im Unterhaus beschlossen. Im Februar 1900 kamen Delegierte der Gewerkschaften, der *Independent Labour Party,* der *Social Democratic Federation* und der *Fabian Society* zusammen und gründeten ein Komitee für die parlamentarische Vertretung der Arbeiterschaft, das *Labour Representation Committee.* Damit war die *Labour Party,* wie ihr Name seit 1906 lautete, als föderative Organisation und im wesentlichen als Kind der Gewerkschaften – genauer: eines Teils der Gewerkschaften – gegründet. Ein eigentliches Parteiprogramm fehlte vorerst. Die Generallinie brachte Ramsay MacDonald, der erste Sekretär des *Labour Representation Committee,* treffend zum Ausdruck, wenn er Sozialismus als gesamtgesellschaftlichen Fortschritt und nicht als Vorherrschaft einer Klasse bezeichnete.[112]

Integrationsformeln wie diese waren nicht zuletzt darum nötig, weil bei vielen Gewerkschaften immer noch starke Vorbehalte gegen eine eigene Arbeiterpartei bestanden. Gerade die großen Gewerkschaften der

Berg-, Textil- und Metallarbeiter blieben abseits. Erst 1909, als die Bergarbeiter sich als letzte integrieren ließen, war dieser Zustand überwunden. Schon 1903 hatten die Textil- und Metallarbeiter ihren Widerstand aufgegeben, was ganz wesentlich auf das Urteil im *Taff Vale*-Konflikt zurückzuführen war. Dabei standen sich die *Taff Vale Railway Company*, die über siebzig südwalisische Kohlegruben miteinander verband, und die Gewerkschaft der Eisenbahner gegenüber. Da die Eisenbahngesellschaft infolge großer Kohlenachfrage während des Burenkriegs beachtliche Umsatzsteigerungen verbuchen konnte, forderten die Arbeiter im Sommer 1900 höhere Löhne. Die Arbeitgeber zeigten sich von Anfang an nicht kompromißbereit. Sie erkannten die Gewerkschaften auch nicht als Verhandlungspartner an, sondern trafen nur mit einzelnen Arbeitern Abmachungen. Als es nach Streikbeginn zu Tätlichkeiten und zur Lahmlegung des Zugverkehrs kam, ging die Eisenbahngesellschaft vor Gericht. Zu entscheiden war die weitreichende Frage, ob eine Gewerkschaft für die Handlungen einzelner Mitglieder zur Verantwortung gezogen werden kann. Die Gewerkschaften wurden 1901 in letzter Instanz zu Schadenersatz verurteilt. Ihre Gesamtkosten beliefen sich auf 42000 Pfund.

Auf Gewerkschaftsseite verfuhr man nun doppelspurig. Einmal galt es, die eben gegründete unabhängige politische Organisation der Arbeiterschaft zu stärken; sodann aber, innenpolitische Verbündete dafür zu gewinnen, den rechtlichen Status der Gewerkschaften durch neue Gesetze besser und vor allem präziser zu sichern. Dafür aber kam nur die Liberale Partei in Betracht, so daß die bekannte Lib-Lab-Absprache wieder aufzuleben schien. MacDonald und Herbert Gladstone, sein Gegenüber bei den Liberalen, schlossen 1903 ein Wahlbündnis. Danach verzichteten die Liberalen in rund dreißig Wahlkreisen auf eigene Kandidaten. Dafür sicherte MacDonald eine proliberale Haltung seiner Partei in Wahlkreisen zu, wo Labour keine Kandidaten aufstellte. Bei den Wahlen 1906 siegte der Labour-Kandidat vornehmlich in solchen Wahlkreisen, wo die Liberalen nicht angetreten waren. Auch bei den Unterhauswahlen im Januar 1910 erwies sich das Bündnis mit den Liberalen als äußerst hilfreich, denn ansonsten hätte das Mehrheitswahlrecht den Wahlerfolg Labours wohl wesentlich kleiner ausfallen lassen. Von 78 Labour-Kandidaten wurden 40 gewählt, und zwar alle in Wahlkreisen, wo die Liberalen auf eigene Nominierungen verzichtet hatten. In 26 Wahlkreisen dagegen, wo Labour gegen Konservative *und* Liberale stand, konnte sich kein Labour-Kandidat durchsetzen. Die regionalen Schwerpunkte der Labour Party waren Mittelengland, Südwales, das Bergbaugebiet um Newcastle und das schottische Industriegebiet. Ihr Stimmenanteil betrug 1906 5,9% und in den beiden Wahlen 1910 7,6% beziehungsweise 7,1%. Ganz überwiegend handelte es sich um eine Klassenpartei mit 1910 nur 75 lokalen Parteiorganisationen (1915: 90, 1920: 240), nicht um eine Integrationspartei nationalen Zuschnitts. In diese Stellung konnte sie erst nach dem Ersten Weltkrieg vordringen, aber auch dann zunächst noch in recht begrenzter Weise. Es sollte bis 1945 dauern, ehe die Partei eine Mehrheit gewann, die ihr das alleinige Regieren erlaubte, ohne auf Koalitionspartner oder auf die Tolerierung durch andere Parteien angewiesen zu sein. So sehr die Labour Party vor 1914 auf die Liberalen angewiesen war, so sehr war sie doch zugleich ein eigenständiger politischer Faktor in der britischen Innenpolitik. Die Absprachen mit den Liberalen enthielten immer auch ein Moment der Konkurrenz. Insbesondere an der Parteibasis und auf der Ebene lokaler Entscheidungen zeigte sich die innere Brüchigkeit des Lib-Lab-Bündnisses. Wo es vor Ort um soziale Fragen, Schulen oder Wohnungsbau ging, lag die Initiative oft genug auf seiten Labours. Je mehr der sogenannte Klassenstandpunkt in der Politik durchschlug, desto weniger bestand für die Liberalen eine Chance, Mittelschichten- und Arbeiterinteressen zugleich politisch umzusetzen. Zudem erhielt die Labour Party auch vom linken Spektrum des bürgerlichen Lagers her stets einen gewissen Zulauf. Er sollte im Laufe der Zeit noch zunehmen.

Bis zum Ersten Weltkrieg schienen die Liberalen diesen Trend noch aufhalten zu können, indem sie mit dem Konzept des *New Liberalism* auf einen sozialliberalen Kurs einschwenkten und dem Einsatz interventionsstaatlicher Instrumente zur Steuerung der Industriegesellschaft zustimmten. Die Liberalen agierten noch einmal als Partei der Reformen, diesmal im Kontrast zu ihrer politischen Tradition als Partei der Sozialreformen. Eine Minderheit in der Liberalen Partei sah darin eine Anbiederung an den Sozialismus. Politische Grundlage für den „neuen Liberalismus“ war der große Wahlsieg 1906. Der konservative Premierminister Balfour war Ende 1905 zurückgetreten, weil die Gegensätze zwischen Freihändlern und Protektionisten in seiner Partei unüberbrückbar waren. Sein liberaler Nachfolger Campbell-Bannerman schrieb Neuwahlen aus und führte die Liberalen zur absoluten Mehrheit. Die liberale Fraktion setzte sich zu rund 40% aus der Geschäftswelt, 20% aus dem Rechtswesen und ebenfalls ca. 20% aus Dienstleistungs- und freien Berufen zusammen. Es begann der bisher letzte Abschnitt in der britischen Geschichte, in dem die Liberalen den Premierminister stellten.

Aus der Gesetzgebungsarbeit der ersten liberalen Amtsperiode sind das Gewerkschaftsgesetz und verschiedene sozialpolitische Gesetze hervorzuheben. Im Gesetz von 1906 erreichten die Gewerkschaften volle Handlungsfreiheit und zivilrechtliche Immunität. Schadensersatzansprüche nach Streiks konnten nicht mehr gestellt werden. Die gewerkschaftliche Autonomie war nun gesetzlich verankert. Damit unterband der souveräne Gesetzgeber die Urteilspraxis der Gerichte, die die Gewerkschaften in das Rechtssystem einbinden wollten. Die Gewerkschaften dagegen waren bestrebt, die Arbeitsbeziehungen in einem rechts- und staatsfreien Raum zu belassen und Tarifabmachungen vom Rechtsweg auszuschließen, so daß die auf dem Weg kollektiver Tarifvereinbarungen (*collective bargaining*) zustande gekommenen Abschlüsse nicht einklagbar waren. Dieser Zustand konnte allerdings auch Unternehmern zugute kommen, da sie die Freiheit besaßen, Sondervereinbarungen auf Betriebsebene abzuschließen.

Daneben hat die liberale Regierung, die nach dem Tod Campbell-Bannermans 1908 von Asquith geführt wurde, eine erste Serie sozialpolitischer Gesetze verabschiedet, die bei aller Begrenztheit und Bruchstückhaftigkeit frühe wohlfahrtsstaatliche Ansätze erkennen lassen, die aber vor allem verfassungsrechtlich bedeutsame Auswirkungen hatten. Protagonisten dieser Politik, die aus Finanzierungsgründen vorübergehend mit einer Reduzierung der Militärausgaben einherging, waren neue Gesichter in der liberalen Führung wie Winston Churchill, der den Konservativen als überzeugter Freihändler den Rücken gekehrt hatte, vor allem aber David Lloyd George, der aus unterem Mittelschichtenmilieu und dazu noch aus Wales kam und nichts als sein politisches Talent mitbrachte, als er 1890 Mitglied des Unterhauses wurde. In der feinen politischen Gesellschaft mit ihren Familien- und Geschäftsverbindungen und ihren Clubs im Londoner Westend war Lloyd George ein krasser Außenseiter. 1905 wurde er Handelsminister, 1908 erlangte er die Schlüsselposition des Schatzkanzlers. Er sollte mit seinen radikal- und sozialliberalen Auffassungen zum Schrecken des Establishments werden.

Die sozialreformerische Gesetzgebung seit 1906 umfaßte – nicht zuletzt mit dem Blick auf Deutschland als Modell für staatliches Sozialversicherungswesen – ein Betriebsunfallgesetz, mit dem die Haftpflichtversicherung bei Arbeitsunfällen ausgedehnt wurde; die Einführung des Achtstundentags im Kohlebergbau, eine staatliche Altersrente für Mittellose über siebzig Jahre und die Festsetzung von Mindestlöhnen in bestimmten Bereichen; die Schaffung von Arbeitsämtern, wobei erwähnenswert ist, daß William Beveridge, der führende Kopf wohlfahrtsstaatlicher Planung im Zweiten Weltkrieg, durch wissenschaftliche Arbeit und administrative Tätigkeit in dem von Churchill geleiteten *Board of Trade* maßgeblich an der Formulierung des Gesetzes beteiligt war;[113] schließlich die Einführung einer staatlichen Versicherungspflicht, mit der für die große Mehrheit der Arbeiter, die weniger als 160 Pfund im Jahr verdiente, die Kranken- und Arbeitslosenversicherung eingeführt wurde.

Die Finanzierung solcher Maßnahmen war nur über Steuererhöhungen oder Einführung neuer Steuern durchführbar, denn am Rüstungshaushalt konnten angesichts des maritimen Wettrüstens keine dauernden Abstriche gemacht werden. So legte Lloyd George 1909 ein Budget vor, das als „Volksbudget" in die Geschichte eingegangen ist. Es sah eine progressive

Einkommensteuer, eine Erhöhung der Erbschaftssteuer und verschiedene indirekte Steuern vor. Die dadurch erwarteten Mehreinnahmen des Staates sollten sich auf nicht weniger als 16 Millionen Pfund belaufen. Lloyd George und Churchill hielten landauf landab Reden, in denen sie um Unterstützung für ihre Politik warben, denn die klare liberale Unterhausmehrheit allein reichte nicht aus, um den Haushalt verabschieden zu können. Weniger ins Gewicht fielen zwei Ablehnungen und einige Enthaltungen, die bei der dritten Lesung des Gesetzes aus der liberalen Fraktion kamen. Entscheidend war der Widerstand, der sich im Oberhaus formierte. Zum Entsetzen von Premierminister Asquith, der durch „Appelle der Vernunft an die gemäßigten Kräfte" zum Ziel kommen wollte,[114] scheute sich Lloyd George nicht, die Stimmung gegen die Lords und den reichen Landbesitz zu schüren. Berühmt geworden ist seine Rede im Ostlondoner Stadtteil Limehouse am 30. Juli 1909, als er den Grundbesitzern Schmarotzertum und den Verbrauch von Reichtümern vorwarf, die andere hervorgebracht hätten. Man sei zwar bereit, teuere Kriegsschiffe zu bauen, aber nicht, einen Krieg gegen die Armut zu führen. Es müsse aber beides geleistet werden: „Der Zweck des Budgets ist nicht die bloße Steuererhebung, sondern die Erhebung fruchtbarer Steuern; Steuern, die Früchte tragen werden: Früchte, wie die Sicherheit des Staates, die uns allen am Herzen liegt; Früchte, wie die Fürsorge für die Alten und würdigen Armen. Ist es nicht höchste Zeit, etwas für sie zu tun? Es ist eine Schmach, daß ein reiches Land wie das unsere – wahrscheinlich das reichste Land des Zeitalters, wenn nicht das reichste, das die Welt je gekannt hat – duldet, daß jene, die alle Tage ihres Lebens gearbeitet haben, in Dürftigkeit enden, ja vielleicht sogar hungern. Es ist eine Härte, daß ein alter Arbeiter sich den Weg zum Grab blutend und mit wunden Füßen durch Gestrüpp und Dornen bahnen muß. Wir bahnen ihm einen neuen Weg – leichter, froher, durch Felder wogender Ähren."[115]

Der Annahme des Haushalts im Unterhaus am 4. November folgte die Ablehnung im Oberhaus am 30. November 1909. Aus der Sicht der Regierung war damit ein Verfassungskonflikt ausgelöst worden. Seit 1860 hatten die Lords kein Finanzgesetz mehr abgelehnt. Ihre Begründung 1909 lautete, es handle sich nicht nur um ein Gesetz zur Regelung der Staatsfinanzen, sondern um einen Haushaltsentwurf, der mit dem Ziel der sozialen Steuerung in bisher ungekannter Weise tief in die bestehenden Vermögensverhältnisse eingreife. Genau so wollte Lloyd George seinen Haushalt auch verstanden wissen! Allerdings sah die Regierung darin nichts Unerlaubtes. Sie ließ vom Unterhaus eine Resolution verabschieden, in der dem Oberhaus eine gegen herrschende Konventionen verstoßende Usurpation von Verfassungsrechten vorgeworfen wurde. Danach wurde das Unterhaus aufgelöst. Neuwahlen fanden im Januar 1910 statt.

Für den Wahlkampf gab die Regierung die Parole „Lords versus People" aus, doch zeigte sich, daß die Liberale Partei die Wahlkampfthemen nicht allein bestimmen konnte. Zunehmend erlangten Außenpolitik und Flottenrüstung höchste Aufmerksamkeit. Obwohl die Außen- und Sicherheitspolitik der Regierung Asquith dafür keinen wirklichen Anhaltspunkt bot, hielten viele Wähler die Liberalen nicht für geeignet, die britische Weltstellung zu bewahren und die deutsche Herausforderung wirkungsvoll zurückzuweisen. Die Regierung verlor rund hundert Sitze und rettete ihre Mehrheit im Unterhaus nur mit Hilfe der Irischen Nationalisten. Aber es war eine Mehrheit, der sich das Oberhaus nun beugte, so daß es den Haushalt annahm.

Die irischen Abgeordneten wollten die Regierung allerdings nur unterstützen, wenn zugleich ein Parlamentsgesetz eingebracht wurde. Danach sollte die Legislaturperiode künftig höchstens fünf (statt bisher sieben) Jahre betragen und das Oberhaus bei Finanzgesetzen jegliches Vetorecht einbüßen. Bei anderen Gesetzen sollte seine mögliche Ablehnung nur noch aufschiebende Wirkung haben. Nach einer dreimaligen Annahme eines Gesetzes durch das Unterhaus in aufeinanderfolgenden Sessionen sollte das Oberhaus kein Veto mehr einlegen können. Erwartungsgemäß stimmten die Lords gegen ihre eigene Entmachtung. Nach Neuwahlen im Dezember 1910, die wegen des Todes von König Eduard VII. erforderlich geworden waren, an der Kräfteverteilung im Unterhaus aber nichts änderten, stimmte das Oberhaus schließlich unter der Drohung eines Peers-Schubs dem Parlamentsgesetz 1911 zu. Damit war der Verfassungskonflikt beendet und zugleich die Reformfähigkeit des parlamentarischen Systems ein weiteres Mal unter Beweis gestellt.

Die britische Innenpolitik kannte vor dem Ersten Weltkrieg aber auch ungelöste Probleme. In verschiedenen Branchen kam es seit 1910 zu einer Streikwelle größeren Ausmaßes, die im Sommer 1911 ihren Höhepunkt erreichte. Beunruhigend war ein bisher unbekannter Grad von Gewaltanwendung und ein starkes syndikalistisches Element in den Streikgebieten. Eine andere Form von Militanz entwickelte die *Women's Social and Political Union*, die 1903 von Emmeline Pankhurst gegründet wurde. Ihr ging es nicht nur um das Wahlrecht für Frauen, sondern ganz allgemein um die gesellschaftliche Stellung der Frau. Die Suffragetten, wie sie vom Massenblatt *Daily Mail* genannt wurden, brachten wenig Geduld für die ihnen umständlich und langwierig erscheinende parlamentarische Prozedur auf, die nach dem Willen der Regierung zum Frauenwahlrecht führen sollte. Aufsehen erregende Demonstrationen, zerbrochene Scheiben, aber auch Brandstiftungen und Bombenattentate waren ihre Antwort, so daß 1914 rund 200 Frauen im Gefängnis saßen. Sie wurden bei Kriegsbeginn freigelassen. Ihre Angriffe setzten sie nicht mehr fort.

Das schwierigste Problem war die Irland-Frage. Eine *Home Rule*-Gesetzesvorlage vom April 1912 sah ein Parlament in Dublin vor, das für innere Angelegenheiten zuständig sein sollte. Irland wurde als Einheit behandelt. Dagegen wandte sich mit äußerster Entschiedenheit das protestantische Ulster, wo es mit Unterstützung von Bonar Law, der seit 1911 konservativer Oppositionsführer war, zur Bildung von Freiwilligenverbänden kam. Das Oberhaus lehnte das Gesetz 1912 und 1913 ab und hatte damit seine Möglichkeit erschöpft. Im Mai 1914 verabschiedete das Unterhaus zum dritten Mal das *Home Rule*-Gesetz, das damit Gesetzeskraft erlangte. Der Vollzug des Gesetzes aber unterblieb, um in Irland den offenen militärischen Kampf zu vermeiden. Die Regierung verhandelte außerhalb des Verfassungsrahmens mit den Konfliktparteien, so daß die im Parlament als dem Souverän getroffene Entscheidung suspendiert wurde. Es mußte sich zeigen, ob sich daraus Konsequenzen für die weitere Entwicklung des Parlamentarismus ergeben würden. Vorerst aber wurde der innere Konflikt durch einen äußeren überdeckt, als der Erste Weltkrieg begann.

c) Der britisch-deutsche Antagonismus und der Erste Weltkrieg

Daß Großbritannien 1914 in den Krieg eintrat, lief einerseits seinen Interessen zuwider. Andererseits entsprach der Kriegseintritt völlig den Auffassungen, die die britische Führung von der notwendigen Verteidigung nationaler Interessen hatte. Dazu gehörten die Sicherheit des Mutterlandes, die maritime Überlegenheit, die Aufrechterhaltung der imperialen Verbindungslinien und der informellen Verzweigungen von Handel und Finanz sowie die Integrität der überseeischen Besitzungen. Auf allen Ebenen erwuchs Großbritannien mit Beginn des imperialistischen Zeitalters Konkurrenz, die zum Teil in Londoner Regierungskreisen als Sicherheitsrisiko angesehen wurde. Aus einem Bedrohungsgefühl heraus ging Großbritannien in die Offensive. Es vergrößerte sein Weltreich und vermehrte seine Flotte. Der Flottenrüstung, die alle Welt betrieb, setzte es 1889 per Gesetz (*Naval Defence Act*) den *Two-Power-Standard* entgegen, wonach die britische Flotte stärker sein sollte als die beiden nachfolgenden Flottenmächte zusammengenommen.

Gleichzeitig aber kam es darauf an, eine strategische Überbeanspruchung und ein ungezügeltes Wettrüsten der Großmächte zu vermeiden, mit denen man an allen neuralgischen Punkten der Weltpolitik kollidierte. „Denn es ist eine erschreckende Aufgabe", wie der Marineminister 1903 richtig erkannte, „die größte Seemacht zu bleiben, wenn die Seemächte von Jahr zu Jahr an Zahl und Stärke zunehmen, und gleichzeitig eine Landmacht zu sein, die stark genug ist, in Asien der größten Landmacht zu begegnen."[116] Also strebte London nach vertraglichen Vereinbarungen (Abgrenzungen von Interessensphären, Rüstungslimitierungen,

Beistandspakte). Dies gelang mit den USA, Japan, Frankreich und Rußland, aber nur zum Teil und letztlich nicht mit dem Deutschen Reich. Der britisch-deutsche Antagonismus erwies sich als der entscheidende Sprengsatz, der zum Ersten Weltkrieg führte. Er nahm seit 1904 beziehungsweise 1907 objektiv an Gefährlichkeit zu, weil er als einziger der zwischen Großbritannien und anderen Großmächten bestehenden Konflikte ungelöst blieb und Großbritannien auch keinen Manövrierraum hatte, wollte es nicht seine eben mit Frankreich und Rußland erzielten Abkommen wieder gefährden. Zwischen London und Berlin herrschten keineswegs nur unüberbrückbare Gegensätze. Beide Regierungen zeigten sich wiederholt dazu imstande, Übereinstimmung in wichtigen Fragen zu erzielen, so 1899 in der Samoa-Frage und zuletzt noch 1914 über den Bau der Bagdad-Bahn. Solche Übereinstimmungen aber betrafen die Peripherie der Weltpolitik und gingen gegebenenfalls zu Lasten Dritter, wie die Absprachen 1898 und 1914 über die Zukunft der portugiesischen Kolonien. Im europäischen Zentrum dagegen, wo Sicherheitsprobleme anstanden, die keine Zugeständnisse zu erlauben schienen, befanden sich Deutschland und Großbritannien vor 1914 im Zustand des ,,trockenen Kriegs".[117]

Dieser Begriff bringt sehr treffend zum Ausdruck, daß auf beiden Seiten die Flotte als militärisches Druckmittel galt und der Zustand der Gegnerschaft in einen Zustand der Feindschaft überzugehen drohte. Der deutschen Furcht, Großbritannien könnte seine maritime Überlegenheit ausnutzen und einen Präventivschlag gegen die deutsche Flotte versuchen – ,,to Copenhagen the German fleet", wie dies in der Sprache von Admiral Fisher in Anlehnung an den britischen Überfall auf die dänische Flotte vor Kopenhagen 1807 hieß[118] –, stand auf britischer Seite die Furcht vor einer Invasion gegenüber. Die entscheidende Ursache für die Verschlechterung des britischen Deutschlandbilds war zweifellos der Bau der deutschen Hochseeflotte seit der Jahrhundertwende, der mit dem Namen Tirpitz verbunden war und der der deutschen Weltpolitik eine für Großbritannien aggressive Note gab. Das britische Gefühl der Bedrohung hing mit einem Grundsatz britischer Sicherheitspolitik zusammen, der vor dem Hintergrund des Machtverlusts eigentlich nicht haltbar war, aber gleichwohl das Sicherheitsdenken des Landes bestimmte. Sicherheit war nur als ,,Sicherheitsvorsprung" denkbar. Die Gewährung von Parität im Flottenbereich schied vor dem Ersten Weltkrieg prinzipiell aus. Auch ein Gegner übersteigerter Rüstungsausgaben wie Lloyd George ging nie so weit, dem Sozialhaushalt absolute Priorität einzuräumen und eine weitgehende Reduzierung der Rüstungsausgaben zu fordern. Vielmehr gehörte es auch für ihn zu den axiomatischen Prämissen, daß Großbritannien einen ,,vernünftigen Sicherheitsvorsprung" haben müsse.[119] Darin sah er ebenso ein ,,Naturgesetz" britischer Außenpolitik wie Eyre Crowe in der Politik der *Balance of Power* in Europa.[120] Sicherheitsvorsprung und Gleichgewicht waren die beiden aufeinander bezogenen Größen, auf denen die britische Politik bis zum Ersten Weltkrieg aufbaute. Erst danach sollte sich dies infolge des britischen Machtverlusts grundlegend ändern.

Crowes Memorandum macht deutlich, daß man im Foreign Office Deutschland keineswegs zu einer ,,schwachen Macht" ,,herabdrücken" wollte, ,,da dies leicht zu einem französisch-russischen Übergewicht führen könnte, das für das britische Reich ebenso furchtbar, wenn nicht noch furchtbarer wäre." In Übersee aber sollte der deutsche Spielraum strikt begrenzt bleiben. Nicht ohne eine gewisse Gönnerhaftigkeit gestand Crowe zu, Deutschland solle um ,,intellektuelle und moralische Führerschaft der Welt wetteifern", die ,,Segnungen deutscher Kultur ausbreiten", ,,friedlich und ehrenhaft seinen Handel und seine Marine vermehren, Kohlenstationen oder andere Häfen erlangen, Landungsrechte für Kabel erwerben oder sich Konzessionen für die Beschäftigung deutschen Kapitals oder deutscher Industrien verschaffen". Kompromißlos aber gab sich Crowe für den Fall, daß Deutschland Großbritanniens ,,übermächtige Seeherrschaft" in Frage stellte. Er hatte ein überaus statisches Weltbild, in dem es nur eine Führungsmacht gab, nämlich Großbritannien. Nur wenige zogen Konsequenzen aus der tatsächlich veränderten und ganz und gar nicht statischen internationalen Lage, wie Sanderson, oberster Beamter im Foreign Office bis 1906, in einem Kommentar zu Crowes Memorandum es tat: ,,Es ist mir manchmal so vorgekommen, daß einem Ausländer, der unsere Presse liest, das britische Reich wie ein ungeheurer Riese erscheinen muß, der sich über den Erdball reckt, mit gichtisch-dicken, sich nach allen Richtungen streckenden Fingern und Zehen, denen man sich nicht nähern kann, ohne ihm ein Gekreisch zu entlocken."[121]

Das entscheidende Problem des maritimen Wettrüstens klammerte Sanderson aber weitgehend aus. Hier herrschte im wesentlichen Übereinstimmung in der Einschätzung, Deutschland gefährde den Status quo, so daß ein Rüstungswettlauf unvermeidlich sei. Churchill, seit 1911 Erster Lord der Admiralität, brachte es 1912 auf eine griffige und gebräuchliche Formel, als er das defensive Selbstverständnis der britischen Flottenplaner hervorhob: ,,Our naval power involves British existence. It is existence to us; it is expansion to them."[122] Der deutsche Botschafter in London warnte Ende 1911 vor der geplanten Beschleunigung des deutschen Flottenbauprogramms: ,,Bauen wir jetzt rascher, so wird in England der Eindruck nicht mehr zu verwischen sein, daß wir uns zum Entscheidungskampf rüsten. Sie werden hier noch stärker rüsten, und der Kampf wird dann unvermeidlich."[123] Zu Recht wies der Botschafter auf den ,,Eindruck" hin. Immer wichtiger wurde das Image, das jede Seite von sich und vom Gegner hatte. Das eigene Streben nach Sicherheit schien durch die Rüstungen der anderen Seite untergraben zu werden, so daß nur eine neue Runde militärischer Vorkehrungen als Ausweg erschien und der circulus vitiosus des Rüstungswettlaufs in Gang kam. Im Rückblick hat Edward Grey, der als Außenminister kein Mittel zur Unterbrechung der Rüstungsdynamik zu nennen wußte, den Vorgang sehr präzise beschrieben: „Verstärktes Rüsten, das in jeder Nation aus der Absicht entspringt, Kraftbewußtsein und ein Gefühl der Sicherheit zu schaffen, erreicht dieses Ziel nicht. Es erweckt vielmehr die Erkenntnis der Stärke anderer Nationen und damit ein Angstgefühl. Angst aber gebiert Verdacht, Mißtrauen und allerhand Alpdruck, so daß schließlich jede Regierung dazu gelangt, es für ein Verbrechen und für Hochverrat anzusehen, wenn sie selbst nicht jede mögliche Vorsichtsmaßregel träfe, andererseits aber jede Vorsichtsmaßregel einer anderen Regierung als einen Beweis feindseliger Gesinnung zu betrachten."[124]

Grey gehörte zum rechten Flügel der Liberalen Partei, zu den „liberalen Imperialisten", die sich außenpolitisch kaum von der konservativen Opposition unterschieden und der Sicherheitspolitik Priorität vor Reformen im Innern einräumten, die der linke Flügel wenigstens gleichrangig behandelt wissen wollte. Was die beiden Flügel der Liberalen Partei vor allem trennte war die unterschiedliche Bereitschaft zu einer interventionistischen Gleichgewichtspolitik auf dem europäischen Kontinent. An der Spitze der britischen Außenpolitik aber stand unangefochten Grey, der zwar Handlungsspielraum und Bündnisfreiheit im Prinzip bewahren wollte, sich zugleich aber im Laufe der Zeit immer fester an Frankreich band. Hinzu kam der Einstieg in eine neue Etappe der Seerüstung, die von Großbritannien eröffnet wurde. Ganz wie es Grey nachträglich beschrieben hat, wirkte die Rüstungsentwicklung auf die Deutung des Konflikts zwischen Großbritannien und Deutschland zurück und ließ ihn von Jahr zu Jahr zugespitzter erscheinen. Zum letzten Mal in seiner Geschichte als Weltmacht riß Großbritannien die Initiative an sich, allerdings nur mit begrenztem Erfolg, weil das Deutsche Reich qualitativ nicht unterlegen war und nur quantitativ zurückblieb. Gemeint ist der Bau von ganz neuartigen Schlachtschiffen mit besserer Armierung, stärkeren Geschützen und größerer Schnelligkeit. Nach dem Namen des ersten dieser Kriegsschiffe, das am 10. Februar 1906 vom Stapel lief, erhielt der neue Schiffstyp die Bezeichnung *Dreadnought.* Es handelte sich um eine technische Höchstleistung, die zeigte, wo Großbritannien im internationalen Vergleich immer noch stand. Auch die finanziellen Mittel fehlten nicht. Jährlich gab Großbritannien 1907/08 292 Millionen Dollar für die Rüstung aus. 385 Millionen waren es 1913/14. Die deutschen Vergleichszahlen lauten 291 beziehungsweise 352 Millionen Dollar.[125] Aber Großbritannien hatte kein Monopol auf diese neue Superwaffe. War es vor 1906 nur einer Aufholjagd seitens seiner Konkurrenten ausgesetzt, so sah es sich jetzt in einen echten Rüstungswettlauf verwickelt. Unmittelbar vor dem Ersten Weltkrieg verfügte Großbritannien über 29 Großkampfschiffe vom Typ *Dreadnought*. Es folgten Deutschland mit 17, die USA und Frankreich mit je zehn und Japan mit sechs Schiffen dieser Art.

Auf deutscher Seite glaubte man lange, Großbritannien werde seine Macht nur zur unmittelbaren Verteidigung einsetzen, im Fall eines deutsch-französischen oder deutsch-russischen Konflikts aber nicht auf dem Kontinent intervenieren. In Berlin mißverstand man britische Politik zu einseitig als Überseepolitik und die Politik der Bündnisfreiheit als neutralistische Zurückhaltung gegenüber den Händeln des Kontinents. Tatsächlich jedoch gab es für Grey nicht beliebig viele Optionen, und spätestens 1912 war Großbritannien nicht mehr neutral. Die beiden Marokko-Krisen 1905 und 1911 beschleunigten die britisch-französische Annäherung und führten dazu, daß auf der atmosphärischen Grundlage der *Entente cordiale* Absprachen zustande kamen, die formellen Bündnissen recht ähnlich waren. 1905 hielt sich Grey noch merklich zurück, als Frankreich die Frage aufwarf, wie sich Großbritannien bei einem deutsch-französischen Krieg verhalten würde. Grey sperrte sich noch gegen Blockbildungen, weil er den Draht nach Berlin nicht abreißen lassen wollte. Doch 1906 erfolgte mit der Aufnahme britisch-französischer Militärgespräche eine deutliche Prioritätensetzung. Grey wollte die Beziehungen zu Deutschland nicht um den Preis einer Verschlechterung der Beziehungen zu Frankreich verbessern. Lieber wollte er zurücktreten als seine „Loyalität zur Entente" in Frage stellen lassen,[126] und dies verständlicherweise um so weniger, als das Deutsche Reich 1907 im Jahr der Haager Konferenz Schritte zur Rüstungsbegrenzung ablehnte. Großbritannien, das sich durch den *Dreadnought*-Sprung eine neue Phase des Wettrüstens förmlich aufgehalst hatte, plädierte gleichzeitig für Rüstungsbegrenzung und hätte von Deutschland, mit dem zwischen 1908 und 1912 verschiedene Sondierungen in dieser Richtung liefen, möglicherweise auch Zugeständnisse erhalten können, allerdings unter einer für die britische Seite nicht akzeptablen Bedingung: Berlin forderte britische Neutralität für den Fall eines Konflikts auf dem Kontinent. So kam es statt zu Rüstungsstopp und Entspannung 1908/09 zur Invasionspanik in der britischen Öffentlichkeit. Die Flottenagitation erreichte einen absoluten Höhepunkt. Man forderte acht neue Schlachtschiffe pro Jahr: „We want eight, and we won't wait."

Die britische Reaktion auf die zweite Marokkokrise 1911 enthielt zwei Elemente. Einmal wurden sowohl Frankreich als auch Deutschland zur Ordnung gerufen, die „offene Tür" in Marokko nicht zu versperren. Bemerkenswert war, daß der außenpolitisch gemäßigte Lloyd George es war, der die öffentliche Warnung aussprach, Großbritannien werde sich nicht von seinem Platz verdrängen lassen. Für die Aufrechterhaltung des Friedens müsse man auch zu Zugeständnissen bereit sein. Man könne aber keine Situation hinnehmen, bei der vitale britische Interessen verletzt würden. Frieden dürfe einen bestimmten Preis nicht übersteigen. Die Frage der nationalen Ehre sei keine Frage des politischen Parteienstreits. Wenn Lloyd George Frieden als vorrangiges Interesse des Handelsstaats bezeichnete,[127] so ließ er zugleich keinen Zweifel daran, daß die Sicherheit der internationalen Handelsverbindungen möglicherweise mit kriegerischen Maßnahmen verteidigt werden müßte.[128]

Als zweites Element folgten auf diese prinzipiell gehaltenen Warnungen ganz konkrete Schritte Greys, die zu einer engeren Bindung an Frankreich führten. Im September 1911 beschlossen Generalstab und Kabinett, militärisch zu intervenieren, wenn Deutschland einen Krieg eröffnen sollte. Die britisch-deutsche Kooperation im Krisenmanagement auf dem Balkan verhinderte nicht, daß Großbritannien gleichzeitig eine militärische Arbeitsteilung mit Frankreich vereinbarte. Der Briefwechsel zwischen Grey und dem französischen Botschafter Cambon im November 1912 gab dann der in Aussicht genommenen Kooperation eine zwar informelle, aber in der Sache doch bindende Grundlage. Die Öffentlichkeit wußte davon nichts. Selbst im Kabinett ist darüber nicht gesprochen worden.

In der Krise des Sommers 1914 konnten Außenstehende darum durchaus nicht eindeutig voraussehen, ob Großbritannien in einen Krieg eintreten würde. Auch die Aufnahme von Kontakten mit Rußland wegen einer Militärkonvention im Juni 1914 sollte nach britischem Wunsch keine automatisch wirkenden Verpflichtungen nach sich ziehen. Tatsächlich aber hatte sich Grey eindeutig festgelegt und blieb es auch nach der Ermordung des österreichischen Thronfolgers, falls sich der Konflikt um Serbien nicht würde lokalisieren lassen. Die Aussicht eines unter deutscher Vorherrschaft stehenden Kontinents erschien aus britischer Sicht schon bedrohlich genug. Eine hegemoniale deutsche Landmacht aber, die auch noch über eine schlagkräftige Flotte verfügte, konnte schlechterdings nicht hingenommen werden. Für Grey bedurfte es nicht eigentlich des deutschen Einmarsches in Belgien. Doch war die Verletzung der belgischen Neutralität von großer Bedeutung für den innerbritischen Entscheidungsprozeß. Noch am 31. Juli 1914 zeigte sich das Kabinett tief gespalten, und selbst am Morgen des 2. August, nachdem Deutschland Rußland den Krieg erklärt hatte, war die Gefahr einer Kabinettsspaltung nicht gebannt. Den Interventionisten – Premierminister Asquith, Außenminister Grey, Schatzkanzler Lloyd George und Marineminister Churchill – stand die Mehrheit des Kabinetts gegenüber, die sich entweder noch nicht zur einer Entscheidung durchgerungen hatte oder britische Interessen nicht bedroht sah und gegen einen Kriegseintritt votierte. Die unentschlossenen Kabinettsmitglieder schwenkten schließlich nicht nur wegen der Verletzung der belgischen Neutralität auf Greys Kurs ein, sondern auch wegen der Gefahr einer Parteispaltung. Als Ausweg hätte sich nämlich eine Koalition der „liberalen Imperialisten" mit der konservativen Opposition angeboten, die ihre Bereitschaft dazu schon signalisiert hatte. Schließlich traten nur zwei Minister zurück: John Burns, der als Gewerkschaftler über das Lib-Lab-Bündnis ins Unterhaus gelangt war und der erste Arbeiterrepräsentant war, der ein Ministeramt übernommen hatte; und der radikalliberale Publizist John Morley, der glaubte, Großbritannien werde dem russischen Despotismus in die Hände spielen.

Auch in der Öffentlichkeit wurde – mehr als in anderen Ländern – Kritik gegen den Kriegseintritt laut. Großbritannien blieb ein liberales Land mit bürgerlichen Freiheiten. Zunächst gab es noch nicht einmal die allgemeine Wehrpflicht. Die Radikalen aus dem liberalen Lager und die Kriegsgegner aus der Labour Party gündeten 1914 die *Union of Democratic Control,* die für internationale Schiedsgerichtsbarkeit, Abrüstung und Demokratisierung außenpolitischer Entscheidungsabläufe eintrat und im Laufe des Krieges ihre Mitglieder- und Sympathisantenzahl kontinuierlich steigern konnte. Zu den führenden Köpfen gehörte MacDonald, der seine Funktionen bei der Labour Party aufgab, weil die Mehrheit der Labour-Bewegung hinter der Regierung stand und er gegen den Krieg opponierte. Den Kurs der Labour Party bestimmten die Gewerkschaften, die national eingestellt waren. Damit herrschte bei Kriegsbeginn in Großbritannien derselbe innere Burgfriede, der bei Kriegsbeginn generell in Europa anzutreffen war. Im Mai 1915 schlug sich dies in einer von Asquith geführten Koalitionsregierung nieder, der auch die Konservative Partei und die Labour Party angehörten. Im Dezember 1916 ging die Führung auf Lloyd George über, der die Regierungsarbeit durch Einführung eines Kriegskabinetts entscheidend straffte.

Lloyd George war der überragende Mobilisator der britischen Kriegsführung. Weitreichende Eingriffe des Staates in Gesellschaft und Wirtschaft blieben dabei nicht aus. Asquith dagegen betonte stärker die liberale Doktrin und wehrte sich ungeachtet der Kriegssituation gegen die Stärkung des Interventionsstaats. Die inneren Widersprüche der Liberalen Partei, die vor dem Krieg weitgehend überdeckt worden waren, brachen auf und führten zur Spaltung der Liberalen, von der sie sich nicht mehr erholen sollten. Die Koalition zwischen den Lloyd George-Liberalen, den Konservativen und der rechts stehenden Mehrheit der Labour Party führte zu einer bisher nicht gekannten, ja völlig abgelehnten Verflechtung von Staat, Gewerkschaften und Arbeitgebern. Die großen gesellschaftlichen Gruppen wurden in aller Form in staatliche Planung und Politik einbezogen. Bergbau, Eisenbahnen und Schiffahrt kamen unter staatliche Kontrolle. Auch größere Streiks in Südwales 1915 oder Schottland 1916/17, die überwiegend von lokalen Streikkomitees und nicht von den Gewerkschaftsführungen ausgingen, die auf das Mittel des Streiks verzichten wollten; oder die Protestbewegung gegen die 1916 eingeführte allgemeine Wehrpflicht mit den nun einsetzenden Verhaftungen und Verurteilungen; selbst der Osteraufstand 1916 in Dublin und die danach einsetzende Radikalisierung der irischen Politik können am Gesamtbild der nationalen Geschlossenheit nichts ändern. Nicht zuletzt die Mitwirkung von 700000 Frauen in der Kriegsindustrie hat wesentlich dazu beigetragen.

Der Kriegsverlauf selbst war nicht gerade dazu geeignet, nationale Hochstimmung aufkommen zu lassen. 750000 Tote und 2,5 Millionen Verwundete waren am Ende zu beklagen. Der Krieg zog sich länger hin als erwartet und nahm auf dem Kontinent die zermürbende und opferreiche Form des Stellungskriegs an. Das militärische Desaster der Dardanellen-Expedition 1915, die die Eröffnung einer Front in Südosteuropa einleiten sollte, um eine direkte Verbindung zu Rußland herzustellen, kostete Marineminister Churchill das Amt. Der Stolz der britischen Militärmacht, die Flotte, konnte im Laufe der Zeit ihre Überlegenheit als Blokkadeinstrument ausspielen, erwies sich bei der offenen Seeschlacht aber nur als bedingt erfolgreich. Insbesondere die Schlacht vor dem Skagerrak 1916, in der sich 37 britische und 21 deutsche Großkampfschiffe gegenüberstanden, brachte bei größeren britischen Verlusten keine Entscheidung. 1917 breitete sich bei der Bevölkerung in größerem Umfang Kriegsmüdigkeit aus. Die Labour Party blieb zwar in der Regierung, aber Arthur Henderson schied im August 1917 aus dem Kriegskabinett aus, weil die Regierung Politikern der Labour Party keine Pässe für die Stockholmer Sozialistenkonferenz ausstellen wollte. Im November 1917 veröffentlichte der *Daily Telegraph* einen zuvor in der *Times* abgelehnten Leserbrief des früheren Außenministers Lord Lansdowne, der mit dem Hinweis auf die zu hohen Opfer einen Verständigungsfrieden forderte. Außerdem verschiebe sich bei längerem Kriegsverlauf das weltwirtschaftliche Schwergewicht immer mehr zugunsten der USA. In der Tat war damit ein zentraler Punkt angesprochen. Großbritannien war bei Kriegsende zwar unbestritten Siegermacht, aber gleichzeitig mit rund einer Milliarde Pfund Schuldner der USA. Nur ein Viertel der Kriegskosten konnte aus Steuereinnahmen gedeckt werden. Die Staatsverschuldung hatte sich 1918 verzehnfacht. Der für Großbritannien so einschneidende Vorgang, auch von seiner Vormachtrolle als Finanzmacht abdanken zu müssen, nahm deutlich Konturen an. Großbritannien gehörte zu den Verlierern auf der Siegerseite. Im Dezember 1917 gaben die Labour Party und die Gewerkschaften ihre Vorstellungen über die im Krieg anzustrebenden Ziele bekannt, die auf einen Verständigungsfrieden hinausliefen.

Auch Lloyd George bekannte sich daraufhin im Januar 1918 in einer Rede vor Gewerkschaftlern zu einem gemäßigten Kriegszielprogramm, wohl auch in Kenntnis der Position des amerikanischen Präsidenten Wilson und unter Berücksichtigung der Lage in Osteuropa, wo sich Rußland nach dem Sieg der Oktoberrevolution aus dem Krieg zurückzog. Bestimmend aber blieb letztlich die Vorstellung eines militärisch herbeigeführten Siegs. Zu große Unsicherheit herrschte bei der Beurteilung der inneren Lage in Deutschland, als daß es dazu realistisch erscheinende Alternativen gegeben hätte. Mit der Möglichkeit einer Revolution in Deutschland rechnete man nicht.

2. Vom Appeasement zum Zweiten Weltkrieg

a) Friedensverhandlungen und Appeasement-Strategie

Nach Kriegsende knüpfte die britische Deutschlandpolitik wieder an ihre Vorkriegslinie an. Deutschland sollte ein politisch und wirtschaftlich handlungsfähiger Großmachtfaktor im internationalen System sein. Die deutsche Frage sollte aber zugleich das internationale Regime nicht aus den Angeln heben dürfen. Das übermächtige deutsche Potential – ablesbar an demographischen Daten, technisch-wissenschaftlicher und wirtschaftlicher Leistungsfähigkeit und militärischer Schlagkraft – mußte in das multipolare europäische Gleichgewichtssystem eingebunden sein. Weltpolitik sollte den Deutschen nach Möglichkeit überhaupt verwehrt bleiben. Der Friedensschluß sollte Deutschland auf den Stand des frühen Bismarckreichs reduzieren, die Einheit des deutschen Nationalstaats also erhalten und zugleich seine Dynamik unter Kontrolle bringen. Man wollte möglichst rasch den Zustand der Normalität wieder herstellen, was aus britischer Sicht hieß, eigene Weltpolitik betreiben zu können und die europäische Konkurrenz nicht fürchten zu müssen. Die Aussichten dafür erschienen nicht ungünstig. Deutschland war geschlagen. Das bolschewistische war im Gegensatz zum zaristischen Rußland außenpolitisch nicht handlungsfähig. Frankreich war ausgeblutet. Nur die USA gingen gestärkt aus dem Krieg hervor, aber vor ihnen war man auch vor dem Krieg im Konfliktfall stets zurückgewichen und hatte doch keine allzu demütigenden Niederlagen hinnehmen müssen. War bei dieser Lagebeurteilung der Wunsch nach dem *back to normalcy*, der in Großbritannien vorherrschte, nicht allzu verständlich und erschien er zudem nicht auch erfüllbar?

Mit dieser Weltsicht fuhr man zur Pariser Friedenskonferenz. Die Wahlen Ende 1918 hatten die Koalition aus den Lloyd George-Liberalen und der Konservativen Partei bestätigt. Lloyd George blieb Premierminister, obwohl die Konservativen weit stärker waren. Sie stellten den

Außenminister. Lloyd George blieb noch für kurze Zeit die dominierende Figur in der britischen Politik, zu der er im Krieg geworden war. Er wußte, daß sowohl seine innenpolitische Stellung als auch die außenpolitische Zielvorstellung, britische Macht in der Welt zu erhalten, davon abhingen, ob er zugleich sozialen Frieden in Großbritannien und eine Befriedung der internationalen Gesellschaft erreichen konnte. Gesellschaftliche und wirtschaftliche Rekonstruktion mit einem innenpolitischen Übergewicht liberal-konservativer Kräfte und internationale Entspannung mit einem überproportional großen britischen Anteil im weltpolitischen Kräftespiel waren die aufeinander bezogenen Ziele. In beiden Punkten scheiterte Lloyd George, weil die Konservativen letztlich allein regieren wollten. In der Sache aber änderte sich nach seinem Sturz 1922 nichts, denn auch die Konservativen verfolgten sein Doppelziel der inneren Stabilisierung und äußeren Befriedung.

Als die Siegermächte ihre Beratungen über die Nachkriegsordnung aufnahmen, hatte der britische Premierminister eine schwierige Verhandlungsaufgabe zu erfüllen. Da von Deutschland nach Verlust seiner Flotte und seiner überseeischen Besitzungen keine Gefahr mehr für Großbritannien und seine imperialen Besitzungen ausging, konnte er für einen Frieden der Mäßigung plädieren. Nachdem entgegen ursprünglichen britischen Vorstellungen die Großmacht Österreich-Ungarn als Faktor des Staatensystems nicht erhalten werden konnte, durfte der zweite Ordnungsfaktor in Mitteleuropa nicht auch noch verschwinden. Gleichzeitig aber durfte der Friedensschluß für Deutschland nicht allzu günstig ausfallen. Die nationalistisch gestimmte Öffentlichkeit in Großbritannien, an deren Emotionen bei den Unterhauswahlen auch Lloyd George kräftig appelliert hatte, stand noch ganz unter dem Eindruck der Feindpropaganda. Fast zwei Drittel der konservativen Unterhausfraktion lagen auf dieser Linie. Noch wesentlich weiter waren die Erwartungen des französischen Bündnispartners gesteckt, dessen Sicherheitsgefühl im Unterschied zu Großbritannien mit dem Waffenstillstand keineswegs befriedigt war. Nur eine substantielle Schwächung Deutschlands mit Gebietsabtretungen und wirtschaftlichen Restriktionen konnte aus französischer Sicht das Ungleichgewicht zwischen Frankreich und Deutschland beseitigen und damit *sécurité* für Frankreich bringen. Lloyd George versuchte, dem sein liberales Modell der Friedenssicherung entgegenzusetzen, das die Einbeziehung Deutschlands in die internationale Entspannung, seine Integration in die Weltwirtschaft und ganz allgemein die Reduzierung von Rüstung forderte.

Ende März 1919 zog sich die britische Delegation während der Friedenskonferenz für ein Wochenende nach Fontainebleau bei Paris zurück und unterbreitete danach der Konferenz ein Orientierungspapier, das als Fontainebleau-Memorandum bekanntgeworden und als Schlüsseltext zur britischen Außenpolitik in der Zwischenkriegszeit einzustufen ist.[129] Der Friedensschluß dürfe nicht von der Arroganz der Sieger diktiert werden. Sonst könne er nicht von Dauer sein. Die Mißachtung des Selbstbestimmungsrechts in Osteuropa durch eine allzu weite Grenzziehung zugunsten Polens oder der Tschechoslowakei müsse den Keim eines neuen Krieges schon in sich tragen. Der von den Siegern angebotene Frieden müsse für Deutschland so attraktiv sein, daß die deutsche Bevölkerung ihn der drohenden Alternative des Bolschewismus vorziehe. Die eben ausgerufene Räterepublik Bela Kuns in Ungarn vor Augen sah Lloyd George ganz Europa ,,mit dem Geist der Revolution erfüllt. Es existiert in Kreisen der Arbeiterschaft nicht nur ein tiefes Gefühl der Unzufriedenheit, sondern des Zorns und der Auflehnung gegen die Vorkriegszustände. Die gesamte bestehende politische, gesellschaftliche und wirtschaftliche Ordnung wird von der Masse der europäischen Bevölkerung in Frage gestellt. In einigen Ländern wie Deutschland und Rußland nimmt die Unruhe die Gestalt offenen Aufruhrs an; in anderen – wie Frankreich, Großbritannien und Italien – äußert sich die Unruhe in Form von Streiks. Es besteht die Gefahr, daß wir die Masse der Bevölkerung in ganz Europa in die Arme der Extremisten treiben, die um der Erneuerung der Menschheit willen das bestehende gesellschaftliche Gefüge gänzlich zerstören wollen. Diese Kräfte haben in Rußland triumphiert. Die größte Gefahr, die ich in der gegenwärtigen Situation sehe, ist die, daß Deutschland mit dem Bolschewismus gemeinsame Sache macht und sein Wirtschaftspotential, seine Intelligenz, sein gewaltiges Organisationstalent den revolutionären Fanatikern zur Verfügung stellt, deren Traum es ist, die Welt mit Waffengewalt für den Bolschewismus zu erobern. Diese Gefahr ist kein bloßes Hirngespinst. Die gegenwärtige Regierung in Deutschland ist schwach, sie hat kein Prestige, ihre Autorität wird angezweifelt. Sie hält sich über Wasser nur deswegen, weil es keine Alternative außer den Spartakisten gibt, und noch ist Deutschland für den Spartakismus nicht reif."

Lloyd Georges Analyse unterschied sehr treffend zwischen realem Wandel, der das Gesicht Europas tiefgreifend verändert hatte, und potentiellen Gefahren, die es zu verhindern gelte. Dazu aber sei ein in das westliche liberale System integriertes Deutschland eine wesentliche Voraussetzung. Auch Deutschland sollte hierzu seinen Beitrag leisten, und das hieß vor allem, es sollte nicht ungeschoren davonkommen. Die Bolschewismusfurcht war nicht so stark ausgeprägt, daß sie alle Entscheidungen bestimmt hätte. Ohne weiteres glaubte Lloyd George, den Deutschen beträchtliche Lasten auferlegen zu können, wie Reparationszahlungen oder die Anerkennung der moralischen Schuld, Deutschland sei für den Ausbruch des Krieges überwiegend verantwortlich. Auf Reparationszahlungen sah sich Großbritannien unbedingt angewiesen, solange die USA nicht auf die Rückzahlung der britischen Kriegsschulden verzichteten. Bei solchen deutschen Vorleistungen wollte Lloyd George dann das Kernelement eines liberalen Friedens realisieren, dessen Verwirklichung zugleich im vitalen britischen, wenn auch nicht so sehr französischen Interesse lag: Frieden durch Freihandel oder doch weitgehende Beseitigung von Handelsschranken. „Wenn Deutschland unsere Bedingungen, insbesondere die Reparationsforderungen, annimmt, werden wir ihm die Rohstoffquellen und Märkte der Welt zu denselben Bedingungen, wie wir sie haben, öffnen und alles nur irgend Mögliche tun, dem deutschen Volk wieder auf die Beine zu helfen. Wir können nicht gleichzeitig Deutschland verkrüppeln und erwarten, daß es zahlt."

Ein letztes Problem sprach Lloyd George in seinen Leitlinien für eine europäische Friedensordnung an: „Wenn die Friedenskonferenz den Frieden wirklich sichern und sich für alle einsichtigen Menschen als Alternative zur Anarchie erweisen soll, muß sie sich mit der Situation in Rußland befassen. Der bolschewistische Imperialismus bedroht nicht nur Rußlands Nachbarstaaten. Er gefährdet ganz Asien und ist Amerika ebenso nahe wie Frankreich." Näher wollte er auf das „russische Problem" allerdings nicht eingehen. Im Vordergund stand die „Frage des Friedens mit Deutschland". Im Hintergrund aber stand der ideologische Konflikt, der neben die schon immer bestehenden machtpolitischen Auseinandersetzungen trat und das internationale System zu einem heterogenen System werden ließ. „Die Lichter gehen aus in Europa", hatte Grey 1914 gesagt. In der Tat war es nicht mehr das alte Europa, zu dem man zurückkehren konnte. *Back to normalcy* war angesichts der Oktoberrevolution, der Revolution in Deutschland und der Instabilität der Weimarer Republik, des Auseinanderfallens der österreich-ungarischen Monarchie und nicht zuletzt angesichts des weltwirtschaftlichen Chaos eine illusionäre Vorstellung.

Der Versailler Friedensvertrag konnte schließlich nur ein Kompromiß sein, mit dem niemand zufrieden war. Das britische Unterhaus ließ ihn mit großer Mehrheit passieren, die Labour-Fraktion eingeschlossen, die sich überwiegend aus gewerkschaftlichen Kräften zusammensetzte. In der Labour Party insgesamt aber mehrten sich die Stimmen, die – in der Tradition der *Union of Democratic Control* stehend – einen liberalen Frieden forderten. Auch in der britischen Öffentlichkeit allgemein breitete sich zunehmend die Überzeugung aus, der Versailler Vertrag dürfe nicht sakrosankt sein. Herausragend war die Kritik am Vertragswerk, die von Keynes vorgetragen wurde. Die Friedensmacher seien in einem zentralen Punkt ihrer Aufgabe nicht gerecht geworden: Sie hätten die den europäischen Problemen zugrundeliegenden wirtschaftlichen Fragen nicht begriffen. Ob dieser Vorwurf Lloyd George trifft, wird wohl bezweifelt werden können. Tatsache aber bleibt, daß der Friedensvertrag schließlich derart von der französischen *sécurité*-Doktrin geprägt war, daß er dem liberalen Entwurf einer Friedensordnung nicht mehr ähnelte. Die britische Regierung aber konnte nicht nur im Rahmen der eigenen wirtschaftlichen Bedürfnisse handeln, sondern mußte, damit überhaupt ein Frieden zustande kam, Rücksicht auf den französischen Entente-Partner nehmen. Es gab keine wirkliche Option für die britische Politik. Man wollte einen Ausgleich mit Deutschland, aber nicht auf Kosten Frankreichs, das aus sicherheitspolitischen Gründen von unersetzlicher Bedeutung in der Europapolitik war. Von hier läuft eine direkte Linie zu der Feststellung Neville Chamberlains, der als Premierminister 1939 von der „Solidarität der Interessen" zwischen Großbritannien und Frankreich sprach.[130]

Allerdings erhielt Frankreich nie das erhoffte direkte Beistandsversprechen. Ohne die USA, die sich vom Völkerbund distanzierten und sich in politisch-militärischer Hinsicht zurückzogen, wollte Großbritannien keine derart weitreichenden Zusagen machen. Es wäre verfehlt, die britische Kontinentalpolitik einseitig auf ein ökonomisches Kalkül oder militärpolitisches Sicherheitsdenken zu reduzieren. Beides waren Aspekte einer Gesamtpolitik, die Freund-Feind-Schemata vermeiden und ihren Handlungsspielraum weder gegenüber Frankreich noch gegenüber Deutschland aufgeben wollte. Die zugunsten einer Integration Deutschlands ins internationale System sprechenden außenwirtschaftlichen Argumente mußten an Gewicht zunehmen, als der kurze britische Nachkriegsboom seit Herbst 1920 einem Konjunktureinbruch wich. Steigende Arbeitslosenzahlen aufgrund der Absatzkrise in den traditionellen britischen Exportindustrien und sinkende Löhne waren die Auswirkung. Abhilfe erwartete man sich allgemein nicht von binnenwirtschaftlichen Strukturmaßnahmen, sondern von einer Steigerung des Exports. Der deutsche Markt spielte in diesen Überlegungen eine Schlüsselrolle, denn der Exportrückgang im Handel mit Deutschland war verglichen mit anderen Außenmärkten überproportional groß. All dies verhinderte allerdings nicht, daß man gemeinsam mit Frankreich 1921 im Londoner Ultimatum vom 5. Mai von Deutschland wesentlich höhere Reparationen forderte, als Deutschland zu zahlen bereit war. Die Signale für eine Korrektur dieses Kurses waren freilich unübersehbar. So forderte die *Federation of British Industries* im Juli 1921 eine Revision der Deutschlandpolitik mit dem stets wiederkehrenden Argument, die Wiederherstellung der deutschen Wirtschaft sei der Schlüssel zur Erholung des Welthandels und damit der eigenen Wirtschaft. Die Einsicht, man werde für ein „mageres Deutschland selbst zu zahlen haben", weil nur ein prosperierendes Deutschland den europäischen Markt beleben könne, blieb in der gesamten Zwischenkriegszeit ein wichtiger Faktor britischer Deutschlandpolitik.[131] In Übereinstimmung mit diesem Grundgedanken entwickelte

Lloyd George seine umfassende Entspannungskonzeption unter Einschluß Deutschlands und auch der Sowjetunion. Das Ziel war weit gesteckt. Es sollte um den wirtschaftlichen Wiederaufbau und die politische Befriedung „Europas vom Atlantik bis zum Ural" gehen.[132] Die zu diesem Zweck im April 1922 in Genua tagende Konferenz scheiterte allerdings sowohl wegen französischer Vorbehalte als auch wegen des deutsch-sowjetischen Vertrags von Rapallo, der wie ein Paukenschlag wirkte.

Es gelang weder Lloyd George, der im Oktober 1922 die Unterstützung der Konservativen verlor und zurücktrat, noch seinen Nachfolgern, den Widerspruch zwischen Sicherstellung der Entente mit Frankreich und Entspannungswunsch gegenüber Deutschland aufzulösen. Während der Ruhr-Krise 1923 mißbilligte die britische Regierung zwar die französische Besetzung der Ruhr, entwickelte aber gleichzeitig eine Haltung wohlwollender Passivität. Die vorübergehende Lösung der innereuropäischen Gegensätze kam von außen in Gestalt amerikanischer Vermittlungen und Kredite. Frankreich geriet 1923/24 an die Grenze seiner finanziellen Leistungfähigkeit und beugte sich der Auffassung britischer und amerikanischer Banken, die unter der Voraussetzung politischer Entspannung Geld in die europäische und vor allem deutsche Wirtschaft pumpen wollten. Die Neuregelung der Reparationsfrage im Dawes-Plan leitete im Sommer 1924 eine Phase relativer Entspannung ein, die nicht nur von den Interessen britischer und amerikanischer Bankiers geprägt war, sondern zusätzlich auch vom politischen Willen Ramsay MacDonalds, des ersten britischen Labour-Premierministers. Die nur wenige Monate amtierende Labour-Regierung nahm auch diplomatische Beziehungen zur Sowjetunion auf.

In der Deutschlandpolitik war es allerdings gleichgültig, ob die Labour Party oder die Konservative Partei regierte. Es waren die Konservativen, die im Dezember 1924 einen Handelsvertrag mit Deutschland unter gegenseitiger Gewährung unbedingter Meistbegünstigung abschlossen. Der *Economist* kommentierte befriedigt: „Hier haben Sieger und Besiegte auf gleicher Basis verhandelt, und ihr Vertrag bedeutet einen definitiven Schritt vorwärts zur Festigung normaler Bedingungen."[133] Höhepunkt der ganzen Entwicklung, die zur Rückkehr Deutschlands in den Kreis der Großmächte und zu einer gewissen Stabilisierung von Gesellschaft und Wirtschaft in Europa führte, war 1925 das Vertragswerk von Locarno. Deutschland und Frankreich sicherten sich die Unverletzlichkeit ihrer Grenzen zu, und Großbritannien fungierte zusammen mit Italien als Garantiemacht. Als sich die Außenminister Frankreichs, Großbritanniens und Deutschlands – Aristide Briand, Austen Chamberlain und Gustav Stresemann – symbolträchtig die Hand zu Neubeginn und Versöhnung reichten, schien die Nachkriegszeit überwunden zu sein.

Die Locarno-Ära kam dem Zustand der internationalen Politik am nächsten, der britischen Vorstellungen am meisten entsprach. Die militärische Planung stand nach dem Ersten Weltkrieg unter der Prämisse, es werde in den nächsten zehn Jahren keinen größeren Krieg geben (*Ten Year Rule*). Locarno bekräftigte diese Annahme, so daß Großbritannien weiterhin bei der gewünschten kostensparenden Rüstungspolitik bleiben konnte. Die Aussicht auf Frieden war nötiger denn je. „Unser Prestige stammt aus drei Quellen: unserem Handel, unserer Finanz, unserer Marine ... Wir wollen ja nur Frieden und ausgedehnte Handelsbeziehungen, nicht eine militärische Hegemonie." So charakterisierte Lord D'Abernon, britischer Botschafter in Berlin von 1920 bis 1926, völlig zutreffend den funktionalen Zusammenhang von Weltmachtstatus und Außenhandelsvolumen. Krieg mußte, wie im Foreign Office 1926 sehr genau reflektiert wurde, den britischen Handelsinteressen fundamental zuwiderlaufen und die britische Position in der Welt untergraben: „Ohne Handel und Finanz sinken wir zu einer drittklassigen Macht ab." Darum war Großbritannien an einer internationalen Ordnung interessiert, die – möglichst frei von zwischenstaatlichen Konflikten – eine reibungslose Entfaltung des Welthandels erlaubte.[134]

Großbritannien war nach dem Ersten Weltkrieg eine Weltmacht mit einem Weltreich, die im Ernstfall nicht in der Lage war, den Bestand dieses Reiches aus eigener Kraft zu verteidigen. Also mußte der Ernstfall vermieden werden. Friedenswahrung war daher ein Imperativ, zu dem es für die alternde Weltmacht keine Alternative gab. Will man einen zeitgenössischen Begriff benutzen, der das Angewiesensein auf Frieden signalisiert, dann charakterisiert man die britische Außenpolitik zwischen den Kriegen am besten als Appeasement-Politik. Die unreflektierte Benutzung dieses Begriffs bringt allerdings sofort die Gefahr mit sich, Grundzüge der mit ihm belegten Politik mißzuverstehen. Denn Appeasement hat heute im umgangssprachlichen Gebrauch einen gänzlich negativen Inhalt und meint eine Politik der Illusionen oder gar des Defätismus. Wer Appeasement-Politik betreibt, stärkt den Aggressor. Appeasement wird als Begriff benutzt, wenn eine Politik abgewertet und ihr Träger disqualifiziert werden soll. In der Zwischenkriegszeit dagegen bezeichnete man mit Appeasement den konstruktiven Abbau von internationalen Spannungen und das Ziel der Kriegsvermeidung. Dabei hatte man keine Illusionen über die Gefährlichkeit der Gegner. Auch hatte die Appeasement-Politik nichts mit Pazifismus zu tun, sondern allein mit der eigenen Interessenwahrnehmung, die nach Friedenswahrung verlangte. Daß die Appeasement-Politik ihr Ziel der Friedensstabilisierung nicht erreicht hat, liegt nicht an ihrer Zielsetzung, sondern an der Politik der Staaten, die die internationale Machtverteilung, in der Großbritannien an bevorzugter Stelle stand und dort auch bleiben wollte, nicht akzeptierten und erklärtermaßen verändern wollten.

Nach dem Ersten Weltkrieg kam es nicht zu einer stabilen Struktur der internationalen Politik, weil es keinen dauerhaften Konsens der Großmächte über Grundfragen der internationalen Ordnung gab. Locarno war nur eine Scheinstabilisierung. Großbritannien und Frankreich, die alten europäischen Kolonialmächte, wollten Herrschaft und Einfluß bewahren. Die Sowjetunion stand ideologisch in scharfem Gegensatz zur bestehenden Ordnung und verfolgte außenpolitisch einen Kurs, der sich den jeweiligen internationalen Konstellationen anpaßte und seine Partner entsprechend dem Sicherheitsverständnis der sowjetischen Führung wechselte. Japan, Italien und Deutschland verstanden sich als revisionistische Mächte, die den territorialen Status quo verändern wollten und zu verschiedenen Zeitpunkten im Fernen Osten, in Afrika und in Europa Kriege begannen, die sich schließlich zum Zweiten Weltkrieg verschmolzen. Die USA verharrten nach 1919 nur vordergründig in einem auf Amerika zurückgezogenen Isolationismus. Als Gläubiger der Welt und als wirtschaftliche Großmacht, aber auch militärisch als Flottenmacht waren sie global präsent und warfen ihr Gewicht in die Waagschale, was unausweichlich zu einer Rollenumverteilung in der internationalen Hierarchie zwischen Großbritannien und den USA führen mußte. Die weitverbreitete Vorstellung von den „besonderen Beziehungen“ läßt vergessen, daß sich in den zwanziger Jahren zwischen beiden Mächten ein Gegensatz in der Flottenrüstung entwickelte. Ein Foreign Office-Beamter verstieg sich 1927, als Washington den Bau leichter Kreuzer limitiert sehen wollte, sogar zu der Äußerung, ein Krieg mit den USA sei „nicht undenkbar“.[135]

Wer immer mit Außenpolitik befaßt war, war unbeschadet gegensätzlicher Auffassungen im einzelnen Realist genug, um zu sehen, wie die britische Weltmacht, die auf der politischen Weltkarte nach dem Ersten Weltkrieg aufgrund der vom Völkerbund übergebenen Mandatsgebiete sogar die größte Ausdehnung ihrer Geschichte verzeichnen konnte, an allen Stellen ihres Weltreichs mit Konkurrenten und Gegnern zu tun hatte, angefangen bei wirtschaftlicher und ideologischer Konkurrenz und Gegnerschaft (USA, UdSSR) bis hin zu militärischer Gewaltanwendung (Japan, Italien, Deutschland). Großbritannien war die einzige Großmacht, die in *alle* Konflikte und Gegensätze in der internationalen Politik verwickelt war. Die außenpolitischen Entscheidungsträger hatten mit den begrenzten Machtmitteln ihres Landes auszukommen, die in keinem angemessenen Verhältnis zu seinen weltpolitischen Ambitionen standen. Großbritannien war weder in der Lage, sich rundum zu verteidigen, noch die Rolle des Weltpolizisten zu spielen. Mit entsprechender Dringlichkeit mußte London darum nach Wegen suchen, internationale Konflikte unterhalb der Kriegsschwelle zu halten. Der Erste Weltkrieg hatte bereits viel an Substanz gekostet. Ein weiterer Krieg würde den Niedergang der alten Weltmacht definitiv herbeiführen und wäre doch nicht zu vermeiden, wenn die Frage der Sicherheit Großbritanniens unmittelbar anstehen sollte. Dies war die Zwangslage, in die das Land in den dreißiger Jahren geriet.

Das prekäre Gleichgewicht zwischen Machtanspruch und Machtverfall war nur unter der Voraussetzung nichtkriegerischer Konfliktlösungen aufrechtzuerhalten. Wenn wir Appeasement nicht mit Beschwichtigung, sondern mit Entspannung und internationaler Kooperation übersetzen, erfassen wir, was der Begriff meinte und was so unterschiedliche Politiker wie der Liberale Lloyd George, der eher für eine Politik der Stärke bekannte Winston Churchill, der als Außenminister mit dem Friedensnobelpreis ausgezeichnete Austen Chamberlain, der Labour-Politiker Hugh Dalton oder der als negative Symbolfigur der Appeasement-Politik bekannte Neville Chamberlain im Auge hatten, wenn sie von der *policy of appeasement* sprachen.[136] Gemeint war nicht nur Frieden für Großbritannien, sondern „European appeasement",[137] ja sogar „world appeasement" – eine Weltfriedensordnung, die Lord Halifax kurz vor seiner Ernennung zum Außenminister 1938 dem Weltherrschaftsentwurf Hitlers entgegensetzte.[138] Welche Qualität Appeasement zugemessen werden konnte, wird an der Unterscheidung deutlich, die die liberale Tageszeitung *Manchester Guardian* im Mai 1919 zwischen „peace of appeasement" und „peace of violence" traf.[139]

Appeasement resultierte nicht nur aus der Einsicht, daß die Tage der Pax Britannica des 19. Jahrhunderts, in denen der Friede erzwungen werden konnte, vorbei waren. Internationale Entspannung benötigte man auch deswegen, um verschiedene interne Schwächemomente ausgleichen zu können. Insofern war Appeasement eine umfassende Antwort auf die Krise, in der sich Großbritannien nach dem Ersten Weltkrieg befand, wenn es letztlich auch keine erfolgreiche Krisentherapie darstellte. Wie schon angeklungen ist, gab es eine Krise im Hinblick auf Großbritannien als Wirtschafts- und Finanzmacht, als Militärmacht und als Zentrum des Weltreichs. Das Grundproblem der Wirtschaft bestand in ihrer mangelnden Wettbewerbsfähigkeit. Zu den schwindenden Einkünften aus der kränkelnden Exportindustrie mußten noch dringender als vor dem Ersten Weltkrieg die Einnahmen aus dem immer noch florierenden Dienstleistungsbereich (internationale Finanzgeschäfte, Versicherungen) hinzutreten, um eine ausgeglichene Zahlungsbilanz zu gewährleisten und die Stabilität des Pfundes nicht zu gefährden. Großbritannien hatte immerhin 70% seiner Lebensmittel und einen Großteil seiner Roh- und Brennstoffe einzuführen. Wirtschaftliche Leistungsfähigkeit erschien als „vierte

Teilstreitkraft".[140] Sie aber drohte zu versagen, wenn der Staatshaushalt übermäßig durch Rüstungsausgaben belastet werden würde. Besonders schwierig wurde die Lage in den dreißiger Jahren, als erstmals seit knapp hundert Jahren ein Zahlungsbilanzdefizit auftrat. Britische Minister fürchteten, der Kollaps – nämlich der finanzielle – könnte noch vor dem militärischen Ernstfall eintreten, wenn durch forcierte Rüstung Kapital und Arbeitskräfte aus der lebenswichtigen Exportwirtschaft abgezogen würden. Nach seiner Ernennung zum Premierminister unterstrich Chamberlain diesen Punkt. Kriege würden nicht nur mit Waffen und Soldaten gewonnen: „They are won with the reserves of resources and credit."[141] Von geringen Abstrichen abgesehen hielt man am Grundsatz des ausgeglichenen Haushalts fest. Die von Keynes theoretisch formulierte Alternative des *deficit spending* blieb unerprobt.

Die militärischen Konsequenzen lagen auf der Hand. Großbritannien rüstete nach dem Ersten Weltkrieg ab und verzichtete auf eine Modernisierung der Flotte. Gegenüber den USA mußte man sich 1922 im Washingtoner Abkommen zu einer Rüstungsbegrenzung verstehen, die Parität mit den USA bedeutete. Welch ein Unterschied zur Zeit vor dem Ersten Weltkrieg, als weder Geld für Schiffsneubauten fehlte, noch irgendeine Regierung Großbritannien im Flottenbau zum Stillhalten bewegen konnte! Die militärstrategische Lage Großbritanniens zwischen den Weltkriegen ist mit einem Wort zu charakterisieren: Überdehnung der Ressourcen und Überanspannung der militärischen Kräfte, die gerade ausreichten, um Funktionen im Frieden zu erfüllen, in Krisenzeiten oder für den Kriegsfall jedoch unzureichend waren.

Schließlich hatte die britische Politik Veränderungen im Weltreich in Rechnung zu stellen, die sich auf das außenpolitische Konfliktverhalten Londons auswirkten. Die Dominions erreichten aufgrund ihrer aktiven Rolle im Krieg eine außenpolitisch selbständigere Stellung. Sie waren Mitunterzeichner des Versailler Vertrags. Zusammen mit Großbritannien wurden Kanada, Australien, Neuseeland, Südafrika und auch Indien, das erst 1935 innere Selbstverwaltung, aber keinen Dominion-Status erhielt, Mitglieder des Völkerbunds. Die faktische Unabhängigkeit der Dominions änderte aber nichts an ihrer weiteren Einbindung in die britische Diplomatie und vor allem Sicherheitspolitik. Staatsrechtlich wurde das Verhältnis der selbständigen Dominions zu Großbritannien 1931 im Statut von Westminster geregelt. Danach waren sie „autonome Gemeinschaften innerhalb des britischen Empire, gleich im Status, in keiner Weise einander in inneren oder äußeren Angelegenheiten untergeordnet", aber doch durch „eine gemeinsame Bindung an die Krone vereinigt und als Mitglieder des *British Commonwealth of Nations* frei assoziiert".[142] Die Dominions beeinflußten die Londoner Außenpolitik vorwiegend indirekt. Als allgemeine Tendenz war zu beobachten, daß sie aufgrund der

Verwundbarkeit des Weltreichs zu einer risikoscheuen Politik drängten, sowohl in Europa, wo sie das Versailler System nicht als definitiv verbindliche Ordnung ansahen, als auch im Fernen Osten, wo der japanische Expansionsdrang in gewissen Grenzen als Tatsache hingenommen wurde. Abstimmung mit dem Weltreich war nicht zuletzt darum wichtig, weil es als Rohstoff- und Nahrungsmittellieferant unverzichtbar war und fast die Hälfte aller britischen Exporte (gegenüber etwa einem Drittel vor dem Ersten Weltkrieg) dorthin ging.

Sah sich die britische Regierung durch die Haltung der Dominions in ihrer Politik der Entspannung bestärkt, so war internationale Konfliktentschärfung erst recht geboten, um interne Krisenherde des Weltreichs unter Kontrolle halten zu können. Das Irland-Problem konnte 1921 nach scharfen Auseinandersetzungen und inneririschen Fraktionskämpfen wenigstens formal dadurch gelöst werden, daß die Insel geteilt wurde. Ulster blieb im Vereinigten Königreich, während die übrigen Grafschaften als Irischer Freistaat Dominion-Status erhielten. Ein anderer Krisenherd war Indien, wo sich der emanzipatorische Wille der unter kolonialer Herrschaft stehenden Gesellschaft kräftig regte und wo Gandhi die säkulare Tendenz der Dekolonisation personifizierte. Da Großbritannien in der Zwischenkriegszeit seine Herrschaft in Indien bewahren wollte, fürchtete es internationale Krisen und Kriege als Schrittmacher der Entkolonisierung.

b) Aufstieg der Labour Party bei konservativer Vorherrschaft

Begreift man die Appeasement-Strategie als Versuch der Kriseneindämmung und -bewältigung mit dem Ziel, trotz krisenhafter Erosion seiner Machtbasis weiterhin eine Rolle als Weltmacht spielen zu können, so ist nicht zuletzt auch die Krise des liberalen Systems zu erwähnen, die Europa seit Ende des Ersten Weltkriegs erfaßt hatte, auch wenn sie in Großbritannien selbst am wenigsten akut war. „Zurück zur Normalität" war nicht nur außenpolitisch gemeint, sondern hieß aus der Sicht britischer Führungsschichten, gesellschaftliche Umwälzungen und politische Erdrutsche zu vermeiden. Es kam darauf an, die politisch unabhängig gewordene Arbeiterbewegung und die mittelständischen Massen durch reformerische sozialpolitische Gesetzgebung zu integrieren und den britischen Parlamentarismus funktionstüchtig zu erhalten. In der Tat erwiesen sich die gesellschaftliche Ordnung und das politische System als überaus stabil, vergleicht man sie mit dem innenpolitisch zerrissenen Frankreich, dem faschistischen Italien oder mit Deutschland, wo die ungeliebte parlamentarische Republik in der Weltwirtschaftskrise unterging. Im Gegensatz zur Weimarer Republik war die Zustimmung zu den verfassungsmäßigen Institutionen überwältigend, nicht zuletzt auch zur Monarchie.

Gerade die Krise 1936, als Eduard VIII. wegen seiner geplanten Heirat mit einer bereits zweimal geschiedenen Amerikanerin zur Abdankung gezwungen wurde, unterstrich die große Bedeutung, die die Krone für Regierung und Öffentlichkeit hatte. In Großbritannien blieben linke Gewerkschaftsgruppen oder die Kommunistische Partei ebenso isoliert wie die kleine Gruppe der Faschisten unter Mosley. Die Frage, ob die Sowjetunion eine neue Form der Zivilisation hervorbringe, blieb auf intellektuelle Zirkel beschränkt.[143] Die nationalistischen Parteien *Plaid Cymru* und *National Party of Scotland,* die 1925 beziehungsweise 1928 in Wales und Schottland gegründet wurden, blieben Kleinorganisationen ohne desintegrierende Wirkung. Trotz wirtschaftlicher Not und sozialen Protests, die immer wieder das Leben in den ehemaligen Zentren der Industriellen Revolution bestimmten, während auf der anderen Seite der britischen Klassengesellschaft 400000 Leute oder weniger als 1% der Bevölkerung über zwei Drittel des Volksvermögens verfügen konnten, kam es nicht zu Frontalangriffen, die das bestehende System wirklich hätten erschüttern können. Für die Zeitgenossen schien dies freilich nicht immer so sicher zu sein. Auf der politischen Rechten bestand ein Gefühl der Bedrohung, so daß der Generalstreik 1926 zur Verfassungskrise hochstilisiert wurde. Aber auch auf der Linken glaubten manche an strukturelle Veränderungen, was die Konservativen in ihrem Krisengefühl wieder bestätigte. Ein so scharfsinniger Analytiker wie Harold Laski erlag noch 1935 der Fehleinschätzung von der „Unvermeidbarkeit der Revolution als der Hebamme der sozialen Veränderung".[144] Tatsächlich blieb Großbritannien ein liberal verfaßtes, der parlamentarischen Demokratie verpflichtetes Land und als solches nicht zuletzt ein Aufnahmeland für Exilsuchende auf der Flucht vor den Diktaturen des Kontinents. Es wurde abermals seiner „historischen Rolle als Zufluchtsort und Heimstatt für Menschen verschiedener Rassen" gerecht,[145] auch wenn es in diesem Punkt, wie in so vielen anderen Punkten auch, von den USA übertroffen wurde.

Als das Land mit der längsten parlamentarischen Tradition überschritt Großbritannien 1918 endlich auch die Schwelle zur Demokratie. Die Wahlrechtsreform vom Februar 1918 war nicht die letzte ihrer Art, aber sie brachte erstmals ein Wahlrecht, das die Bezeichnung allgemeines Wahlrecht fast verdiente. Zu Beginn des 20. Jahrhunderts waren unter 20% der Bevölkerung wahlberechtigt. Vor dem Ersten Weltkrieg waren 59% der männlichen Erwachsenen ins Wahlregister eingetragen. Nach der Reform von 1918 konnten Männer ab 21 und Frauen ab 30 Jahren wählen. Erst 1928 wurden Frauen politisch gleichberechtigt, als ihnen dasselbe Wahlrecht wie den Männern eingeräumt wurde. Es blieb beim relativen Mehrheitswahlrecht, so daß zum Beispiel die Oppositionsparteien 1918 nur 10% der Sitze im Unterhaus erhielten, die ihnen sicher gewesen wären, wenn das Verhältniswahlrecht gegolten hätte. Es blieb auch beim undemokratischen Relikt des Mehrstimmenwahlrechts. Davon profitierten Universitätsabsolventen (0,4% der Wahlberechtigten) und Geschäftsleute (zwischen 1 und 1,5%), die auch am Geschäftsort wählen konnten, wenn er nicht ihr Heimatort war.

Die überwiegende Mehrheit der 8,4 Millionen wahlberechtigten Frauen wählte im Dezember 1918 die von Lloyd George geführte Koalition, die als Wahlbündnis der Nationalliberalen, wie die Lloyd George-Liberalen bald hießen, und Konservativen auftrat. Die Koalition errang mit 478 Sitzen, von denen 338 auf die Konservativen entfielen, einen überwältigenden Wahlsieg. Die Labour Party hatte sich unmittelbar nach Kriegsende aus der Regierung zurückgezogen und stellte 63 Abgeordnete. Asquiths Liberale errangen nur 26 Sitze. Von den irischen Abgeordneten nahmen die 73 Vertreter, die sich der *Sinn Fein*-Bewegung zurechneten und die eine unabhängige irische Republik anstrebten, ihre Sitze in Westminster gar nicht erst ein und bildeten ein eigenes illegales Parlament in Dublin. Hervorstechend war das klare Übergewicht der Konservativen, das bis 1945 erhalten blieb; die Spaltung der Liberalen, die, von kurzfristigen Versuchen abgesehen, nicht mehr überwunden werden konnte; und das verhältnismäßig schwache Abschneiden der Labour Party, die 338 Kandidaten aufgestellt hatte und nur 63 Wahlkreise gewann, diese aber aus eigener Kraft und ohne Rückgriff auf ein Wahlbündnis.

Der Regierungsapparat ging aus dem Ersten Weltkrieg organisatorisch gestärkt hervor. Im Kabinett blieb die herausgehobene Stellung des Premierministers erhalten, die Lloyd George im Krieg etabliert hatte. Er verfügte über einen eigenen Beamtenstab, mit dem ein stärkerer Einfluß auf die Fachministerien genommen werden konnte. Er kontrollierte die Tagesordnung des Kabinetts und konnte ohne Kabinettsentscheidung beim König die Auflösung des Unterhauses bewirken. Über die Parteiführungen disziplinierte die Regierung das Unterhaus. Die Souveränität des Parlaments war zwar, wie es bis heute der Fall ist, oberste Autorität. In der Praxis jedoch, wo Wahlen zunehmend plebiszitäre Züge hatten, spielten die Parteiorganisationen in steigendem Maß eine zentrale Rolle. Das Unterhaus verlor gegenüber der Regierung, bei der alle Initiativen lagen, und gegenüber den Wählern an Einfluß. Der einzelne Abgeordnete war schlecht ausgestattet. Andererseits blieb das Unterhaus der wichtigste Ort für die politische Debatte. Es war undenkbar, daß ein Premierminister wie im 19. Jahrhundert nicht Mitglied des Unterhauses war. Die nach wie vor hoch eingeschätzte Rolle des Parlaments war auch daran ablesbar, daß die Opposition 1937 einen verfassungsmäßigen Status (*His Majesty's Opposition*) erhielt und ihr Führer seitdem ein gesondertes Gehalt bezog.

Die allgemeine Stärkung der Zentralregierung und ihrer Bürokratien war eine wichtige institutionelle Voraussetzung für die weitere Ausbildung des Interventionsstaats. Schon vor dem Ersten Weltkrieg war deutlich geworden, daß sich der Staat nicht mehr nur auf Militär, Polizei, Justiz und Außenpolitik beschränkte. Nach dem Krieg setzte sich die Ausweitung der Staatstätigkeit mit sozial- und wirtschaftspolitischen Eingriffen fort. Lloyd George versuchte dadurch, sein Programm der inneren Konsensbildung durch Reformen zu realisieren, die an die sozialpolitische Gesetzgebung der Vorkriegszeit anknüpften und eine gesellschaftliche und wirtschaftliche Rekonstruktion anstrebten, um den Erfordernissen der Nachkriegszeit gerecht werden zu können. Ein *home fit for heroes*, wie Lloyd Georges vielzitierter Slogan hieß, sollte geschaffen werden; eine Gesellschaftsordnung, die den „Helden" einen Ausgleich für die Opfer der Kriegsjahre bieten und im Krieg künstlich eingedämmtes Protestpotential pazifizieren sollte.

Aus der Sicht der Regierung lautete die wichtigste innenpolitische Frage, welchen Weg die Arbeiterschaft gehen würde. Konnte an die Integrationsmuster der Vorkriegszeit angeknüpft werden? Oder deutete sich mit den Streiks im schottischen Industriegebiet am Clyde in der Demobilisierungsphase des Januar 1919 eine neue Entwicklung an? Dort forderte man nicht nur die Vierzig-Stunden-Woche, sondern hißte auch rote Fahnen. Nach Zusammenstößen zwischen Streikenden und der Polizei in Glasgow schickte die Regierung Truppen in die Stadt. Um den *Bolsheviks* den Wind aus den Segeln zu nehmen und die extremen Kräfte in der Arbeiterschaft isolieren zu können, wollte Lloyd George die gemäßigte Mehrheit durch sozialpolitische Fortschritte für sich gewinnen.[146] Hervorzuheben sind die Förderung des Wohnungsbaus mit 200000 Häusern, die der Staat in einem finanziell aufwendigen Programm bis 1922 subventionierte, und 1920 die Ausdehnung der Arbeitslosenversicherung auf alle Arbeiter mit weniger als fünf Pfund Wochenlohn. Damit stieg die Zahl der von der Versicherung erfaßten Arbeiter von drei auf zwölf Millionen. Für die Finanzlage der Versicherung war es indes ein Unglück, daß die Arbeitslosenzahl nach dem kurzen Nachkriegsboom dramatisch anstieg und für die gesamte Zwischenkriegszeit beängstigend hoch blieb. 1921 verzeichnete man 14,8% Arbeitslose (gegenüber 2,4% 1919/20). Bis Ende der dreißiger Jahre sank die Arbeitslosigkeit nie unter 11%. In der Weltwirtschaftskrise betrug sie bis zu 22%.

Von der Misere besonders betroffen waren die sogenannten „alten" Industrien (Baumwolle, Kohle, Schiffsbau, Eisen und Stahl), die Großbritannien im 19. Jahrhundert zu seiner Macht verholfen, jetzt aber den Anschluß an die internationale Entwicklung weitgehend verloren hatten. Während die südlichen Midlands und Südostengland mit ihren „neuen" Industrien (Elektroindustrie, chemische Industrie, Fahrzeugbau, Haushaltsgeräteproduktion und andere Konsumgüterindustrien, Bauwesen) prosperierten, herrschte in den *depressed areas* von Wales, Schottland,

Nordostengland, West-Yorkshire und Lancashire extrem hohe Massenarbeitslosigkeit. Auf dem Höhepunkt der Krise 1931/32 waren 35% der Bergleute, 43% der Arbeiter in der Baumwollindustrie, 48% der Stahlarbeiter und 62% der im Schiffsbau Beschäftigten ohne Arbeit. Hier sah sich die Gesellschaft großen Herausforderungen gegenüber, denen sie aus der Sicht der Arbeiter nicht gerecht wurde. Zu ihrer großen Enttäuschung wurde die im Krieg bestehende de facto-Verstaatlichung von Bergbau, Elektrizität und Transport rückgängig gemacht. Besonders im Bergbau führte dies zu unversöhnlichen Klassengegensätzen. Dort existierten 1500 Firmen mit 2500 Gruben. Es gab keine einheitlichen Löhne. Seit Herbst 1920 spitzte sich der Konflikt zwischen Unternehmern und Gewerkschaften zu. Als die Bergarbeitergewerkschaft am 1. April 1921 den Beschluß zum Streik faßte, hatte sie noch die Unterstützung der Transportarbeiter- und der Eisenbahnergewerkschaft, doch zerfiel die sogenannte *Triple Alliance* zwei Wochen später, als der Streik begann. Nach diesem *Black Friday* des 15. April, der sich wie ein Trauma auf die britische Gewerkschaftsbewegung legte, streikten die Bergarbeiter drei Monate lang allein. Was aber noch schlimmer war: Sie streikten auch vergeblich und mußten sogar Lohnkürzungen hinnehmen. Mit steigender Arbeitslosigkeit wurde die Streikwaffe stumpf. Die Mitgliedschaft in den Gewerkschaften ging daraufhin von 8 Millionen bei Kriegsende auf 5,5 Millionen 1924 zurück.

In der Regierungskoalition herrschten unterschiedliche Vorstellungen, wie man sozialen und wirtschaftlichen Fragen begegnen sollte. Die Konservativen drangen bald auf Kürzungen in den Staatsausgaben. Im Haushalt von 1922 kam es zu Einsparungen von 12% – ein deutliches Zeichen dafür, daß der Wohlfahrtsstaat noch nicht auf der Tagesordnung britischer Politik stand. Es dominierte überwiegend ein Staatsverständnis, das den Staat im Hintergrund beließ. Politik wurde immer noch vorrangig über die Gesellschaft und ihre Gruppen definiert. Von dort mußten die Anstöße kommen. Von dort gingen in der Tat immer wieder soziale Bürgertugenden aus, die frei von staatlicher Mitsprache gesellschaftliche Aufgaben übernahmen. So gibt es bis heute ein beeindruckendes Netz privater Wohltätigkeitsinitiativen. Infolgedessen blieb es im Bereich von Sozialversicherungen, Gesundheit, Bildung und Wohnungsbau nach dem Ersten Weltkrieg bei relativ bescheidenen Maßnahmen. An ihnen rüttelten auch die Konservativen nicht, als sie im Oktober 1922 die für britische Verhältnisse ohnehin unübliche Koalition beendeten und allein die Regierung bildeten. Neuwahlen im November brachten ihnen eine deutliche Mehrheit. Gleichzeitig konnte die Labour Party erstmals in ihrer Geschichte die Liberalen überflügeln, und im Januar 1924 sah sich die Partei ganz überraschend sogar mit der Aufgabe der Regierungsbildung konfrontiert.

Die Konservativen hatten im Mai 1923 mit Stanley Baldwin einen neuen Parteiführer gewählt, der bis 1937 an ihrer Spitze stand und wiederholt Premierminister war. Aus einer Unternehmerfamilie stammend verkörperte er wie kaum ein zweiter das mehrheitliche Verlangen der Briten nach Ruhe und Konfliktvermeidung. Er war wenig inspirierend, aber ungeheuer populär und errang große Wahlerfolge. Sein Start als Premierminister verlief allerdings wenig erfolgreich. Im Dezember 1923 versuchte er, von der Wählerschaft ein Mandat zur Einführung von Schutzzöllen zu erhalten, um dadurch die Arbeitslosigkeit bekämpfen zu können. Labour Party und Liberale dagegen wollten der Einschränkung des Freihandels nicht zustimmen und erzielten Gewinne auf Kosten der Konservativen, die zwar stärkste Fraktion blieben, bei entsprechendem Abstimmungsverhalten ihrer Kontrahenten aber nichts ausrichten konnten. Im Januar 1924 trat Baldwin zurück, und MacDonald wurde Premierminister einer Minderheitsregierung. Er setzte sich gegen Bedenken in seiner Partei durch, wonach der Zeitpunkt für eine Regierungsübernahme zu früh sei. Sein Hauptargument war, die Labour Party müsse ihre Regierungsfähigkeit unter Beweis stellen, um für breitere Mittelschichten wählbar zu werden und vom Verfall der Liberalen profitieren zu können. Als Klassenpartei allein war die Labour Party in der Tat nicht mehrheitsfähig.

Die Labour Party hatte sich 1918 ein Programm gegeben, das die Handschrift Arthur Hendersons und Sidney Webbs trug, also stark vom Gedankengut der *Fabians* geprägt und fern von jeglicher Radikalität war. Als föderative Organisation mit den Gewerkschaften als Hauptsäule, mit politisch relativ links stehenden Gruppen wie der *Independent Labour Party* und auch mit seit 1918 möglichen individuellen Mitgliedschaften bot die Labour Party kein einheitliches Bild. Sie bekämpfte die Kapitalisten, aber nicht den Kapitalismus. Ihre Sozialisierungspläne, die im Programm von 1918 standen, blieben vage. Auf Parteitagen wurden auch Klassenkampfparolen laut. Bestimmend aber war der Grundgedanke, Veränderungen seien nur auf dem Weg gewaltfreier Evolution erreichbar.[147] Sidney Webb sprach vom „unumgänglichen Gradualismus jeglichen Wandels", und der linke Gewerkschaftsführer Robert Smillie, den Beatrice Webb 1919 als Protagonisten des revolutionären Flügels der Labour Party bezeichnete, nannte sich in höchster Begriffsakrobatik einen „evolutionären Revolutionär". Was in alldem zum Ausdruck kommt, ist – bei aller Verschiedenheit in taktischen Fragen – die unverrückbare Einbindung in das parlamentarische System und die Absage an revolutionäre Gewalt. Politik war per definitionem Politik im Parlament. Eine Mehrheit im Parlament werde der Labour Party die Macht geben, die sich Lenin auf revolutionärem Weg habe holen müssen. Diese von MacDonald ausgedrückte Erwartung beinhaltete zugleich eine scharfe

Abgrenzung gegen alle Formen des internationalen Kommunismus. Immer wieder haben die britischen Kommunisten versucht, von der Labour Party als affiliierte Gruppe zugelassen zu werden. Dies wurde regelmäßig abgelehnt. Als Ende der dreißiger Jahre Stafford Cripps für die Bildung einer Volksfront eintrat, wurde er sogar aus der Labour Party ausgeschlossen.

Es gab nach dem Ersten Weltkrieg allerdings eine Situation, wo die Labour-Bewegung durch „direkte Aktion" am Parlament vorbei politische Ziele erreichen zu wollen schien. Während des polnisch-russischen Krieges 1920 meldete sie ihren Widerstand gegen mögliche Pläne an, Polen mit Kriegsmaterial zu beliefern. Im Mai 1920 weigerten sich Londoner Hafenarbeiter, ein für Polen bestimmtes Schiff abzufertigen, zu dessen Ladung auch Munition gehörte. Daß es schließlich ohne die beanstandete Ladung den Hafen verließ, war ein Erfolg direkter Aktion und ein Fanal von großem Symbolwert für die gesamte Arbeiterbewegung. Smillie forderte im Juni, auf die Rußlandpolitik der Regierung mit dem Generalstreik zu antworten. Im August spitzte sich die Lage zu, als Premierminister Lloyd George militärische Aktionen zur Aufrechterhaltung der polnischen Unabhängigkeit nicht ausschloß. Dies war die Initialzündung für die Bildung eines *Council of Action,* der Maßnahmen zur Verhinderung eines britischen Kriegseintritts treffen sollte. Gedroht wurde mit dem politischen Streik, und Bevin von der Transportarbeitergewerkschaft unterstrich ausdrücklich die Legitimität der gewerkschaftlichen Zielsetzung, die jetzt über reine Lohnfragen hinausgehe. Es ist aber bezeichnend, daß zugleich intensiv über die Verfassungsmäßigkeit eines solchen Vorgehens und eines politischen Streiks debattiert wurde, wobei letztlich auf das Parlament als Ort des politischen Handelns verwiesen wurde.

Als die Labour Party 1924 Regierungspartei wurde, war sie auf die Tolerierung seitens der Liberalen angewiesen. Obwohl MacDonald, der einen bürgerlichen Lebensstil pflegte, von jeglichem Verdacht frei war, Sympathie für die Sache der Kommunisten zu haben, stolperte seine Regierung sowohl wegen des mit der Sowjetunion abgeschlossenen Handelsvertrags, den die Liberalen ablehnten, als auch wegen der Campbell-Affäre. Campbell war Redakteur des kommunistischen *Workers' Weekly.* Nach einem Artikel, der als Aufruf an Soldaten zur Rebellion verstanden werden konnte, wurde gegen ihn ermittelt, bis die Untersuchungen im Einvernehmen mit der Regierung eingestellt wurden. MacDonald dagegen behauptete im Unterhaus, er sei nie konsultiert worden. Er trat zurück, als eine parlamentarische Untersuchung beschlossen wurde. Kurz vor den daraufhin angesetzten Neuwahlen beflügelte dann der sogenannte Sinowjew-Brief die Kommunistenfurcht der bürgerlichen Parteien. In diesem Brief, der wahrscheinlich eine vom britischen Geheimdienst lancierte Fälschung war, forderte der Präsident der Komintern zu revolutionärer Tätigkeit auf. Der Brief dürfte für den Wahlausgang aber nicht von großer Wirkung gewesen sein. Die Labour Party gewann sogar eine Million Stimmen hinzu, verlor aber vierzig Sitze. Die Konservativen feierten einen ihrer größten Wahlsiege. Die eigentlichen Verlierer waren die Liberalen, die sich endgültig auf den Status einer kleinen Partei reduziert sahen. Trotz der Wahlniederlage hatte sich die Labour Party als die eigentliche Alternative zu den Konservativen etabliert.

In die fünfjährige konservative Regierungszeit fiel die Rückkehr des Pfundes zum Goldstandard. Als Schatzkanzler Churchill, der nach seinem liberalen Zwischenspiel zur Konservativen Partei zurückgekehrt war, diese Maßnahme 1925 verkündete, nahm er eine deutliche Überbewertung des Pfundes mit entsprechenden Auswirkungen für die ohnehin schon stöhnende Exportwirtschaft in Kauf. Die Wiederherstellung der Vorkriegsparität stand in keinem Verhältnis zur Leistungsfähigkeit der britischen Wirtschaft, insbesondere der „alten" Industrien und hier wiederum der Kohleindustrie. Vor dem Ersten Weltkrieg die zweitgrößte Exportbranche, wurde die Kohle jetzt vom Öl zurückgedrängt. Darüber hinaus machte sich Mitte der zwanziger Jahre der Modernisierungsrückstand in der britischen Kohleförderung definitiv bemerkbar, nachdem die Auswirkungen des amerikanischen Kohlestreiks und der Ruhrbesetzung vorüber waren. An der Ruhr erfolgte die Förderung zu 80% mit Maschineneinsatz, in Großbritannien nur zu 25%. Die Überbewertung des Pfundes tat nun ein übriges, so daß die Unternehmer längere Arbeitszeiten bei niedrigeren Löhnen forderten. Die Regierung war vorübergehend zur Zahlung von Subventionen bereit. Doch manövrierten sich die Konfliktparteien im Frühjahr 1926 in eine so verfahrene Lage hinein, daß letztlich gegen den eigentlichen Willen des *Trades Union Congress* am 3. Mai ein Generalstreik ausgerufen wurde. In Erwartung neuer Verhandlungen wurde er am 12. Mai ebenso konzeptionslos wieder abgebrochen, wie er begonnen hatte. Die Bergleute streikten für sechs Monate weiter, ohne irgendwelche Erfolge zu erzielen. Ihre Niederlage war vollständig und die zurückbleibende Bitterkeit ebenfalls. Die Gewerkschaften hatten abermals einen schweren Prestigeverlust erlitten. Sie waren in einen Streik hineingestolpert, den sie nicht gut vorbereitet hatten, während die Regierung rechtzeitig Vorsorge getroffen hatte und eine Lähmung des Landes verhindern konnte. Im Ausstand befanden sich rund 50% der organisierten Arbeiter. Von allen Erwerbstätigen waren es aber nur 13%.

Churchills Anklage, die Gewerkschaften wollten die politische Machtprobe und einen Verfassungskonflikt, war eine Verleumdung. Tatsächlich verlief der Streik äußerst friedlich. Die Streikleitungen versuchten – zum Teil durch Unterhaltungsprogramme –, die Streikenden von der

Straße fernzuhalten, um die Gefahr von Zusammenstößen zu vermeiden. Das staatliche Gewaltmonopol blieb unangetastet. Wo Streikkomitees behördliche Aufgaben kurzzeitig wahrnahmen, taten sie dies im Sinne der Kontinuität staatlicher Ordnungsgewalt. Vereinzelte Lahmlegungen des Verkehrs durch Barrikaden oder Sachbeschädigungen und Verhaftungen waren insgesamt weniger typisch als ein Fußballspiel zwischen Streikenden und der Polizei. Was die Rechtspresse als bürgerkriegsähnlichen Zustand bezeichnete, war tatsächlich ein kurzer ergebnisloser Solidaritätsstreik für die Sache der Bergleute. Die Regierung nutzte die Niederlage der Gewerkschaften sofort aus und ließ im Mai 1927 ein bis 1946 geltendes Gesetz verabschieden, das Sympathiestreiks verbot und die Abführung von Gewerkschaftsbeiträgen an die Labour Party nur bei ausdrücklicher Zustimmung des einzelnen Mitglieds gestattete. Der Geldstrom von den Gewerkschaften an die Parteiorganisation ging danach um ein Drittel zurück.

Die Unterhauswahlen 1929 ließen alle Fallstricke des britischen Mehrheitswahlrechts erkennen. Die Konservativen errangen knapp vor der Labour Party die meisten Stimmen, erhielten aber weniger Sitze, so daß die Labour Party wieder die Regierung stellte. Die seit 1927 wiedervereinigten Liberalen zeigten sich mit über fünf Millionen Stimmen gut erholt, doch brachten sie es nur auf 59 Sitze. Die neue Regierung sah sich nicht nur den strukturellen Problemen des britischen Arbeitsmarktes gegenüber, sondern auch den durch die Weltwirtschaftskrise zusätzlich ausgelösten Schwierigkeiten. Ohne konkrete Ergebnisse begann eine Debatte über Protektionismus und öffentliche Aufträge als Arbeitsbeschaffungsmaßnahmen. Anfang 1931 geriet die Arbeitslosenversicherung in finanzielle Schwierigkeiten. Ferner zeichnete sich im Sommer 1931 ein den Pfund-Kurs gefährdendes Haushaltsdefizit ab, dem MacDonald unter anderem durch Kürzungen bei der Arbeitslosenversicherung beikommen wollte. Dieser Vorschlag führte zur Spaltung des Kabinetts und am 23. August zum Rücktritt MacDonalds. Zwei Tage später war nicht etwa der Führer der Opposition im Amt, sondern abermals MacDonald, nun als Premierminister eines *National Government,* in dessen Kabinett vier Labour-Minister, vier Konservative und zwei Liberale saßen. Die neue Regierung verfügte Steuererhöhungen und Ausgabenkürzungen. Letztere betrafen neben der Arbeitslosenversicherung auch Gehälter für Beamte und Soldaten. Am 15. September verweigerten Teile der Flottenbesatzungen für kurze Zeit den Dienst wegen Soldkürzungen, die zum Teil über 10% betrugen. Doch beruhigte sich die „Meuterei“ der Flotte, wie dieser Vorfall überspitzt oft genannt wird, sofort nach kleineren Zugeständnissen seitens der Regierung. Schließlich rückte man wieder vom Goldstandard ab. Das Pfund war jetzt nicht mehr 4,86 Dollar wert, sondern nur noch 3,40 Dollar. Der letzte Akt der finanziellen Sanierung erfolgte im

Frühjahr 1932, als Großbritannien von dem einst heiligen Prinzip seiner Außenhandelspolitik abrückte und mit der Einführung von Einfuhrzöllen zum Schutz der heimischen Industrie die lange Ära des Freihandels beendete. Das im August 1932 in Ottawa beschlossene System von Empire-Präferenzzöllen rundete eine Politik ab, die Anfang des Jahrhunderts schon von Joseph Chamberlain anvisiert worden war und jetzt von einem seiner Söhne ausgeführt wurde, von Neville Chamberlain, der zum Führungskern der Konservativen gehörte und 1937 Premierminister wurde.

Das *National Government* war formal betrachtet eine Koalitionsregierung, die bis 1940 bestand. Tatsächlich aber bestimmten die Konservativen ihre politische Linie, erst recht, als ein Teil der Liberalen unter Herbert Samuel noch 1932 wegen der Abwendung vom Freihandel die Regierung wieder verließ. Die Labour Minister wurden von ihrer Partei ausgeschlossen. In der Bevölkerung fand die neue Regierung große Zustimmung und kam bei Wahlen im Oktober 1931 auf 14,5 Millionen Stimmen. Die Labour Party erreichte nur 6,6 Millionen Stimmen und schmolz im Unterhaus auf ganze 52 Abgeordnete zusammen. Auch die Wahlen 1935 bescherten ihr mit 154 Sitzen nur einen mäßigen Aufschwung. Allerdings setzte in der Labour Party eine intensive Programmdiskussion ein, die zehn Jahre später von den Wählern honoriert wurde. Dazwischen lag die im Ganzen als erfolglos eingestufte Wirtschafts- und Sozialpolitik des *National Government,* vor allem aber der Zweite Weltkrieg und die ihm vorausgegangene Außenpolitik, die weder den Krieg verhindern, noch Großbritanniens Stellung in der Welt aufrechterhalten konnte.

c) Zeitgewinn durch Appeasement und der Zweite Weltkrieg

Die auf Bewahrung der bestehenden Machtverteilung angelegte Appeasement-Strategie wurde in den dreißiger Jahren durch allzu rasche Veränderungen in der internationalen Politik einer Belastung ausgesetzt, der sie nicht gewachsen war. Gleichzeitig erschien sie gemessen an den Ressourcen und Handlungsmöglichkeiten britischer Politik als die einzig rationale Strategie, die von der Überlegung ausging, daß ein Krieg, falls er zur Verteidigung britischer Interessen unvermeidlich sein sollte, so spät wie möglich beginnen mußte. Hatte man sich den Ersten Weltkrieg eher als kurzen Krieg vorgestellt, so dachte man jetzt in längeren Zeiträumen, in denen sich die Gegner erschöpfen sollten. Die britische Politik war eine Politik der Friedenswahrung, aber nicht eine Politik des Friedens um jeden Preis. Nach der ersten Welle japanischer Aggression 1931 und dem Scheitern der Genfer Abrüstungskonferenz wurde die *Ten Year Rule* 1932/33 aufgegeben. Seit 1934 kamen – gegen die Opposition der Labour Party – Rüstungsmaßnahmen in Gang, allerdings in sehr bescheidenem Umfang und rein defensiver Natur. Man plante weder Landstreitkräfte für einen Einsatz auf dem europäischen Kontinent noch Bündnisse zur Eindämmung etwaiger Angreifer. Die Rüstung sollte der Selbstverteidigung dienen und war nicht auf internationale Polizeiaufgaben hin angelegt, die im Rahmen einer vom Völkerbund getragenen kollektiven Sicherheitspolitik die Existenz kleinerer bedrohter Staaten hätten sichern können.

Was in den zwanziger Jahren konzipiert worden war, behielt in den dreißiger Jahren Gültigkeit. Die innerbritischen Bedingungsfaktoren hatten sich nicht geändert. Wirtschaftliche Verwundbarkeit und militärische Schwäche bestimmten das Bild. Es änderten sich allerdings die internationalen Bedingungen. Für Großbritannien stellte sich die Frage, wie weit die revisionistischen Mächte gehen würden und wie lange ihre Expansion mit britischen Sicherheitsvorstellungen vereinbar war. Auf den japanischen Vorstoß 1931 in der Mandschurei folgte Italien 1935 in Äthiopien und zusammen mit Deutschland 1936 im Spanischen Bürgerkrieg, ehe dann mit der Ausdehnung des deutschen Machtbereichs in Europa seit 1938 das schwerstwiegende Sicherheitsproblem entstand. Es dauerte aber bis 1939, ehe Großbritannien die Schwelle zum Krieg überschritt. Vorher lag der Akzent auf *peace and trade,* wie die vom britischen Außenminister im Februar 1932 ausgegebene Losung lautete.[148] Auch die nationalsozialistische Machtübernahme in Deutschland bewirkte keinen Wandel. Außenpolitisch gab sich Hitler aus britischer Sicht fast gemäßigt. Daß er die Revision des Versailler Vertrags forderte, unterschied ihn nicht von seinen Vorgängern. Anthony Eden, damals Lordsiegelbewahrer und als solcher Regierungsmitglied, meinte im Februar 1934 sogar, er ziehe das „neue Deutschland eines Hitler und Goebbels" dem „alten eines Bülow" vor.[149] Entscheidend erschien zunächst einmal, daß die Gefahr von wirtschaftlichen Alleingängen Deutschlands fürs erste ausgeschlossen werden konnte und Deutschland sowohl als Kunde als auch als Schuldner im Weltmarkt eingebunden blieb. Bei aller protektionistischen Tendenz gehörte gleichzeitig der weitgehende Abbau von Handelshemmnissen zu den erklärten Zielen britischer Politik. Politische Entspannung und wirtschaftliche Interessenabstimmung blieben untrennbar verbunden, wie eine Reflexion Neville Chamberlains zum Ausdruck bringt, die er als Schatzkanzler 1934 in seinem Tagebuch festhielt und die er auch 1938 nach dem Münchener Abkommen Hitler gegenüber zum Ausdruck brachte: „Unser größtes Interesse ist der Frieden im Sinne einer allgemeinen Befriedung. Wenn morgen völlige Sicherheit in Europa herrschte, dann wäre das für unsere weiten Handels- und Finanzverflechtungen der größtmögliche Segen."[150]

Deutschland spielte eine Schlüsselrolle in diesem Konzept. Es war aber auch der entscheidende Störfaktor. Nicht nur das ökonomische Interesse am Frieden bestimmte die britische Außenpolitik, sondern auch die sicherheitspolitische Überlegung, welche Ziele die unübersehbare Militarisierung in Deutschland letztlich verfolgte. Bei den Streitkräften und im Foreign Office kam man überwiegend schon Ende 1933 zu der Einschätzung, daß Deutschland als potentieller Feind zu betrachten sei. Aber frühestens in fünf Jahren werde von der deutschen Rüstung eine Gefahr ausgehen. Das negative Deutschlandbild führte nicht zu Konsequenzen in der Deutschlandpolitik. Man war fast einhellig der Meinung, einzelne Bestimmungen des Versailler Vertrags oder das gesamte Vertragswerk seien zu ändern, um den deutschen Revisionismus zufriedenzustellen, der nationalsozialistischen Radikalität die Spitze abzubrechen und dann nach Möglichkeiten zu einem allgemeinen Abkommen nach dem Muster von Locarno zu suchen. Über Einzelheiten gab es in Kabinett und Ministerialbürokratie durchaus Meinungsunterschiede, aber nicht über die prinzipielle Notwendigkeit, Deutschland entgegenzukommen. Es herrschte allgemein auch die Überzeugung, man stehe unter Zeitdruck. Hitlers Dynamik sei nur zu kanalisieren, wenn man nicht allzu lange warte. Tatsächlich erfolgten dann die Wiedereinführung der allgemeinen Wehrpflicht in Deutschland (1935) und die Remilitarisierung des Rheinlands (1936) durch einseitige deutsche Maßnahmen und nicht auf dem Verhandlungsweg, der einen Fortschritt für die europäische Sicherheit gebracht hätte. Aber da es sich um Vorgänge handelte, die man ohnehin nicht verhindern wollte, blieb es bei Protesten und Appellen. Vorrangig war aus britischer Sicht nicht die Zementierung des Versailler Systems, sondern eine Anpassung an die Bedingungen der dreißiger Jahre. *Peaceful change* erschien – in Übereinstimmung mit Artikel 19 der Völkerbundssatzung – als konstruktiver Ansatz auf der Suche nach Möglichkeiten zur Entspannung, aber eben *friedlicher* Wandel im Wege von internationalen Konsultationen und Verträgen.

Der ideale Weg zu diesem Ziel wäre über ein Abkommen zur Rüstungsbegrenzung gelaufen. Dann hätte man die beiden Zwänge vermieden, die in der Vorgeschichte des Ersten Weltkriegs so verhängnisvoll wirkten: das Wettrüsten und die internationale Blockbildung. Rüstungsbegrenzung lautete das Stichwort, als Großbritannien und Deutschland ein Abkommen schlossen, das für viele Zeitgenossen eher die Schleusen öffnete, statt sie zu schließen, das Flottenabkommen des Jahres 1935. Für die britische Seite besaß es nicht eigentlich einen Wert für sich, sondern nur als Vorstufe für erhoffte weitergehende Abkommen vor allem im Bereich der Luftwaffe. Denn der Luftkrieg war das eigentliche Schreckgespenst. Ein solches Abkommen aber kam nicht zustande. Auf die eigene wirtschaftliche Stabilität bedacht, verzichtete Großbritannien jedoch auf eine Politik der militärischen Abschreckung und ließ sich nicht in einen Rüstungswettlauf verwickeln. 1938 war es nach Aussage seiner militärischen Führung nicht kriegsbereit. Die Friedenssehnsucht der Bevölkerung und die wirtschaftlichen und militärischen Zwänge ließen den politisch Handelnden wenig Spielraum. Bekanntlich trat Eden als Außenminister Anfang 1938 zurück, weil er mit Chamberlains Italienpolitik nicht übereinstimmte. In den Grundlinien dagegen gab es keinen Dissens. Bekannt ist auch Churchills vehemente Verurteilung der Appeasementpolitik. Aber es ist fraglich, welche Alternativen er gehabt hätte, wäre er, was er gern gewollt hätte, schon 1936 in die Regierung berufen worden.

Kriegsbereit zu sein, hieß nicht nur in Europa, sondern weltweit auf militärische Konflikte eingestellt zu sein. Von London aus gesehen bildete Europa nur einen Ausschnitt im globalen britischen Interessengeflecht. Ein anderer Ausschnitt war das Mittelmeer und der Nahe Osten, wo Italien agierte; ein dritter der Ferne Osten, wo Japan 1937 unter direkter Beeinträchtigung britischer Belange in China erneut zur militärischen Offensive überging. Aus dieser Mehrfrontenlage entwickelte sich 1937 die Gefahr eines Mehrfrontenkriegs. Großbritannien müsse zwar an der Erhaltung seiner Marktanteile in China interessiert bleiben. Einen Krieg mit Japan aber könne es nicht riskieren. „Sonst könnte die Versuchung für die Diktatoren unwiderstehlich werden, in Osteuropa oder in Spanien loszuschlagen.“[151]

Um vor allem den deutschen Diktator von Militäraktionen abzuhalten, war man bereit, ihm in begrenzter Weise territoriale Zugeständnisse zu machen. Grenzkorrekturen in Ostmitteleuropa, die Österreich, die Tschechoslowakei und Danzig betrafen, bedeuteten jedoch nicht freie Hand im Osten. Auch die Rückgabe ehemaliger deutscher Kolonien war nur „als Teil einer Gesamtregelung“ denkbar, „durch welche die Ruhe und Sicherheit in Europa hergestellt würde“.[152] Wie schon 1935/36 wollte sich Hitler auch 1938 nicht irgendwelche Verhandlungslösungen aufzwingen lassen. Nur in der Sudetenkrise entglitt ihm für kurze Zeit die Initiative, als Chamberlain wiederholt nach Deutschland flog und schließlich das Münchener Abkommen erreichte. In London bemerkte man aber sehr schnell, daß es nur eine vorübergehende Atempause gebracht hatte. Die Garantieerklärung für Polen vom 31. März 1939 zeigte an, wie eng der Spielraum geworden war. Auch danach waren noch Verhandlungen denkbar, denn garantiert wurde nicht der Status quo, sondern die polnische Unabhängigkeit. Dies schloß Grenzrevisionen nicht aus. Rüstungsmaßnahmen waren auch 1939 noch defensiv ausgerichtet. Man ging von einer momentanen Überlegenheit Deutschlands und Italiens zu Lande und in der Luft aus und versuchte im übrigen, Zeit zu gewinnen. Die Dauer eines kommenden Krieges schätzte man auf etwa sieben Jahre. Auch die Verhandlungen mit der Sowjetunion, die nach langem Zögern im April 1939 begannen, sollten zunächst die Tür für ein vielleicht doch noch mögliches Arrangement mit Deutschland nicht zuschlagen. Deutschland sollte eine Warnung erhalten, sich aber nicht eingekreist fühlen. In die Seelenlage der sowjetischen Führung versetzte man sich in London nicht derart intensiv. Zu sehr war man, ohne jedoch eine antisowjetische Linie zu verfolgen, von Mißtrauen in ihre Motive und Ziele erfüllt, von der Geringschätzung der Schlagkraft der Roten Armee einmal ganz abgesehen. Die überraschende Wende zum Hitler-Stalin-Pakt blieb dann auch ohne Konsequenz für die britische Politik. Auch ohne sowjetischen Bündnispartner erklärte Großbritannien nach dem deutschen Einmarsch in Polen den Krieg.

Die Sowjetunion war nicht der einzige bündnispolitische Ausfall. Der generelle Mangel an Bündnispartnern ließ aus Londoner Sicht keine Alternative zur Politik der Risiko- und Interventionsscheu zu. Der Völkerbund stellte nicht die Aktionseinheit dar, die man zur Durchsetzung kollektiver Sicherheit benötigt hätte. Allerdings tat Großbritannien auch nichts dafür. Die Dominions im Commonwealth widersetzten sich strikt dem Gedanken, man solle ein Kriegsrisiko eingehen, „nur" um das Versailler System zu verteidigen. Frankreich galt als innenpolitisch zerrissen und außenpolitisch handlungsunfähig. Von den USA erwartete man keinerlei Kurswechsel in Richtung auf ein stärkeres politisch-militärisches Engagement. Es ist allerdings hinzuzufügen: Solange Krieg nicht zur Gewißheit geworden war, wollte man die USA lieber auf Distanz – allenfalls in einer aktiven Reserve – halten, denn amerikanische Mitwirkung an europäischer Sicherheitspolitik würde auch amerikanische Mitsprache und damit eine nicht unbedingt willkommene Aufwertung der USA mit sich bringen.

Genauso wie Großbritannien 1914 nicht in erster Linie Belgiens wegen in den Krieg eintrat, ging es 1939 nicht primär um Polen, dem Großbritannien ein Schutzversprechen gegeben und mit dem es auch ein Militärbündnis abgeschlossen hatte. Großbritannien stand zu seinen Verpflichtungen. Es gab aber keinerlei Pläne, wie direkte Hilfe für Polen geleistet werden könnte. Umsonst forderte der polnische Außenminister britische und französische Luftangriffe im Westen. Die britische Entscheidung zum Krieg, die auch Frankreich mitzog – wo man eine Neuauflage von „München" gern gesehen hätte –, beruhte allein auf der Überlegung, eine weitere Veränderung der Machtstrukturen in Europa zugunsten Deutschlands berühre die britische Sicherheit selbst. Man war in London zu territorialen Zugeständnissen an Deutschland bereit, auch wenn sie Deutschland ein Übergewicht auf dem Kontinent gaben. Eine Revolutionierung des internationalen Systems aber wollte man nicht hinnehmen. Sie hätte Großbritannien zum Juniorpartner Deutschlands gemacht. Diese Gefahr zeichnete sich 1939 ab, und darum nahm Großbritannien die deutsche Herausforderung an.

In Überschätzung der militärischen Fähigkeiten Deutschlands bestand der Kriegszustand jedoch zunächst überwiegend nur auf dem Papier. Die britische Führung war Gefangene ihrer eigenen Lagebeurteilungen. Der *phoney war* entsprach genau dem Defensivkonzept, das der britischen Planung immer zugrunde gelegen hatte. Churchill trat als Marineminister ins Kabinett ein. Die erfolgreiche deutsche Offensive in Skandinavien und die Besetzung Dänemarks und Norwegens fielen in seine Amtszeit. Dennoch war er die Führergestalt, von der man sich neue Impulse versprach. Er war in keiner Hinsicht mit der mittlerweile völlig diskreditierten Appeasement-Politik verbunden und wurde im Mai 1940 Premierminister, nachem 80 konservative Abgeordnete gegen Chamberlain gestimmt hatten. Churchills Regierung war eine Allparteienregierung unter Einschluß auch der Labour Party.

Churchills Amtsantritt fiel mit dem Angriff und dem schnellen Vordringen deutscher Truppen im Westen zusammen. Zu den ersten Erfolgsmeldungen der neuen Regierung gehörte ironischerweise ein Rückzug, der aber psychologisch sehr wichtig war und tatsächlich als Erfolg verbucht wurde. Es handelte sich um die Evakuierung von 225 000 britischen Soldaten, die über Dünkirchen zurück nach England gebracht werden konnten. Nach der Niederlage Frankreichs befand sich Großbritannien allein im Krieg mit Deutschland. Die Sowjetunion und die USA waren neutral, die Sowjetunion zugunsten Deutschlands, die USA zugunsten Großbritanniens. Es gelang schon in der Anfangsphase des Krieges sehr rasch, zu einem Höchstmaß an kriegswirtschaftlicher Mobilisierung zu kommen und auf diesem Sektor als liberal verfaßtes Land wesentlich leistungsfähiger als die totalitären Staaten zu sein. Im Luftkrieg von Juli bis September 1940 konnte die deutsche Offensive zurückgewiesen werden. Churchill sprach im Zusammenhang mit der *Battle of Britain* von der „größten Stunde“ seiner Landsleute. Zugleich aber verschlang der Krieg gewaltige Devisenmittel, und im Winter 1940/41 gelangte Großbritannien an die Grenze seiner Zahlungsfähigkeit. Rettung brachte das im März 1941 verabschiedete Leih- und Pachtgesetz der USA, das bis 1945 einen Strom von Ausrüstungen und Lebensmitteln nach Großbritannien im Umfang von 30 Milliarden Dollar ermöglichte. Großbritannien unterwarf sich damit aber zugleich gewissen Handels- und Devisenkontrollen – eine Weltmacht begann abzudanken. Aber es gab keinen anderen Ausweg, denn das Land konnte sich „nicht ohne fremde Hilfe“ behaupten, wie Außenminister Eden richtig erkannte.[153] Die USA besaßen alles, was in Großbritannien fehlte oder knapp war: Geld, Kriegsgerät, Schiffe, Flugzeuge und schließlich auch Truppen. Geradezu symbolisch für die neue Rangfolge war, daß die Entwicklung einer britischen Atombombe 1942 aus wirtschaftlichen Gründen und Sicherheitserwägungen in Großbritannien abgebrochen und in die USA verlegt wurde. Churchill hat dem Ausbau der Beziehungen zu den USA stets Priorität eingeräumt, nicht zuletzt auch vor den Beziehungen zur Sowjetunion, die sich nach dem deutschen Angriff im Juni 1941 im Krieg mit Deutschland und bald darauf in einem Bündnis mit Großbritannien befand.

Die wechselhafte Kriegführung 1941/42 in Nordafrika führte zu einer Krise in der Regierung, aber Churchill konnte sich schließlich behaupten. Der U-Bootkrieg im Atlantik war besonders 1942 verlustreich. Der große Schlag für das britische Prestige erfolgte aber auf dem asiatischen Kriegsschauplatz, wo japanische Truppen im Februar 1942 Singapur einnahmen, das seit den zwanziger Jahren als Flottenstützpunkt groß ausgebaut worden war. Churchill sprach von der schlimmsten Kapitulation in der britischen Geschichte, und in der Tat war der Fall von Singapur als Manifestation britischer Schwäche ein „Markstein im Dekolonisationsprozeß".[154] In Indien forderte der Indische Nationalkongreß die sofortige Unabhängigkeit. Nehru und Gandhi kamen wegen ihrer Kampagne des zivilen Ungehorsams ins Gefängnis. Von den Dominions orientierten sich Kanada, Australien und Neuseeland jetzt notgedrungen stärker an Washington, was nach dem Krieg anhielt. Ganz und gar aber wurde die britische Stellung in Asien nicht aufgerollt. Der japanische Vormarsch in Burma kam zum Stehen, und bei Ende des Krieges gehörte Großbritannien an der Seite der USA zu den Siegermächten. Auch in Europa war dies der Fall, wenn Großbritannien auch nicht mehr der Lenker des europäischen Gleichgewichts sein konnte. Hier hatte vor allem die Sowjetunion einen entscheidenden Machtgewinn zu verzeichnen.

Die Lage Großbritanniens bei Ende des Zweiten Weltkriegs zeichnete sich durch widersprüchliche Erscheinungen aus. Man stand auf der Seite der Sieger, aber der Preis war hoch. Die Verluste an Menschenleben waren geringer als im Ersten Weltkrieg. 270000 Soldaten verloren ihr Leben und 60000 Zivilisten kamen bei Bombenangriffen um. Schwer getroffen war die britische Volkswirtschaft. Die Exporte betrugen 1945 nur noch 258 Millionen Pfund (gegenüber 471 Millionen 1938). Von der Handelsflotte waren 11,5 Millionen Tonnen zerstört. Die Auslandsinvestitionen waren um 25% zurückgegangen. Großbritannien war der größte Schuldner der Welt geworden. 1946 waren für ausländische Gläubiger 80 Millionen Pfund an Zinsen fällig (gegenüber 30 Millionen 1938). Dadurch ergaben sich Lücken in der Zahlungsbilanz, die trotz Importkontrollen, Exportankurbelung und Auslandshilfe erst 1950 geschlossen werden konnten. Im Unterschied zu der Zeit nach dem Ersten Weltkrieg konnte das Handelsdefizit nicht mehr durch Einkünfte aus Auslandsinvestitionen und internationalen Dienstleistungen ausgeglichen werden.

Auf der Ebene der internationalen Diplomatie gehörte der britische Premierminister 1945 zu den „Großen Drei". Doch konnte niemand übersehen, daß das internationale System der Nachkriegszeit ein bipolares System sein würde, in dem nur die künftigen Supermächte USA und Sowjetunion autonomen Weltmachtstatus würden einnehmen können. Großbritannien konnte allenfalls in Absprache mit ihnen Einfluß auf weltpolitische Entscheidungen nehmen. Im Foreign Office verkannte man auch nicht, „daß bei unseren großen Bündnispartnern und besonders bei den USA die Auffassung besteht, Großbritannien sei jetzt eine zweitrangige Macht und könne als solche behandelt werden".[155] Gleichzeitig war man allerdings weit davon entfernt, sich fatalistisch zu fügen und den eingetretenen Machtverlust als *einzige* Realität britischer Politik zu betrachten. Die politische Elite des Landes und erst recht seine Öffentlichkeit nahmen bevorzugt den immerhin beträchtlichen Rest an Macht und Einfluß wahr, der Großbritannien verblieben war. Großbritannien konnte zwar nicht mehr die Geschicke Europas bestimmen, war nach der Sowjetunion aber wichtigste Großmacht und weit stärker als alle Kontinentalstaaten. Es war damit auch unentbehrlich für jede Nachkriegsstrategie der USA. Das Weltreich zeigte zwar Risse, aber es verschwand nicht, sondern nahm eine neue Form an, die die Fortdauer politischer, wirtschaftlicher und kultureller Einflußnahme Großbritanniens in der Welt garantierte.

Nach dem Zweiten Weltkrieg dauerte es noch einige Zeit, bis man zu einer neuen Identität fand, die klar umrissen war. Bis der Druck der Realität von der nostalgischen Orientierung weglenkte, blieb beides bestimmend: realer Machtverfall und politisches Machtbewußtsein, tatsächliche Herrschaftseinbußen und historische Weltmachttradition. Im Unterschied zu der Zeit nach dem Ersten Weltkrieg gab es jedoch zwei eindeutige Weichenstellungen und auch ein klares Mehrheitsvotum der Bevölkerung dafür: die außenpolitische Anlehnung an die USA, die unter dem Druck der Kriegsereignisse von Churchill eingeleitet worden war, und im Innern das sozialpolitische Reformwerk wohlfahrtsstaatlichen Zuschnitts, das von der Labour Party vorgedacht worden war.

II. Die Wendung nach innen und nach Europa seit 1945

1. Vom Attlee-Konsens zum Butskellismus

a) Der Wahlsieg der Labour Party 1945

Es gibt nur wenig Resultate in der Geschichte der britischen Unterhauswahlen, die dem erdrutschartigen Sieg der Labour Party 1945 vergleichbar sind. Ihr Triumph war landesweit und gesellschaftlich breit abgestützt. Die Partei verfügte über ein Mandat, das sie erstmals in ihrer Geschichte als Integrationspartei auswies. Das Wahlergebnis verblüffte die meisten in- und ausländischen Beobachter, die Führung der Labour Party eingeschlossen. Sie hatten eher mit einer Bestätigung des Kriegspremiers Churchill und seiner Konservativen Partei gerechnet, zumal der Krieg im Fernen Osten zum Zeitpunkt der Wahl noch andauerte. Doch übersahen sie dabei, daß Krieg, Waffenstillstand und internationale Politik – Themen, bei denen Churchills Autorität unbestritten war – nicht mehr im Vordergrund des allgemeinen Interesses standen. Churchill als große Symbolfigur des Widerstands gegen Deutschland und des Durchhalte- und Siegeswillens lief 1945 politisch ins Leere. Jetzt war nicht mehr die Fähigkeit zur Kriegführung gefragt, sondern zur Rekonstruktion einer erschöpften Gesellschaft, einer ausgelaugten Wirtschaft und einer überbürdeten Weltmacht. In diesen Punkten hatte Churchill ein deutliches Programmdefizit, und man muß hinzufügen, auch die Konservative Partei insgesamt. Die Labour Party dagegen präsentierte präzise Vorstellungen, die sie seit den dreißiger Jahren entwickelt und auch veröffentlicht hatte.

Die Wähler des Jahres 1945 kannten die Labour Party als Partei einer wohlfahrtsstaatlichen Sozialpolitik und einer Wirtschaftspolitik, die stärkere staatliche Eingriffe zur Überwindung der wirtschaftlichen Probleme des Landes vorsah. Seit 1940 hatten sich die in der Koalitionsregierung tätigen Labour-Minister – neben Attlee als Stellvertreter des Premierministers vor allem Bevin als Arbeitsminister, Dalton als Minister für wirtschaftliche Kriegführung beziehungsweise Handelsminister und Morrison als Innenminister – gerade im innerstaatlichen und gesellschaftlichen Bereich ausgezeichnet und sich unter anderem auch das Image erfolgreicher Organisatoren und Planer erworben. Planung war das zentrale Stichwort. Im Gegensatz zu der Zeit zwischen den Kriegen setzte sich die Vorstellung durch, mit Hilfe stärkerer staatlicher Regulierungen mehr soziale Gerechtigkeit und Sicherheit und mehr wirtschaftliche Effizienz erreichen zu können. Daß die Labour Party ihrem Anspruch nach eine sozialistische Partei war, schlug weniger zu Buche, als die im Zuge der Kriegsmaßnahmen bewiesene Fähigkeit zur Steuerung sozial-ökonomischer Entwicklungen und als die in der Wahlplattform *Let Us Face the Future* versprochene Effizienzsteigerung der Wirtschaft. Was nach dem Ersten Weltkrieg mit Methoden liberal-konservativer Praktiken nicht erreicht worden war, durfte jetzt nicht abermals verfehlt werden. Die durch die Kriegsanstrengung angespannte Gesellschaft wollte nicht wieder in die wirtschaftliche Depression der Zwischenkriegszeit mit ihrer sozialen Not und Polarisierung zurückfallen. Es bestand ein breit ausgebildeter Konsens über die Notwendigkeit von Reformen und staatlichen Lenkungsmaßnahmen – ein Konsens, der gelegentlich der „Attlee-Konsens" genannt worden ist.[156]

Die Konservative Partei lehnte zwar staatliche Interventionen nicht prinzipiell ab. Aber sie konnte nicht im entferntesten ein ähnlich konsistentes Programm vorweisen und hatte sich darüber hinaus auch selbst bis zu einem gewissen Grad ins Abseits begeben. Man braucht nur an die zurückhaltende, wenn nicht ablehnende Reaktion der Konservativen auf den Beveridge-Report zu erinnern, jenes im Dezember 1942 publizierte Basisdokument wohlfahrtsstaatlicher Planung. In Auftrag gegeben hatte den Report im Mai 1941 der Labour-Minister Arthur Greenwood, der bis zu seiner Entlassung im Februar 1942 Minister ohne Geschäftsbereich im Kriegskabinett war. Die Ironie bestand darin, daß der wegen Unfähigkeit entlassene Minister Fragenbereiche behandelte, die bei der Wahlentscheidung 1945 von größter Wichtigkeit waren. Oder es ist an Churchills hilflosen Versuch im Wahlkampf 1945 zu erinnern, als er das Programm der Labour-Party durch fragwürdige Analogien zu diskreditieren versuchte. Seine Wahlkampfführung konzentrierte sich auf die Beschwörung des Bürokratie-Gespensts, das als Konsequenz der Labour-Pläne die politische Kultur Großbritanniens von Grund auf verändern werde. Die Konservativen legten insgesamt mehr Gewicht auf Stil- und Organisationsfragen in der Politik als auf inhaltliche Probleme. In einer Rundfunkansprache zu Beginn des Wahlkampfes griff Churchill zu emotional höchst aufgeladenen Assoziationen. Sozialistische Politik und die britische Idee der Freiheit seien unvereinbar, wobei Churchill das Verlangen nach mehr Freiheit von Not allerdings schlicht ignorierte. Den Verstaatlichungsplänen und den wohlfahrtsstaatlichen Entwürfen begegnete Churchill mit dem Vorwurf der Staatsvergötzung. Wenn er Sozialismus mit Totalitarismus gleichsetzte und sich dazu verstieg, daß eine Labour-Regierung auf eine Form von Gestapo nicht würde verzichten können, so war dies ein Bürgerschreck, der bei der großen Mehrheit der Bevölkerung nicht verfing. Churchill ließ im Unterschied zur Labour-Führung jegliche Vision für die Nachkriegspolitik und -gesellschaft vermissen. Seine

Leistung als Kriegspremier vermochte nicht über das „ewig Gestrige in seinem Ton“ hinwegzutäuschen.[157] Sein Appell an „freie“ gesellschaftliche und wirtschaftliche Entfaltung ging an den Erwartungen der Mehrheit der Wähler vorbei. Die lange Tradition britischer Politik, die einen Zentralstaat von nur begrenzter Reichweite hervorgebracht hatte, machte einen Wandel durch. Nach dem „liberalen“ Interventionsstaat entwickelte sich jetzt der „sozialdemokratische“ Interventionsstaat.

Bei dieser Lage der Dinge lautete die Frage nicht, ob die Labour Party sich bei Wahlen verbessern würde, sondern welches Ausmaß der Labour-Zugewinn haben würde. Intuitiv auf einen Zeitgewinn hoffend, wollte Churchill Neuwahlen noch einige Zeit über das Kriegsende in Europa hinaus aufschieben und die Koalitionsregierung weiterführen. Auch Attlee und Bevin waren gegen einen überstürzten Austritt aus der Regierung, obwohl für sie die baldige Beendigung der Koalition nicht in Frage stand und Bevin sich Anfang April 1945 auch deutlich von den Konservativen abgegrenzt hatte. Druck von seiten der Partei führte aber schon am 20. Mai zum Rücktritt der Labour-Minister. Bis zu Neuwahlen, die auf den 5. Juli festgesetzt wurden, bildete Churchill eine rein konservative Übergangsregierung, das sogenannte *Caretaker Government.*

Hätten schon damals die Meinungsforscher die Autorität besessen, über die sie heute verfügen, wäre der Wahlsieg der Labour Party nicht als Sensation empfunden worden. Gallup-Umfragen sahen die Labour Party seit 1942 gegenüber den Konservativen in Führung. Churchill als Premierminister war allerdings ausgenommen. Er erhielt stets die überwältigende Zustimmung der Befragten. Die letzte Umfrage vor den Wahlen, die im liberalen *News Chronicle* veröffentlicht wurde, sagte einen klaren Labour-Sieg voraus und verfehlte das tatsächliche Wahlergebnis nur um 1%. Gleichwohl war in den politischen Kommentaren der Zeitung zu lesen, es werde zu einem Kopf-an-Kopf-Rennen zwischen den beiden großen Parteien kommen. Überwiegend wurde in der Presse mit einem konservativen Sieg gerechnet. In der Labour Party überwog Skepsis. Churchills Charisma würde die Konservativen letztlich über alle Schwächen hinwegretten. Bei dieser Überschätzung Churchills spielte ohne Frage auch der Zweifel vieler Labour-Anhänger über die Eignung ihres Spitzenkandidaten eine Rolle. Attlees Nominierung war nicht unumstritten gewesen. Er sollte dann *die* Schlüsselfigur in der britischen Politik der Nachkriegszeit werden. Nach dem heute überwiegenden Urteil war er einer der effizientesten britischen Premierminister dieses Jahrhunderts. Seine Regierung setzte ein Gesetzgebungsprogramm ins Werk, das doppelt so umfangreich war wie das der dreißiger Jahre.

Wenn nach Wahlen überhaupt von einem Wählerauftrag gesprochen werden kann, dann lag er im Sommer 1945 in Großbritannien vor. Die Labour Party verfügte über 393 Sitze im Unterhaus, gegenüber 213 konservativen und nur 12 liberalen Sitzen. 48% der Wähler hatten ihr die Stimme gegeben. 40% votierten für die Konservativen, 9% für die Liberalen. Das bedeutete 3,7 Millionen Stimmen mehr für Labour als 1935, während die Konservativen einen Rückgang von 1,8 Millionen Stimmen hinnehmen mußten. Die Labour Party hatte aufgehört, eine Partei zu sein, deren Abgeordnete nur aus Wahlkreisen mit einem hohen Anteil an Industriearbeitern kamen. Entsprechend der Zusammensetzung ihrer Unterhausfraktion, in der nur 150 Mitglieder der Arbeiterschaft entstammten, war die Labour Party für alle Bevölkerungsschichten wählbar geworden. Was wichtig war: Sie blieb es auch. Dies zeigte das weitere Abschneiden überdeutlich. Trotz leichter Stimmeneinbußen behauptete die Labour Party in Nachwahlen alle 1945 errungenen Wahlkreise. Als sie 1951 von den Konservativen abgelöst wurde, verbuchte sie einen höheren Stimmenanteil als die Konservative Partei, mit 48,8% sogar ihr bestes jemals erzieltes Wahlergebnis. Nur die Mechanismen des Mehrheitswahlrechts bescherten den Konservativen 1951 eine Mehrheit im Unterhaus. Die Frage, wie man die undemokratischen Auswirkungen des Mehrheitswahlrechts korrigieren könnte, wurde aber nicht zum Thema gemacht. Nur an anderer Stelle fand eine Demokratisierung statt. Das System der Pluralstimmen für gewisse Besitz- und Bildungsschichten wurde 1948 abgeschafft und damit endlich das Prinzip *one man, one vote* eingeführt.

Die Labour Party konnte sich 1945 nicht nur in Industriezentren wie Birmingham, Liverpool, Manchester oder Leeds durchsetzen, sondern auch in Wahlkreisen am Rand der Ballungsgebiete, wo die Wohngebiete der Mittelschichten lagen. Aus diesem Bereich kamen rund zwei Millionen Stimmen. Allerdings kam es hier später auch zu den größten Verlusten. Selbst in ländlichen Gebieten verzeichnete die Labour Party beträchtliche Erfolge. In Schottland und Wales konnten traditionell gute Positionen ausgebaut werden. Entscheidend für die Niederlage der Konservativen war England. In London verbesserte sich die Labour Party von 27 auf 49 Sitze, in den anderen städtischen Wahlkreisen Englands von 53 auf 173 Sitze. Was die eigentliche Sensation war: In den ländlichen Grafschaftswahlkreisen Englands kam die Labour Party auf 110 Sitze (gegenüber 112 für die Konservativen). In der ostenglischen Grafschaft Norfolk fielen sechs von sieben Sitzen an die Labour Party. Der Stimmenanteil der Labour Party in England lag mit 4,6 Millionen Stimmen sogar leicht über dem konservativen Ergebnis (4,4 Millionen).

Von den Beteiligten und von der Forschung sind verschiedene Gründe für diesen Wahlsieg angeführt worden. Von geringerer Bedeutung erscheint die wohl bessere Organisation des Wahlkampfs auf seiten der Labour Party und die Tatsache, daß die überwiegende Mehrheit der 1,7 Millionen Stimmen aus dem Streitkräftebereich (bei insgesamt 25 Millionen abgegebenen Stimmen) der Labour Party zugute kamen. Ausschlaggebend war die Wählererwartung, die Labour Party werde die anstehenden sozialen und wirtschaftlichen Fragen besser lösen können als die Konservativen, deren negatives Image aus den in der Zwischenkriegszeit nicht bewältigten Problemen herrührte. In dem durch Themen wie Wohnungsknappheit oder Beschäftigungslage dominierten Wahlkampf hatte die Labour Party die bessere Munition, und in Fragen der Außenpolitik lag die Labour-Führung auf der Linie Churchills und Edens, denen auf außenpolitischem Feld an sich die größere Kompetenz zugesprochen wurde. Zugunsten von Labour hat sich schließlich auch ausgewirkt, daß 1945 angesichts der zehn Jahre zurückliegenden letzten Wahlen die mehrheitlich Labour wählenden Jungwähler stärker als sonst vertreten waren und daß die Gewerkschaften, die im Krieg voll in Regierungstätigkeit und Wirtschaftspolitik integriert waren, nicht zuletzt dank der überzeugenden Rolle Bevins weithin geschlossen die Labour Party unterstützten. Die Labour Party hatte sich aufgrund ihrer Programmaussagen und vor allem ihrer Regierungsarbeit im Krieg den Wählern als Reformpartei *und* systemtreue Integrationspartei dargestellt. Sie hatte das vorteilhafte Image einer Partei des Wandels *und* der Beharrung zugleich. Dies brachte ihr den Wahlsieg, auf den eine Politik folgte, die diesem Erscheinungsbild voll entsprach.

b) Verstaatlichungen und Wohlfahrtsstaat

In der Wirtschaftspolitik steuerte Attlee zunächst einen allseits akzeptierten Kurs. Auch die konservative Opposition meldete von wenigen Punkten abgesehen kaum entschiedenen Widerspruch an. Erst 1947, als die Debatte über die Verstaatlichung von Eisen und Stahl begann, zerbrach der nationale Konsens und auch der Konsens innerhalb der Labour Party. Verstaatlichung bei reichlicher finanzieller Entschädigung der Eigentümer war der Schlüsselbegriff, der die neue Richtung in der Wirtschaftspolitik angab. Über die Parteigrenzen hinweg herrschte weitgehend Einigkeit darüber, daß die Wirtschaft nach dem Krieg eine gemischte Wirtschaft sein würde, daß es also einen beträchtlichen öffentlich-staatlichen Sektor der Volkswirtschaft geben würde. Dessen unterschiedliche Gewichtung machte die Differenz zwischen den politischen Lagern aus. Aber im Grundsatz hatte man sich auf eine stärkere Rolle des Staates in der Wirtschaft festgelegt, seit das Ziel der Vollbeschäftigung in einem Regierungsweißbuch 1944 zum verbindlichen Ziel erklärt worden war. Damit hatte zum ersten Mal in einer Gesellschaft mit privater Eigentumsordnung der Staat die Aufgabe der Vollbeschäftigung übernommen. Mit Blick darauf und mit dem Ziel der Effizienzsteigerung gewisser Wirtschaftszweige wurden bis 1948 die Bank von England, der Kohlebergbau und verschiedene öffentliche Dienstleistungsbereiche wie Eisenbahnen, Straßentransportwesen, Elektrizitäts- und Gaswirtschaft, Luftverkehr sowie das Funk- und Fernmeldewesen verstaatlicht – insgesamt rund 20% der britischen Industrie.

Überführung in öffentliches Eigentum war seit 1918 ein Programmpunkt der Labour Party. In der 1945 vorgetragenen Begründung stand aber nicht so sehr die sozialistische Komponente im Vordergrund, sondern der Gesichtspunkt der Effizienz. Mangelnde Effizienz – dies war ein Punkt der Kritik, der seit der Jahrhundertwende sowohl auf der rechten als auch auf der linken Seite des politischen Spektrums immer wieder vorgebracht worden war. Die Labour Party machte sich also ein altes Argument zu eigen und meinte, mit den Verstaatlichungen den Schlüssel zum Erfolg in der Hand zu haben. Indem wirtschaftliche Leistungssteigerung zum primären Ziel erklärt wurde, lenkte man von Anfang an den reformerischen Elan auf gemäßigte Bahnen. Anders formuliert: die Regierung Attlee folgte zunächst nicht irgendwelchen Dogmen sozialistischer Lehrmeinungen. Dies schlug sich zum Beispiel in der Organisationsstruktur der verstaatlichten Industrien nieder. Man wählte die Form der *public corporation*, der öffentlichen Körperschaft. Dabei handelte es sich um eine seit jeher gebräuchliche Rechtsform. Wenn auch der Eigentümer wechselte, das Management blieb im wesentlichen in denselben Händen. Die Kontinuität in den Chefetagen wurde lediglich dadurch leicht unterbrochen, daß einige Gewerkschaftsführer in die Betriebsführung aufstiegen. Sie mußten allerdings gleichzeitig alle gewerkschaftlichen Funktionen aufgeben. Von Grundsatzfragen abgesehen waren die *boards*, die Zentralbehörden der nationalisierten Industrien, autonom und ließen sich von privatunternehmerischen Gesichtspunkten leiten. Es gab weder eine unmittelbare Kontrolle durch die staatliche Bürokratie noch – und das war die zweite Konsequenz des Effizienz-Arguments – durch die Arbeitnehmer. Unter voller Zustimmung der Gewerkschaftsführungen, die sich nicht in Leitungsfunktionen einbinden lassen und ihre traditionelle staatsfreie Position behalten wollten, blieben Gewerkschaften und Arbeiter ohne Möglichkeiten der Mitbestimmung und Mitentscheidung. Sie erhielten nur Gelegenheit zur Mitberatung. Als Stafford Cripps im Oktober 1946 bemerkte, die Arbeiter seien für Leitungsfunktionen nicht qualifiziert, gab es kaum einen Protest. Erst 1947, als die anfängliche Reformeuphorie abgeklungen war, ließ sich der Ruf nach *workers' control* lauter vernehmen. Im Sinne effizienter Führung sollten nur die fähigsten Köpfe an die Schaltstellen der verstaatlichten Industrien gelassen werden, und das waren dieselben, die schon die Privatunternehmen geleitet hatten. Es ging nicht um industrielle Demokratie, sondern um höhere Produktivität. Da sie im wesentlichen ausblieb, fiel unvermeidlicherweise ein Schatten auf das wirtschaftspolitische Reformwerk.

In für Großbritannien spezifischer Weise hielt sich der Staat mit Planungsmaßnahmen zurück. Der britische Interventionsstaat blieb schwächer als sein kontinentaleuropäisches Pendant. Es kam längst nicht in dem Umfang zu Wirtschaftsplanungen oder zu Verstaatlichungen wie etwa in Frankreich. Die britischen Sozialisten begnügten sich mit Rationierungen, Importkontrollen und Lohnvereinbarungen, die aufgrund der ungünstigen Zahlungsbilanz nötig waren. Die in den Kriegsjahren zurückgestaute Nachfrage mußte weiter in Grenzen gehalten werden, weil der Binnenmarkt im Interesse einer lebenswichtigen Exportsteigerung zunächst zurücktreten mußte.

Die nach Effizienzgesichtspunkten begonnene Politik der Verstaatlichungen führte nicht nur zu Selbstbeschränkungen im Reformtempo der Labour Party, sondern auch zu Widersprüchen, die innerparteilich lähmend wirkten und das Ende des wirtschaftspolitischen Konsens bedeuteten. Der Bruchpunkt kam 1947 mit der Frage, ob auch die durchaus effizient arbeitende Eisen- und Stahlindustrie verstaatlicht werden sollte. Kabinett, Partei und Gewerkschaften zerfielen in zwei Flügel. Die einen ließen sich von ökonomischen Argumenten leiten und wollten das Erreichte zunächst einmal konsolidieren. Die Konsolidierer, die von Morrison angeführt wurden, übersahen auch nicht, daß das Erreichte durchaus verbesserungsbedürftig war. Insbesondere die Ausfälle in der Kohleversorgung im extrem kalten Winter Anfang 1947 hatten gezeigt, daß auch nationalisierte Industriezweige vor Fehlplanungen nicht sicher waren, was zu Stromabschaltungen, kalten Wohnungen und Fabrikschließungen geführt hatte. Auf der anderen Seite standen diejenigen, die den Fortgang der Verstaatlichungen forderten. Sie führten ordnungspolitische Argumente prinzipieller Art ins Feld. Aneurin Bevan, Exponent des linken Parteiflügels, fürchtete bei einer Unterbrechung der Sozialisierungspolitik auf halbem Weg eine innere Aushöhlung und Spaltung des Labour-Lagers. Auch Dalton gehörte zu den entschiedenen Sozialisierern. Die Macht der für ihn reaktionärsten Kapitalistengruppe müsse gebrochen werden. Attlee und Bevin vermieden zunächst Stellungnahmen, die sie festgelegt hätten. Am Ende gab es einen Kompromiß in der Vorgehensweise und einen Sieg der Sozialisierer in der Sache. Man einigte sich auf Vertagung, allerdings nicht auf unbestimmte Zeit, sondern auf die parlamentarische Sitzungsperiode 1948/49.

Um das Inkrafttreten des Gesetzes vor den 1950 fälligen Neuwahlen zu garantieren, beschloß man ein Gesetz zur weiteren Einschränkung des Veto-Rechts des Oberhauses. Sein aufschiebendes Veto wurde 1949 auf ein Jahr verkürzt. Das Oberhaus hat nach dem Zweiten Weltkrieg aber nicht nur Einschränkungen hinnehmen müssen. Die von den Konservativen 1958 durchgeführte Reform, nach der eine Peerswürde auch lediglich auf Lebenszeit verliehen werden konnte, hat den bis dahin geltenden

Erblichkeitsgrundsatz ergänzt und der zweiten Kammer viel Sachverstand und Expertenwissen zugeführt.

Nicht nur im Oberhaus und bei der konservativen Opposition gab es Widerstand gegen die Fortsetzung der Verstaatlichungspolitik. Auch in der Bevölkerung insgesamt ließ die Unterstützung nach, die freilich enorm groß gewesen war und fast notwendigerweise zurückgehen mußte. Meinungsumfragen ergaben 1947 erstmals einen Vorsprung der Konservativen. Dabei stand weniger die wirtschaftliche Sachfrage im Vordergrund, ob die auf den Lehren aus der Zwischenkriegszeit aufgebaute Wirtschaftspolitik angesichts der jetzt bestehenden Vollbeschäftigung und des vorhandenen Inflationsdrucks wirklich eine angemessene Politik war, sondern die Finanzkrise des Jahres 1947, die die Schwäche des Pfundes schonungslos offenbarte. Die Regierung verlor dadurch nicht nur an Boden in der Wählergunst, was an den erheblichen Verlusten der Labour Party bei den Kommunalwahlen im November 1947 ablesbar war, sondern büßte auch ihre innere Geschlossenheit ein. Sogar Attlees Führungsrolle war umstritten, und einige Kabinettsmitglieder betrieben seine Ablösung, was jedoch nicht zuletzt an der Loyalität Bevins scheiterte.

Die Finanzkrise 1947 war Teil der größeren Finanzprobleme, vor denen Großbritannien infolge der Kriegskosten seit 1945 stand. Die negative Handels- und Zahlungsbilanz ließ Hilfe von außen unumgänglich werden. Sie konnte nur aus den USA kommen. Ohne solche Hilfe drohe Großbritannien das finanzielle Dünkirchen, wie keine geringere Autorität als Keynes in einem Memorandum für das Kabinett Mitte August 1945 darlegte. Es würden rigidere Einschränkungen und Sparmaßnahmen als im Krieg nötig werden. Die großen Reformpläne der Labour-Regierung müßten aufgeschoben werden. In dieser Lage kam der Stopp des amerikanischen Leih- und Pacht-Programms am 21. August 1945 kurz nach Ende des Krieges im Fernen Osten für die britische Regierung als Schock. Man mußte zwar damit rechnen, aber hatte doch auf Konsultationen und flankierende Maßnahmen gehofft. Nun erfuhr man dasselbe Schicksal wie wenige Wochen zuvor die Sowjetunion. Es gab allerdings einen wichtigen Unterschied. Washington sollte dem britischen Alliierten Kredite gewähren.

Die hochfliegenden Erwartungen, als Gegenleistung für die im Krieg erbrachten Leistungen ein großzügiges „Honorar" seitens der USA erhalten zu können, die erst spät in den Krieg eingetreten waren und vom britischen Widerstand gegen die Feinde der westlich-liberalen Welt profitiert hatten, trogen allerdings gründlich. Als Keynes Anfang September 1945 als Leiter einer britischen Delegation nach Washington fuhr, um Kreditverhandlungen zu führen, hoffte er noch auf ein zinsloses Darlehen von fünf Milliarden Dollar. Was herauskam, waren eine niedrigere Summe und von den USA diktierte geschäftsmäßige Kreditbedingungen.

Obwohl die USA ihren wichtigsten westlichen Bündnispartner niemals fallenlassen konnten, ohne gleichzeitig eigenen Schaden davonzutragen, gab es gegen Großbritannien genug traditionelle und auch aktuell bedingte Vorbehalte. Ein traditionelles Mißtrauen bestand gegen die britische Kolonialmacht als Zentrum eines Wirtschaftsblocks, den es nach amerikanischer Überzeugung im Interesse einer liberalen Weltwirtschaftsordnung aufzubrechen galt. Aktuell bedingte Distanz kam hinzu, weil amerikanische Wirtschaftskreise den Labour-Sozialismus mit seinen staatlichen Wirtschafts- und Sozialprogrammen weithin ablehnten. Wenn die USA auch nicht direkt in britischen Angelegenheiten intervenierten, so leisteten sie Finanzhilfe doch zu Bedingungen, die keine großen sozialistischen Sprünge zuließen. Damit verhielten sich die USA, wie sich eine Großmacht, in diesem Fall sogar eine Weltführungsmacht üblicherweise verhält. Sie folgten ihrer Interessenlage. Dazu gehörte aber nicht nur die Reduzierung der britischen Weltstellung und die Unterordnung Großbritanniens, sondern auch seine Stabilisierung als nach wie vor bedeutsamer politischer Faktor in der westlichen Wertegemeinschaft und auch im internationalen Machtgefüge. Großbritannien war zwar nur der dritte der Großen Drei, sollte es nach amerikanischer Auffassung aber auch bleiben. Infolgedessen gewährten die USA Hilfe, mit der Großbritannien nach 1945 über seine Verhältnisse leben konnte, im Innern wie nach außen.

Auf den ersten Blick hatte Keynes auch recht erfolgreich verhandelt. Großbritannien erhielt einen Kredit von 3,75 Milliarden Dollar bei 2% Zinsen und einer Rücklaufzeit von 50 Jahren. Näher betrachtet stellte sich jedoch heraus, daß Großbritannien sich hatte verpflichten müssen, Handelsbeschränkungen aufzuheben und nach Zustimmung des Kongresses binnen Jahresfrist die freie Konvertibilität des Pfundes einzuführen. Mit diesen handels- und geldpolitischen Zugeständnissen hatte der britische Juniorpartner das Recht des Stärkeren anerkennen müssen. Entsprechend bitter fielen manche Kommentare aus. Für den *Economist* ergab sich die „schmerzliche Feststellung, daß unser Lohn für den Verlust eines Viertels unseres Volksvermögens für die gemeinsame Sache die Verpflichtung ist, ein halbes Jahrhundert lang Tribut an jene zu entrichten, die durch den Krieg reicher geworden sind.“ In der Debatte des Unterhauses über die Kreditbedingungen führte der konservative Abgeordnete Robert Boothby im Dezember 1945 aus: „Die Vereinbarung, der wir hier zustimmen sollen, basiert auf zwei Hauptzielen. Das erste ist, so schnell wie möglich zu dem ökonomischen System des 19. Jahrhunderts zurückzukehren, dem System des laissez-faire-Kapitalismus. Das zweite, die Märkte der Welt zugunsten der Vereinigten Staaten aufzubrechen und zu öffnen, welche den dringenden Wunsch haben, ihre überschüssigen Produkte, die enorm sein werden, zu beinahe jedem Preis loszuwerden. Das ist unser wirtschaftliches München."[158] Mit München hatte Boothby einen ebenso symbolträchtigen Ort in die Debatte geworfen wie ein paar Monate vorher Keynes mit Dünkirchen. Doch so hoch die emotionalen Wellen auch schlugen und wie sehr auch der britische Nationalstolz verletzt sein mochte, das wirtschaftliche „München" mußte hingenommen werden, wollte man „Dünkirchen" vermeiden. Unausgesprochen blieb, was Dalton damals an „zynischen und geheimen Gedanken" in seinem Tagebuch notierte: „Es ist sicher, daß die Kreditbedingungen lange vor dem Jahr 2001 revidiert werden müssen. Schon im nächsten oder übernächsten Jahr können Umstände eintreten, die beträchtliche – möglicherweise sogar einseitige – Änderungen erforderlich machen."[159]

Auf dem Polster des amerikanischen Kredits, der ab Juli 1946 zur Verfügung stand, konnte Schatzkanzler Dalton Haushaltspläne vorlegen, die von optimistischen Grundannahmen ausgingen. Dalton senkte die Steuern und verfolgte mit dem Ziel der Investitionsförderung eine Politik des „billigen Geldes". Die wirtschaftlichen Erfolge des Jahres 1946 schienen ihm Recht zu geben. Doch wendete sich das Blatt 1947 dramatisch, ohne daß aber ein Kurswechsel erfolgte. Rohstoff- und Nahrungsmittelengpässe führten auf dem Weltmarkt zu Preissteigerungen, die für Großbritannien einen weit stärkeren Dollarabfluß brachten, als vorausgesehen wurde. Den Käufen im Ausland standen keine entsprechenden Exporte gegenüber. Als die Ausfuhren eigentlich gesteigert werden mußten, war die Produktion durch die Energiekrise im ersten Quartal 1947 lahmgelegt. Großbritannien gab für innere Reformen, staatliche Subventionen und für das Militär mehr Geld aus, als seine Volkswirtschaft erlaubte. Im September 1947 umfaßten die Streitkräfte noch 1,2 Millionen Personen. Der ungemein schnelle Verbrauch der amerikanischen Dollars beschleunigte sich dann noch im Juli 1947, als gemäß den Kreditbestimmungen die freie Konvertibilität des Pfundes eingeführt werden mußte. Sie dauerte nur einen Monat, in dem Großbritannien dem Staatsbankrott entgegentrieb. Dann stimmte Washington einer Aussetzung zu. Den Stürmen eines freien Geldmarkts war die britische Währung offensichtlich nicht gewachsen. Die Mitgliedschaft im Allgemeinen Zoll- und Handelsabkommen (GATT), zu dessen Beitritt sich Großbritannien unter Aufgabe von Empire-Vorzugsbedingungen ebenfalls hatte verpflichten müssen, blieb allerdings bestehen. Im Herbst 1947 sah sich Dalton, der an Autorität beträchtlich verloren hatte, zu einer scharfen Beschränkung von Importen gezwungen, um Dollar-Devisen zu sparen. Er verordnete seinen Landsleuten Lohnstopp, Steuererhöhungen, Subventionskürzungen und radikale Beschränkungen im Lebensmittelkonsum: Es begannen die Austerity-Jahre.

Sie sind vor allem mit der auch äußerlich asketisch wirkenden Gestalt von Cripps verbunden, der im November 1947 als eine Art Superminister, der mit weitreichenden Kompetenzen eines Finanz- und Wirtschaftsministers ausgestattet war, Daltons Nachfolger wurde. Der fachlich ohnehin schwer angeschlagene Dalton mußte das Feld räumen, als er Einzelheiten des Budgets schon vor der parlamentarischen Behandlung einem Journalisten gegenüber preisgab. Es war aber nicht nur die Sparpolitik, die die britische Wirtschaft wieder auf eine solidere Grundlage stellte, sondern auch die zur rechten Zeit eintreffenden Hilfen aus dem Marshall-Plan. Großbritannien erhielt das größte Stück vom Kuchen des Europäischen Wiederaufbau-Programms. Der 1945 gewährte Kredit war inzwischen erschöpft. Trotz steigender Exportraten blieb Großbritannien infolge nur geringer Reserven anfällig auch bei kleineren Störungen. Als es 1949 zu einer geringfügigen Rezession in den USA kam, geriet das Pfund unter Druck und wurde im September 1949 um 30,5 % gegenüber dem Dollar abgewertet.

Der zweite große Schwerpunkt der Politik der Regierung Attlee war die Sozialpolitik. Ohne Übertreibung kann man sagen, daß sie mit der Institutionalisierung des Wohlfahrtsstaats der britischen Nachkriegsgesellschaft ihren Stempel aufprägte und damit den dritten Schritt im Dreisprung der westlichen Moderne vollzog, als sie auf Industriewirtschaft und Demokratie den Wohlfahrtsstaat folgen ließ. Natürlich hat der Wohlfahrtsstaat viele Vorstufen und wurde nicht über Nacht ins Leben gerufen, was auch James Griffiths anerkannte, der 1945 das Ministerium für *National Insurance* übernommen hatte. Er bezeichnete das Sozialversicherungsgesetz bei seiner zweiten Lesung 1946 als „den Gipfelpunkt der über ein halbes Jahrhundert laufenden Entwicklung unserer britischen Sozialleistungen".[160] Aber folgt man einer gängigen Definition und spricht von einem Wohlfahrtsstaat, wenn die Allgemeinheit Mitverantwortung für Gesundheit, Wohnung und Ausbildung übernimmt und darüber hinaus bei universaler Anwendung für den einzelnen auch soziale Sicherheit durch Vorsorge gegen Erwerbsunfähigkeit und Krankheit, Unfall, Alter oder Arbeitslosigkeit bereitstellt, dann hat die Attlee-Regierung den Wohlfahrtsstaat in seiner vollen Ausbildung realisiert. Zu nennen sind der *National Health Service* mit seinem kostenlosen Gesundheitsdienst, die allgemeine Sozialversicherung, die Kranken-, Arbeitslosen- und Altersversicherung beinhaltete, und das Unfallversicherungsgesetz, das eine wesentliche Leistungsverbesserung gegenüber dem früheren Gesetz brachte. Die Finanzierung dieses Programms erfolgte durch Steuermittel, Beiträge und nicht zuletzt durch die amerikanischen Kredite. Während sich die Sozialversicherung zum größten Teil auf Beiträge stützte, basierte das staatliche Gesundheitswesen auf Steuermitteln und blieb bis zu seiner Modernisierung in den sechziger Jahren relativ schlecht ausgestattet. Parallel dazu bestanden die privaten Versicherungsmöglichkeiten fort.

In den sozialstaatlichen Zusammenhang gehört auch die Bekämpfung der Arbeitslosigkeit. Auf den Zusammenhang von Vollbeschäftigung und Sozialreform hatte schon Beveridge aufmerksam gemacht. Die Arbeitslosenzahlen gingen nicht nur infolge der insgesamt günstigen wirtschaftlichen Entwicklung zurück, sondern – vor allem in den wirtschaftlichen Notstandsgebieten Nordostenglands, Südwales' und Schottlands – infolge von Ansiedlungen neuer Industrien. Die Arbeitslosigkeit lag landesweit immer unter 2%. Nur 1946/47 betrug sie bis zu 3%. Der Kontrast zur Zwischenkriegszeit war besonders in den Krisengebieten spektakulär. Während 1932 die Arbeitslosenrate in Nordostengland fast 40% betragen hatte, betrug sie 1949 nur 3%.

Verschiedentlich ist die Frage gestellt worden, ob die Labour Party mit ihrer Politik nur den Konsens der britischen Kriegsgesellschaft vollzogen hat und ob die Konservativen den Wohlfahrtsstaat ebenso entwickelt hätten. Klar dürfte sein, daß auch eine konservativ geführte Regierung Elemente des Beveridge-Reports in der einen oder anderen Form realisiert hätte. In der Tat war das Kriegsgeschehen mit seinem solidarisierenden und disziplinierenden Effekt auch ein Wegweiser für sozialreformerische Ansätze gewesen. Aber man muß zugleich deutlich sehen, daß die Konservativen schließlich auf einen Kurs einschwenkten, der von der Labour Party vorgegeben war. Der Labour-Parteitag vom Mai 1942 verabschiedete sozialpolitische Grundsätze, die später im Beveridge-Report wieder auftauchten. Es ist unwahrscheinlich, daß die Konservativen 1945 im Falle eines Wahlsiegs sozialpolitisch ähnlich entschlossen gehandelt hätten. Sie verloren nicht zuletzt darum die Wahl, weil die Wähler eben nicht damit rechneten. Die Durchsetzung des Wohlfahrtsstaates stieß teilweise auf vehementen Widerspruch. Es ist eine offene Frage, wie eine konservative Regierung auf den entschiedenen Widerstand des britischen Ärzteverbandes gegen den *National Health Service* reagiert hätte. Es scheint also angemessen zu sein, den eigenständigen Anteil der Regierung Attlee an der Stabilisierung und Integration der Gesellschaft durch wohlfahrtsstaatliche Maßnahmen herauszustellen.

Zugleich aber gilt es auch zu betonen, daß die Ziele der sozialen Reformpolitik letztlich bescheiden waren, vor dem Hintergrund der finanziellen und wirtschaftlichen Nachkriegsprobleme Großbritanniens wohl auch bescheiden bleiben mußten. So wie der Krieg trotz aller egalitärer Effekte kein sozialer Gleichmacher war, so blieben auch die gesellschaftlichen Unterschiede durch die Sozialpolitik der Labour-Regierung unangetastet. Es kam nicht zu einer Umverteilung des Volksvermögens, noch war sie intendiert. Anfang der fünfziger Jahre war die Hälfte des privaten Kapitalbesitzes in der Hand von nur 1% der Bevölkerung. Die universale Anwendung staatlicher Sozialleistungen im Gesundheitsdienst oder bei Nahrungsmittelsubventionen begünstigte diejenigen relativ mehr, die über mittlere und höhere Einkommen verfügten. Der Anteil der unteren Einkommensgruppen bei der Finanzierung der Sozialversicherung durch direkte und indirekte Steuern war relativ größer als derjenige der Besserverdienenden. Wie schon bald erkannt wurde, war der „Transfer von den Reichen zu den Armen" in der Einkommensverteilung geringfügiger als der „Transfer zwischen den unteren Einkommensgruppen selbst".[161] Am unteren Rand der Gesellschaft war das Problem der Armut keineswegs gelöst. Die Einheitsleistung der Sozialversicherung von 26 Schilling pro Woche für Alleinstehende und 42 Schilling für Ehepaare sicherte ohnehin nur ein äußerst bescheidenes Auskommen, blieb aber trotz relativer Preisstabilität bald hinter der allgemeinen Preisentwicklung zurück, so daß oft zusätzlich die Sozialhilfe aufgrund des Sozialhilfegesetzes von 1948 einspringen mußte.

Überblickt man die Wirtschafts- und Sozialpolitik der Labour-Regierung insgesamt, so sticht ihre Doppelpoligkeit hervor. Gradueller Wandel stand neben der Konservierung bestehender Strukturen. „Wir wollen eine neue Gesellschaft bauen, eine Gesellschaft des Friedens, der Freiheit und der sozialen Gerechtigkeit." Dieses von Attlee im Oktober 1945 genannte Ziel[162] ist zweifellos nur zum Teil erreicht worden. Aber der Teilerfolg sollte nicht gering veranschlagt werden. Die „neue Gesellschaft" blieb eine rhetorische Formel. Doch jeder Zeitgenosse, der das Großbritannien der ausgehenden vierziger Jahre mit dem der dreißiger Jahre verglich, mußte einräumen, daß es sich um eine wenn nicht neue, so doch in mancherlei Hinsicht erneuerte Gesellschaft handelte. Der Weg zu „sozialer Gerechtigkeit", wenn über diesen Begriff überhaupt je Einigkeit zu erzielen ist, wurde mit einer Reformpolitik betreten, die zumindest „mehr" soziale Gerechtigkeit brachte. Bei allen Defiziten, die sich zum Beispiel im nur zögernd anlaufenden Hausbauprogramm oder im Festhalten am bestehenden Erziehungswesen äußerten, war die gesetzliche Verankerung des Wohlfahrtsstaats eine epochale Leistung, die den verbindlichen Rahmen auch der nachfolgenden Regierungen beschrieb. Die sozialen und wirtschaftlichen Leistungen konnten sich trotz aller Strukturschwächen im internationalen Vergleich sehen lassen. Die industrielle Produktion stieg zwischen 1945 und 1950 um 40%. Sie lag allerdings schon zu diesem Zeitpunkt hinter derjenigen Schwedens zurück, wo der Wohlfahrtsstaat nicht unter Austerity-Vorzeichen errichtet werden mußte.

Die Zunahme an Staatsinterventionismus und sozialer Sicherheit führten nicht zu einer sozialistischen Gesellschaft oder zur durchgreifenden Sozialisierung in der Wirtschaft. Bei allen Reformansätzen waren die Kontinuitätslinien unübersehbar. Die Labour-Führung folgte alten Grundsätzen, wie sie schon von der *Fabian Society* entwickelt worden waren. Bestimmend war das liberale Erbe der Partei und die Vorstellung evolutionärer Veränderung. Daß kein umstürzender Strukturwandel beabsichtigt war und daß bei aller Reformeuphorie die real bestehende Lage immer mit ins Kalkül gezogen wurde, rief auf dem linken Flügel der Partei in zunehmendem Maß Protest hervor, garantierte aber letztlich die Zustimmung auch derjenigen, die in der Opposition standen und die die Labour Party nicht gewählt hatten. Indem die Attlee-Regierung, wie ihre Kritiker einwandten, Minimalziele anstrebte, erreichte sie für Großbritannien ein Maximum an Stabilität.

Es ist unübersehbar, daß die britische Gesellschaft der Nachkriegszeit tatsächlich, wie Attlee es sich zum Ziel gesetzt hatte, eine „Gesellschaft des Friedens" und „der Freiheit" war. Großbritannien zeichnete sich durch überwältigende Zustimmung seiner Bevölkerung zum politischen System aus. Liberalität als Grundzug der politischen Kultur war ein unverrückbares Kennzeichen, ebenso wie die Fähigkeit zum friedlichen Wandel. Es gab keine politische Zerklüftung, kein Freund-Feind-Denken, ein Höchstmaß an politischer Integration. In der engen Verbindung und Gleichzeitigkeit von sozialpolitischem Fortschritt, wirtschaftlicher Erholung und liberaler politischer Kultur unterschied sich das Großbritannien der Nachkriegszeit von vielen Staaten der westlichen Welt und auch von seiner eigenen Entwicklung zwischen den Weltkriegen. Die Labour Party ist 1945 als Reformpartei angetreten und hat Großbritannien in einer schwierigen historischen Konstellation auf Reformkurs gehalten. Die Regierung Attlee ist darum in einem Atemzug mit anderen bedeutenden Regierungen des 19. und 20. Jahrhunderts zu nennen, deren Politik als Reformpolitik das bestehende System weiterentwickelte und damit leistungsfähig erhalten hat. In all diesen Fällen handelte es sich nie um Kontinuitätsbrüche, sondern um die Gleichzeitigkeit von Kontinuität und Reform.

c) Konsenspolitik und ihre Krise

Als die Regierung Attlee innerlich verbraucht, von Rücktritten geschwächt, die die dem linken Parteiflügel angehörenden Minister Bevan und Wilson aus Protest gegen steigende Rüstungsausgaben nach Ausbruch des Koreakriegs erklärten, und zum Teil im wahrsten Sinn des Wortes physisch erschöpft 1951 das Feld räumte und die Labour Party bis 1964 in die Opposition ging, war der Attlee-Konsens von den Konservativen längst als unantastbar erkannt und übernommen worden. Ungeachtet gewisser gradueller Unterschiede waren *mixed economy* und *welfare state* als Bezugspunkte britischer Politik allgemein akzeptiert. Die politische Sprache hat dafür auch einen eigenen Begriff hervorgebracht, den Begriff des *Butskellism.* Diese Zusammenziehung aus Richard A. Butler, der nach dem Zweiten Weltkrieg führendes Mitglied in allen konservativen Regierungen (darunter von 1951 bis 1955 als Schatzkanzler) war, und Hugh Gaitskell, der 1950–1951 ebenfalls Schatzkanzler und von 1955 bis zu seinem frühen Tod 1963 Führer der Labour Party war, sollte den breiten nationalen Konsens zum Ausdruck bringen, der ein Merkmal politischer Stabilität war. Im Jahr 1959 meinten 40% der Wähler, es sei unwichtig, welche Partei gerade regiere.

Die fünfziger Jahre brachten Großbritannien einen wirtschaftlichen Aufschwung, der mit der Belebung des Welthandels und den daraus folgenden positiven Auswirkungen für den britischen Außenhandel zusammenhing. Die regierenden Konservativen, die den alternden und auch ernstlich kranken Churchill 1951 noch einmal zum Premierminister machten, gaben die Entwicklung freilich als Erfolg ihrer Wirtschaftspolitik aus. Vor allem die Reprivatisierung der Eisen- und Stahlindustrie 1953 gehörte dazu. Die Aufhebung der Nahrungsmittelrationierungen zeigte an, daß die Austerity-Jahre der Nachkriegszeit endlich vorüber waren. Produktionszuwachs und steigender Wohlstand bestimmten das Bild. Großbritannien wies zwar niedrigere Wachstumsraten auf als andere Industrieländer, partizipierte aber ausreichend an der Erholung der westlichen Welt. Bei steigenden Löhnen sahen sich die Briten in der Lage, den bestehenden Bedarf an Konsumgütern zu befriedigen. Die Regierung startete ein eindrucksvolles Hausbauprogramm. Der dafür verantwortliche Minister, Harold Macmillan, konnte Ende 1954 auf fast 700000 Häuser verweisen, die subventioniert worden waren. Macmillan hatte schon in den dreißiger Jahren gesellschaftspolitische Planung gefordert, war damit in der Konservativen Partei allerdings in einer sektiererischen Randposition geblieben. Jetzt war seine Zeit gekommen, auch wenn er in der politischen Hierarchie noch nicht ganz oben stand. Als Churchill aus Altersgründen zurücktrat, wurde erst einmal Anthony Eden Premierminister. Er gewann im Mai 1955 eine klare Mehrheit in Unterhauswahlen. Immer eine sensible Natur und nicht eben mit einer robusten Gesundheit ausgestattet, war Eden den Anforderungen seines neuen Amtes allerdings nicht gewachsen. Als Außenminister hatte er sich im Zweiten Weltkrieg und zu Beginn der fünfziger Jahre national und international einen Namen gemacht. Darüber hinaus profitierte sein Image unverdientermaßen immer noch von seinem Rücktritt 1938 als Außenminister der Regierung Chamberlain. Als Premierminister dagegen mußte er weitergehende Entscheidungs- und Führungskraft unter Beweis stellen, was ihm nicht gelang. Als er während der Suez-Krise 1956 auch außenpolitisch gründlich scheiterte, büßte er all seine Reputation ein.

Bei Edens Amtsantritt waren es – wie zumeist in der britischen Nachkriegsgeschichte – wirtschaftliche Probleme, die es zu bewältigen galt. Großbritannien wurde Mitte der fünfziger Jahre von der wirtschaftlichen Realität wieder eingeholt. Die schon aus der Zwischenkriegszeit bekannten Strukturprobleme bestanden fort, wenn auch mit einem wesentlichen

Unterschied: Die Arbeitslosenquote blieb zunächst reduziert. Aber geringe Produktivität, fortschreitende Entindustrialisierung, Zahlungsbilanzprobleme, Inflationsdruck und Schwierigkeiten mit der Stabilität der Währung verlangten von der Haushalts- und Wirtschaftspolitik der Regierung jeweils verschiedene Reaktionsweisen. Bald mußte eine konjunkturelle Überhitzung unterbrochen, bald die Wirtschaft angekurbelt werden. Schlechterdings ungelöst blieb das Grundproblem, daß mehr ausgegeben als produziert wurde. Die Staatsausgaben stiegen, die Käufer verlegten sich zunehmend auf Teilzahlung, um sich Waschmaschinen, Kühlschränke, Fernsehapparate und Autos leisten zu können, aber das Bruttosozialprodukt stieg zwischen 1951 und 1976 im Durchschnitt nur um 2,5 % (Japan 8,5 %, Bundesrepublik Deutschland 5,5 %, Frankreich 4,8 %, USA 3,1 %). In den Jahren wirtschaftlicher Stagnation 1957 und 1958 stieg es noch nicht einmal um 1 %. 1956 mußte die Regierung erstmals eine Anleihe beim Internationalen Währungsfonds aufnehmen, um das Pfund zu stabilisieren. Gleichwohl konnte sich Macmillan, der 1957 Premierminister geworden war, als *Super-Mac* feiern lassen, als ihm ein darauf folgender Boom viel Popularität bescherte. Seinen Landsleuten flößte er Optimismus ein: „You never had it so good." In der Tat war der gestiegene Lebensstandard nicht zu leugnen. 1959 erzielte Macmillan einen großen Wahlsieg. Aber das Bild von der „englischen Krankheit" nahm immer deutlichere Züge an. Um die Ausgaben herabzudrücken und die Inflationsgefahr einzudämmen, trat die Regierung 1960 auf die Bremse und beschloß Kreditrestriktionen und Steuererhöhungen. Außerdem machte sie einen ersten Versuch, zu einer Lohnpause zu kommen, was zu Konflikten mit den Gewerkschaften führte und spätere Machtproben schon ahnen ließ.

Es gab einen weiteren Schönheitsfehler in Macmillans Amtszeit, die Rassenunruhen im Londoner Stadtteil Notting Hill. Auf ihre schlechte soziale Lage hat die farbige Bevölkerung seitdem immer wieder mit Aufruhr und Gewaltanwendung reagiert. Von Jahr zu Jahr kamen mehr Einwanderer vor allem aus Indien, Pakistan und der Karibik nach Großbritannien (1959: 20000, 1960: 58000, 1961: 115000). Gleichzeitig war für jeden evident, daß Großbritannien kein unbegrenztes Einwandererland sein konnte. Nach der bestehenden Rechtslage des Commonwealth war rund ein Viertel der Erdbevölkerung berechtigt, in Großbritannien einzuwandern! Die Regierung reagierte 1962 mit einem Einwanderungsgesetz, das die Freizügigkeit im Commonwealth drastisch einschränkte.

Im Winter 1962/63 stellte sich mit 800000 Arbeitslosen ein neues Alarmsignal ein. Daß sich die Konservativen bald im politischen Abwind befanden, verwunderte niemanden; allenfalls, daß sie Lord Home als Nachfolger des erkrankten Macmillan wählten. Home legte seinen Adelstitel ab und wurde als Sir Alec Douglas-Home Premierminister. Es läßt sich kaum ein größerer Gegensatz vorstellen, als der zwischen dem neuen Premierminister und seinem Herausforderer auf der Oppositionsbank. Auf der einen Seite der schottische Adlige, der das Ideal des Landedelmanns verkörperte, auf der anderen Seite Harold Wilson, der Wirtschaftswissenschaften studiert und auch gelehrt hatte, inzwischen im Unterschied zu den frühen fünfziger Jahren der politischen Mitte angehörte und seit 1963 Oppositionsführer war. Er trat für technologischen Wandel und wirtschaftliche Modernisierung ein. Mit Recht verwies er darauf, daß Großbritannien nicht nur ein Land mit geringer Wettbewerbsfähigkeit war, sondern auch ein Land mit fortschrittlichen Technologien. Was geschehen müsse, sei eine Überwindung der archaischen Strukturen in Wirtschaft und Arbeitswelt und der Ausbau des modernen Sektors. Mit dieser Botschaft erreichte Wilson nicht nur eine neue Geschlossenheit der Labour Party, die die Flügelkämpfe der fünfziger Jahre hinter sich ließ, sondern auch ein Mandat von der Mehrheit der Wähler. Im Oktober 1964 errang er einen knappen Wahlsieg. Politischer Wille allein erwies sich freilich auch bei Wilson nicht als ausreichend. Zahlungsbilanzprobleme und Pfundschwäche waren objektive Daten, die unabhängig von wechselnden Regierungen den Entscheidungsspielraum der Politiker einengten. Wie die wirtschaftliche Entwicklung im 19. Jahrhundert Handlungsmöglichkeiten eröffnet hatte, so engte sie sie jetzt von Jahr zu Jahr drastischer ein. Wilson spürte dies, als das britische Pfund auf den internationalen Geldmärkten wieder einmal an Vertrauen verlor. Ein wesentlicher Grund dafür war die Ausgabensteigerung des Staates durch verbesserte Sozialleistungen. Die Ankündigung von Preis- und Lohnkontrollen, Kürzungen im Militärhaushalt und Steuererhöhungen folgte notgedrungen.

Historisch bedeutsam war, daß sich die Labour-Regierung an eine Bestandsaufnahme der Arbeitsbeziehungen, der inneren Organisation der Gewerkschaften und ihrer Stellung in Gesellschaft und Staat heranwagte. Dahinter stand die selbstverständlich auch von den Konservativen geteilte Überzeugung, es müsse zu einer Verrechtlichung der Arbeitsbeziehungen kommen, zum Beispiel zu bindenden Vereinbarungen über Konfliktverhalten im Arbeitskampf und zur Respektierung von Tarifabschlüssen oder zur Kodifizierung eines Arbeitsrechts und zur Einführung einer Arbeitsgerichtsbarkeit – alles Dinge, die in Staatsgesellschaften wie der deutschen selbstverständlich sind, vor dem Hintergrund der britischen Gewerkschaftsgeschichte aber eine einschneidende Intervention des Staates in gesellschaftliche Freiräume darstellten. Aus der Sicht der Gewerkschaften ging es nicht um die von der Regierung und weiten Teilen der Öffentlichkeit gestellte Frage, ob sich ein im Unterschied zur Zeit vor dem Ersten Weltkrieg wirtschaftlich schwaches Großbritannien sein anarchisches Gewerkschaftssystem noch leisten könne, sondern darum, die in wirtschaftlich besseren Zeiten durchgesetzte Privilegierung[163] zu erhalten. Die Gewerkschaften forderten also weiterhin die Freiheit autonomer Kollektivverhandlungen und ungezügelte Tarifautonomie sowie die Ausklammerung des Staates aus den Arbeitsbeziehungen. Es sollte keine rechtlich bindende Wirkung von Tarifabschlüssen und keine Arbeitsgerichtsbarkeit geben. Abgelehnt wurde auch die verbindliche Einführung von Urabstimmungen, also die Überwindung des in den Gewerkschaften bestehenden Demokratiedefizits. Weiterhin sollte die Organisationsvielfalt erhalten bleiben, Kritiker sagen: das Organisationschaos mit großen mitgliederstarken Gewerkschaften, Zwerggewerkschaften in einzelnen Berufen und den Vertrauensleuten der Arbeiter in den Betrieben, den *Shop Stewards*, die nicht gewählt sind, sondern per Akklamation auf Unternehmensebene meinungsbildende Funktionen ausüben und Streikentscheidungen herbeiführen können. Mitte der sechziger Jahre waren 95% aller Streiks inoffiziell, d.h. sie waren von der zentralen Gewerkschaftsleitung nicht gebilligt.

Um den gesamten Komplex durchsichtig zu machen und um Grundlagen für Reformen erarbeiten zu lassen, setzte die Regierung im Februar 1965 eine Untersuchungskommission ein. Die *Royal Commission on Trade Unions* legte 1968 einen Bericht vor, der nach dem Vorsitzenden der Kommission als Donovan-Report bekannt geworden ist. Der Bericht konzentrierte sich auf eine Beschreibung der bestehenden Verhältnisse und empfahl weiterhin staatliche Zurückhaltung. Die Regierung Wilson, nach Neuwahlen im März 1966 entscheidend gestärkt, sah den Donovan-Report als unzureichend an. Ihre Politik der Ausgabenkürzungen, Steuererhöhungen, Devisenkontrollen und einer im November 1967 erfolgten Pfundabwertung mußte aus Wilsons Sicht ohne eine Reform des Gewerkschaftswesens, genauer: eine gewisse Entmachtung der Gewerkschaften Stückwerk bleiben. Erst im Mai 1966 hatte ein Streik der Seeleute einen derartigen Exportrückgang bewirkt, daß das Pfund unter Druck geriet. Doch scheiterte die Regierung, die im Januar 1969 ein Weißbuch *In Place of Strife* vorlegte, schon parteiintern mit ihren Vorstellungen, bei Tarifkonflikten in bestimmten Fällen eine Friedenspflicht von 28 Tagen und generell geheime Urabstimmungen einzuführen.

Bei der Bevölkerung konnte die Regierung damit auf überwiegende Zustimmung hoffen, und da die Prognosen der Meinungsforscher für Wilson günstig aussahen, setzte er 1970 vorzeitige Unterhauswahlen an. Überraschenderweise siegten aber die Konservativen unter Edward Heath, der im Wahlkampf den galoppierenden Preisanstieg aufs Korn genommen hatte und damit erfolgreich war, ohne gleichzeitig wirksame Rezepte dagegen entwickeln zu können. Preise und Arbeitslosigkeit stiegen während seiner Amtszeit weiter an. In dieser Lage scheute sich Heath nicht, einen offenen Konfliktkurs gegen die Gewerkschaften einzuschlagen. Im *Industrial Relations Act* von 1971 wurde die rechtliche Durchsetzbarkeit von Tarifabschlüssen festgeschrieben. Die Gewerkschaften verweigerten jedoch erfolgreich die geforderte Registrierung bei einem Gericht. Das Gesetz war nicht durchsetzbar! Die Frage lautete jetzt: Wer regiert Großbritannien – die auf die parlamentarische Mehrheit gestützte Regierung oder die Gewerkschaften? Das Gesetz scheiterte aber auch wegen der oft anzutreffenden Zurückhaltung der Unternehmer, es anzuwenden. Der Unterschied zwischen Wilson und Heath bestand darin, daß Wilson vor Einbringung des Gesetzes um einen gewissen Konsens mit den Gewerkschaften bemüht war. Als dieser nicht erzielt werden konnte, steckte Wilson zurück. Heath dagegen bemühte sogleich das Parlament als den souveränen Gesetzgeber und trug auf diese Weise dazu bei, die seit den sechziger Jahren immer wieder diskutierte britische Krise in ihren Konturen schärfer als bisher hervortreten zu lassen. War die britische Bürgerkultur an die Grenze ihrer gesellschaftlichen Kompromißfähigkeit gestoßen? Bedurfte es, statt um Konsens zwischen den gesellschaftlichen Gruppen zu ringen, stärkerer staatlicher Regulative? Heaths Antwort ging eindeutig in die Richtung von letzterem und sollte bald in wesentlich schärferer Weise von der Regierung Thatcher wiederholt werden.

Als Reaktion erfolgte 1971 eine rapide Zunahme von Streiks. Im Jahr 1971 gab es 2228 und 1972 2497 Streiks mit 13,5 Millionen beziehungsweise 23,9 Millionen verlorenen Arbeitstagen. Auf das Einfrieren der Preise und Löhne 1972 reagierten die Gewerkschaften abermals mit Streiks. Ab November 1973 kam es zu der entscheidenden Konfrontation mit den Bergleuten, die Überstunden und Wochenendarbeit verweigerten. Im Jahr der Ölkrise befand sich Großbritannien bald in ernsten Versorgungsschwierigkeiten. Am 13. November 1973 rief Heath den Ausnahmezustand aus und verordnete im Januar 1974 die Dreitagewoche. Schließlich blieb nur noch die Zuflucht zu Neuwahlen. Sie brachten niemandem eine ausreichende Mehrheit. Die Labour Party bildete die stärkste Fraktion, und Wilson wurde Premierminister einer Minderheitsregierung. Bemerkenswert waren die Gewinne der schottischen und walisischen Nationalisten, die schon früher errungene kleinere Wahlerfolge ausbauen konnten. Die Frage größerer Eigenständigkeit der Regionen wurde in der Folgezeit vermehrt gestellt. Ihre Erörterung führte aber nicht zu konkreten Ergebnissen, weil die Bevölkerung in Wales und Schottland in Volksabstimmungen aus im einzelnen unterschiedlichen Gründen 1979 gegen Gesetze votierte, die eigene Parlamente für Schottland und Wales mit allerdings deutlich begrenzten Zuständigkeiten vorgesehen hatten. So kam es nicht zur vorgesehenen Lösung durch *devolution.* Auch die Liberalen gingen gestärkt aus der Wahl hervor. Freilich vermittelten die nur 14 Unterhaussitze ein anderes Bild. Die Wahl vom

Februar 1974 zeigte, daß es aufgrund des Mehrheitswahlrechts zwei große Parteien gab, die die potentiellen Regierungsparteien waren, daß es aber – wie so oft in der neueren britischen Politik – nicht eigentlich ein Zweiparteiensystem gab, wenn man auf die Zahl der abgegebenen Stimmen schaut. Die Liberale Partei erhielt 6,1 Millionen oder 19,3% aller abgegebenen Stimmen. Konservative und Labour Party hatten jeweils nicht einmal doppelt so viel Stimmen aufzuweisen, waren aber mit rund zwanzigmal so viel Abgeordneten im Unterhaus vertreten. In der Oktoberwahl 1974 gingen die Liberalen um 1% zurück, behaupteten aber immer noch einen respektablen Stimmenanteil. In den sechziger Jahren hatten sie es durchschnittlich nur auf knapp über 7% gebracht.

Die zweiten Wahlen des Jahres 1974 strebte Wilson an, um eine ausreichende Mehrheit zu erhalten. Grundlage dafür war eine schnelle Beendigung des Bergarbeiterkonfliks, in dem die Regierung durch Lohnerhöhungen und Subventionszahlungen nachgab. Sie setzte ferner das Gewerkschaftsgesetz von 1971 außer Kraft und handelte gleichzeitig einen „Sozialkontrakt" aus, in dem die Gewerkschaften zu einer maßvollen und berechenbaren Lohnpolitik überredet wurden. Wilson gewann ganz knapp die absolute Mehrheit zurück. Die Konservativen reagierten auf ihre Niederlage im Jahr darauf mit einem Führungswechsel und wählten mit Margaret Thatcher zum ersten Mal eine Frau an die Spitze ihrer Partei. Auch bei der Labour Party gab es einen Wechsel, als Wilson im April 1976 das Handtuch warf und James Callaghan sein Nachfolger wurde. Durch Sachverstand und Integrationsfähigkeit war es Wilson gelungen, sich zusammen mit Attlee und Macmillan in die Reihe der bedeutenden Premierminister nach dem Zweiten Weltkrieg einzureihen. Er war Gegenstück und zugleich Entsprechung zu Macmillan auf der konservativen Seite. Was beide verband, war das Suchen nach einer konsensfähigen Politik. Mehr als Macmillan, der in seiner Amtszeit von einer wirtschaftlichen Aufschwungphase profitiert hatte, mußte Wilson allerdings erleben, daß der gesellschaftliche Grundkonsens immer schwerer zu erreichen war. Während der Amtszeit seines Nachfolgers zeigte sich, daß auch ein Labour-Premierminister mit der Konfliktfreudigkeit der Gewerkschaften rechnen mußte. Im Winter 1978/79 lähmten Streiks das Gesundheitswesen und andere Dienstleistungsbereiche. Die Unterhauswahlen 1979 brachten den Konservativen einen klaren Sieg. Auch in der Labour Party selbst war kein Konsens mehr zu erreichen. Sie spaltete sich in einen linken, sozialistisch orientierten Mehrheitsflügel und einen gemäßigten kleineren Flügel, aus dem 1981 als neue Partei die *Social Democratic Party* hervorging.

Ob ihrer Allianz mit den Liberalen der große Durchbruch in Wahlen gelingen kann und ob sich das britische Parteiensystem in einer Phase des Umbruchs befindet, wird ebenso intensiv diskutiert wie die Frage, wie weit das politische System Großbritanniens insgesamt in eine Krise geraten ist. Unter britischen Politikwissenschaftlern sind gegenwärtig ganz deutlich Skepsis und Krisenbewußtsein anzutreffen, und zwar ungeachtet der Tatsache, daß bei einer Umfrage Ende der siebziger Jahre fast 80% der Befragten Zustimmung zu den Verhältnissen in Großbritannien bekundeten. Man zweifelt daran, daß die politischen Institutionen anpassungsfähig genug sind, um die anstehenden Schwierigkeiten lösen zu können (Zunahme von Gewalt in Nordirland, in Arbeitskämpfen, in Fußballstadien, bei Rassenunruhen; Freund-Feind-Denken, wie es im monatelangen Bergarbeiterstreik 1984/85 zutage trat; steigende Gewaltkriminalität). Das Problem der ,,englischen Krankheit" (niedrige Produktivität, hohe Arbeitslosigkeit und zunehmende Verschlechterung in den Arbeitsbeziehungen) und der tatsächliche oder angenommene Verfall der auf Konsensfähigkeit aufbauenden Bürgerkultur hängen untrennbar miteinander zusammen. Die Erwartung wird geäußert, Großbritannien könne um einschneidende Korrekturen wie eine geschriebene Verfassung, eine stärkere Institutionalisierung der Arbeitsbeziehungen oder ein neues Wahlrecht nicht herumkommen.

Die Debatte darüber hat sich besonders intensiviert, seit Margaret Thatcher bisher ungewohnte innenpolitische und gesellschaftliche Konfrontationslinien gezogen hat. Während sie auf der Grundlage monetaristischer Theorien und vorübergehend begünstigt von der durch das Nordseeöl erreichten Entlastung der Zahlungsbilanz die Wirtschaft den Selbstheilungskräften des Marktes überlassen wollte und die sozialen Kosten hoher Arbeitslosigkeit (im Juni 1986 über 3 Millionen oder 13,1%) in Kauf nahm, wollte sie den Staat als Instanz zur Steuerung gesellschaftlicher Abläufe stärken. Ein neues Gewerkschaftsgesetz und der autoritäre Ruf nach *law and order* gehören zusammen mit dem Appell an den Nationalstolz der Briten zum Arsenal des ,,Thatcherismus". Auch bei Gewerkschaftsführern wuchs die Militanz. In der Labour Party entwickelte sich erstmals ein theoretisch und ideologisch fundierter Linkstrend, dessen Protagonisten nicht nur – wie es bisher der Fall war – am Rand von Parteitagen Furore machen, sondern in die Partei hineinwirken. Bei all diesen Phänomenen scheinen die traditionellen Tugenden, die die politische Kultur Großbritanniens hervorgebracht hat (Pragmatismus, Integrations- und Kompromißwille, Solidarität, Engagement für das Gemeinwesen im sozialen und politischen Sinn, individuelle Freiheit bei nachbarschaftlicher und gesellschaftlicher Eingebundenheit), in den Hintergrund gedrängt zu werden. Reformen beruhen nicht mehr auf einem ausreichend breiten Konsens, sondern auf einer gesellschaftlichen Kampfansage. Darum hat 1984 der Earl of Stockton, wie der damals neunzigjährige Macmillan nach seiner Erhebung in den Adelsstand inzwischen hieß, in einer vielbeachteten Rede im Oberhaus die Rückkehr zur Konsenspolitik gefordert. Der Haß müsse wieder aus dem Lande weichen.

Urteile von Zeitgenossen sind immer einseitig. Ihre Standortbestimmungen geben vor allem ihren eigenen Standort zu erkennen. Aber sie sind auch Signale, in denen sich Tendenzen der Zeit mitteilen. Man wird wohl sagen können, daß Macmillans England nicht mehr besteht, wo technologischer Fortschritt und industrielle Rückständigkeit, Regionen des Wohlstands und strukturschwache Gebiete, Vollbeschäftigung und Zahlungsbilanzprobleme, Klassenkonflikte und Überflußgesellschaft, anarchische Arbeitsbeziehungen und entwickelte Wirtschaft, Westminster-Demokratie und politische Desintegrationstendenzen, Repräsentativsystem und plebiszitäre Komponenten, präsidentenähnliche Befugnisse des Premierministers und die verfassungstheoretisch postulierte Omnipotenz, tatsächlich aber bestehende Degradierung des Unterhauses zum Zustimmungsorgan, Staatsgesellschaft und Bürgerkultur, Tradition und Postmoderne in einem – zum Teil prekären – Gleichgewicht nebeneinander bestehen konnten. Man wird auch sagen können, daß der Rechtskonservatismus Thatchers, der das wirtschaftliche Leistungsdefizit Großbritanniens im übrigen nicht beseitigen konnte, keineswegs das letzte Wort ist. Prognosen über die weitere Entwicklung fallen naturgemäß unterschiedlich aus. Sie sind nicht Gegenstand dieses Buches. Aber das, was sein Gegenstand ist, dokumentiert die Lebensfähigkeit der britischen Gesellschaft und ihre Flexibilität gerade in Momenten, in denen sie unter Anpassungsdruck kam. Daraus können Schlußfolgerungen und auch Wünsche für die Zukunft abgeleitet werden.

2. Weder Weltmacht noch Mittelmacht: Außenpolitische Identitätssuche

a) Weltpolitik als Juniorpartner der USA

Im Unterschied zur inneren Entwicklung, wo die Beurteilungen zwischen Krisengefühl und tatsächlichen Anpassungsproblemen schwanken, scheint die Außenpolitik Großbritanniens seit dem Zweiten Weltkrieg mit eindeutigen Kategorien erfaßbar zu sein. Großbritannien machte einen Wandel von der Weltmacht zu einer europäischen Macht mit Weltmachttradition durch. Wie auch Frankreich blickt Großbritannien nicht ausschließlich auf Europa als Rahmen seiner Politik, sondern bewahrt Restelemente seiner imperialen Vergangenheit. Unmittelbar nach Beendigung des Zweiten Weltkriegs war das Verhältnis noch genau umgekehrt. Die Labour-Regierung folgte überwiegend traditionellen Mustern, in denen die außereuropäische Welt im Vordergrund stand. Unübersehbar aber waren gleichzeitig neue Ansätze, die von Anpassungsfähigkeit und

Realismus zeugten. Traditionell war das Festhalten an der Weltmachtrolle und das Selbstverständnis, zu den führenden Akteuren in der internationalen Hierarchie zu gehören. Als Siegermacht des Zweiten Weltkriegs, deren formelle Herrschaft und informelle Einflüsse weltweit ausgebildet waren, hatte Großbritannien auch gar keine Wahlmöglichkeit. Neu gegenüber einer über zweihundertjährigen Tradition war auf der anderen Seite die realistische und verstärkte Anpassung an veränderte weltpolitische Bedingungen und an den Machtverlust, den Großbritannien hatte hinnehmen müssen. Die Weltmachtrolle konnte nicht mehr – wie noch vor dem Zweiten Weltkrieg – im Stil autonomer Großmachtpolitik gespielt werden, sondern nur in enger Anlehnung an die USA, deren Juniorpartner man geworden war. Als Kolonialmacht setzte Großbritannien punktuell den Prozeß der Dekolonisation in Gang, ohne allerdings die Entkolonisierung schon als säkulares Phänomen zu betrachten.

Im Gegensatz zu vielen britischen Regierungen des 20. Jahrhunderts gab es auf außenpolitischem Feld keine Kompetenzstreitigkeiten zwischen Premierminister und Außenminister. Die Führung der Außenpolitik lag unbestritten bei Ernest Bevin, der überraschenderweise Edens Nachfolger wurde. Der Kontrast zwischen beiden Politikern im Hinblick auf Herkunft und Bildung konnte nicht größer sein, wie auch der Kontrast zwischen Bevin und der elitebewußten Beamtenschaft des Foreign Office. Wann hatte es je einen britischen Außenminister gegeben, der aus ärmsten Verhältnissen stammte, mit elf Jahren die Schule verlassen hatte, Transportarbeiter und Gewerkschaftsführer gewesen war? Und doch verfolgte Bevin eine Außenpolitik, die das nationale Interesse in weitgehender Übereinstimmung mit seinem konservativen Vorgänger definierte.

Gegenüber der Zeit vor dem Krieg hatte sich diese Definition nicht grundlegend geändert. Vorrangig war nach wie vor die Sicherung der britischen Machtstellung in der Welt. Dabei waren Europa und Übersee gleichermaßen Handlungsorte im Rahmen der gewohnten Globalstrategie. Es war keine Rede davon, als Weltmacht abzudanken, auch wenn man sich ganz offensichtlich nicht mehr zu den ausschlaggebenden Führungsmächten zählen konnte. Die Situation war 1945 zugespitzt, aber keineswegs neu. Schon seit längerer Zeit waren britische Entscheidungsträger an die Diskrepanz von Machtmitteln und Herrschaftsanspruch gewöhnt. Auch nach 1945 versuchte die britische Regierung, die als Labour-Regierung in diesem Punkt nicht von ihren konservativen Vorgängerinnen zu unterscheiden war, den eingetretenen Machtverlust zu kompensieren und einen weiteren Machtverfall nach Möglichkeit hinauszuzögern.

Symbolisch für die reduzierte Rolle Großbritanniens in der Weltpolitik war, daß die Zahl derjenigen, die unter direkter britischer Souveränität standen, von 457 Millionen Menschen im Jahr 1945 auf 70 Millionen Ende 1951 fiel. Der Rückzug Großbritanniens aus direkter Verantwortung begann auf dem indischen Subkontinent, wo 1947 Indien und Pakistan und 1948 Ceylon und Burma die Unabhängigkeit erlangten. Obwohl damit ein Markenzeichen britischer Weltgeltung verschwand, hatte dieser Vorgang weder unmittelbare Auswirkungen auf die britische Innenpolitik, wo die Aufmerksamkeit der Bevölkerung 1947 weit stärker der Finanzkrise dieses Jahres galt, noch leitete er eine generelle Wende in der Weltreichs- und Kolonialpolitik ein. Kontinuität bestand einmal auf der Ebene des Commonwealth, das sich nicht mehr als „britisches", sondern als vielrassiges (*multiracial*) Commonwealth verstand und das sich zu einem Gebilde mit erheblicher Integrationskraft entwickelte, auch wenn einzelne unabhängig gewordene frühere Kolonialgebiete wie Burma fernblieben oder einzelne Mitglieder wie die Republik Irland 1949, Südafrika 1961 oder Pakistan 1972 ausschieden. Bedeutsam war, daß auch Republiken die Vollmitgliedschaft erwerben konnten. So konnte Indien, das 1950 Republik wurde, Mitglied im Commonwealth bleiben. Zwar war auch die Auflösung des britischen Kolonialreichs nicht von blutigen Auseinandersetzungen verschont, von denen nur der Mau-Mau-Aufstand in Kenia zwischen 1952 und 1956 erwähnt sei, doch erfolgte der Übergang zum Commonwealth souveräner Staaten auf vergleichsweise friedlichen Bahnen. Der Wandel im Weltreich entsprach in gewisser Weise den Reformschüben in der innerbritischen Entwicklung, die das politische System anpassungsfähig sein ließen und seine Attraktivität für die politischen und gesellschaftlichen Gruppen ausmachten.

Kontinuität bestand für die Regierung Attlee, obwohl die Tradition der Imperialismuskritik in der Labour Party unübersehbar ist, weiterhin im Festhalten an einer aktiven Kolonialpolitik. Erst Ende der fünfziger Jahre kam die nächste und zugleich letzte Welle der Entkolonisierung. Ende der vierziger Jahre jedoch war Großbritannien neben vielen Stellen in Südostasien, im Pazifik oder in der Karibik im gesamten Nahen und Mittleren Osten und in Afrika vom Suezkanal bis zum Kap der Guten Hoffnung präsent und gedachte es auch zu bleiben. Ein sprechendes Beispiel ist die ablehnende Haltung Londons 1947 gegenüber argentinischen Forderungen, das Falkland-Problem vor einen internationalen Gerichtshof zu bringen. Statt also aus dem Kreis der imperialistischen Mächte auszuscheiden, wie dies zum Beispiel der französische Sozialist Léon Blum erwartete, holte auch Labour-Britannien nirgends ohne Not die britische Flagge ein. Ausgearbeitet wurden wirtschaftliche Entwicklungsprogramme, die die Beziehungen zwischen dem industrialisierten Mutterland und den vorindustriellen abhängigen Gebieten auf eine bessere Grundlage stellen sollten. Abgesehen von politischen und militärstrategischen Aspekten war Großbritannien vor allem unter wirtschaftlichen Gesichtspunkten am Erhalt von Weltreich und Commonwealth interessiert. Britische Exporte gingen Anfang der fünfziger Jahre zu 54% dorthin. Auf Westeuropa entfielen 26,5% und auf Nord- und Mittelamerika nur 12,4%. Wie sich strategische und wirtschaftliche Faktoren verbinden konnten, wird vor allem im Nahen und Mittleren Osten deutlich. Auch für die Labour-Regierung behielt diese Region ihre zentrale Bedeutung. Sie rangierte sicherheitspolitisch gleich nach dem Vereinigten Königreich selbst, weil dort alle imperialen Verbindungslinien zusammenliefen. Bevin bezeichnete sie als Schutzschild für Afrika und den Indischen Ozean und zugleich als unersetzlichen Ausgangspunkt für eventuelle Offensivhandlungen. Als Rohölquelle und Baumwollgebiet hatte sie auch in wirtschaftlicher Hinsicht eine Schlüsselfunktion und war von erstrangiger Bedeutung für die wirtschaftliche Erholung Großbritanniens nach dem Zweiten Weltkrieg.[164]

Großbritannien konnte als entwickelte Wirtschaftsmacht nicht auf seine Rohstoffquellen verzichten, hatte selbst aber zu wenig zu bieten, damit seine Vormachtstellung auch anerkannt wurde. Es lag eine unausweichliche politische Logik darin, daß Großbritannien als Schuldner der USA auch weltpolitisch von den USA beerbt wurde. Von der Auseinandersetzung mit der Sowjetunion in Nordpersien Anfang 1946 über das Ende britischer Hilfen für Griechenland und die Türkei 1947 bis hin zum Rückzug britischer Truppen aus Palästina 1948 standen die USA in der einen oder anderen Form bereit, in britische Fußstapfen zu treten. Besonders in Palästina – zum von Großbritannien verwalteten Mandatsgebiet des Völkerbunds gehörig, wo schon 1946 Jordanien unabhängig geworden war – war die Kapitulation Großbritanniens als Ordnungsmacht überaus deutlich erkennbar. Hier gab es auch Auseinandersetzungen mit Washington wegen der Einwanderungsquoten für Juden. Erst unter dem Eindruck der zunehmenden Verhärtung des Ost-West-Konflikts kam es wieder zu einer Koordinierung der britischen und amerikanischen Nahostpolitik wie auch der Politik in der gesamten Region von Griechenland bis zum Iran und von der Türkei bis zum Jemen.

Der Kalte Krieg ließ ein westliches Bündnissystem entstehen, dessen wichtigste Partner bei Kriegsende keineswegs an die Bildung kollektiver Verteidigungssysteme gedacht hatten. Als Siegermächte und Mitglieder des Sicherheitsrats der Vereinten Nationen mit Veto-Recht waren sie zwar in eine Weltorganisation eingebunden, blieben aber zunächst in ihrem Selbstverständnis Großmächte, die die Fragen nationaler Sicherheit als Ausweis ihrer Souveränität in eigener Verantwortung zu regeln gedachten. Das Nordatlantische Verteidigungsbündnis bedeutete einen tiefen Einschnitt für die Außenpolitik Großbritanniens und erst recht für die USA, deren globale Bündnispolitik und Militärpräsenz 1945 keineswegs zwingend vorauszusehen war. Jedenfalls war sie nicht geplant. Wer entscheidenden Anteil an der vertraglich fixierten Bindung der USA an

Westeuropa hatte, war Bevin, in dessen Außenpolitik, ungeachtet mancher Vorbehalte auf dem linken Flügel der Labour Party, die USA eine überragende Rolle spielten. Nach seiner Überzeugung durfte man die USA nicht wieder in die Haltung des Isolationismus zurückfallen lassen. Vielmehr müßten die USA eine Auffangstellung dort bilden, wo die europäischen Mächte weltpolitisch überfordert waren. Sehr schnell stellte sich heraus, daß dies auch Europa selbst betraf und eine effektive europäische Sicherheitspolitik nur mit Hilfe der USA sinnvoll erschien. Grund dafür war die Politik der Sowjetunion, deren Strategie in den Augen der Westeuropäer zunehmend auf Expansion zielte.

In der Beurteilung der Sowjetunion als revolutionärer Macht, die das Kriegsbündnis und die fortgesetzte Kooperation der Siegermächte keineswegs zur Grundlage der Nachkriegsordnung machen wolle, gingen Bevin und das Foreign Office den Amerikanern deutlich voran. Mit Recht wies die Führung der Labour Party vor dem Parteitag im Mai 1947 mit der Broschüre *Cards on the Table* auf diesen Sachverhalt hin. Sie war eine Entgegnung auf die im April 1947 von Abgeordneten der Labour Party gegründete *Keep Left*-Gruppe. Die Parteilinke wandte sich gegen Bevin, weil er die Beziehungen zur Sowjetunion nicht genügend pflege und ein Lakai Washingtons sei.[165] In der Tat hatten die USA zu diesem Zeitpunkt kurz nach Erklärung der Truman-Doktrin die Führung in der westlichen Containment-Politik übernommen. Aber der Einstellungswandel gegenüber der Sowjetunion war in London früher erfolgt als in Washington. Daß daraus nicht auch ein früher politischer Kurswechsel wurde, lag an der Haltung des amerikanischen Außenministers Byrnes, der zunächst am Konzept der Kooperation mit der Sowjetunion festhielt, sowie an der Abhängigkeit Großbritanniens, das nur in Abstimmung mit den USA agieren konnte.

Der Übergang in der Leitung der britischen Außenpolitik von Eden zu Bevin hatte keinen Bruch in der Einschätzung der Sowjetunion mit sich gebracht. Schon bald nach der Euphorie von Jalta waren Churchill und Eden zu einer desillusionierten Einstellung gegenüber der Sowjetunion gekommen. Im Mai 1945 beklagte Churchill in seiner Korrespondenz mit Truman und gegenüber dem sowjetischen Botschafter in London den „eisernen Vorhang", mit dem die sowjetische Regierung ihren Herrschaftsbereich abschotte. Attlee und Bevin sahen es nicht anders und bewerteten die sowjetische Herrschaft in Polen und anderen ostmitteleuropäischen Ländern als Gradmesser für die Kooperationsunwilligkeit der Sowjetunion. Sie mußten bald erkennen, daß die im Wahlkampf 1945 ausgesprochene Erwartung trog, eine Labour-Regierung werde sich der sowjetischen Seite besser verständlich machen können. „Links versteht links" war ein Wahlkampfslogan, von dem im Herbst 1945 nichts mehr zu hören war. Während der Londoner Außenministerratskonferenz im

September 1945 war es dann Bevin und nicht sein amerikanischer Kollege Byrnes, der mit Molotow hart zusammenstieß.

Die Erklärung von Jalta über das „befreite Europa", die von der „Selbstregierung" für alle Völker sprach, stellte sich als Formelkompromiß heraus, der von beiden Seiten unterschiedlich interpretiert wurde. Aber die Sowjetunion verweigerte nicht nur freie Wahlen, sondern schockierte die britische Regierung darüber hinaus mit Forderungen, die britische Interessengebiete betrafen. Sie forderte ein Mandatsgebiet in Tripolitanien und versuchte auch, an der türkischen Schwarzmeerküste und an den Meerengen Fuß zu fassen. Abgesehen von allen Konflikten über Ostmittel- und Südosteuropa sowie über das besiegte Deutschland lag hier der eigentliche Kern der Genesis des Kalten Kriegs, weil die Sowjetunion ihre Fesseln als Kontinentalmacht abzustreifen und in die Domäne der Seemächte einzubrechen schien. In dieser Auseinandersetzung konnte die Sowjetunion einen Teilerfolg erzielen. Während ihr der Weg ins Mittelmeer und in den Nahen und Mittleren Osten vorerst verlegt wurde, billigte ihr Bevin schließlich eine eigene Interessensphäre im Vorfeld ihrer Westgrenze zu, analog – wie er am 7. November im Unterhaus ausdrücklich sagte – zur Monroe-Doktrin der USA und zu den besonderen Interessen Großbritanniens an westeuropäischer Kooperation, die von der Sowjetunion wegen angeblicher antisowjetischer Ziele auch nicht verhindert werden dürfe. „Wir werden keine Schritte tun, wir werden gar nichts tun, noch irgendeinem unserer Repräsentanten oder Diplomaten irgend etwas zu tun erlauben, was Haß erregen oder eine Situation entgegengesetzt den russischen Interessen in den osteuropäischen Ländern hervorrufen oder schaffen würde." Damit bestätigte Bevin die Spaltung Europas und schwenkte nicht nur auf die Linie von Byrnes ein, der zwar „exklusive Einflußsphären" ablehnte, aber „spezielle Sicherheitsinteressen" der Sowjetunion in Osteuropa voll anerkannte. Bevin knüpfte auch an Churchills frühere Politik an, in der er zusammen mit Stalin Südosteuropa in Interessensphären aufgeteilt hatte.[166]

Obwohl Bevin nach außen die Notwendigkeit unterstrich, die Kluft zwischen Ost und West zu überwinden, und die Labour Party noch im Mai 1947 in der eben erwähnten offiziellen Selbstdarstellung davon sprach, mit der Sowjetunion „ebenso gute Beziehungen wie mit den USA" anzustreben, zweifelte Bevin schon im Spätjahr 1945 anders als Byrnes an tragfähigen Grundlagen für Kompromisse mit Moskau. In den folgenden Monaten sah er sich durch die Expertisen der britischen Botschaft in Moskau bestätigt, die durchaus der in der Geschichtsschreibung des Kalten Kriegs so berühmten Berichterstattung George F. Kennans für das State Department in Washington vergleichbar sind. Frank Roberts, Gesandter an der britischen Botschaft in Moskau, wies im März 1946 auf die Reideologisierung der sowjetischen Propaganda hin und fragte sich, ob die Welt wie im 16. Jahrhundert vor einem Religionskrieg stehe, in dem der sowjetische Kommunismus mit der westlichen Sozialdemokratie und dem amerikanischen Kapitalismus um die Weltherrschaft kämpfen werde.[167] Zur gleichen Zeit war eine Stimme zu vernehmen, deren Träger zwar inzwischen ohne Amt, aber unverändert von großem internationalem Gewicht war. Churchill hielt anläßlich eines privaten Aufenthalts in den USA eine Rede in Fulton und sprach in Anwesenheit Präsident Trumans nun auch öffentlich vom „Eisernen Vorhang", mit dem die Sowjetunion Europa geteilt habe. Um der „wachsenden Bedrohung und Gefahr für die christliche Zivilisation" begegnen zu können, bedürfe es der „brüderlichen Vereinigung der englischsprechenden Völker".[168] Das Foreign Office hatte Churchill bei der Vorbereitung der Rede unterstützt, und Bevin stimmte mit ihren Thesen, nicht zuletzt in bezug auf die Notwendigkeit britisch-amerikanischer Zusammenarbeit, völlig überein, auch wenn er in der Öffentlichkeit als Amtsträger mehr Zurückhaltung an den Tag legte und vorerst noch den Ausgleich mit der Sowjetunion propagierte. Intern aber sprach er in einem Memorandum vom 3. Mai 1946, dem Tag, an dem die Einstellung von Reparationslieferungen aus Westdeutschland an die Sowjetunion verfügt wurde, von der sowjetischen Gefahr, die sicherlich ebenso groß und möglicherweise sogar größer sei als die Gefahr eines wiedererstarkten Deutschlands.[169]

In dieser Formulierung kommen zwei Dinge zusammen, die für die Politik in den ersten Nachkriegsjahren konstitutiv gewesen sind: das Deutschlandproblem und der Beginn des Kalten Kriegs. Auch aus britischer Sicht galt es 1945, ein vorrangiges Ziel zu erreichen, die dauernde Entmachtung Deutschlands. Das Trauma, das der deutsche Griff nach der Weltmacht hinterlassen hatte, saß tief und war bei allen interalliierten Differenzen ein verbindendes Element in der Deutschlandpolitik der Siegermächte. Bevin, der wie andere Labour-Politiker auch von ausgesprochener Germanophobie bestimmt war, sprach von der natürlichen Affinität der Deutschen zu Militarismus und Angriffslust: „Ein Deutscher bleibt immer ein Deutscher. Wenn er erneut eine Chance zur Herrschaft sieht, wird sein kriegerischer Geist wieder bestimmend sein."[170] Diese Chance galt es aus britischer Sicht um jeden Preis zu verhindern. Für Bevin stand nach Kriegsende im Vordergrund, was bisher vor allem für die französische Einstellung gegenüber Deutschland galt: „Sollte man mit einem einzigen Begriff unsere Politik gegenüber Deutschland umreißen, dann ist es der Begriff Sicherheit."[171]

Es gab zwar zahlreiche Faktoren, die seit der Jahrhundertwende zum britischen Machtverfall beigetragen hatten, und viele Staaten – darunter nicht zuletzt die USA –, die die britische Stellung in der Welt unterhöhlt hatten, aber seit dem Wilhelminischen Flottenbau war es zweifellos Deutschland gewesen, das mit militärischen Mitteln die Sicherheiten zerstört hatte, auf denen die britische Weltmacht aufgebaut war. Nach dem Zweiten Weltkrieg sollte nicht wieder der Fehler unterlaufen, der 1918 gemacht worden war, als man trotz aller Härten des Versailler Vertrags das deutsche Potential im Kern intakt gelassen hatte. Man übertrug die Erfahrungen aus den zwanziger Jahren, als die Mehrheit der Deutschen in der Tat die Niederlage des Ersten Weltkriegs nicht akzeptierte und auf Revision des Versailler Vertrags drang, auf die Zeit nach 1945, als die Niederlage zweifellos hingenommen wurde. Mit dieser Feindbildfixierung, die Ausdruck der offiziellen Politik war und alternative Betrachtungsweisen zunächst nicht zur Geltung kommen ließ, verbaute sich die britische Regierung den Weg zu einem frühen friedenstiftenden Neuansatz im britisch-deutschen Verhältnis. Man wußte in London vor allem, was man *nicht* wollte. Man wollte vermeiden, den Sieg gegen Deutschland infolge hoher Kosten, die die Besatzungszone verursachte, zu einem Pyrrhussieg werden zu lassen; der Sowjetunion Einfluß in ganz Deutschland zuzugestehen; und – was mit absoluter Priorität versehen war – Deutschland wieder zu einer Gefahr für den Bestand der internationalen Ordnung werden zu lassen.

Das Feindbild Deutschland wurde sicherlich auch durch die Realität in Deutschland selbst abgebaut, wo es weder Widerstand gegen das Besatzungsregime gab, noch militaristische Strömungen auszumachen waren. Entscheidend aber war ein neues Feindbild, das neben das alte trat und es zu verdrängen begann: das Feindbild Sowjetunion. Auch auf dem linken Flügel der Labour Party verstummten immer mehr Kritiker Bevins, als seit der Kominform-Gründung im September 1947 und mehr noch seit den Vorgängen in der Tschechoslowakei und um Berlin 1948 die Sowjetunion eine Politik der Abgrenzung, wenn nicht sogar der Expansion zu betreiben schien. Bevin rechnete nicht mit sowjetischen Kriegsabsichten, aber er teilte das allgemein im Westen anzutreffende Bedrohungsgefühl. Man fürchtete kommunistische Subversion und die Entschlossenheit der sowjetischen Führung, jede westliche Schwäche auszunutzen.

Zu diesem Zeitpunkt war entschieden, daß Deutschland geteilt sein würde. Die Gründung eines westdeutschen Staates stand bevor. Von Großbritannien entwickelte eigene Ansätze in der Deutschlandpolitik, die in der britischen Zone die Sozialisierung der Rhein-Ruhr-Industrie vorsahen, waren zugunsten einer gemeinsamen Politik der westlichen Alliierten begraben worden. Vor allem aus Finanznot hatte London amerikanische Angebote vom Vorschlag zur Bildung der Bizone in Westdeutschland bis zum Marshall-Plan ohne zu zögern aufgegriffen. Durch Abstimmung mit den USA sollte die schwierige Rekonstruktionsphase nach dem Aderlaß des Zweiten Weltkriegs erfolgreich durchlaufen werden. Zum willfährigen Befehlsempfänger wollte man sich in London allerdings nicht machen. Sozialistische Innenpolitik sollte mit außenpolitischer Stärke zusammengehen. Davon zeugt schon der beträchtliche Anteil, den die Militärausgaben trotz vorübergehender Reduzierungen 1947/48 am Staatshaushalt behielten, insbesondere aber der gänzlich geheimgehaltene und nie im gesamten Kabinett diskutierte Beschluß, britische Atomwaffen zu entwickeln und zu produzieren. Die Vorstellung von der dritten Kraft zwischen den Supermächten war hier ebenso lebendig wie bei dem Gedanken, Europa als Faktor der Weltpolitik wieder ins Spiel zu bringen. In krasser Fehleinschätzung der europäischen Position in Afrika und anderen Kolonialgebieten spekulierte Bevin über die Grundlagen künftiger europäischer Weltpolitik. Westeuropa könne unter der Führung Labour-Britanniens einen dritten Weg zwischen amerikanischem Kapitalismus und sowjetischem Kommunismus aufzeigen und allen demokratischen, antikommunistischen und reformistisch-fortschrittlichen Kräften, die an Freiheit, Planung und soziale Gerechtigkeit glauben, als Orientierung dienen.[172]

Diese im Januar 1948 geäußerten Vorstellungen waren freilich höchst irrealer Art und schlugen sich auch nicht in der konkreten Politik nieder. Hier hatte das westeuropäische Kooperationskonzept sowohl auf wirtschaftlichem als auch auf militärischem Sektor Priorität. Nach zögernden Anfängen im britisch-französischen Beistandspakt von Dünkirchen im März 1947 sah Bevin in seiner Unterhausrede am 22. Januar 1948 die Zeit für eine „Konsolidierung Westeuropas" für gekommen und bereits am 17. März wurde von Großbritannien, Frankreich, Belgien, den Niederlanden und Luxemburg das kollektive Verteidigungsbündnis des Brüsseler Pakts unterzeichnet. Während im Vertrag von Dünkirchen noch Deutschland als potentieller Aggressor genannt wurde, war diese Rolle jetzt, obwohl nicht beim Namen genannt, auf die Sowjetunion übergegangen. Über die militärische Schlagkraft des Bündnisses machte man sich keine Illusionen. Unabdingbar war die Einbeziehung der USA. Schon fünf Tage nach Abschluß des Brüsseler Pakts reiste eine Foreign Office-Delegation nach Washington. Binnen Jahresfrist war die NATO unter Dach und Fach und Bevin am Ziel seiner Wünsche.

b) Auf dem Weg nach Europa

Von einer klaren Konzeption bestimmt, widerstand Bevin allen außenpolitischen Alternativen. Realistisch, wie er war, erschien ihm weder der Ruf nach einer „sozialistischen" Außenpolitik verlockend, noch vermochte er den Vorstellungen der frühen europäischen Integrationsbewegung zu folgen. Europäische Zusammenarbeit war nur als Abstimmung der Nationalstaaten auf wirtschaftlichem und sicherheitspolitischem Gebiet vorstellbar, aber nicht auf supranationaler Ebene. Die Gründe dafür sind vielfältig: Großbritanniens Verankerung im Weltreich und Commonwealth, Machtgefälle zwischen Großbritannien und den kontinentaleuropäischen Staaten, kommunistische Regierungsbeteiligungen bis 1947 auf dem Kontinent, Differenzen mit den sozialistischen Schwesterparteien in Europa. Entscheidend war, daß der britische Machtverlust unmittelbar nach 1945 nicht radikal genug war, um aus britischer Sicht die Erwartungen von Politikern so unterschiedlicher Couleur wie Léon Blum oder Konrad Adenauer nachvollziehen zu können. Beide erhofften sich von Großbritannien Impulse für die Integration Europas. Aus Londoner Sicht war Großbritannien aber nur zum kleineren Teil eine europagebundene Macht. Was Adenauer diagnostizierte entsprach nicht britischem Selbstverständnis: „Die Engländer treiben m. E. eine Politik, die ihren eigenen Interessen auf das stärkste zuwiderläuft. Sie können ja doch nur ihre Stellung in der Welt erhalten als Führer eines wirtschaftlich geeinten und politisch ausgeglichenen Westeuropas unter Einschluß wenigstens der drei westlichen deutschen Zonen."[173] Großbritannien war allenfalls bereit, sich am Europarat zu beteiligen, aber immer darauf bedacht, ihn nicht zu einer europäischen Konstituante werden zu lassen. In einer Flugschrift *European Unity* drückte die Labour Party 1950 ein allgemeines britisches Gefühl aus. Großbritannien fühle sich Australien und Neuseeland am anderen Ende der Welt mehr verbunden als dem europäischen Kontinent.[174] Dahinter stand nicht nur die wirtschaftliche Verflechtung mit dem Commonwealth, sondern auch die prinzipielle Weigerung, Souveränitätseinbußen hinzunehmen, wie sie die europäische Integration mit sich brachte. Den Schuman-Plan 1950 lehnte man infolgedessen ab. Als die europäische Politik nach der französischen Ablehnung der Europäischen Verteidigungs-Gemeinschaft 1954 blockiert schien, erwuchs London – vielleicht gerade aus seiner Distanz zu Europa – eine wichtige Mittlerrolle. Außenminister Eden startete im Herbst 1954 eine diplomatische und sicherheitspolitische Initiative, die den Anstoß dazu gab, daß die Einbeziehung der Bundesrepublik Deutschland in das westliche Militärsystem über die westdeutsche Mitgliedschaft in der NATO erreicht wurde. Schon im Mai 1954 hatte Eden einen internationalen Erfolg für sich verbuchen können, als er auf der Genfer Indochina-Konferenz eine ausgleichende Rolle spielte und sich damit auch gegenüber dem amerikanischen Außenminister Dulles durchsetzte, dem Edens Linie zu chinafreundlich erschien.

Großbritannien stimmte mit den USA als westlicher Führungsmacht überein, wo es um die Eindämmung der kommunistischen Welt ging. In den UNO-Kontingenten im Korea-Krieg standen auch britische Truppen. Großbritannien gehörte den großen Bündnissen der westlichen Welt im Nordatlantischen Raum (NATO), in Südostasien (SEATO) und im Mittleren Osten (CENTO) an. Nur am Pazifischen Sicherheitspakt (ANZUS) war Großbritannien nicht beteiligt. Die Commonwealth-Länder

Australien und Neuseeland schlossen lieber allein mit den USA ein Bündnis und folgten deren Wunsch, Großbritannien solle nicht in den Vertrag einbezogen werden. Großbritannien war als Mitglied des Westblocks auf die USA letztlich angewiesen, versuchte aber eine in gewissen Grenzen unabhängige Politik zu verfolgen. So erkannte London die im Oktober 1949 proklamierte Volksrepublik China 1950 diplomatisch an. Sowohl Churchill 1953 als auch Macmillan 1959 versuchten, das Eis in den Ost-West-Beziehungen zu brechen, stießen damit aber entweder schon im Foreign Office auf Skepsis oder mußten erfahren, daß das Gewicht Großbritanniens nicht ausreichte, um Bewegung in die Weltpolitik zu bringen.

Daß Großbritannien in den fünfziger Jahren von seinem Image, zu den Großen Drei zu gehören, zehren konnte, lag weniger an seiner Durchsetzungsfähigkeit in der internationalen Politik, als an der immer noch vorhandenen Reputation seiner Diplomatie und dem Versuch, eine unabhängige Nuklearmacht zu sein. Hinzu kam der Wirtschaftsaufschwung der fünfziger Jahre, der das Land überwiegend mit Selbstvertrauen erfüllte. Schließlich verfügte Großbritannien immer noch über ein großes Kolonialreich, auch wenn das britische Prestige als Kolonialmacht seit Mitte der fünfziger Jahre empfindlichen Schaden erlitt. An seinen begrenzten Ressourcen und vor allem knappen Finanzen gemessen unterhielt Großbritannien noch lange eine viel zu große weltweite militärische Präsenz. Die Rüstungsforcierung des Westens nach Ausbruch des Korea-Kriegs fand auch in Großbritannien statt. Anfang der fünfziger Jahre standen allein in Malaysia, wo ein Unabhängigkeitskrieg kommunistischer Guerillas tobte, 100000 Soldaten. Ebenso viele Soldaten befanden sich noch 1958 im Mittleren und Fernen Osten. Insgesamt waren in der zweiten Hälfte der fünfziger Jahre 700000 Mann unter Waffen (gegenüber 300000 in der Zwischenkriegszeit). Doch die Weltmachtrolle war einfach zu kostspielig. 8% des Bruttosozialprodukts gingen in die Rüstung (in Frankreich 6%, in der Bundesrepublik 4%). Darin lag eine wesentliche Ursache für die Geldwert- und Zahlungsbilanzprobleme. Die Alternative erblickte man jedoch nicht darin, als erstrangige Militärmacht abzudanken, sondern sich auf die als kostengünstiger eingestufte Nuklearrüstung zu verlegen. Widerstand dagegen gab es kaum. Die *Campaign for Nuclear Disarmament* mobilisierte in respektablem Umfang den Protest. Sie blieb aber eine Friedensbewegung am Rande des politischen Hauptstroms. Ihre Existenz bis zum heutigen Tag unterstreicht freilich ihre Lebensfähigkeit, die aus ihrer kritischen Mahnerfunktion herrührt. 1952 trat Großbritannien mit seinem ersten Atombombentest in den Kreis der Nuklearmächte ein. Die erste Wasserstoffbombe wurde 1957 gezündet.

Auch die Labour Party unterstützte diese Entwicklung, und zwar mit dem Argument, als unabhängige Nuklearmacht verfüge Großbritannien über mehr Unabhängigkeit von den USA. Sehr rasch zeigte sich, wie illusionär diese Vorstellung war. Denn die Nuklearrüstung war kostspieliger, als man gedacht hatte. Man besaß wohl Sprengköpfe, mußte sich aber amerikanische Trägerraketen beschaffen. Im Dezember 1962 sagte Präsident Kennedy Polaris-Raketen für britische U-Boote zu. Nun gab es zwar noch eine britische Nuklearabschreckung, aber sie war nicht mehr unabhängig. Am Ende des Jahrzehnts war dann eine spektakuläre Reduktion britischer Militärmacht unausweichlich geworden. Für 1971 kündigte Premierminister Wilson das Ende militärischer Präsenz „östlich von Suez" an.

Zu diesem Zeitpunkt waren die Mitglieder der königlichen Familie weltweit auf Reisen, um frühere Kolonien in die Unabhängigkeit zu entlassen. Meistens blieben sie als Mitglieder des Commonwealth mit der britischen Krone verbunden. Von 1960 bis 1970 entstanden auf diese Weise 23 neue Staaten in Afrika (Nigeria, Sierra Leone, Tansania, Uganda, Kenia, Malawi, Sambia, Gambia, Botswana, Lesotho, Swasiland), Asien (Singapur), Amerika (Jamaika, Trinidad-Tobago, Guyana, Barbados), im Indischen Ozean (Mauritius), in Ozeanien (Nauru, Tonga, Fidschi-Inseln, West-Samoa) und im Mittelmeer (Zypern, Malta). Die letzte Phase der Dekolonisation hatte Ende der fünfziger Jahre begonnen. Es wehte der „Wind der Veränderung", wie Premierminister Macmillan es in einer Rede in Kapstadt ausdrückte: „Zu den konstanten Tatsachen des politischen Lebens in Europa gehört seit dem Auseinanderbrechen des Römischen Imperiums die Bildung unabhängiger Nationen. Im 20. Jahrhundert und besonders seit Kriegsende wiederholt sich der Prozeß, der zur Geburt der europäischen Nationalstaaten führte, in der ganzen Welt. Wir erleben das Erwachen nationalen Bewußtseins in Völkern, die jahrhundertelang in Abhängigkeit von einer anderen Macht lebten. Vor 15 Jahren breitete sich diese Bewegung in Asien aus ... Heute geschieht dasselbe in Afrika. Seit ich vor einem Monat London verließ, ist der frappierende Eindruck für mich die Stärke des afrikanischen Nationalbewußtseins. Es mag an verschiedenen Orten verschiedene Formen annehmen, aber es existiert überall. Der Wind der Veränderung bläst über den Erdteil."[175]

Macmillans Einsicht beruhte nicht zuletzt auf einer schmerzlichen Erfahrung, die Großbritannien 1956 hatte machen müssen, als Eden das ägyptische Nationalgefühl und darüber hinaus Großbritanniens Handlungsmöglichkeiten falsch einschätzte. Die von Nasser verfügte Verstaatlichung der Suezkanal-Gesellschaft war zwar eine Enteignung der Aktienbesitzer, zu denen auch Großbritannien gehörte. Aber die Gleichsetzung Nassers mit Hitler, die sowohl Eden als auch Labour-Führer Gaitskell vornahm, ging an den Realitäten völlig vorbei. Im Oktober 1956 ließ sich Eden zu einer geheimen Absprache mit Frankreich und Israel hinreißen, bei einem ägyptisch-israelischen Krieg die Kanalzone zu besetzen. Entschieden ermutigt wurde er dabei von Schatzkanzler Macmillan, der in der irrtümlichen Erwartung einer wohlwollenden amerikanischen Reaktion für ein hartes Auftreten plädierte. Als Israel, das unter dem Druck arabischer Guerilla-Aktionen stand und dessen Schiffahrt im Golf von Akaba behindert wurde, auf dem Sinai in die abgesprochene Offensive ging, landeten britische und französische Fallschirmjäger zum „Schutz" des Kanals in Port Said. Aber das Zeitalter des Imperialismus war vorbei. Großbritannien konnte in Ägypten nicht mehr nach dem Muster von 1882 mit militärischen Mitteln eine ihm genehme Ordnung erzwingen. Es sah sich sowjetischen Drohungen und amerikanischen Pressionen ausgesetzt und beugte sich dem Willen der Supermächte. Innerhalb von 24 Stunden steckte Eden zurück. Sein politisches Ende fiel mit einer der letzten imperialen Gebärden Großbritanniens zusammen.

Äußerlich erfolgreicher verlief der Krieg gegen Argentinien 1982, der die völkerrechtswidrige Besetzung der Falkland-Inseln durch argentinische Truppen rückgängig machte. Die USA legten diesmal keinen Widerspruch ein. Für die Regierung Thatcher war der Krieg eine willkommene Ablenkung von inneren Problemen, und in der Tat ließen sich die Briten mehrheitlich von einem nationalen Hochgefühl bestimmen. In Europa betrachtete man die Aktion mit gemischten Gefühlen. Formal war Großbritannien im Recht, doch die Angemessenheit der britischen Reaktion wurde oft bezweifelt. Zu einem Zeitpunkt, als Großbritannien die Phase seiner weltpolitischen Ausdehnung längst hinter sich gelassen hatte und nach Europa zurückgekehrt zu sein schien, erschien der Krieg um die Falkland-Inseln als Kraftakt, der sich allein aus historischem Recht herleitete. Der Krieg zeigte, wie die Vergangenheit zur Bürde werden kann.

Die 1945 noch gestellte Frage, ob Großbritannien eine Weltmacht oder eine Mittelmacht sei, ist heute klar zu beantworten. Es gehört zum Kreis der führenden Industriestaaten auf der Nordhalbkugel, besitzt aber keinen herausgehobenen Status mehr. Äußeres Zeichen dafür war der erstmals 1961 laut gewordene Wunsch, Mitglied der Europäischen Wirtschafts-Gemeinschaft zu werden. Macmillan soll damals geglaubt haben, Großbritannien könne im europäischen Verbund sowohl eine Auffangstellung gewinnen, als auch – international auf die USA ausgerichtet – eine europäische Führungsrolle spielen. Wer dies auf jeden Fall argwöhnte, war der französische Staatspräsident de Gaulle, der sich gegen einen britischen Beitritt sperrte. Erst am 1. Januar 1973 wurde Großbritannien Mitglied der Europäischen Gemeinschaften. Erstmals in der britischen Geschichte wurde die Bevölkerung dazu 1975 in einem Referendum zum Entscheid aufgerufen. Der frühere amerikanische Außenminister Dean Acheson meinte in den fünfziger Jahren zutreffend, Großbritannien habe ein Weltreich verloren, aber noch keine neue Rolle gefunden. Auch heute läßt die britische Außenpolitik noch Reste ihrer globalen Orientierung erkennen, was sicherlich auch ein Vorteil für Europa ist. Aber Großbritanniens Rolle als europäische Macht scheint ungeachtet mancher Widerstände in der britischen Öffentlichkeit festzuliegen.

Anhang

Tabellenverzeichnis

Die Tabellen wurden jeweils der Anmerkung zugeordnet, die den in ihnen analysierten Gegenstand im Haupttext kursorisch behandelt. Die in diesem Verzeichnis hinter der Tabellennummer eingesetzte Ziffer verweist auf die jeweilige Anmerkung.

Tab. 1, 5: Bevölkerungsentwicklung 1781–1851
Tab. 2, 6: Wachstum britischer Städte 1780–1851
Tab. 3, 9: Jahresdurchschnittswerte der wichtigsten Exportgüter 1784–1856
Tab. 4, 14: Rückschläge in der industriellen Produktion 1801–1850
Tab. 5, 15: Größe und sektorale Verteilung der erwerbstätigen Bevölkerung 1801–1851
Tab. 6, 24: Zusammensetzung des Unterhauses nach Interessengruppen 1832 bis 1867
Tab. 7, 51: Die Verteilung von County- und Borough-Sitzen 1832
Tab. 8, 95: Die Anteile der führenden Industrieländer am Welthandel
Tab. 9, 96: Britische Weltmarktanteile in der Stahl- und Eisenproduktion 1880 bis 1913
Tab. 10, 96: Kohleverbrauch in Großbritannien, Deutschland und Frankreich 1861 und 1913

Anmerkungen

1. Robert Owen, Observations on the Effect of the Manufacturing System (1815). Auszugsweise in: J. F. C. Harrison (Hg.), Society and Politics in England 1780–1960, New York 1965, S. 66ff.
2. Patrick Colquhoun, A Treatise on the Wealth, Power and Resources of the British Empire (1814). Zit. bei H. Perkin, The Origins of Modern English Society 1780–1880, London 1969, S. 2.
3. Friedrich Engels, Die Lage der arbeitenden Klasse in England. Hg. v. W. Kumpmann, München 1973, S. 19.
4. R. Koselleck, ‚Neuzeit'. Zur Semantik moderner Bewegungsbegriffe. In: Ders. (Hg.), Studien zum Beginn der modernen Welt, Stuttgart 1977, S. 294.
5. Die folgende Tabelle macht deutlich, daß die Bevölkerungsentwicklung in verschiedenen Teilen Großbritanniens höchst unterschiedlich verlief. Die Zuwachsraten betrugen zwischen 1801 und 1851 in England 101%, in Wales 86%, in Schottland 80% und in Irland 24%. Die Entwicklung in Irland ist ein Sonderfall und durch Hungersnot, Tod und Auswanderung infolge der Kartoffelkrankheit in den vierziger Jahren zu erklären. Zwischen 1750 und 1840 vervierfachte sich die irische Bevölkerung und zwar zum Teil rascher als in allen anderen Teilen des Vereinigten Königreichs.

Tabelle 1: Bevölkerungsentwicklung 1781–1851 (in 1000; in Klammern Zuwächse in % gegenüber vorangegangener Erhebung)

Jahr	England	Wales	Schottland	Irland	Insgesamt
1781	7953		1435	4048	13436
1801	8479	541	1610	5216	15846
1811	9673 (14,08)	611 (12,94)	1804 (12,05)	5956 (14,19)	18044 (13,87)
1821	11405 (17,91)	718 (17,51)	2090 (15,85)	6764 (13,57)	20977 (16,25)
1831	13212 (19,00)	807 (12,40)	2365 (13,16)	7716 (14,07)	24100 (14,89)
1841	15121 (14,45)	911 (12,89)	2618 (10,70)	8103 (5,02)	26753 (11,01)
1851	17047 (12,74)	1006 (10,43)	2889 (10,35)	6466 (−20,20)	27408 (2,45)

Quelle: E. J. Evans, The Forging of the Modern State. Early Industrial Britain 1783–1870, London/New York 1983, S. 404.

6. Die Tabelle 2 (S. 216) zeigt, daß auch nichtindustrielle Städte wie Bath oder Brighton von der explosionsartigen Wachstumsbewegung erfaßt wurden.
7. Engels (wie Anm. 3), S. 62f.
8. W. Minchinton, Die Veränderungen der Nachfragestruktur von 1750 bis 1914. In: C. M. Cipolla und K. Borchardt (Hg.), Europäische Wirtschaftsgeschichte, Bd. 3: Die Industrielle Revolution, Stuttgart/New York 1985, S. 76.

Tabelle 2: Wachstum britischer Städte 1780–1851 (in 1000)

	vor 1801	1801	1811	1821	1831	1841	1851
Bath	21	33	38	47	51	53	54
Birmingham	42	71	83	102	144	183	233
Bradford	4	13	16	26	44	67	104
Brighton	3	7	12	24	41	47	66
Bristol	55	61	71	85	104	124	137
Glasgow	62	77	101	147	202	275	345
Leeds	24	53	63	84	123	152	172
Liverpool	35	82	104	138	202	286	376
London	775	959	1139	1379	1685	1948	2362
Manchester	30	75	89	126	182	235	303
Oldham	5	12	17	22	32	43	53
Preston	6	12	17	25	34	51	70
Salford	8	14	19	26	41	53	64
Sheffield	27	46	53	65	92	111	135
Stockport	5	17	21	27	36	50	54
Wolverhampton	10	13	15	18	25	36	50

Quelle: Evans (wie Anm. 5), S. 407ff. und B. R. Mitchell/Ph. Deane, Abstract of British Historical Statistics, Cambridge 1971, S. 24ff.

9. Die folgende Tabelle zeigt den wertmäßigen Anstieg der wichtigsten Exportgüter in der ersten Industriellen Revolution.

Tabelle 3: Jahresdurchschnittswerte der wichtigsten Exportgüter 1784–1856 (in 1000 Pfund; in Klammern ihr prozentualer Anteil am Gesamtexport)

	1784 bis 1786	1794 bis 1796	1804 bis 1806	1814 bis 1816	1824 bis 1826	1834 bis 1836	1844 bis 1846	1854 bis 1856
Baumwolle	797	3801	16339	18994	17375	22398	25835	34908
%	(6)	(16)	(40)	(40)	(44)	(48)	(44)	(34)
Wolle	3882	5764	6800	8722	6882	7321	9534	12720
%	(29)	(24)	(16)	(18)	(17)	(16)	(16)	(12)
Eisenwaren	1228	2228	2740	874	824	1021	2086	5860
%	(9)	(9)	(7)	(2)	(2)	(2)	(4)	(6)
Nahrungsmittel	1284	2185	2867	5339	2215	1571	1809	5764
%	(9)	(9)	(7)	(11)	(6)	(3)	(3)	(6)
Rohstoffe	1141	1232	2048	2510	1927	2539	5177	13646
%	(8)	(5)	(5)	(5)	(5)	(5)	(9)	(13)

Quelle: Evans (wie Anm. 5), S. 394.

10. B. Supple, Der Staat und die Industrielle Revolution 1700–1914. In: Cipolla/Borchardt (wie Anm. 8), S. 204.

11. E. J. Hobsbawm, Industrie und Empire. Britische Wirtschaftsgeschichte seit 1750, Bd. 1, Frankfurt 1969, S. 55.
12. Ph. Deane, Die Industrielle Revolution in Großbritannien 1700–1880. In: C. M. Cipolla und K. Borchardt, Europäische Wirtschaftsgeschichte, Bd. 4: Die Entwicklung der industriellen Gesellschaften, Stuttgart/New York 1985, S. 17.
13. S. Lilley, Technischer Fortschritt und die Industrielle Revolution 1700–1914. In: Cipolla/Borchardt (wie Anm. 8), S. 144.
14. Die folgende Tabelle zeigt, wie häufig Rückschläge in der industriellen Produktion zu verzeichnen waren.

Tabelle 4: Rückschläge in der industriellen Produktion 1801–1850

Jahr	Wiedererreichen des Vorjahresstandes
1808	1810
1812	1815
1816	1817
1819	1821
1826	1827
1829	1830
1832	1833
1837	1838
1840	1843
1846	1848

Quelle: Mitchell/Deane (wie Anm. 6), S. 271.

15. Die Verlagerung vom agrarischen zum nicht-agrarischen Bereich hob Großbritannien deutlich vom übrigen Europa ab. In Belgien oder Frankreich, also in den Ländern, die Großbritannien in der Industrialisierung zuerst nachfolgten, arbeitete in der Mitte des 19. Jahrhunderts noch über die Hälfte aller Beschäftigten im Agrarsektor. Die Entwicklung Großbritanniens zeigt Tabelle 5 (S. 218).
16. D. S. Landes, Der entfesselte Prometheus. Technologischer Wandel und industrielle Entwicklung in Westeuropa von 1750 bis zur Gegenwart, Köln 1973, S. 15.
17. Hobsbawm (wie Anm. 11), S. 11.
18. C. M. Cipolla, Die Industrielle Revolution in der Weltgeschichte. In: Cipolla/Borchardt (wie Anm. 8), S. 1.
19. W. W. Rostow, Stadien wirtschaftlichen Wachstums, Göttingen 1960.
20. S. Pollard, Einleitung. In: Ders. (Hg.), Region und Industrialisierung. Studien zur Rolle der Region in der Wirtschaftsgeschichte der letzten zwei Jahrhunderte, Göttingen 1980, S. 12.
21. R. M. Hartwell, Die Ursachen der Industriellen Revolution. Ein Essay zur Methodologie. In: R. Braun u. a. (Hg.), Industrielle Revolution. Wirtschaftliche Aspekte, Köln 1972, S. 44f.
22. Dazu unten S. 78ff.

Tabelle 5: Größe und sektorale Verteilung der erwerbstätigen Bevölkerung 1801–1851 (%)

Jahr	Gesamtzahl der Arbeitskräfte in Mio.	Land-, Forst-, Fischereiwirtschaft	Handwerk, Bergbau, Industrie	Handel, Transport	Hausangestellte, Dienstboten	Öffentl. Dienste, freie Berufe, andere Dienstleistungen	Anteil der Erwerbstätigen an Gesamtbevölkerung
1801	4,8	35,9	29,7	11,1	11,5	11,8	45,7
1811	5,5	33,0	30,2	11,6	11,8	13,3	45,8
1821	6,2	28,4	38,4	12,1	12,7	8,5	44,0
1831	7,2	24,6	40,8	12,4	12,6	9,5	44,2
1841	8,4	22,2	40,5	14,2	14,5	8,5	45,4
1851	9,7	21,7	42,9	15,8	13,0	6,7	46,6

Quelle: N. L. Tranter, The Labour Supply 1780–1860. In: R. Floud und D. McCloskey (Hg.), The Economic History of Britain since 1700, Bd. 1, Cambridge 1981, S. 206.

23. Engels (wie Anm. 3), S. 238.

24. *Tabelle 6:* Zusammensetzung des Unterhauses nach Interessengruppen 1832–1867 (prozentuale Verteilung)

	1832	1867	im Durchschnitt aller Wahlperioden 1832-67: alle Parteien	Tories, Konservative	Whigs, Liberale
Grundbesitz	51	36	45	53	39
Industrie, Gewerbe, Verkehr	15	21	17	14	19
Handel u. Kredit	13	20	14	9	19
Beamte u. Militärs	12	11	12	14	10
Freie Berufe, Erziehung und Wissenschaft	9	12	12	10	13

Quelle: H. Setzer, Wahlsystem und Parteienentwicklung in England. Wege zur Demokratisierung der Institutionen 1832 bis 1948, Frankfurt 1973, S. 26.

25. K. H. Wocker, Königin Victoria, Düsseldorf 1978, S. 182.
26. E. J. Hobsbawm, Soziale Ungleichheit und Klassenstrukturen in England: Die Arbeiterklasse. In: H.-U. Wehler (Hg.), Klassen in der europäischen Sozialgeschichte, Göttingen 1979, S. 58.
27. G. Lottes, Politische Aufklärung und plebejisches Publikum. Zur Theorie und Praxis des englischen Radikalismus im späten 18. Jahrhundert, München/Wien 1979, S. 110.

28. Die Cobbett-Zitate finden sich bei H.-Chr. Schröder, Die politische Stabilisierung Englands im 18. Jahrhundert. In: H. Schissler (Hg.), Schulbuchverbesserung durch internationale Schulbuchforschung? Probleme der Vermittlung zwischen Schulbuchkritik und Geschichtsbuch am Beispiel englischer Geschichte, Braunschweig 1985, S. 70 und J. Stephenson, Popular Disturbances in England 1700–1870, London 1979, S. 206.
29. J. Cannon, Parliamentary Reform 1640–1832, Cambridge 1973, S. 192.
30. G. Rudé, Warum gab es in den Jahren 1830 oder 1848 in England keine Revolution? In: H. Stuke und W. Forstmann (Hg.), Die europäischen Revolutionen von 1848, Königstein 1979, S. 30ff.
31. Abgedruckt bei D. Thompson (Hg.), The Early Chartists, London 1971, S. 53f.
32. Stephenson (wie Anm. 28), S. 255; P. Hollis (Hg.), Class and Conflict in Nineteenth Century England 1815–1850, London 1973, S. 230.
33. Hollis (wie Anm. 32), S. 217.
34. Schröder (wie Anm. 28), S. 68.
35. N. McCord (Hg.), Free Trade. Theory and Practice from Adam Smith to Keynes, Newton Abbot 1970, S. 66.
36. Ebd. S. 73f.
37. Peel am 16. 2. 1846 im Unterhaus. English Historical Documents, Bd. 12, Teil 1: 1833–1874, London 1956, S. 465.
38. Peel im Mai 1846. Zit. bei W. J. Mommsen, Großbritannien vom Ancien Régime zur bürgerlichen Industriegesellschaft 1770–1867. In: Handbuch der Europäischen Geschichte, Bd. 5, Stuttgart 1981, S. 377.
39. W. D. Gruner, Großbritannien und die Julirevolution von 1830: Zwischen Legitimitätsprinzip und nationalem Interesse. In: Francia. Forschungen zur westeuropäischen Geschichte 9 (1982), S. 380.
40. H. Wellenreuther, Repräsentation und Großgrundbesitz in England 1730–1770, Stuttgart 1979, S. 308, 316.
41. H.-Chr. Schröder, Die Revolutionen Englands im 17. Jahrhundert, Frankfurt 1986, S. 8.
42. W. Bagehot, Die englische Verfassung. Hg. v. K. Streifthau, Neuwied 1971, S. 230.
43. Zitiert bei Chr. Lattek, Die Emigration der deutschen Achtundvierziger in England: Eine reine „school of scandal and of meanness"? In: G. Niedhart (Hg.), Großbritannien als Gast- und Exilland für Deutsche im 19. und 20. Jahrhundert, Bochum 1985, S. 23.
44. E. Burke, Reflections on the Revolution in France. Hg. v. C. C. O'Brien, Harmondsworth 1968, S. 119f. Vgl. ferner ebd. S. 128ff., 140f., 152, 228ff.
45. Siehe oben S. 61f.
46. Unterhausrede von Wilkes 21. 3. 1776. E. N. Williams, The Eighteenth-Century Constitution 1688–1815, Cambridge 1965, S. 215ff.
47. Siehe oben S. 62f., 71.
48. Grey an Palmerston 10. 10. 1831. Cannon (wie Anm. 29), S. 245.
49. Macaulay im Unterhaus 2. 3. 1831. Harrison (wie Anm. 1), S. 131ff.
50. Abdruck des Gesetzes auszugsweise bei H. J. Hanham, The Nineteenth-Century Constitution 1815–1914, Cambridge 1969, S. 262ff.

51. *Tabelle 7:* Die Verteilung von County- und Borough-Sitzen 1832 (in Klammern die Verteilung vor 1832)

	County-Sitze	Borough-Sitze	Universitäts-Sitze	Insgesamt
England	144 (82)	323 (403)	4 (4)	471 (489)
Wales	15 (12)	14 (12)	–	29 (24)
Schottland	30 (30)	23 (15)	–	53 (45)
Irland	64 (64)	39 (35)	2 (1)	105 (100)

Quelle: N. Gash, Aristocracy and People. Britain 1815–1865, London 1979, S. 366.

52. Thomas Macconnell, A Lecture on the Signs of the Times. Delivered in the Great Lecture Room of Robert Owen's Institution, Gray's Inn Road, November 18, 1832, London 1832. Den Hinweis auf diese Schrift verdanke ich Norbert Platz (Mannheim).
53. Das Tamworth-Manifest findet sich auszugsweise in Hanham (wie Anm. 50), S. 212ff.
54. Siehe oben S. 52ff.
55. Siehe oben S. 66ff.
56. Sir George Grey in einer Wahlkampfrede im Juli 1852. N. McCord, Some Difficulties of Parliamentary Reform. In: Historical Journal 4 (1967), S. 382.
57. A. Briggs, The Age of Improvement 1783–1867, London/New York 1980, S. 492.
58. Beehive vom 14. 3. 1863. Zitiert bei G. Mayer, The Political History of the English Labour Movement 1857–1872. Documents and Commentaries. Unveröffentlichtes Ms., S. 368. Eine Publikation wird von mir vorbereitet.
59. Beehive vom 6. 5. 1865. Ebd. S. 406.
60. Nachweise der Äußerungen Gladstones bei Briggs (wie Anm. 57), S. 492, 494 und McCord (wie Anm. 56), S. 384.
61. Setzer (wie Anm. 24), S. 65.
62. Unterhausrede vom 31. 5. 1866 in englischer und deutscher Fassung in: Robert Lowe/John Bright, Reden zur Parlamentsreform 1866/67. Hg. v. H. Viebrock, Wiesbaden 1970, S. 1ff. Die folgenden Zitate S. 21 und 39.
63. Bagehot (wie Anm. 42), S. 161.
64. Mill an Thomas Hare 11. 1. 1866. The Later Letters of John Stuart Mill 1849–1873. Hg. v. F. E. Mineka und D. N. Lindley, Toronto 1972 (= Works, Bd. 16), S. 1138.
65. Rede Brights vor Arbeitern 4. 12. 1866. Lowe/Bright (wie Anm. 62), S. 138ff.
66. Derby an Disraeli 16. 9. 1866. W. F. Monypenny/G. E. Buckle, The Life of Benjamin Disraeli, Earl of Beaconsfield, Bd. 4: 1855–1868, London 1916, S. 453
67. Disraeli an Derby 28. 2. 1867. R. Blake, Disraeli, Frankfurt 1980, S. 383.
68. Ebd. S. 384.
69. Disraeli an Gathorne Hardy 18. 5. 1867. Monypenny/Buckle (wie Anm. 66), S. 540.

70. Hanham (wie Anm. 50), S. 273f.; Setzer (wie Anm. 24), S. 72.
71. Bagehot (wie Anm. 42), S. 254f.
72. Siehe oben S. 98.
73. Zirkulardepesche an alle britischen diplomatischen Vertretungen im Ausland vom 1. 1. 1816. Ch. Webster, The Foreign Policy of Castlereagh 1815–1822, London 1963, S. 509ff.
74. Canning am 12. 12. 1826 im Unterhaus. K. Bourne, The Foreign Policy of Victorian England 1830–1902, Oxford 1970, S. 208.
75. E. Schulin, Handelsstaat England. Das politische Interesse der Nation am Außenhandel vom 16. bis ins frühe 18. Jahrhundert, Wiesbaden 1969, S. 339.
76. Unterhausrede 12. 12. 1826. Bourne (wie Anm. 74), S. 210.
77. Palmerston im Unterhaus 1. 3. 1848. Ebd. S. 292f.
78. Siehe oben S. 71f.
79. J. Gallagher/R. Robinson, Der Imperialismus des Freihandels. In: H.-U. Wehler (Hg.), Imperialismus, Köln 1972, S. 183ff.
80. Rede Disraelis am 24. 6. 1872 im Londoner Kristallpalast (auch als Kristallpalast-Rede bekannt). Disraeli. Rede im Kristallpalast am 24. Juni 1872. Hg. v. H. Viebrock, Wiesbaden 1968, S. 13ff.
81. Begriff in Anlehnung an ein 1877 verfaßtes und sehr populäres Lied: „We don't want to fight / but, by Jingo, if we do / We've got the men / We've got the ships / We've got the money too. W. J. Mommsen, Das Zeitalter des Imperialismus, Frankfurt 1969, S. 366.
82. Stanley am 1. 1. 1867 in seinem Tagebuch: „Nothing except a war can check our prosperity." K. Hildebrand, Großbritannien und die deutsche Reichsgründung. In: Historische Zeitschrift, Beiheft 6: Europa und die Reichsgründung, hg. v. E. Kolb, München 1980, S. 23.
83. Ebd. S. 24f.
84. Gash (wie Anm. 51), S. 117.
85. Siehe etwa Premierminister Salisbury, der zugleich Außenminister war, an Königin Viktoria 12. 1. 1896: „Isolation is a much less danger than the danger of being dragged into wars which do not concern us." Oder G. J. Goschen, Erster Lord der Admiralität, in einer Rede am 26. 2. 1896: „Our isolation ... is deliberately chosen, the freedom to act as we choose in any circumstances that may arise." Chr. Howard, The Policy of Isolation. In: Historical Journal 10 (1967), S. 79f.
86. Aufzeichnungen aus dem Jahr 1877. W. J. Mommsen, Imperialismus. Seine geistigen, politischen und wirtschaftlichen Grundlagen, Hamburg 1977, S. 48f.
87. Rede am 31. 3. 1897. Ebd. S. 70.
88. Rede am 1. 3. 1893. Ebd. S. 65.
89. Chamberlain im Unterhaus am 20. 3. 1893. Ebd. S. 67. Für die vorher genannten Gesichtspunkte ebd. S. 62ff.
90. Chamberlain an Milner 7. 7. 1899. J. L. Garvin, The Life of Joseph Chamberlain, Bd. 3, London 1934, S. 410f.
91. Chamberlain im Unterhaus 19. 10. 1899. C. W. Boyd (Hg.), Mr. Chamberlain's Speeches, London 1914, S. 31.
92. Rede vor der National Reform Union am 14. 6. 1901. B. Porter, The Pro-

Boers in Britain. In: P. Warwick (Hg.), The South African War. The Anglo-Boer War 1899–1902, London 1980, S. 250.

93. Zitiert bei G. Schmidt, Der europäische Imperialismus, München 1985, S. 61.

94. S. B. Saul, The Myth of the Great Depression 1873–1896, London 1969.

95. *Tabelle 8:* Die Anteile der führenden Industrieländer am Welthandel (in %)

	1850	1881/84	1910/13
Deutschland	9,1	11,6	13,6
Großbritannien	25,6	19,6	15,9
Frankreich	12,4	11,9	8,4
USA	10,7	11,1	11,3

Quelle: P. Hampe, Die „ökonomische Imperialismustheorie". Kritische Untersuchungen, München 1976, S. 310.

96. Die folgenden Tabellen zeigen den Bedeutungsrückgang Großbritanniens in den „alten" Industrien Eisen, Stahl und Kohle. Der Anteil der Stahl- und Eisenindustrie am britischen Bruttosozialprodukt fiel von 10,3% 1881 auf 6,4% 1907.

Tabelle 9: Britische Weltmarktanteile in der Stahl- und Eisenproduktion 1880–1913 (in %)

Jahr	Stahl	Eisen
1880/84	32,7	40,8
1885/89	31,8	34,7
1890/94	24,6	28,5
1895/99	19,8	26,1
1900/04	15,1	20,4
1905/09	12,4	17,5
1910/13	10,3	13,9

Quelle: W. Mock, Imperiale Herrschaft und nationales Interesse. ‚Constructive Imperialism' oder Freihandel in Großbritannien vor dem Ersten Weltkrieg, Stuttgart 1982, S. 264.

Tabelle 10: Kohleverbrauch in Großbritannien, Deutschland und Frankreich 1861 und 1913 (in 1000 t)

	1861		1913	
	Menge	Index	Menge	Index
Großbritannien	77657	100	189074	244
Deutschland	13957	100	187000	1340
Frankreich	15403	100	64834	421

Quelle: Landes (wie Anm. 16), S. 275.

97. Auszüge in R. Pope/B. Hoyle (Hg.), British Economic Performance 1880–1980, London 1985, S. 16ff.
98. R. J. S. Hoffman, Great Britain and the German Trade Rivalry 1875–1914, Philadelphia 1933, Nachdruck New York 1964, S. 281
99. P. M. Kennedy, The Rise of the Anglo-German Antagonism 1860–1914, London 1980, S. 242.
100. Balfour an König Eduard VII. 28. 12. 1903. S. H. Zebel, Balfour. A Political Biography, Cambridge 1973, S. 108.
101. Engels an Lafargue 25. 2. 1893. Marx/Engels, Werke, Bd. 39, Berlin 1968, S. 40.
102. T. Boyle, New Light on Lloyd George's Mansion House Speech. In: Historical Journal 23 (1980), S. 433.
103. Im Jahr 1901 entfielen von 16,7 Mio. Beschäftigten 7,2 Mio. (45%) auf den Dienstleistungssektor, 7,9 Mio. (46%) auf Gewerbe und Industrie und 1,5 Mio. (9%) auf die Landwirtschaft. R. W. Hartwell, Die Dienstleistungsrevolution: die Expansion des Dienstleistungssektors in der modernen Volkswirtschaft. In: Cipolla/Borchardt (wie Anm. 8), S. 242.
104. J. A. Hobson, The Psychology of Jingoism (1901). J. Gooch, Attitudes to War in Late Victorian and Edwardian England. In: War and Society. A Yearbook of Military History. Hg. v. B. Bond und I. Roy, Bd. 1, New York/London 1975, S. 97.
105. H.-Chr. Schröder, Imperialismus und antidemokratisches Denken. Alfred Milners Kritik am politischen System Englands, Wiesbaden 1978, S. 12. Vgl. auch W. Mock, Entstehung und Herausbildung einer „radikalen Rechten" in Großbritannien 1900–1914. In: Historische Zeitschrift, Beiheft 8: Beiträge zur britischen Geschichte im 20. Jahrhundert. Hg. v. Th. Schieder, München 1983, S. 5ff. und G. R. Searle, Critics of Edwardian Society: The Case of the Radical Right. In: A. O'Day (Hg.), The Edwardian Age: Conflict and Stability 1900–1914, London 1979, S. 79ff.
106. F. Boll, Streikwellen im europäischen Vergleich. In: W. J. Mommsen/H.-G. Husung (Hg.), Auf dem Wege zur Massengewerkschaft. Die Entwicklung der Gewerkschaften in Deutschland und Großbritannien 1880–1914, Stuttgart 1984, S. 119; G. S. Bain, Union Growth in Britain: The Economy, Employers, and the State. In: G. Schmidt (Hg.), „Industrial Relations" und „Industrial Democracy" in Großbritannien, Bochum 1984, S. 35.
107. Engels an Kautsky 15. 9. 1889. Marx/Engels, Werke, Bd. 37, Berlin 1967, S. 275.
108. B. Turner, About Myself (1930). Zitiert in Harrison (wie Anm. 1), S. 305.
109. Wie Anm. 107.
110. R. Davidson, Whitehall and the Labour Problem in Late-Victorian and Edwardian Britain, London 1985, S. 52f.
111. English Historical Documents 1874–1914, hg. v. W. D. Handcock, London 1977, S. 666.
112. R. MacDonald, Socialism and Society (1905). D. Marquand, Ramsay MacDonald, London 1977, S. 90.
113. W. Beveridge, Unemployment. A Problem of Industry (1909). S. Checkland,

British Public Policy 1776–1939. An Economic, Social and Political Perspective, Cambridge 1983, S. 216.

114. Zitiert bei George L. Bernstein, Liberalism and Liberal Politics in Edwardian England, Boston 1986, S. 111.

115. D. Lloyd George, Bessere Zeiten, Jena 1911, S. 108; K. Kluxen, Geschichte Englands, Stuttgart 1968, S. 680.

116. Lord Selborne, der Erste Lord der Admiralität, an Curzon 4. 1. 1903. G. Monger, The End of Isolation. British Foreign Policy 1900–1907, London 1963, S. 110.

117. Hierbei handelt es sich um eine Formulierung von Hans Delbrück aus dem Jahr 1910. L. Dehio, Deutschland und die Weltpolitik im 20. Jahrhundert, Frankfurt 1961, S. 67.

118. Siehe oben S. 104. Zu der Äußerung von Admiral Fisher, Erster Lord der Admiralität 1904–10 und 1914–15, siehe A. J. Marder, The Anatomy of British Sea Power. A History of British Naval Policy in the Pre-Dreadnought Era 1880–1905, New York 1940, Nachdruck Hamden 1964, S. 498.

119. D. Lloyd George, Mein Anteil am Weltkrieg, Bd. 1, Berlin 1933, S. 8.

120. Crowe, Leiter der Westeuropa-Abteilung im Foreign Office, in seinem „Memorandum über den gegenwärtigen Stand der britischen Beziehungen zu Frankreich und Deutschland" vom 1. 1. 1907. British Documents on the Origins of the War 1898–1914, Bd. 3, London 1928, S. 397ff. Deutsch u. a. in E. Hölzle (Hg.), Quellen zur Entstehung des Ersten Weltkrieges. Internationale Dokumente 1901–1914, Darmstadt 1978, S. 32ff.

121. Hölzle (wie Anm. 120), S. 47.

122. Churchill in einer Rede in Glasgow am 9. 2. 1912. R. S. Churchill, Winston S. Churchill, Bd. 2, London 1967, S. 563.

123. Metternich an Bethmann Hollweg 29. 11. 1911. Die Große Politik der Europäischen Kabinette 1871–1914, Bd. 31, Berlin 1926, S. 44.

124. Lord Edward Grey, Fünfundzwanzig Jahre Politik 1892–1916, Bd. 1, München 1926, S. 94.

125. Minchinton (wie Anm. 8), S. 67.

126. Grey an Haldane 3. 9. 1906, K. M. Wilson, The Policy of Entente. Essays on the Determinants of British Foreign Policy 1904–1914, Cambridge 1985, S. 35. – Grey an Lascelles 18. 9. 1907. J. Steinberg, Diplomatie als Wille und Vorstellung: Die Berliner Mission Lord Haldanes im Februar 1912. In: Marine und Marinepolitik im Kaiserlichen Deutschland 1871–1914. Hg. v. H. Schottelius und W. Deist, Düsseldorf 1972, S. 271.

127. Vgl. oben S. 128.

128. Mansion House-Rede Lloyd Georges vom 21. 7. 1911. K. O. Morgan, The Age of Lloyd George, London 1971, S. 160.

129. Text in D. Lloyd George, The Truth about the Peace Treaties, Bd. 1, London 1938, S. 406ff. Deutsche Fassung auszugsweise in G. Niedhart, Internationale Beziehungen im 19. und 20. Jahrhundert (= Geschichte Sekundarstufe II), 7. Aufl. Düsseldorf 1987, S. 77f.

130. Chamberlain am 6. 2. 1939 im Unterhaus: „The solidarity of interest by which France and this country are united, is such that any threat to the vital

interests of France from whatever quarter it came must evoke the immediate cooperation of this country." Parliamentary Debates, House of Commons, Bd. 343, Sp. 623.

131. Der Leiter der wirtschaftspolitischen Abteilung im Foreign Office hat in einem Memorandum vom Februar 1935 das folgende mitgeteilt: „Für ein mageres Deutschland haben wir selbst zu zahlen durch Verluste in unserem Warenverkehr, da das Verhungern Deutschlands nicht nur einen direkten Verlust im Handel nach Deutschland, sondern auch, so dominierend und zentral ist seine Position, gleichzeitig den Hungertod eines großen Teils Europas bedeutet." B.-J. Wendt, Economic Appeasement. Handel und Finanz in der britischen Deutschland-Politik 1933–1939, Düsseldorf 1971, S. 330.

132. Lloyd George im Unterhaus 3. 4. 1922. Parliamentary Debates, House of Commons, Bd. 152, Sp. 1892.

133. Economist vom 6. 12. 1924. Zit. bei Wendt (wie Anm. 131), S. 40.

134. Viscount D'Abernon, Ein Botschafter der Zeitenwende. Memoiren, Bd. 2, Leipzig 1929, S. 337 (Notiz vom 31. 12. 1923). – Foreign Office-Memorandum vom 10. 4. 1926. Documents on British Foreign Policy, Serie IA, Bd. 1, S. 846.

135. D. C. Watt, Succeeding John Bull. America in Britain's Place 1900–1975. A Study of the Anglo-American Relationship and World Politics in the Context of British and American Foreign-Policy-Making in the Twentieth Century, Cambridge 1984, S. 50.

136. Lloyd George am 3. 4. 1922 im Unterhaus: „I do not believe you are going to restore trade, business, and employment until you appease the whole of Europe." Parliamentary Debates, House of Commons, Bd. 152, Sp. 1897. – Austen Chamberlain an Lloyd George 25. 3. 1922: „Your policy of appeasement is clearly right." The History of The Times, Bd. 4, Teil 2, London 1952, S. 797. – Kolonialminister Churchill am 7. 7. 1921: „The aim is to get an appeasement of the fearful hatreds and antagonisms which exist in Europe." M. Gilbert, Winston S. Churchill, Bd. 4, London 1975, S. 608. – Austen Chamberlain am 18. 11. 1925: „We regard Locarno, not as the end of the work of appeasement and reconciliation, but as its beginning." M. Gilbert, Britain and Germany Between the Wars, London 1964, S. 44. – „Interesse am Appeasement" bekundete Dalton am 18. 5. 1931 im Unterhaus. Parliamentary Debates. House of Commons Bd. 252, Sp. 1680. – Es war eine alte Forderung der Labour Party, „measures of appeasement or conciliation" mit dem Ziel des Konfliktabbaus durchzuführen. Memorandum des *Advisory Committee on International Questions* vom Dezember 1919. G. Niedhart, Friedensvorstellungen, Gewaltdiskussion und Konfliktverhalten in der britischen Labour Party 1919–1926. In: Frieden, Gewalt, Sozialismus. Studien zur Geschichte der sozialistischen Arbeiterbewegung. Hg. v. W. Huber und J. Schwerdtfeger, Stuttgart 1976, S. 648. – Neville Chamberlain erläuterte im Januar 1938 gegenüber Präsident Roosevelt, die Konfliktparteien müßten Leistung und Gegenleistung erbringen, um ein Übereinkommen zu erreichen, „which will bring appeasement". Foreign Relations of the United States 1938, Bd. 1, S. 119.

137. Außenminister Eden am 18. 6. 1936: „Nothing less than a European settlement and appeasement should be our aim." Parliamentary Debates. House of Commons, Bd. 313, Sp. 1211.
138. Halifax im Oberhaus 17. 2. 1938. Parliamentary Debates. House of Lords, Bd. 107, Sp. 790.
139. M. Gilbert, The Roots of Appeasement, London 1966, S. 54.
140. R. Meyers, Die vierte Teilstreitkraft. Industrie, Handel und Finanz in der britischen Aufrüstung der dreißiger Jahre. In: Neue Politische Literatur 26 (1981), S. 191ff.; ders., Britische Sicherheitspolitik 1934–1938. Studien zum außen- und sicherheitspolitischen Entscheidungsprozeß, Düsseldorf 1976, S. 418. Dort zitiert Meyers eine Äußerung von Inskip, dem Minister für Verteidigungskoordination, vom Dezember 1937: „... the maintenance of our economic stability would more accurately be described as an essential element in our defensive strength: one which can properly be regarded as a fourth arm in defence ... without which purely military effort would be of no avail."
141. K. Feiling, The Life of Neville Chamberlain, London 1946, S. 319.
142. T. O. Lloyd, The British Empire 1558–1983, Oxford 1984, S. 299.
143. S. und B. Webb, Soviet Communism: A New Civilisation? 2 Bde., London 1935.
144. H. J. Laski, The State in Theory and Practice (1935). G. A. Ritter, Probleme und Tendenzen der britischen Verfassungsentwicklung seit 1914. In: ders., Parlament und Demokratie in Großbritannien. Studien zur Entwicklung und Struktur des politischen Systems, Göttingen 1972, S. 230.
145. So die selbst seit 1938 im englischen Exil lebende H. Spiel, Englische Ansichten. Berichte aus Kultur, Geschichte und Politik, Stuttgart 1984, S. 32.
146. So Lloyd George im Kabinett 3. 3. 1919. G. Schmidt, Effizienz und Flexibilität politisch-sozialer Systeme. Die deutsche und die englische Politik 1918/19. In: Vierteljahrshefte für Zeitgeschichte 25 (1977), S. 141. Vgl. auch K. O. Morgan, Consensus and Disunity. The Lloyd George Coalition Government 1918–1922, Oxford 1979, S. 80ff.
147. Nachweise zum folgenden bei Niedhart (wie Anm. 136), S. 654ff.
148. F. S. Northedge, The Troubled Giant. Britain Among the Great Powers 1916–1939, London 1966, S. 348ff.
149. G. Niedhart, Zwischen negativem Deutschlandbild und Primat des Friedens: Großbritannien und der Beginn der nationalsozialistischen Herrschaft in Deutschland. In: W. Michalka (Hg.), Die nationalsozialistische Machtergreifung, Paderborn 1984, S. 278.
150. Feiling (wie Anm. 141), S. 252; Akten zur Deutschen Auswärtigen Politik, Serie D, Bd. 4, S. 254.
151. Chamberlain im Kabinett 6. 10. 1937. B. A. Lee, Britain and the Sino-Japanese War 1937–1939. A Study in the Dilemmas of British Decline, Stanford/London 1973, S. 55.
152. Halifax zu Hitler 19. 11. 1937. Akten (wie Anm. 150), Bd. 1, S. 51.
153. Eden in einem Memorandum vom 8. 11. 1942. D. Dilks (Hg.), Retreat from Power. Studies in Britain's Foreign Policy of the Twentieth Century, Bd. 2, London 1981, S. 9.

154. R. v. Albertini, Dekolonisation. Die Diskussion über Verwaltung und Zukunft der Kolonien 1919–1960, Köln/Opladen 1966, S. 34.
155. Orme Sargent, Deputy Under-Secretary of State im Foreign Office, in einem Memorandum vom 11. 7. 1945. Documents on British Policy Overseas, Serie I, Bd. 1, London 1984, S. 182.
156. P. Addison, The Road to 1945. British Politics and the Second World War, London 1975, S. 270ff.
157. C. J. Burckhardt, Bei der Lektüre von Churchills Memoiren. In: Außenpolitik 4 (1953), S. 5ff.
158. Zitate sind zu finden bei E.-U. Huster u. a., Determinanten der westdeutschen Restauration 1945–1949, 3. Aufl. Frankfurt 1975, S. 43; W. Loth, Die Teilung der Welt. Geschichte des Kalten Krieges 1941–1955, München 1980, S. 36.
159. Dalton Tagebuch 19. 12. 1945. Dilks (wie Anm. 153), S. 15f.
160. Zitiert bei J. C. Heß, Die Sozialpolitik der Regierung Attlee. In: W. J. Mommsen und W. Mock (Hg.), Die Entstehung des Wohlfahrtsstaates in Großbritannien und Deutschland 1850–1950, Stuttgart 1982, S. 315.
161. So James Callaghan, The Approach to Social Equality (1948). Zitiert bei Heß (wie Anm. 160), S. 308f.
162. Attlee am 20. 10. 1945 vor schottischen Parteigremien. J. C. Heß, Zwischen Revolution und Reform. Möglichkeiten und Grenzen der Reformpolitik der Regierung Attlee 1945–1951. In: Vierteljahrshefte für Zeitgeschichte 33 (1985), S. 559.
163. Siehe dazu oben S. 138f.
164. Memorandum Bevins vom 25. 8. 1949. Dilks (wie Anm. 153), S. 27.
165. W. Knight, Labourite Britain: America's „Sure Friend"? In: Diplomatic History 7 (1983), S. 279f.
166. Bevin im Unterhaus 7. 11. 1945. W. Lipgens, Die Anfänge der europäischen Einigungspolitik 1945–1950, Bd. 1, Stuttgart 1977, S. 172; Rede von Byrnes am 31. 10. 1945. Loth (wie Anm. 158), S. 113.
167. D. C. Watt, Die Sowjetunion im Urteil des britischen Foreign Office 1945–1949. In: G. Niedhart (Hg.), Der Westen und die Sowjetunion. Einstellungen und Politik gegenüber der UdSSR in Europa und in den USA seit 1917, Paderborn 1983, S. 245.
168. Rede am 5. 3. 1946. D. Yergin, Der zerbrochene Frieden. Der Ursprung des Kalten Krieges und die Teilung Europas, Frankfurt 1979, S. 172.
169. R. Steininger, Deutsche Geschichte 1945–1961, Bd. 1, Frankfurt 1983, S. 188.
170. Äußerung vom Januar 1947. K. O. Morgan, Labour in Power 1945–1951, Oxford 1984, S. 257.
171. Bevin im Februar 1947. R. Steininger, Die Rhein-Ruhr-Frage im Kontext britischer Deutschlandpolitik 1945/46. In: H. A. Winkler (Hg.), Politische Weichenstellungen im Nachkriegsdeutschland 1945–1953, Göttingen 1979, S. 164.
172. Belege bei G. Warner, Britain and Europe in 1948: the View from the Cabinet. In: J. Becker und F. Knipping (Hg.), Power in Europe? Great Britain, France, Italy and Germany in a Postwar World 1945–1950, Berlin/New York 1986, S. 34f.

173. Adenauer in einem Schreiben vom 5. 11. 1946. Adenauer, Briefe 1945–1947. Bearb. v. H. P. Mensing, Berlin 1983, S. 359.
174. G. Warner, The Reconstruction and Defence of Western Europe after 1945. In: N. Waites (Hg.), Troubled Neighbours. Franco-British Relations in the Twentieth Century, London 1971, S. 281.
175. F. Ansprenger, Auflösung der Kolonialreiche, 3. Aufl. München 1977, S. 195.

Zeittafel

Abkürzungen:
IrNat = Irish National Party; Kons = Konservative Partei;
LabP = Labour Party; Lib = Liberale Partei; LibUn = Liberal Unionist Party

1756 Beginn des bis 1763 dauernden Siebenjährigen Kriegs, der Großbritannien zur Weltführungsmacht aufsteigen läßt (Eroberungen in Amerika und Indien)

1761 Eröffnung des Bridgewater-Kanals. Weiterer Ausbau des Kanalnetzes in den folgenden Jahrzehnten

1764 Mit der Erfindung der 1770 patentierten *Spinning Jenny* bahnt sich die industrielle Umwälzung in der Textilherstellung an

1769 Patentierung der Dampfmaschine

1775 Boulton und Watt gründen die erste Dampfmaschinenfabrik

1776 Unabhängigkeitserklärung der USA

1779 Erste Eisenbrücke bei Coalbrookdale

1788 Umbenennung einer seit 1785 erscheinenden Zeitung in *The Times*

1789 Beginn der Französischen Revolution

1792 Anschwellen der Reformbewegung, die eine Reform des Wahlrechts fordert

1793 Großbritannien tritt in den Krieg gegen das revolutionäre Frankreich ein

1794 Einsetzen innenpolitischer Repression zunächst gegen die Reformbewegung, seit 1799 auch gegen die Gewerkschaften

1800 Union mit Irland

1807 Abschaffung des Sklavenhandels

1811 Maschinenstürmerei (Ludditen)

1812 Tory-Regierung Earl of Liverpool (bis 1827)

USA erklären Großbritannien den Krieg

1815 Wiener Kongreß bestätigt die britische Vorrangstellung in der Weltpolitik. Gleichzeitig Beginn innerer Auseinandersetzungen im Übergang zur Industriewirtschaft

1819 Peterloo-Massaker

Verschärfte Gesetze zur Eindämmung der Reformbewegung

1823 O'Connell gründet *Irish Catholic Association*

1824 Wiederzulassung von Gewerkschaften

Anerkennung süd- und mittelamerikanischer Staaten

1825 Aufhebung des Auswanderungsverbots für gelernte Handwerker

Eröffnung der Eisenbahnlinie Stockton–Darlington

1827 (April) Tory-Regierung George Canning

(August) Tory-Regierung Viscount Goderich

1828 Tory-Regierung Herzog von Wellington

Test-Akte suspendiert

1829 Katholikenemanzipation

Londoner Polizei (Bobbies)

Wiederaufleben der Reformbewegung

1830 Whig-Regierung Earl Grey

Eisenbahnlinie Manchester–Liverpool. Beginn des Eisenbahn-Zeitalters

1832 Wahlrechtsreform

Erste Wahlen nach der Wahlrechtsreform: Whigs 483, Tories 175 Sitze

1833 Verbot der Sklaverei

1834 Armengesetz mit Neuregelung der Sozialleistungen für Arme. Steht in größerem Zusammenhang mit anderen sozialpolitischen Gesetzen in den Bereichen Fabrikarbeit, öffentliche Gesundheit und Schulbildung

Neue Anstöße in der Gewerkschaftsbewegung

Konservative Minderheitsregierung Sir Robert Peel

1835 Peel unterliegt in Unterhauswahlen mit 273 Sitzen gegenüber 385 für die Whigs

Whig-Regierung Viscount Melbourne

1837 Thronbesteigung Königin Viktorias

Unterhauswahlen infolge des Todes von Wilhelm IV.: Whigs/Liberale 345, Tories/Konservative 313 Sitze

1838 Beginn der Chartisten-Bewegung

Interventionen und kriegerische Verwicklungen im östlichen Mittelmeer, in Afghanistan und China setzen ein

1839 Gründung der *Anti Corn Law League*

1841 Unterhauswahlen: Kons 367, Lib 291 Sitze

Konservative Regierung Sir Robert Peel

1842 Wirtschaftskrise und schwere Unruhen. Höhepunkt der „hungrigen vierziger Jahre"

1843 Aufhebung des Ausfuhrverbots für Maschinen

Gründung des *Economist* als Publikationsorgan für die Sache des Freihandels

1845 Beginn der Kartoffelkrankheit und Hungersnot in Irland

1846 Abschaffung der Getreidezölle eröffnet die Politik des Freihandels. Spaltung der Konservativen in Peel-Anhänger (Peelites) und Protektionisten

Liberale Regierung Lord John Russell

1847 Unterhauswahlen: Lib 332, Kons (einschließlich Peelites) 324 Sitze

1848 Das „Manifest der Kommunistischen Partei" von Marx und Engels erscheint in London

Revolutionen auf dem europäischen Kontinent

Letzte Großveranstaltung der Chartisten in London

1851 Die Londoner Weltausstellung dokumentiert die wirtschaftliche und technische Leistungsfähigkeit Großbritanniens („Werkstatt der Welt") und den Wohlstand im viktorianischen Zeitalter

Einsetzen einer Gründungswelle von überregionalen Fachgewerkschaften: *Amalgamated Society of Engineers* als erstes Beispiel für *New Model Unionism*

1852 Konservative Regierung Earl of Derby

Unterhauswahlen: Kons (einschließlich Peelites) 324, Lib 332 Sitze

Koalitionsregierung (Peelites, Liberale) Earl of Aberdeen

1854 Krimkrieg (bis 1856)

1855 Liberale Regierung Viscount Palmerston

1857 Unterhauswahlen: Lib (einschließlich Peelites) 390, Kons 264 Sitze

Aufstand in Indien

1858 Konservative Regierung Earl of Derby

1859 Liberale Regierung Viscount Palmerston

Unterhauswahlen: Lib 357, Kons 297 Sitze

1860 Cobden-Vertrag liberalisiert britisch-französischen Handel

1864 Wiederaufleben der Reformbewegung zur Ausweitung des Wahlrechts

Gründung der Internationalen Arbeiter-Assoziation (Erste Internationale) in London

1865 Unterhauswahlen: Lib 370, Kons 288 Sitze

Liberale Regierung Earl Russell

1866 Konservative Regierung Earl of Derby

1867 Zweite Wahlrechtsreform

Kanada wird Dominion mit innerer Selbstregierung

1868 Unterhauswahlen: Lib 387, Kons 271 Sitze

Liberale Regierung William E. Gladstone

Gründung des Trades Union Congress (TUC)

1869 Entmachtung der Anglikanischen Kirche in Irland

1870 Schaffung staatlicher Grundschulen

1871 Gründung des Deutschen Reiches

Gewerkschaftsgesetz: rechtliche Anerkennung der Gewerkschaften (1875 ergänzt)

1873 Wirtschaftswachstum geht zurück („Große Depression") mit nachfolgender Schutzzollgesetzgebung in allen Staaten mit Ausnahme Großbritanniens

1874 Unterhauswahlen: Kons 342, Lib 251, IrNat 59 Sitze

Wahl der beiden ersten Arbeiterpolitiker ins Unterhaus (als Ergebnis der gewerkschaftlichen Zusammenarbeit mit den Liberalen: Lib-Lab-Bündnis)

Konservative Regierung Benjamin Disraeli

1880 Unterhauswahlen: Lib 353, Kons 238, IrNat 61 Sitze

Liberale Regierung William E. Gladstone

Vermehrte Agitation der Irischen Landliga unter Parnell

Allgemeine Schulpflicht

1881 Mit der Gründung der *Democratic* (später *Social Democratic) Federation* setzt eine Welle von sozialistischen Parteigründungen ein

1882 Britische Intervention in Ägypten. Ausgangspunkt für zahlreiche Erwerbungen in Übersee

1884 Weitere Wahlrechtsreform (1885 fortgesetzt)

Bis 1887 dauernde extreme Arbeitslosigkeit mit Hungermärschen durch London

1885 Konservative Regierung Marquess of Salisbury

Unterhauswahlen: Lib 335, Kons 249, IrNat 86 Sitze

1886 Liberale Regierung William E. Gladstone

Spaltung der Liberalen nach einem gescheiterten *Home Rule*-Gesetz für Irland

Unterhauswahlen: Kons 317, LibUn 77, Lib 191, IrNat 85 Sitze

Konservative Regierung Marquess of Salisbury

1889 Two-Power-Standard in der maritimen Rüstung verankert

Streik Londoner Hafenarbeiter und Neuansätze in der Gewerkschaftsbewegung (New Unionism)

1892 Unterhauswahlen: Lib 272, Kons 268, LibUn 46, IrNat 80 Sitze

Liberale Regierung William E. Gladstone

1894 Liberale Regierung Earl of Rosebery

1895 Unterhauswahlen: Kons 340, LibUn 71, Lib 177, IrNat 82 Sitze

Konservative Regierung Marquess of Salisbury

1897 Britisches Nachgeben gegenüber den USA im Grenzkonflikt zwischen Britisch-Guayana und Venezuela

1898 Ausbau der deutschen Kriegsflotte setzt ein
Faschoda-Konflikt zwischen Großbritannien und Frankreich

1899 Burenkrieg (bis 1902)

1900 Gründung des *Labour Representation Committee* (ab 1906 Labour Party)
Unterhauswahlen: Kons (einschließlich LibUn) 402, Lib 184, IrNat 82, LabP 2 Sitze

1902 Britisch-japanisches Bündnis
Konservative Regierung Arthur J. Balfour

1903 Niederlage der Schutzzoll-Anhänger gegen die Freihändler
Gründung der *Women's Social and Political Union* mit nachfolgender Agitation für das Frauenwahlrecht

1904 Entente cordiale mit Frankreich

1905 Liberale Regierung Sir Henry Campbell-Bannerman

1906 Unterhauswahlen: Lib 400, Kons 157, IrNat 83, LabP 30 Sitze
Stapellauf des Schlachtschiffs *Dreadnought*
Gesetzliche Sicherung zivilrechtlicher Immunität für die Gewerkschaften

1907 Britisch-russischer Interessenausgleich

1908 Liberale Regierung Herbert H. Asquith

1909 Oberhaus blockiert Haushaltsgesetz und damit Sozialpolitik der Liberalen

1910 (Januar) Unterhauswahlen: Lib 275, Kons 273, IrNat 82, LabP 40 Sitze
(Dezember) Unterhauswahlen: Lib 272, Kons 272, IrNat 84, LabP 42 Sitze

1911 Parlamentsgesetz bringt Entmachtung des Oberhauses
Streikwelle (bis 1913)
Zweite Marokkokrise: Großbritannien meldet Mitspracherecht an

1912 De facto-Bündnis Großbritanniens mit Frankreich

1914 *Home Rule*-Gesetz für Irland mit anschließender Bürgerkriegsgefahr in Irland
Ermordung des österreichischen Thronfolgers. Juli-Krise und Kriegsbeginn. Eintritt Großbritanniens in den Ersten Weltkrieg

1915 Asquith bildet Koalitionsregierung (Kons, Lib, LabP)

1916 Aufstand in Dublin
Koalitionsregierung (Lib, Kons, LabP) mit David Lloyd George als Premierminister
Spaltung der Liberalen

1917 Revolution in Rußland

1918 Wahlrechtsreform (Frauenwahlrecht)
Revolution in Deutschland

Waffenstillstand

Unterhauswahlen: Koalitionskandidaten (Kons und Lloyd George-Liberale) 478, Lib 28, LabP 63, IrNat 7, Sinn Fein 73, übrige 58 Sitze

1919 Koalitionsregierung (Kons, Lloyd George-Liberale) unter Premierminister Lloyd George

Friedensvertrag von Versailles

1920 Arbeiterbewegung bildet *Council of Action* zur Einflußnahme auf Sowjetunion-Politik

Ende des kurzen Nachkriegsbooms. Einsetzen hoher Arbeitslosigkeit

1921 Auseinanderbrechen gewerkschaftlicher Solidarität (*Black Friday* des 15. 4. 1921)

1922 Washingtoner Abkommen zur Flottenbegrenzung zwingt Großbritannien zur Parität mit den USA

Das Scheitern der Konferenz von Genua zum wirtschaftlichen Wiederaufbau Europas und der deutsch-sowjetische Vertrag von Rapallo leiten den Sturz von Lloyd George ein

Konservative Regierung Andrew Bonar Law

Unterhauswahlen: Kons 345, Nationalliberale 62, Lib 54, LabP 142 Sitze

Marsch der Faschisten auf Rom. Ernennung Mussolinis zum italienischen Ministerpräsidenten

Proklamation des Irischen Freistaats

1923 Konservative Regierung Stanley Baldwin

Unterhauswahlen: Kons 258, Lib 159, LabP 191 Sitze

1924 Labour-Minderheitsregierung Ramsay MacDonald

Londoner Konferenz über Dawes-Plan zur Abwicklung der deutschen Reparationszahlungen

Unterhauswahlen: Kons 419, Lib 40, LabP 151 Sitze

Konservative Regierung Stanley Baldwin

1925 Rückkehr zum Goldstandard (1 Pfund = 4,86 Dollar)

Vertrag von Locarno

1926 Gescheiterter Generalstreik schließt eine Serie von Arbeitskonflikten seit Kriegsende ab

1928 Ausdehnung des Frauenwahlrechts

1929 Unterhauswahlen: LabP 288, Kons 260, Lib 59 Sitze

Labour-Minderheitsregierung Ramsay MacDonald

Einsetzen der Weltwirtschaftskrise

1931 Finanzkrise

Koalitionsregierung des *National Government* (Konservative, National Labour, Liberale) mit MacDonald als Premierminister

Spaltung der Labour Party und der Liberalen in einen regierungstreuen Flügel und einen Oppositionsflügel

Unterhauswahlen: Kons 473, National Labour 13, National Liberal 35, Lib 33, LabP 52 Sitze

Ausgabenkürzungen und Aufgabe des Goldstandards (1 Pfund = 3,40 Dollar)

Japan besetzt die Mandschurei

Westminster-Statut regelt Status der Dominions

1932 Einführung von Einfuhrzöllen und Vorzugszöllen im Weltreich: Ende des Freihandels

1933 Adolf Hitler wird Reichskanzler

Amtsantritt Präsident Roosevelts

1934 Langsamer Beginn der Wiederaufrüstung

1935 *National Government* mit Stanley Baldwin als Premierminister

Unterhauswahlen: Kons 432, Lib 21, LabP 154 Sitze

Deutsch-britisches Flottenabkommen

Italienischer Angriff auf Äthiopien

1936 Beginn des Spanischen Bürgerkriegs

Einsetzen der Stalinschen Säuberungen in der UdSSR

1937 Neville Chamberlain Premierminister des *National Government*

Erneuter japanisch-chinesischer Krieg

1938 „Anschluß" Österreichs

Sudetenkrise, Münchener Konferenz

1939 Deutscher Einmarsch in Prag

Britische Garantieerklärung für Polen

Allgemeine Wehrpflicht

Deutsch-sowjetischer Nichtangriffspakt

Deutscher Angriff auf Polen und britische Kriegserklärung an Deutschland: Beginn des Zweiten Weltkriegs

1940 Deutsche Offensive in Skandinavien und Westeuropa

Allparteienregierung unter Winston S. Churchill

Evakuierung britischer Truppen über Dünkirchen zurück nach Großbritannien

Luftschlacht um England

1941 Pacht- und Leihgesetz in USA ermöglicht umfangreiche wichtige Kriegslieferungen nach Großbritannien

Deutscher Angriff auf Sowjetunion. Britisch-sowjetisches Bündnis

Roosevelt und Churchill verkünden in der Atlantik-Charta ihre Friedensvorstellungen

1942 Einnahme Singapurs durch japanische Truppen

Beveridge-Report

1945 Kapitulation und Besetzung Deutschlands (Mai) und Japans (September)

Rücktritt der Labour-Minister und Bildung einer Übergangsregierung unter Churchill

Unterhauswahlen: LabP 393, Kons 213, Lib 12 Sitze

Labour-Regierung Clement R. Attlee: Verstaatlichungen in der Wirtschaft und wohlfahrtsstaatliche Sozialpolitik

USA gewähren Großbritannien einen Kredit über 3,75 Milliarden Dollar

Öffentliche Anerkennung einer sowjetischen Interessensphäre in Osteuropa bei gleichzeitiger Desillusionierung über Möglichkeiten westlich-sowjetischer Kooperation in der internationalen Politik

1947 Versorgungsprobleme im extrem harten Winter 1946/47

Indien wird unabhängig

Britisch-französischer Beistandspakt von Dünkirchen

Finanzkrise und Beginn der Austerity-Politik

1948 Brüsseler Pakt

1949 Großbritannien Gründungsmitglied der NATO
Abwertung des Pfundes (1 Pfund = 2,80 Dollar)

1950 Anerkennung der Volksrepublik China

Unterhauswahlen: LabP 315, Kons 298, Lib 9 Sitze

1951 Unterhauswahlen: Kons 321, LabP 295, Lib 6 Sitze

Konservative Regierung Winston S. Churchill

1952 Britische Atombombe

1955 Konservative Regierung Anthony Eden

Unterhauswahlen: Kons 344, LabP 277, Lib 6 Sitze

1956 Suez-Krise

1957 Ghana wird unabhängig. Letzte Dekolonisationswelle

Konservative Regierung Harold Macmillan

1958 Rassenunruhen im Londoner Stadtteil Notting Hill

1959 Unterhauswahlen: Kons 365, LabP 258, Lib 6 Sitze

1961 Erstmals vorgetragener Wunsch, Mitglied der Europäischen Gemeinschaften zu werden

1963 Konservative Regierung Sir Alec Douglas-Home

1964 Unterhauswahlen: LabP 317, Kons 304, Lib 9 Sitze

Labour-Regierung Harold Wilson

1966 Unterhauswahlen: LabP 363, Kons 253, Lib 12 Sitze

1967 Abwertung: 1 Pfund = 2,40 Dollar

1968 Beginn der Unruhen in Nordirland

1970 Unterhauswahlen: Kons 330, LabP 287, Lib 6 Sitze

Konservative Regierung Edward Heath

1971 Gesetz zur Regelung der Arbeitsbeziehungen. Ausgedehnte Streikaktionen

Einführung des Dezimalsystems in der Währung: 1 Pfund = 100 Pennies (vorher: 1 Pfund = 20 Schillinge; 1 Schilling = 12 Pennies)

Aufgabe militärischer Präsenz „östlich von Suez"

1973 Beitritt zu den Europäischen Gemeinschaften

Bergarbeiterstreik mit nachfolgenden Versorgungsproblemen

1974 (Februar) Unterhauswahlen: LabP 301, Kons 297, Lib 14, Scottish National Party 7, Plaid Cymru 2 Sitze

Labour-Minderheitsregierung Harold Wilson

(Oktober) Unterhauswahlen: LabP 319, Kons 277, Lib 13, Scottish National Party 11, Plaid Cymru 3 Sitze

Bombenanschläge im Zusammenhang mit dem Nordirland-Konflikt auch in England

1975 Erste Förderung von Nordseeöl

Erstmals in der britischen Geschichte Durchführung eines Referendums (wegen Beitritt zu Europäischen Gemeinschaften)

1976 Als Nachfolger Wilsons wird James Callaghan Premierminister

Das Pfund sinkt im freien Wechselkurs auf 1,71 Dollar

1979 Unterhauswahlen: Kons 339, LabP 269, Lib 11, Scottish National Party 2, Plaid Cymru 2 Sitze

Konservative Regierung Margaret Thatcher

1981 Gründung der *Social Democratic Party* als Abspaltung von der Labour Party

Tumulte zwischen farbigen und rechtsradikalen Jugendlichen in zahlreichen Städten

1982 Krieg mit Argentinien um die Falkland Inseln

1983 Unterhauswahlen: Kons 397, LabP 209, Lib 17, Social Democratic Party 6 Sitze

1984 Mehrmonatiger Bergarbeiterstreik (bis 1985)

1987 Nach vorzeitiger Auflösung des Unterhauses wird die Regierung Thatcher in Wahlen klar bestätigt: Kons 375, LabP 229, Lib 17, Social Democratic Party 5, Scottish National Party 2, Plaid Cymru 2 Sitze

Literaturverzeichnis

Das folgende Verzeichnis enthält Literatur in *knappster* Auswahl, wobei der Schwerpunkt auf Publikationen liegt, die in den letzten Jahren erschienen sind. Nicht jeder wichtige Titel, der im obigen Anmerkungsteil genannt ist, wird im folgenden wiederholt. Für weitergehende Hinweise sowie für Bibliographien, Hilfsmittel und Quellen siehe G. Niedhart (Hg.), *Einführung in die englische Geschichte*, München 1982.

Gesamtdarstellungen, Strukturanalysen

Blake, R. (Hg.), *Die englische Welt. Geschichte, Gesellschaft, Kultur*, München 1983

Bottigheimer, K. S., *Geschichte Irlands*, Stuttgart 1985

Haigh, Chr. (Hg.), *The Cambridge Historical Encyclopedia of Great Britain and Ireland*, Cambridge 1985

Checkland, S., *British Public Policy 1776–1939. An Economic, Social and Political Perspective*, Cambridge 1983

Cook, Chr. und Stevenson, J., *The Longman Handbook of Modern British History 1714–1980*, London/New York 1983

Evans, E. J., *The Forging of the Modern State. Early Industrial Britain 1783–1870*, London/New York 1983

Händel, H., *Großbritannien*, Bd. 1, München 1979

Friebel, I./Händel, H., *Großbritannien*, Bd. 2, München 1982

Harrison, B., *Peacable Kingdom. Stability and Change in Modern Britain*, Oxford 1982

Kellas, J. G., *Modern Scotland*, London 1980

Morgan, K. O., *Rebirth of a Nation: Wales 1880–1980*, Oxford 1981

Nolte, E., *Marxismus und Industrielle Revolution*, Stuttgart 1983

Robbins, K., *The Eclipse of a Great Power. Modern Britain 1870–1975*, London/New York 1983

Schlatter, R. (Hg.), *Recent Views on British History. Essays on Historical Writing Since 1966*, New Brunswick 1984

Wende, P., *Geschichte Englands*, Stuttgart 1985

Wiener, M. J., *English Culture and the Decline of the Industrial Spirit 1850–1980*, Cambridge 1981

Britische Politik bis zum letzten Drittel des 19. Jahrhunderts

Bentley, M., *Politics without Democracy 1815–1914*, London 1984

Briggs, A., *The Age of Improvement 1783–1867*, London/New York 1979

Cannon, J., *Parliamentary Reform 1640–1832*, Cambridge 1973

Christie, I. R., *Stress and Stability in Late Eighteenth-Century Britain. Reflections on the British Avoidance of Revolution*, Oxford 1984
Christie, I. R., *Wars and Revolutions. Britain 1760–1815*, London 1982
Gash, N., *Aristocracy and People. Britain 1815–1865*, London 1979
Hill, B. W., *British Parliamentary Parties 1742–1832*, London 1985
Hone, J. A., *For the Cause of Truth: Radicalism in London 1796–1821*, Oxford 1982
Lottes, G., *Politische Aufklärung und plebejisches Publikum. Zur Theorie und Praxis des englischen Radikalismus im späten 18. Jahrhundert*, München/Wien 1979
O'Gorman, F., *The Emergence of the British Two-Party System 1760–1832*, London 1982
Thomis, M. I., und Holt, P., *Threats of Revolution in Britain 1789–1848*, London 1977

Britische Politik vom letzten Drittel des 19. Jahrhunderts bis zum Ende des Ersten Weltkriegs

Feuchtwanger, E. J., *Democracy and Empire. Britain 1865–1914*, London 1985
Mock, W., *Imperiale Herrschaft und nationales Interesse. „Constructive Imperialism" oder Freihandel in Großbritannien vor dem Ersten Weltkrieg*, Stuttgart 1982
Pugh, M., *The Making of Modern British Politics 1867–1939*, Oxford 1982
Read, D., *England 1868–1914*, London/New York 1979
Read, D. (Hg.), *Edwardian England: Reassessments*, London 1982
Schmidt, G., *Der europäische Imperialismus*, München 1985
Schöllgen, G., *Das Zeitalter des Imperialismus*, München 1986

Britische Politik in der Zwischenkriegszeit und im Zweiten Weltkrieg

Addison, P., *The Road to 1945: British Politics and the Second World War*, London 1975
Beloff, M., *War and Welfare. Britain 1914–1945*, London 1984
Medlicott, W. N., *Contemporary England 1914–1964, with an Epilogue 1964–1974*, London 1976
Morgan, K. O., *Consensus and Disunity. The Lloyd George Coalition Government 1918–1922*, London 1979
Mowat, Ch. L., *Britain between the Wars 1918–1940*, London 1968

Britische Politik nach dem Zweiten Weltkrieg

Bruce-Gardyne, J., *Mrs. Thatcher's First Administration*, London 1984
Dahrendorf, R., *On Britain*, London 1982
Holmes, M., *The Labour Government 1974–1979: Political Aims and Economic Reality*, London 1985
Morgan, K. O., *Labour in Power 1945–1951*, Oxford 1984

Seldon, A., *Churchill's Indian Summer. The Conservative Government 1951–55*, London 1981
Sked, A., und Cook, Chr., *Post-War Britain: A Political History*, Brighton/New York 1979

Politisches System

Beer, S. H., *Modern British Politics*, 3. Aufl. London 1982
Budge, I., u. a., *The New British Political System. Government and Society in the 1980s*, London/New York 1983
Doeker, G. und Wirth, M., *Das politische System Großbritanniens*, Berlin 1982
Döring, H. und Grosser, D., (Hg.), *Großbritannien. Ein Regierungssystem in der Belastungsprobe*, Opladen 1987
Kavanagh, D., *British Politics. Continuity and Change*, Oxford 1986
Kluxen, K., *Geschichte und Problematik des Parlamentarismus*, Frankfurt 1983
Middlemas, K., *Politics in Industrial Society. The Experience of the British System Since 1911*, London 1979
Miliband, R., *Capitalist Democracy in Britain*, Oxford 1982
Norton, Ph., *The British Polity*, New York/London 1984
Ritter, G. A., *Parlament und Demokratie in Großbritannien. Studien zur Entwicklung und Struktur des politischen Systems*, Göttingen 1972
Rohe, K., *Großbritannien: Krise einer Zivilkultur?* In: P. Reichel (Hg.), *Politische Kultur in Westeuropa*, Bonn 1984, S. 167–193
Rose, R., *Politics in England. Persistence and Change*, 4. Aufl. London 1985
Setzer, H., *Wahlsystem und Parteienentwicklung in England. Wege zur Demokratisierung der Institutionen 1832 bis 1948*, Frankfurt 1973

Parteien und Gewerkschaften

Birke, A. M., *Pluralismus und Gewerkschaftsautonomie in England. Entstehungsgeschichte einer politischen Theorie*, Stuttgart 1978
Blake, R., *The Conservative Party from Peel to Thatcher*, London 1985
Bulmer-Thomas, J., *The Growth of the British Party System*, 2 Bde., 2. Aufl. London 1967
Clegg, H. A. u. a., *A History of British Trade Unions Since 1889*. Bd. 1: 1889–1910; Bd. 2: 1911–1933, Oxford 1964–85
Cook, Chr., *A Short History of the Liberal Party 1900–1984*, London 1984
Cook, Chr. und Taylor, I., (Hg.), *The Labour Party. An Introduction to its History, Structure and Politics*, London/New York 1980
Eisenberg, Chr., *Deutsche und englische Gewerkschaften. Entstehung und Entwicklung bis 1875 im Vergleich*, Göttingen 1986
Foote, G., *The Labour Party's Political Thought. A History*, London 1986
Martin, R. M., *TUC: The Growth of a Pressure Group 1868–1976*, Oxford 1980
McKenzie, R. T., *Politische Parteien in England*, Köln 1961
Mommsen, W. J. und Husung, H.-G., (Hg.), *Auf dem Wege zur Massengewerkschaft. Die Entwicklung der Gewerkschaften in Deutschland und Großbritannien 1880–1914*, Stuttgart 1984

O'Gorman, F., *British Conservatism. Conservative Thought from Burke to Thatcher*, London/New York 1986
Pelling, H., *A History of British Trade Unionism*, 3. Aufl. London 1976
Wende, P., *Großbritannien*. In: Lexikon zur Geschichte der Parteien in Europa. Hg. v. F. Wende, Stuttgart 1981, S. 235–256
Windolf, P. (Hg.), *Gewerkschaften in Großbritannien*, Frankfurt 1983

Wirtschaft

Aldcroft, D. H. und Freeman, M. J. (Hg.), *Transport in the Industrial Revolution*, Manchester 1983
Berg, M., *The Age of Manufacturers. Industry, Innovation and Work in Britain 1700–1820*, London 1985
Cipolla, C. M. und Borchardt, K. (Hg.), *Europäische Wirtschaftsgeschichte*, Bd. 3 und 4, Stuttgart/New York 1985
Cairncross, A. and Eichengreen, B., *Sterling in Decline. The Devaluations of 1931, 1949 and 1967*, Oxford 1983
Crafts, N. F. R., *British Economic Growth during the Industrial Revolution*, Oxford 1985
Deane, Ph., *The First Industrial Revolution*, 2. Aufl. Cambridge 1979
Edelstein, M., *Overseas Investment in the Age of High Imperialism. The United Kingdom 1850–1914*, London 1982
Floud, R. und McCloskey, D. (Hg.), *The Economic History of Britain Since 1700*, 2 Bde., Cambridge 1981
Gourvish, T. R., *Railways and the British Economy 1830–1914*, London 1980
Hobsbawm, E. J., *Industrie und Empire. Britische Wirtschaftsgeschichte seit 1750*, 2 Bde., Frankfurt 1969
Kirby, M. W., *The Decline of British Economic Power*, London 1981
Landes, D. S., *Der entfesselte Prometheus. Technologischer Wandel und industrielle Entwicklung in Westeuropa von 1750 bis zur Gegenwart*, Köln 1973
Mathias, P., *The First Industrial Nation. An Economic History of Britain 1700–1914*, 2. Aufl. London 1983
Matthews, R. C. O., u. a., *British Economic Growth 1856–1973*, Oxford 1982
Mokyr, J. (Hg.), *The Economics of the Industrial Revolution*, London 1985
Pollard, S. (Hg.), *Region und Industrialisierung. Studien zur Rolle der Region in der Wirtschaftsgeschichte der letzten zwei Jahrhunderte*, Göttingen 1980
Pollard, S., *The Development of the British Economy 1914–1980*, London 1983
Tomlinson, J., *Problems of British Economic Policy 1870–1945*, London 1981
Turner, M., *Enclosures in Britain 1750–1830*, London 1984

Gesellschaft, Sozialpolitik

Ashley, M., *The People of England. A Short Social and Economic History*, London 1982
Beckett, J. V., *The Aristocracy in England 1660–1914*, Oxford 1986
Briggs, A., *A Social History of England*, London 1983
Clark, J. C. D., *English Society 1688–1832*, Oxford 1985

Epstein, J. und Thompson, D. (Hg.), *The Chartist Experience*, London 1982
Fraser, D., *The Evolution of the British Welfare State*, 2. Aufl. London 1984
Harrison, J. F. C., *The Common People*, London 1984
Hinton, J., *Labour and Socialism. A History of the British Labour Movement 1867–1974*, Brighton 1983
Hunt, E. H., *British Labour History 1815–1914*, London 1981
Jeffery, K. und Hennessy, P., *States of Emergence. British Governments and Strikebreaking since 1919*, London 1983
Mather, F. C. (Hg.), *Chartism and Society*, London 1980
McCords, N., *Strikes*, Oxford 1981
Mingay, G. E., *The Transformation of Britain 1830–1939*, London 1986
Mommsen, W. J. und Mock, W. (Hg.), *Die Entstehung des Wohlfahrtsstaates in Großbritannien und Deutschland 1850–1950*, Stuttgart 1982
Perkin, H., *The Origins of Modern English Society 1780–1880*, London 1969
Ritter, G. A., *Sozialversicherung in Deutschland und England*, München 1983
Rule, J., *The Labouring Classes in Early Industrial England 1750–1850*, London/New York 1986
Stone, L. und J. C. F., *An Open Elite? England 1540–1880*, Oxford 1984
Thompson, D., *The Chartists*, London 1984
Thompson, E. P., *The Making of the English Working Class*, Harmondsworth 1980
Tranter, N. L., *Population and Society 1750–1940*, London/New York 1985

Weltreich und Außenpolitik

Barker, E., *The British between the Superpowers 1945–1950*, London 1984
Bourne, K., *The Foreign Policy of Victorian England 1830–1902*, Oxford 1970
Cain, P. J., *Economic Foundations of British Overseas Expansion 1815–1914*, London 1980
Eldridge, C. C. (Hg.), *British Imperialism in the Nineteenth Century*, London 1984
Kennedy, P., *The Realities Behind Diplomacy: Background Influences on British External Policy 1865–1980*, London 1981
Kennedy, P., *The Rise of the Anglo-German Antagonism 1860–1914*, London 1980
Lloyd, T. O., *The British Empire 1558–1983*, Oxford 1984
Mansergh, N., *Das britische Commonwealth*, München 1978
Mommsen, W. J. und Kettenacker, L., (Hg.), *The Fascist Challenge and the Policy of Appeasement*, London 1983
Porter, B., *The Lion's Share. A Short History of British Imperialism 1850–1970*, London 1976
Porter, B., *Britain, Europe and the World 1850–1982: Delusions of Grandeur*, London 1983
Schmidt, G., *England in der Krise. Grundzüge und Grundlagen der britischen Appeasement-Politik 1930–1937*, Opladen 1981
Steiner, Z. S., *Britain and the Origins of the First World War*, London 1977

Unwin, P., *Die Außenpolitik Großbritanniens.* In: K. Kaiser und H.-P. Schwarz (Hg.), Weltpolitik, Bonn 1985, S. 346–360
Watt, D. C., *Succeeding John Bull. America in Britain's Place 1900–1975*, Cambridge 1984
Wormer, K., *Großbritannien, Rußland und Deutschland. Studien zur britischen Weltreichpolitik am Vorabend des Ersten Weltkriegs*, München 1980

Andere Bereiche

Dent, H. C., *A Century of Growth in English Education 1870–1970*, London 1970
Digby, A. und Searby, P. (Hg.), *Children, School and Society in Nineteenth-Century England*, London 1981
Gilbert, A. D., *Religion and Society in Industrial England: Church, Chapel and Social Change 1740–1914*, London 1976
Koss, S., *The Rise and Fall of the Political Press in Britain*, 2 Bde., London 1981–84
Koss, S., *Nonconformity in Modern British Politics*, London 1975
Lawson, J. und Silver, H., *A Social History of Education in England*, London 1977
Lloyd, R., *The Church of England 1900–1965*, London 1965
Machin, G. I. T., *Politics and the Churches in Great Britain 1832 to 1868*, Oxford 1977
Murphy, J., *Church, State and Schools in Britain 1890–1970*, London 1971
Norman, E. R., *Church and Society in England 1770–1970*, Oxford 1976
Sanderson, M., *Education, Economic Change and Society in England 1780–1870*, London 1983
Silver, H., *Education as History. Interpreting Nineteenth and Twentieth Century Education*, London 1983
Ward, W. R., *Religion and Society in England 1790–1850*, London 1972

Namen-, Orts- und Sachregister

Aberdeen, Lord 88f.
Aboukir 103
Acheson, Dean 210
Adel 38ff., 55f., 64, 74, 83f., 88, 96
Aden 26
Adenauer, Konrad 207
Adullamiten 92f., 95f.
Ägypten 73, 109, 118f., 122, 209f.
Äthiopien 170
Afghanistan 109, 111, 122
Afrika 114, 119f., 122, 125, 200, 209
Agrarrevolution 22f., 37, 39, 41
Alte Industrien 126, 163, 167
Amalgamated Society of Engineers 65, 76
Anglikanische Kirche 50, 54, 61, 63, 81, 100, 129f.
Anglo-Persian Oil Company 125
Anti Corn Law League 70ff., 88, 90
Appeasement 108, 156ff., 160, 169ff., 174
Applegarth, Robert 90
Arbeiteraristokratie 46f., 66, 76
Arbeiterschaft, Arbeiterbewegung 40, 44ff., 50, 58, 60, 62, 64ff., 72, 76f., 78, 83, 90ff., 94, 96, 99, 101, 124, 132, 134, 152, 160, 163ff., 166, 182
Arbeitsbeziehungen 76, 139, 193ff., 197
Arbeitshäuser 52f.
Arbeitslosigkeit 52, 59, 63, 83, 93, 134, 154, 163, 165, 168, 188, 192
Argentinien 125, 210
Aristokratie 39ff., 56, 72, 74, 101
Arkwright, Richard 16, 28ff.
Armee 44, 56, 59f., 63, 67, 104, 170f., 180f.
Armut 40, 44, 48ff., 52f., 70, 127, 189
Asien 113, 120, 175, 200, 209
Asquith, Herbert H. 139ff., 147f.
Atomwaffen 174, 206, 208f.
Attlee, Clement 177ff., 181, 184, 189f., 196, 200, 202
Attwood, Thomas 62
Aufruhr 44f., 58, 63, 69f.
Außenhandel 15, 20, 24ff., 60, 104, 106, 110, 121f., 125ff., 147, 156, 170, 186, 191
Außenpolitik, weltpol. Stellung 16, 26, 102ff., 117f., 128, 141ff., 150ff., 169ff., 185, 198ff.
Australien 19, 63, 114, 125, 159, 175, 207f.
Auswanderung 19f.
Ayrton, Acton 96

Bagdad-Bahn 143
Bagehot, Walter 75, 92, 99
Baldwin, Stanley 165
Balfour, Arthur J. 128, 130, 138
Balkan 113, 147
Bamford, Samuel 59
Banken 33, 37f.
Barbados 209
Battle of Britain 174
Bauern 22f., 43
Baumwollindustrie 15, 28ff., 46f., 58, 72, 127, 164
Beehive 90
Belgien 108, 147, 173, 206
Bentham, Jeremy 25, 51
Bergbau 35f., 38, 54, 164
Berliner Kongreß 113
Bevan, Aneurin 183, 190
Beveridge, William 139, 188
Beveridge-Report 178, 188
Bevin, Ernest 166, 177, 179, 181, 184, 199, 202ff., 206
Bevölkerung 18f., 21, 39, 45, 52, 89f.
Binnenmarkt 20, 24f., 27, 37
Birmingham 20, 29, 47, 58f., 62, 64, 67, 82, 84, 90, 98, 100f., 130, 180

Bismarck, Otto v. 113
Blanqui, Adolphe 16
Blum, Léon 200, 207
Bolschewismus 152f., 163
Boothby, Robert 185
Bonar Law, Andrew 142
Boroughs 81f., 84f., 90, 94f., 98, 100
Botswana 209
Boulton, Matthew 29, 37
Bradford 47, 72, 136
Briand, Aristide 155
Bridgewater, Duke of 27
Bright, John 70, 88, 90, 92f., 110
Bristol 28, 63
British East Africa Company 121
British Commonwealth of Nations 159
British South Africa Company 120
Brüsseler Pakt 206
Brunel, Isambard 33
Bündnisfreiheit 105ff., 108, 122, 145
Bürgertum 40f., 43f., 70, 72, 74
Bürokratie 51, 88, 162
Bundesrepublik Deutschland 192, 207f.
Burenkrieg 123ff., 137
Burke, Edmund 42, 80, 83
Burma 175, 200
Burns, John 134, 148
Butler, Richard A. 190
Butskellism 190
Byrnes, James F. 202f.

Callaghan, James 196
Calne 83
Cambon, Paul 147
Cambridge 44, 61
Campbell, J. R. 166
Campbell-Bannerman, Henry 124, 138
Canning, George 81, 107
Captain Swing 63
Carlton Club 87
Cartwright, Edmund 28
Castlereagh, Lord 103ff.
Cato Street-Verschwörung 58
Celtic fringe 100
Ceylon 104, 200
Chadwick, Edwin 52, 54
Chamberlain, Austen 155, 158
Chamberlain, Joseph 101, 120f., 123, 125, 130ff., 169
Chamberlain, Neville 154, 158f., 169f., 172
Chandos, Lord 85
Chartismus 53, 55, 58, 66ff., 72f., 74, 89f., 102
Chartist Land Company 70
Cheshire 43
China 111, 125, 172, 208
Churchill, Randolph 130
Churchill, Winston S. 139f., 144, 147, 149, 158, 167, 172, 174ff., 177ff., 181, 191, 202f., 204, 208
Coalbrookdale 31f.
Cobbett, William 58f., 63
Cobden, Richard 70f., 73, 88, 110
Collective bargaining 58, 139
Combination Acts 57, 60
Commonwealth 159, 173, 192, 200, 206ff.
Compounding 97
Cooperative and Economic Society 65
Cort, Henry 32
Council of Action 166
Counties s. Grafschaften
Cripps, Stafford 166, 182, 186f.
Crompton, Samuel 28, 30
Crowe, Eyre 143f.
Curzon, Lord 125

D'Abernon, Lord 156
Dänemark 104, 143, 174
Daily Mail 120, 141
Daily Telegraph 149
Dalton, Hugh 158, 177, 183, 186f.
Dampfmaschine 28f., 32, 35, 37
Darby, Abraham 31f., 37
Darlington 28
Dawes-Plan 155
De-Industrialisierung 127
Dekolonisation 175, 199, 209
Demokratie, Demokratisierung 41, 66, 74, 78, 83, 89, 92f., 94, 99, 102, 129f., 161, 180, 194, 198
Derby, Earl of 88, 93f., 96, 99f.

Derbyshire 58
Deutschland 29, 33, 113, 117, 122, 124, 126ff., 139, 143f., 146f., 150, 152ff., 155, 157, 160, 167, 170ff., 177, 204f.
Devolution 195
Dienstleistungen 25, 34, 43, 117, 128, 158, 175
Disraeli, Benjamin 42, 49, 88ff., 93ff., 100ff., 111ff.
Dissenter 61
Document 60f., 65
Doherty, John 64
Dominions 159f., 173, 175
Donovan-Report 194
Douglas-Home, Sir Alec 192f.
Dreadnought 145f.
Dünkirchen 174
Dulles, John F. 207

East Anglia 63
Economist 24, 155, 185
Eden, Anthony 170, 172, 174, 181, 191, 199, 202, 207, 209f.
Eduard VII. 141
Eduard VIII. 161
Ehrerbietung (deference) 75, 86
Einhegungen 21, 23, 40
Einwanderung 20
Eisenbahn 27f., 33f., 38, 89
Eisen- und Stahlindustrie 28, 31ff., 47, 126, 164, 183, 191
Enclosures s. Einhegungen
Engels, Friedrich 16, 21, 41, 54, 128, 134
England 100, 180
Englische Krankheit 117, 192, 197
Entente Cordiale 122, 146
Ernährungslage 19, 22, 48
Europa, europ. Kontinent 104, 106, 113f., 146, 172, 198, 206f., 210f.
Erster Weltkrieg 142ff., 148f., 158, 169, 171
Exilland 20, 79, 161
Export 22, 25, 71, 102, 154, 159, 167, 175, 183, 201

Fabian Society 133, 136, 165, 189
Fabrik, Fabrikarbeit 30f., 35f., 38, 40, 46f., 49, 51, 53
Falklandinseln 26, 200, 210
Faschisten 161
Faschoda 122
Federation of British Industries 154
Fidschi-Inseln 209
Finanz, Finanzkapital 40, 43, 125
Fisher, John 143
Flotte 24, 103f., 113, 117, 127, 142f., 149, 159, 168
Fontainebleau-Memorandum 151f.
Food Riots 44f.
Foreign Office 88, 144, 156f., 171, 176, 199, 202, 204
Fox, Charles J. 42
Frankreich 15f., 29, 31ff., 39, 62, 73, 103ff., 118, 122, 124, 143ff., 146f., 151f., 154f., 157, 160, 173f., 183, 192, 198, 206, 208f.
Französische Revolution 17, 55, 57, 60, 80, 105
Frauen 30, 46, 53f., 97, 124, 141, 149, 161f.
Freihandel, Freihandelsbewegung 55, 71ff., 87, 89f., 110, 125, 153, 185
Friedenswahrung 71f., 102f., 112, 114, 123, 125, 128, 156f., 158, 169, 172
Friendly Societies 47, 57

Gaitskell, Hugh 191, 209
Gambia 209
Gandhi, Mohandas K. 160, 175
Garibaldi, Giuseppe 90f.
de Gaulle, Charles 210
General Chamber of Manufacturers 70
Generalstreik (1926) 161, 167f.
Genossenschaften 65f.
Gentry 41, 71, 74, 83
Genua (Konferenz) 155
Georg III. 81
Georg IV. 81f.
Gesellschaft 39ff., 50f., 55f., 71, 74f., 77f., 79, 83, 92f., 96, 102, 124, 127ff., 161, 164, 178, 189, 197f.
Gesundheit 19

Getreide, Getreidezölle 63, 70ff., 87, 95
Gewerkschaften 47, 57, 59ff., 64ff., 69, 76f., 90, 124, 132ff., 138f., 148, 161, 164, 166ff., 181f., 192ff., 195f., 197
Gladstone, Herbert 137
Gladstone, William E. 42, 61, 88, 91f., 96f., 100f., 111f., 118, 129ff.
Glasgow 20, 163
Gleichgewicht, Gleichgewichtspolitik 104, 106, 108, 110, 144f., 175
Goldstandard 167f.
Gordon, Charles G. 119
Gordon Riots 56
Gradualismus, gradueller Wandel 67, 80, 133f., 165
Grafschaften 81ff., 98, 100
Grand National Consolidated Trades Union 65
Greenwood, Arthur 178
Grey, Earl 63, 71, 80f., 83f., 88f.
Grey, Edward 145ff., 153
Griechenland 81, 105, 201
Griffiths, James 187
Große Depression 112, 125
Grundbesitz, Großgrundbesitz 41ff., 66, 71, 78, 129
Guyana 209

Haager Konferenz 146
Halifax, Lord 158
Handel, Handelskapital 40, 42f., 71f., 81, s. auch Außenhandel
Handwerk, Handwerker 35f., 43, 47, 57, 65, 68
Hardie, Keir 136
Hardy, Thomas 57
Hargreaves, James 28, 30
Harney, Julian 69
Heath, Edward 194f.
Heilige Allianz 105, 108f.
Helgoland 104
Henderson, Arthur 149, 165
Hitler, Adolf 170ff.
Hobsbawm, Eric J. 31, 58
Hobson, John A. 124, 132
Hodgkinson, Grosvenor 97
Home Rule 131, 141f.
Hongkong 26, 111
Hunt, Henry 59, 63
Huskisson, William 81, 114

Imperial Federation League 125
Imperialismus 107, 112, 117ff., 131, 200, 210
Independent Labour Party 136, 165
Indien 26, 42, 104, 106, 109, 111, 125, 127, 159f., 175, 192, 200
Indochina 207
Industriebürgertum 40, 43f., 55, 70f., 74, 81, 85
Industrielle Revolution 15ff., 26, 28ff., 42, 45f., 49, 55, 60, 62, 70f., 74f., 80, 86, 102, 106, 127
Informal Empire, informelle Herrschaft 106f., 111, 125
Ionische Inseln 104
Irland 20, 22, 35, 48, 61f., 70, 84, 98, 100, 130f., 141ff., 149, 160, 162, 200
Ironbridge 32
Isolationismus 105f., 117f.
Israel 209f.
Italien 91, 105, 113, 152, 155, 157, 160, 170, 172

Jalta (Konferenz) 202, 203
Jamaika 209
Japan 105, 122, 143, 157, 160, 169f., 172, 175, 192
Jingoismus 112, 132
Jones, Ernest 90
Jordanien 201
Juden 62, 201
Juli-Revolution 62, 108

Kabinett 94f., 147f., 162
Kalter Krieg 201ff., 204
Kanada 73, 107, 111, 125, 159, 175
Kanalbau 26f., 38
Kap der Guten Hoffnung 104
Kapitalbedarf 33, 37
Kapitalexport 124f.
Kapitalismus 40f., 53, 65f., 76, 133, 165, 183, 206

Kapkolonie 26, 120, 123
Karibik 192, 200
Katholiken 61f., 100
Kay, John 29
Kenia 200, 209
Kennan, George F. 203
Kennedy, John F. 209
Kent 63
Keynes, John M. 153, 159, 184ff.
Kinder 30, 46, 53f.
Kirchen 50
Klassenbewußtsein 66f.
Kohle 20, 32f., 39, 126, 137, 167
Kolonien 111f., 200, 206, 208 s. auch Imperialismus
Komintern 167
Kommunistische Partei 161, 166
Konsens-Politik 191, 195ff.
Konservative Partei 74, 86f., 89, 92f., 94, 95f., 100f., 111f., 129f., 131, 138, 148, 150f., 162, 164f., 168f., 177f., 180, 184, 188, 196
Kopenhagen 104
Korea-Krieg 190, 207f.
Korruption 41, 85
Krankheiten 19ff., 46, 50, 54, 93
Kreditwesen 37f.
Krieg, Kriegsfolgen 16, 20, 24f., 32, 38f., 44f., 47, 56ff., 71f., 82, 102f., 107, 111, 113f., 128, 147ff., 156, 170, 188
Krimkrieg 110
Krisenbewußtsein 197
Krone, Monarchie 86f., 160f.

Labour Party 124, 136ff., 148f., 153, 155, 162, 164ff., 168ff., 174, 176ff., 180ff., 188, 190, 193, 196f., 202, 208
Labour Representation Committee 136
Laissez faire 79
Lancashire 20, 30, 36, 43, 63, 65, 68, 73, 76, 91, 100, 164
Landarbeiter 22f., 52
Landbesitz, landed interest s. Grundbesitz
Landwirtschaft 21ff., 28, 35, 37f., 40f., 42f., 46, 63, 71, 73f.
Lansdowne, Lord 149
Laski, Harold 161
Lateinamerika 25, 60, 81, 104, 107, 111, 125, 127
Lebensstandard 24, 45f., 47f., 53, 58, 191f.
Leeds 20, 47, 71f., 84f., 98, 101, 121, 180
Leeds Intelligencer 71
Leeds Mercury 44, 63
Leicestershire 58
Lenin, Wladimir I. 165
Lesotho 209
Levante 104
Liberale, Liberale Partei 87, 89, 92, 95f., 100f., 111, 120, 124, 129f., 131, 133f., 137f., 140f., 145, 148, 150, 162, 164ff., 168f., 195ff.
Liberalismus 26, 40, 45, 51, 72f., 79, 81, 105, 108, 132, 148, 160f., 190
Lib-Lab-Bündnis 133, 136ff., 148
Lincoln, Abraham 90
Lincolnshire 63
Liverpool 20, 27, 42, 89f., 98, 101, 131, 180
Liverpool, Lord 26, 58, 60
Lloyd George, David 124, 128, 139f., 143, 146ff., 150ff., 155, 158, 162f., 166
Locarno (Vertrag) 155ff.
Löhne 48, 52, 58ff., 63, 66, 68, 83, 192, 196
London 20, 28, 38, 49, 56, 58f., 65, 67f., 70, 76, 85, 90f., 93, 96, 127, 134, 136, 140, 192
London Corresponding Society 57
London Trades Council 76, 90
London Working Men's Association 66
Lovett, William 62, 66
Lowe, Robert 92f.
Ludditen 57
Lunar Society 29
Luxemburg 206
Lyme Regis 84

Macaulay, Thomas B. 83

McCulloch, J. R. 51
MacDonald, Ramsay 124, 136f., 148, 155, 165f., 168
Macmillan, Harold 191f., 196f., 208ff.
Madagaskar 122
Mahdi-Aufstand 119
Malawi 209
Malaysia 208
Malta 26, 104, 209
Malthus, Thomas 21, 51
Manchester 20, 27, 36, 42, 47, 59f., 71f., 76, 82, 84f., 90, 98, 101, 180
Manchester Guardian 44, 63, 158
Mandschurei 170
Mann, Tom 134
Marktgesellschaft 40
Marokko 122, 146
Marshall-Plan 205
Marx, Karl 21
Maschinen 22, 28ff., 38, 60
Maschinenstürmer 57f., 63
Master and Servant Act 61
Mauritius 104, 209
Merthyr Tydfil 27, 84
Methodisten 50
Middle Classes 40, 43, 83
Middlesbrough 20
Midlands 32, 63, 65
Militär s. Armee
Mill, James 51
Mill, John Stuart 90, 93, 97
Milner, Alfred 123, 132
Miners' Association of Great Britain and Ireland 65
Mittelmeer 104, 172
Mittelschichten 40, 42ff., 62f., 64, 66, 70f., 74, 78, 90, 111f., 129, 131, 160, 180
Moderne 17, 34, 55, 74, 80, 83, 86, 187
Molotow, Wjatscheslaw M. 203
Monarchie s. Krone
Morley, John 148
Morrison, Herbert 177, 183
Mosley, Oswald 161
Münchener Abkommen 170, 172f., 186
Mule 28, 30, 37
Naher Osten 125, 172, 201
Napoleon I. 103f.
Nasser, Gamal A. 209
National Association for the Protection of Labour 65
National Government 168f.
National Health Service 187f.
National Party of Scotland 161
National Political Union 62
National Society for Women's Suffrage 98
National Union of the Working Classes 62, 64
NATO 201, 206f.
Nauru 209
Nehru, Jawaharlal 175
Nelson, Horatio 103
Neue Industrien 163
Neufundland 122
Neuseeland 114, 159, 175, 207f.
Newport 67
New Unionism 134f.
News Chronicle 179
Niederlande 39, 108, 206
Nigeria 209
Nobility 41
Nonkonformismus 44, 50, 81, 100
Norfolk 180
Northern Star 47, 70
Norwegen 174
Norwich 58
Nottinghamshire 58

Oberhaus 41, 84, 86, 98, 140ff., 183f.
O'Connell, Daniel 62
O'Connor, Feargus 70
Odger, George 90
Öffentlichkeit 56, 86, 90, 93, 96, 130
Österreich 104f.
Oldham 47
Old Sarum 82
Opiumkrieg 111
Oranje-Freistaat 123
Orientalische Frage 109f.
Osmanisches Reich 109f., 118
Ost-West-Konflikt 201, 208

Owen, Robert 15, 37, 51, 65
Oxford 44, 61, 91

Paine, Thomas 57
Pakistan 192, 200
Palästina 201
Palmerston, Viscount 74, 88, 91, 108, 111
Pankhurst, Emmeline 141
Pariser Friedenskonferenz 150ff.
Parlamentarismus 74, 78ff., 93, 95, 141f., 161, 165
Parnell, Charles 131
Peel, Robert 37
Peel, Sir Robert (1750–1830) 37, 43
Peel, Sir Robert (1788–1850) 37, 42f., 73f., 81, 84, 86f., 95, 101, 131
Peelites 87
People's Charter 66f.
Persien 122, 125, 201
Peterloo 59f.
Pfund Sterling, Pfundkurs 184ff., 192ff.
Pitt, William 42, 82
Pitt, William d. Ä. 56
Place, Francis 62f.
Plaid Cymru 161
Plebejische Öffentlichkeit 55ff.
Plug Plot Riots 70
Polen 90f., 113, 152, 166, 172f., 202
Political Union of the Lower and Middle Classes 62
Politische Parteien, Parteiensysteme 81, 87, 89, 100f., 129ff., 162, 196f.
Polizei 44, 81
Poor Man's Guardian 47
Portugal 81, 105, 107, 109, 143
Potter, George 90
Preise 24, 44, 47f., 62f., 70, 73, 83, 93, 189, 194
Preston 46, 63, 76
Preußen 73, 104f., 113
Primrose League 130
Protektionismus 125, 165, 168f.
Public Schools 42

Quadrupelallianz 105

Radikale, Radikalismus 55ff., 68, 80, 82f., 85, 88, 90, 95f., 124, 148
Rapallo (Vertrag) 155
Rassenunruhen 192
Reform Club 87
Reform League 90f., 97
Reform Union 90
Reformen, Reformpolitik 41, 55ff., 64, 74ff., 80ff., 86, 89ff., 94, 99, 129, 132, 138, 182, 189f., 197
Revolution, Revolutionsgefahr 55ff., 64, 67, 69, 75, 105, 152
Rhodes, Cecil 119f.
Ricardo, David 16, 51
Roberts, Frank 203
Roberts, Richard 30
Rochdale 66, 84
Rosebery, Lord 120f.
Rostow, Walt W. 35
Rothschild, Baron Lionel de 112
Rotten Boroughs 82
Rüstungswettlauf 118, 128, 142f., 145f., 171
Russell, Lord John 88f., 91f.
Rußland 73, 104f., 108ff., 111, 113, 122, 143f., 147, 150, 152

Salisbury, Lord 121, 130
Sambia 209
Samoa 143
Samuel, Herbert 169
Sanderson, Thomas 144
St. Lucia 104
Saturday Review 126
Schiffsbau 127, 164
Schottland 32, 84, 98, 100, 149, 161, 163, 180, 188, 195
Schutzzolle 63, 70ff.
Schulen 51, 54
Schweden 39, 189
Seemacht 104
Senior, Nassau 52
Sheffield 20, 47, 58, 76
Shop Stewards 194
Siam 122
Sierra Leone 209
Singapur 26, 175, 209

Sinn Fein 162
Sinowjew-Brief 166
Sklaverei 50, 90
Smiles, Samuel 76
Smillie, Robert 165 f.
Smith, Adam 16, 45, 51
Social Democratic Federation 133, 136
Social Democratic Party 196
Sowjetunion 155, 157, 161, 166, 172 ff., 175 f., 184, 201 ff., 205 f., 210
Soziale Mobilität 39, 41 f., 75, 78
Sozialismus 133 f., 136, 165, 178, 182 f., 189
Sozialpolitik 51 f., 138 f., 163 f., 177, 187 ff.
Spanien 105, 107, 109, 172
Spanischer Bürgerkrieg 170
Speenhamland-System 52
Spinnerei 30, 37
Spinning Jenny 28, 30, 37
Staat, Interventionsstaat 25 f., 51, 68, 79, 88 ff., 106, 120, 148, 163, 177 ff., 183, 197
Staatsanleihen, Staatsverschuldung 38, 149, 184 f.
Städte 20 f., 39, 43 f., 49, 54, 82, 89, 94
Staffordshire 20, 43
Stanley, Lord 113
Stephenson, George 28
Sterblichkeitsrate 18 f., 21
Steuern 47, 51, 59, 85, 88, 97, 139 f., 168
Stockport 21, 47, 72
Stockton 28
Stockton, Earl of 197
Straßenbau 26 f.
Streiks 60 f., 64 f., 76, 77, 132 f., 137, 141, 149, 166, 194 ff.
Stresemann, Gustav 155
Sudan 119, 122
Südafrika, Südafrikan. Union 122 ff., 159, 200
Südamerika s. Lateinamerika
Suezkanal 112, 118
Suez-Krise 191, 209 f.
Suffragetten 141
Sussex 63
Swasiland 209

Taff Vale-Konflikt 137
Tamworth 43
Tamworth-Manifest 86
Tansania 209
Technik, techn. Wandel 28, 32, 36
Telford, Thomas 27
Ten Years Rule 156, 169
Test Akte 61
Textilindustrie 35 f., 46 f., 68
Thatcher, Margaret 195 ff., 210, 237
Tibet 122
Tillett, Ben 134, 136
Times 149
Tirpitz, Alfred v. 143
Tobago 104
Tocqueville, Alexis de 41
Tolpuddle-Märtyrer 65
Tonga 209
Tories 81, 84 ff., 87 f.
Torrens, William 96
Trades Councils 76
Trades Union Congress 76, 134, 167
Trafalgar 103
Transport, Verkehr 26 ff., 37 f.
Transvaal 123 f.
Trevithick, Richard 27
Trinidad 104
Trinidad-Tobago 209
Triple Alliance 164
Truman, Harry S. 202, 204
Truman-Doktrin 202
Tschechoslowakei 152, 205
Türkei 201
Turner, Ben 134
Turnpike Trusts 26 f.
Two-Power-Standard 142

Uganda 121 f., 209
Ungarn 152
Union of Democratic Control 148, 153
Unterhaus 41, 43, 56, 67, 72 f., 79, 86 ff., 95, 97, 111, 129, 162, 198
Unterschichten 44 ff., 55 f., 62, 75, 89
USA 22, 39, 41, 57, 73, 83, 90, 103, 107,

111, 117, 122, 125f., 143, 146, 149f., 154f., 157, 159, 161, 167, 173ff., 176, 184ff., 192, 199, 201, 203f., 206, 208ff.

Venezuela 122
Vereinte Nationen 201
Versailler Vertrag 153, 159, 170f., 173, 205
Verstaatlichungen 164, 181ff.
Viktoria, Königin 42, 98, 103, 112
Völkerbund 154, 159, 170f., 173
Voice of the People 47
Volkseinkommen 23f.
Volksvermögen, Vermögensverteilung 16, 34, 42ff., 47f., 127, 161, 189

Wahlen, Wahlrecht 41, 56, 58, 62f., 71ff., 76, 79ff., 87, 89ff., 161f., 196f.
Wales 27, 32, 50, 67f., 84, 98, 100, 137, 139, 149, 161, 163, 180, 188, 195
Walpole, Sir Robert 56
Warwickshire 20
Watt, James 28f.
Webb, Beatrice 165
Webb, Sidney 165
Weberei 29f.
Wedgwood, Josiah 33
Wellington, Duke of 63f., 82, 86
Weltausstellung (1851) 33, 55
Wesley, John 50
West-Samoa 209
Wiener Kongreß 104
Whigs 63, 71, 74, 81f., 87ff., 91f.
Wilberforce, William 50
Wilhelm IV. 86
Wilkes, John 56f., 82
Wilkinson, John 32, 37f.
Williams, E.E. 126
Wilson, Harold 190, 193ff., 196, 209
Wilson, Thomas Woodrow 150
Wiltshire 83
Wirtschaft, wirtschaftl. Lage 19, 24, 26, 33ff., 44, 48, 58, 62, 65, 68, 89, 93, 112, 114, 117f., 125ff., 154, 158f., 175, 181, 186, 189, 191ff., 197f.
Wirtschaftswachstum 16, 24, 26, 34, 36, 39, 75, 102, 192
Wohlfahrtsstaat 139, 164, 177, 187ff.
Wolle, Wollverarbeitung 36, 58
Women's Social and Political Union 141
Workers' Weekly 166
Working Classes 40, 66

York 127
Yorkshire 20, 36, 58, 63, 73, 84, 134, 164

Zweiter Weltkrieg 157, 172ff.
Zypern 112, 209

Literatur

James Boswell
Das Leben Samuel Johnsons
und das Tagebuch einer Reise nach den Hebriden
Aus dem Englischen von Jutta Schlösser
Nachwort, Anmerkungen und Register von *Helmut Findeisen*
1985. 661 Seiten mit 17 zeitgenössischen Illustrationen. Leinen
(Bibliothek des 18. Jahrhunderts)

Alexander Smith
Leben und Taten der berühmteste Straßenräuber,
Mörder und Spitzbuben
so in den letzten 50 Jahren in dem Königreich England
sind hingerichtet worden.
Aus dem Englischen übertragen von Leonhard Rost
Ausgwählt, bearbeitet und herausgegeben von *Anselm Schlösser*
1987. 292 Seiten mit 14 Illustrationen. Leinen
(Bibliothek des 18. Jahrhunderts)

Tobias Smollett
Die Abenteuer des Roderick Random
Illustrationen von George Cruikshank
Aus dem Englischen übersetzt von W. Chr. S. Mylius
Nachwort von *Joachim Krehayn.* 1982. 604 Seiten. Leinen
(Bibliothek des 18. Jahrhunderts)

Englische Lyrik der Gegenwart
Gedichte ab 1945. Originaltexte und deutsche Prosaübertragung
Herausgegeben und übersetzt von *Michael Butler*
und *Ilsabe Arnold-Dielewicz*
1981. 256 Seiten, Paperback
(Beck'sche Reihe, Band 232)

Verlag C. H. Beck München